21世纪高等医药院校教材

供医药经济与管理类专业用

医药市场调查与预测

主　编　孔祥金　李　伟

副主编　景　浩　蔡小霞　李习平　张文玉

编　委　（以姓氏笔画为序）

孔祥金　大连医科大学

朱民田　辽宁中医药大学

伊　利　潍坊医学院

刘　皎　上海中医药大学

李习平　湖北中医学院

李云伟　潍坊医学院

李　伟　潍坊医学院

宋慧勇　南京中医药大学

初　炜　大连医科大学

张文玉　山东中医药大学

张维纯　湖北中医学院

张　黎　潍坊医学院

陈　颖　河南中医学院

胡式良　潍坊医学院

景　浩　辽宁中医药大学

蔡小霞　江苏大学

魏　巍　山东中医药大学

科学出版社

北　京

内 容 简 介

本书是21世纪高等医药院校教材(供医药经济与管理类专业用)之一。其编写工作以“针对性、精练性、实用性和创新性”为指导原则,在基本内容上强调市场调查与预测的基本理论、方法和技术与医药市场和医药产品特殊性的有机结合,突出针对性;在知识体系上强调精练性与系统性的有机结合,突出实用性;在结构(体例)上强调新颖性,突出创新性。本书特色突出、体系完整、结构清晰。

本书可供高等医药院校医药经济与管理类专业本专科学生使用,也适合于相关专业的成人教育、中等专业学校教师与学生使用,同时可用作医药企业从事市场营销、市场策划以及其他相关工作人员的培训和参考用书。

图书在版编目(CIP)数据

医药市场调查与预测/孔祥金,李伟主编. —北京:科学出版社,2007
21世纪高等医药院校教材(供医药经济与管理类专业用)
ISBN 978-7-03-019536-4

Ⅰ. 医… Ⅱ. ①孔…②李… Ⅲ. ①药品-市场调查-医学院校-教材②药品-市场预测-医学院校-教材 Ⅳ. F724.73

中国版本图书馆CIP数据核字(2007)第119024号

责任编辑:方 霞 / 责任校对:陈玉凤
责任印制:李 彤 / 封面设计:黄 超

科学出版社 出版
北京东黄城根北街16号
邮政编码:100717
http://www.sciencep.com
北京虎彩文化传播有限公司 印刷
科学出版社发行 各地新华书店经销
*
2007年8月第 一 版 开本:850×1168 1/16
2022年1月第八次印刷 印张:17
字数:413 000
定价:34.00元
(如有印装质量问题,我社负责调换)

《21 世纪高等医药院校教材(供医药经济与管理类专业用)》编委会

邹延昌	山东中医药大学
张　晓	东南大学
张端珣	南京中医药大学
陆召军	徐州医学院
陈　佳	福建中医学院
陈家应	南京医科大学
陈　瑶	贵阳中医学院
季德安	上海中医药大学
周绿林	江苏大学
郑　毅	牡丹江医学院
孟国祥	南京医科大学
赵一梅	甘肃中医学院
徐江雁	河南中医学院
黄明安	湖北中医学院
蒋建华	成都中医药大学
景　浩	辽宁中医药大学
景　琳	成都中医药大学
谢　明	辽宁中医药大学
谭建三	新乡医学院
薛云珍	山西医科大学

总　　序

经过同道们几年的不懈努力，在科学出版社的大力支持下，《21 世纪高等医药院校教材（供医药经济与管理类专业用）》陆续出版了，这对我国高等医药院校培养适应社会需求的医药经济与医药管理专业的应用型、复合型人才提供了有利的支持。

一

历史跨入 21 世纪，我国高等教育也从精英教育走向大众教育，各高等院校专业在拓展、规模在不断扩大，出现一片喜人的局面。医药院校也不例外，在努力加强人文素质课教育的同时，各中、西医院校纷纷拓展边缘学科，增设国际经济与贸易、市场营销、公共事业管理、电子商务、信息管理与信息系统、医疗保险、卫生法学、药事管理、人力资源管理等新的专业方向。有的院校从每年招生几十人已经发展到现在的每年招生几百人。但是各院校的学科资源有差异，专业设置各不相同，同样专业的课程设置也不一样，相同的课程教学计划也不相同。在医药院校边缘学科发展的初期这是正常现象，但长期发展下去，对于学科规范化建设和专业品牌建设不利，对于全国高等医药院校统一培养职业化的高级应用型专业人才不利。

2003 年，由南京中医药大学与有关中、西医院校协商，决定组织全国中、西医院校进行教材的编写工作。同年 8 月由南京中医药大学、南京医科大学、黑龙江中医药大学、浙江中医药大学、安徽中医学院等中、西医院校共同发起，在江苏省东海县召开了“第一届全国高等医药院校医药经济与管理的系列教材协编会议”，共有 16 所中、西医院校参加。经过众多专家协商讨论，决定对于会议选定的书目进行主编竞争制，几次会议先后确定：由南京中医药大学主编《医药国际贸易》、《医药卫生法学》；南京医科大学主编《卫生事业管理学》；广州中医药大学主编《现代卫生经济学》；浙江中医药大学主编《医药人力资源管理》；湖北中医学院主编《医药市场营销学》；湖南中医药大学主编《医药企业管理》；安徽中医学院主编《医药商品学》、《管理心理学》；黑龙江中医药大学主编《医药卫生信息管理学》；成都中医药大学主编《消费心理学》，江苏大学、安徽医科大学主编《医疗保险学》、《卫生事业财务管理》等教材。

2004 年 7 月在南京中医药大学召开“第二届全国高等医药院校医药经济与管理的系列教材协编会议”，进行了同类学科和专业建设的讨论交流，对于部分教材进行了统一校对审稿，并且议定了第二批教材编写的主编以及参编单位。这对中、西医药院校加强学术交流、学科建设、课程设置及规范教材具有重大意义。

二

任何教材要想在同类教材中占有一席之地，必须具备鲜明的编著特色与特性，本套系列教材，与以往的医药院校同类教材相比较，具有鲜明的专业特色，主要体现在以下五方面：

第一，针对性强。高等医药院校作为培养医药经济与管理类应用型人才的基地，与其他综合类大学相比较，具有自身的特点，即培养具有医药卫生专业知识的经济与管理类复合型人才，知识背景和行业的针对性很强，必须既要注重经贸、管理类学生的相应的中、西医药基础理论知识，也要注重社会工作岗位的职业性和操作能力。在教材的编写上，要求教材必须根据中、西医药行业的特殊性，注重理论联系行业实际和与社会需求接轨。这套教材是针对当前医药卫生管理与医药经济贸易专业教学要求编写的，具有理论联系实际、内容与时代同步、针对性强等特点。

第二，体例新。本套教材在编写的体例上有所创新。引用了最新的参考资料、网络资源信息，突出体现了案例教学的特点，且许多章节关键问题的思考题型、重点显示、章末小结等与同类教材相比较，均有所创新。

第三，内容新。本套教材的编著吸收了最新的相关资料、信息，借鉴了同行专家的最新研究成果，参考了许多专著、论文。具体内容上注重普及性与研究性的平衡。既有一定的理论研究深度，又照顾了教材的普及性。在编写方法上，也有所突破，许多教材中增加了新的典型案例，有利于学生的自学，有利于教师的组织教学讨论。

第四，中、西医协作。这套系列教材与以往的同类医药经济与管理类教材相比较，打破了以往单纯中医药院校或者单纯西医药院校组织编写的惯例。全国二十余所中、西医院校通力协作，经过多次讨论分工，充分发挥了各院校的优势、特色和专家的特长，保证了教材的质量。在编写过程中，还聘请了相关的专家，参与讨论、编写、审稿，因此，教材更具备实用性。

第五，创新性。这套系列教材共计20余本，涉及了医药管理与经济贸易专业的众多领域。其中有部分属新教材，填补了许多相关领域的教材空白。如《医药卫生信息管理学》、《医药物流管理》、《国际医药贸易》、《医疗服务营销》等教材都是第一次编写，对于高等中、西医药院校新兴的边缘学科的建设与专业教学的完善具有积极的推进作用。

三

推出这一套规模庞大的系列教材，是我们的一次尝试。由于在编写过程中，涉及许多院校的众多教师，人员庞大，加之一些学科是新兴学科，并无前例可鉴，因此，教材的一些章节可能差强人意，有些结论尚待商榷，这也是本套丛书的不足之处。敬请全国的同行专家不吝指正，以利于以后更好的改进和完善。

本套教材在编写过程中，既参照了国内外众多的专家学者的学术成果，同时也得到了江苏康缘药业股份有限公司和江苏先声药业有限公司的大力支持和资助，在此一并致谢！向为本套教材付出辛勤劳动的全体同仁表示衷心的感谢！！！医药管理与经济贸易类系列教材的编写必须与时代接轨、与社会主义市场经济相适应，这需要我们不懈的努力。

编委会

2004年7月23日

前　　言

医药市场调查与预测是医药市场营销学的一个重要分支。它是建立在医药市场营销学、医药经济学、现代管理学、统计学、数学、消费心理学以及医药学基本理论基础之上的一门交叉性和应用性的新兴边缘学科。

20 世纪 80 年代初，市场调查与预测被引入我国，随后得到广泛传播和应用实践。目前全国约有 40 余所医药高等院校设有医药经济与管理类专业，普遍开设了这门课程。由于医药市场和医药产品与其他行业相比，具有自己的特点，编写一部体现医药市场和医药产品特殊性，对医药市场调查与预测教学和实践活动有针对性指导作用的教材，具有重要理论和实践意义。

本教材的编写以"针对性、精练性、实用性和创新性"为指导原则，在基本内容上强调市场调查与预测的基本理论、方法和技术与医药市场和医药产品特殊性的有机结合，在知识体系上强调系统性和应用性的有机结合，在结构（体例）上强调创新性。力求做到特色突出、体系完整和结构清晰。

本教材是根据教育部高教司颁布的核心课程教学基本要求编写的，涵盖了医药经济与管理类专业学生所应掌握的基本知识、基本理论和基本技能。

本教材的使用对象以高等医药院校医药经济与管理类专业本专科学生为主，也适合于相关专业的成人教育、中等专业学校教师与学生使用，同时可用作医药企业从事市场营销、市场策划以及其他相关工作人员的培训和参考用书。

本教材的编著者以中青年学者为主，由大连医科大学孔祥金和潍坊医学院李伟主编，参加编写的院校有辽宁中医药大学、江苏大学、湖北中医学院、山东中医药大学、南京中医药大学、上海中医药大学和河南中医学院。

本教材编写分工如下（按章节顺序）：第一章 孔祥金；第二章 李伟、张黎；第三章 蔡小霞、魏巍；第四章 初炜；第五章 李习平；第六章 宋慧勇；第七章 李习平、张维纯；第八章 景浩、朱民田；第九章 陈颖；第十章 蔡小霞；第十一章 刘皎；第十二章 孔祥金、景浩、伊利；第十三章 李云伟、胡式良；第十四章 孔祥金、张文玉。

在编写过程中，得到了各编委所在院校领导的大力支持，在此，谨向他们表示真诚的谢意。

目前，医药市场调查与预测从理论到实践，都尚处于探索阶段，本教材乃一引玉之砖，由于编者的水平有限，难免有不足之处，甚至错误，敬请有关专家学者及广大读者批评指正，不吝赐教。

孔祥金
2007 年 8 月

目　　录

第一章　概　述

学习目标

通过本章学习，要求了解医药企业的概念和特点；熟悉医药市场的概念、主要类型和特点；掌握医药市场调查与预测的概念和主要类型；熟悉医药市场调查与预测的作用，了解市场调查与预测的产生和发展过程。

一个医药生产或销售企业在进行市场营销活动中，经常需要做出各种不同的营销决策，如开发什么产品？生产什么产品？主要竞争对手是谁？如何满足医药消费者的需求？如何定位产品的目标市场？如何确定产品价格？实施何种营销战略？这些问题只能通过医药市场调查与预测来解决。医药市场营销是从医药市场调查与预测开始。

第一节　医药企业与医药市场

医药企业是医药市场调查与预测的主要主体，医药市场是医药市场调查与预测的客体。因此，我们首先讨论医药企业和医药市场这两个与医药市场调查与预测密切相关的概念。

一、医药企业

（一）企业的含义

企业是指以营利为目的从事生产、流通或服务等经济活动，向社会提供商品或劳务以满足市场需要的基本经济组织。企业必须具有法人资格，实行自主经营、自负盈亏和独立核算。

按照企业的这一定义，我们可以知道企业具有如下特征：

1. 作为企业必须具备必要的组成要素

企业要从事生产、流通或服务等经济活动就必须拥有一定的生产要素，主要包括：①一定的生产设备和资本；②从事经营活动的场所；③从事生产和经营的人力资源；④要有自己的名称和组织机构。

2. 企业是一个营利性的经济组织

获取利润是企业的生产经营活动的重要目的，营利是企业再生产和扩大再生产的前提条件。当然，企业追求利润不是企业的惟一目的，获取利润的同时，企业还必须承担某些社会责任，否则，企业就不能取得长期的生存和发展。

3. 企业经营活动的原则是自主经营、自负盈亏、实行独立核算

自主经营是指在国家法制的框架内,企业根据市场需要,自主地对生产经营活动及内部管理制度做出决策,并付诸实施。自负盈亏是指企业独立地享有支配经营收益的权利和承担相应责任的义务的行为。

4. 企业经营活动的中心是向社会提供商品或劳务

向社会提供商品或劳务以满足市场需要,是企业经营活动的中心。以市场为平台,实现商品或劳务的交易,获取合理的利润。

5. 企业应具有法人资格

合法性是企业从事生产经营活动的首要条件。企业的设立必须依法律程序在国家政府有关部门登记备案,完成注册手续,才能享有相应权利,同时必须承担相应的义务。

企业可分为工业企业和商业企业两大类。工业企业是指从事工业性生产的经济组织,它利用科学技术、合适的设备,将原材料加工,使其改变形状或性能,为社会提供需要的产品,同时获得利润。商业企业是指从事商业性服务的经济实体,它以营利为目的,直接或间接向社会供应货物或劳务,以满足消费者的需要。

(二)医药企业的含义与特点

根据企业的一般定义,我们认为,医药企业指依法自主经营、自负盈亏、实行独立核算,以营利为目的向社会提供医药产品或劳务以满足市场需要的企业。

与其他企业相比,医药企业具有如下特点:

1. 医药企业产品的技术含量高

随着现代科学技术的发展,医药领域的研究工作,表现出越来越明显的多学科交叉性和综合性,产品含有技术的综合性和复杂性程度越来越高。一个医药新产品的研发要涉及医学、药学、生物学、化学等多学科的理论和技术,甚至在某些领域需要应用材料科学理论和技术。

2. 医药企业新产品的研发具有高投入性、长周期性、高风险性和高收益性

新药研究开发具有高投入性、长周期性、高风险性和高收益性等特点。目前,在发达国家,研究开发一个新药一般要8~12年,需要投入资金8亿~14亿美元,研发投资占企业销售额的比例是所有行业中最高的,约为所有行业平均水平的4倍,约占企业销售额的20%。研发投入的增长迅速,20世纪80年代初,在世界范围内,每个上市新药的平均投入为1亿美元,现在达12亿美元,同时研发周期也表现出逐渐延长的趋势。

新药研发具有高风险性,有关资料表明,在国际上,即使进入临床研究的新药,最终能够实现产业化并进入市场的仅有5%~10%,其研发风险之高居各行业之首。同时,进入市场的新药也存在着巨大的市场竞争风险。对投入市场并成功开发市场的新药,其投资回报率很高,尤其是拥有专利技术的产品,一旦形成技术垄断优势,利润高达100%,甚至可达到200%。

3. 医药企业的社会责任重大

作为经济实体的医药企业,追求经济效益是其主要经营活动目标,但是,医药产品是一种特殊商品,与人们生命健康密切相关,要求医药企业必须格外重视社会效益,对社会责任要有更深层次的理解,必须将防病治病、促进人类健康、保护人们生命安全作为企业的重要经营目标。2006年发

生的“齐二药事件”、“鱼腥草事件”和“欣弗”事件等，都反映出医药企业重视社会责任的重大意义。对医药企业来说，重视企业的社会责任，不但是对人们的生命健康负责，也是对企业的自身生存和发展负责。

4. 医药企业的生产经营活动过程法律规范多

由于医药产品与人们生命健康密切相关，世界各国对药品的生产经营都颁布了相关的法律，对其开发、生产、定价、销售、进出口等均有严格的专门法律进行规范、控制和管理。20 世纪 80 年代中期以后，我国陆续颁布和实施了《中华人民共和国药品管理法》、《药品非临床研究质量管理规范》(GLP)、《药品临床试验管理规范》(GCP)、《药品生产质量管理规范》(GMP)、《中药材生产质量管理规范》(GAP)、《药品经营质量管理规范》(GSP)、《药品流通监督管理办法》等一系列法律法规，对医药企业的产品研发、生产和经营活动进行规范管理。

(三) 目前我国医药企业存在的主要问题

我国医药产业经过 20 多年的发展之后，已初步建立起完整的医药工业体系，为医药产业进一步发展奠定了良好的基础。作为医药产业主体的医药企业也在发展之中，目前已有 50 多家原料药企业通过了美国 FDA 认证，增强了我国医药企业的标准化程度和国际竞争力。但是我国的医药企业仍面临许多亟待解决的问题。

1. 企业数量多，规模小

目前，我国的医药工业企业大概有 6300 多家(其中合资企业 1500 余家)，其特点可以概括为“一小二多三低”(企业规模小，数量多、产品重复多，产品技术含量低、研发能力低、管理能力及经济效益低)。企业数量多，规模小，没有形成规模经济。2005 年，我国医药工业总产值约为 4500 亿元人民币左右(《医药行业“十一五”发展指导意见》)，大约相当于美国的辉瑞制药公司同年的年销售收入。在沪深股市中，涉足生物制药的上市公司有近 70 家，总销售额超过 1 亿元的不超过数家，过千万元的也只有十几家。

我国经销医药产品的商业企业多达 13000 多家，为全球之最。医药流通领域企业过多，导致市场竞争无序，市场失控。相比之下，发达国家的药品市场集中度较高，且市场秩序规范。比如，在美国，全国前 10 位的药品经销企业控制着 95% 以上的市场份额，其中 3 家最大的企业控制着 90% 以上的市场份额；在日本，全国的药品经销企业大约 140 余家，其中前 10 位企业的销售量占市场总销售量的 50% 以上。

2. 产品以仿制为主，获利较低

我国医药企业的发展仍然停留在量的发展上，而缺乏拥有自主知识产权的产品。制药业以仿制药品为主，在能生产的 1500 多种化学药品中，有 97.4% 都是仿制品。由于研制新药的“创新难度大、周期长、投资高、风险大”等原因，国内制药企业通常走“低投入、低风险、高收益、短周期”的仿制之路。

从盈利能力来讲，拥有自主知识产权的药品的利润至少要比仿制药品高一倍甚至到两倍以上。仿制药的利润是相当低的，一般为 10%~15%。如果是具有自主知识产权的新药，其利润率可达 100%，甚至 200% 以上。

3. 产品结构单一，且产品重复严重

大部分制药企业的产品品种单一，仅能生产 1 个或两个品种。目前，仅生产干扰素的企业，全国有20多家,生产红细胞生成素和白介素的企业分别有10多家,生产雷尼替丁片和头孢氨苄胶囊,仅上海就有20多家企业。企业"个头小",产品结构单一,且重复严重,导致市场竞争激烈。

4. 新药研发投资严重不足

在发达国家,制药企业每年用于新药研发的投入一般是它年销售额的15%~20%,而我国的制药企业每年用于新药研发的投入一般是其年销售额的1%左右。大部分企业仍然热衷于"仿制"药品。

5. 缺乏高端原料药生产企业

目前,在全球2000余种化学原料药产品中,我国能生产1400余种,其年生产能力仅次于美国,位居世界第二位,其出口额大约占我国医药产品出口额50%,占全球原料药贸易额的1/4。另一方面,作为化学原料药的生产大国,只有60多种化学原料药在国际市场具有较强的竞争力。国内医药生产企业每年需要从国外进口大量的高端原料药。

(四)我国医药企业的发展趋势

1. 企业发展规模化

我国医药企业数量多,规模小,没有形成规模经济,没有与国际知名医药企业竞争的实力。随着产业结构的调整和企业改革的深化,一些实力较强的医药企业必将通过联合、并购、重组等方式,实现资源扩充、资产增值和资本扩张,形成具有国际竞争力的企业,参与国际医药市场竞争。这也是我国医药产业的发展方向。

2. 企业经营国际化

我国巨大的医药市场,已吸引越来越多的国际知名医药企业进入和投资,许多企业已将研发基地转移到我国,比如,辉瑞、罗氏等跨国制药企业纷纷在中国设立研发中心。这对提高医药研发水平将会起到积极的推动作用,同时,对我国医药企业的发展和成长也构成了威胁。因此,我国的医药企业在经营观念和发展模式上,必须与国际接轨,中国的医药市场已成为国际医药市场的组成部分,医药市场竞争将日趋激烈。

3. 生物技术药物将成为新药开发的重点

目前,全球投放市场的生物技术药物有140余种,广泛用于治疗癌症、艾滋病、冠心病等常见重大疾病,尤其在肿瘤治疗方面,生物技术药物已成为重要的治疗手段,治疗老年性疾病等疑难疾病的生物技术药物已成为新药开发的主要方向之一。

经过多年的发展,我国已建立起较为完整的生物技术研究开发体系,与发达国家相比,我国生物技术实验室技术差距不大,某些领域还处于领先水平,为生物药品的开发奠定了良好的基础。

4. 中药现代化的研究将为医药企业所重视

在化学药物研究开发方面,我们的技术与国际先进技术存在较大差距,中药是我国的传统医药,对中医理论的认识和研究,我们具有明显优势。因此,一些医药企业纷纷涉足中药研究领域,这也是我国最有可能形成具有自主知识产权优势的新药研究领域。

5. 原料药生产企业的国际竞争压力越来越大

中国是原料药生产大国,50%左右的原料药需要出口,对国际医药市场具有很强的依赖性,同时面临的国际竞争压力越来越大,西欧在高附加值的专利名药物的原料药生产领域中占据主导地位,我国则集中于通用名药物生产领域,原料药品种较为老化,在新的原料药和新的候选化合物开发方面明显不足。另一方面,由于成本、环境等因素,世界原料药产业正在向亚洲转移,中国和印度正在成为世界原料药的生产基地。近年来,印度原料药生产企业的国际竞争力增长较快,正在成为中国的强劲竞争对手,对于中国的原料药生产企业来说,在未来世界原料药市场的竞争中,必须不断增强技术优势、借鉴国际经营管理模式、实现规模化生产。否则,低成本优势将逐渐丧失,最终将丧失国际市场。

二、医药市场

(一) 医药市场的含义

市场是商品经济的产物,哪里有社会分工和商品经济,哪里就有市场。随着商品生产和商品交换的发展,市场也在不断扩大。市场有狭义和广义之分。

1. 狭义的市场

狭义的市场是指买卖双方进行商品交换的场所,即有形市场。这是一个空间概念,强调的是买卖双方实现交易的固定场所,如零售药店、中药材批发市场等。

2. 广义的市场

广义的市场是指商品交换关系的总和,包括有形市场和无形市场。无形市场是指没有固定的交易场所,而是通过中间商或其他交易方式,买卖双方实现商品交换。因此,随着商品生产和商品交换的发展,市场的含义也随之发生变化,市场不仅包括具体的商品交易场所,还包括买卖双方实现商品交换的各种关系。经济学中的市场概念就是从这个意义上理解和使用的。

市场营销学中,"市场是指一种产品(含劳务)的所有实际的潜在购买者的集合需求。"(美国市场营销协会定义)."市场是指一种产品的所有实际的购买者和潜在购买者的集合。"(菲利普·科特勒的定义)。在这里,市场专指买方和需求,可以说,营销学范畴中,"市场"等同于"需求"。"需求"受购买力和购买欲望的双重影响,就是说,有购买力,但没有购买欲望,或是有购买欲望,但没有购买力,都不能形成市场需求。与经济学中市场的概念相比较,市场营销学中市场的概念强调的是买方的集合或需求。

从市场营销学角度讲,医药市场是指某种或某类医药产品的实际购买者和潜在购买者需求的总和。根据这一定义,医药市场包含三个基本要素:人口、购买力和购买欲望。这三个要素之间是相互制约、缺一不可的,只有三者有机的统一起来才能构成市场,才能决定市场的规模和容量。人口是构成市场的首要要素,购买力和购买欲望决定市场需求。一般地描述为:市场=人口+购买力+购买欲望,或市场=人口+需求。

例如,一种价格昂贵的治疗高血压药,在农村,虽然高血压患者较城市多,但由于其缺乏购买力和购买欲望,市场需求有限,市场规模就不大;而对于城市人来说,由于有较强购买力和购买欲望,其市场规模就很大。

(二) 医药市场的分类

医药市场分类的方法较多,主要有以下几种:

1. 按医药产品的形态分类

按医药产品的形态分类,医药市场可分为实体医药产品市场和医疗服务市场。实体产品的种类繁多,可归纳为四大类:药品(化学药品和中草药)、医疗器械、医用试剂及其他。其中,药品市场又分处方药市场和非处方药市场。本书主要研究的是实体医药产品市场。

2. 按购买者的性质和购买目的分类

按购买者的性质和购买目的分类,医药市场可分为消费者市场和经营者市场。消费者市场中的购买者包括个人和各类医疗保健机构,前者购买医药产品的目的是为了满足个人健康保健需要,后者购买医药产品的主要目的是为了向人们提供医疗保健服务;经营者市场包括医药产品的生产者和各类中间商,其中,生产者购买的主要是生产实体医药产品的原材料,他们的购买目的是为企业获得利润。

3. 按流通环节分类

按流通环节分类,医药市场可分为批发市场和零售市场。医药批发市场上游连接着医药产品生产企业,下游连接着医药产品零售企业,交易对象是生产企业和零售商。医药零售市场是向个人、家庭和非生产性消费需求机构(主要是各类医疗保健机构)提供医药产品。

4. 按空间地域范围分类

按空间地域范围分类,医药市场可分为国际市场、全国市场和地区市场;城市市场和农村市场等。

(三)医药市场的特点

医药行业是一个特殊的行业,医药产品是特殊产品,关系到人的生命、健康和安全。因此,医药市场与其他产品市场相比较有以下特点:

1. 医药市场的集中度比较高

医药产品的需求主要集中在城镇。有关资料表明,我国医疗资源的85%集中在城市,医药产品的消费也主要集中在城市,以药品消费为例,城镇占药品消费的80%,农村约占20%;全国有约80%以上的药品是通过各类医疗保健机构销售到消费者手中,只有约20%是通过零售药店卖给消费者的。

2. 个人消费行为的特殊性

医药产品的个人消费基本属于被动消费,专业知识的特殊要求使一般个人消费者对医药产品的了解知之甚少,或根本不了解,专业人员(医生和药剂师)的消费引导性很强。也就是说,在很大程度上,消费者购买决策权掌握在专业人员手中,实际上,消费者与相关专业人员之间形成了一种特殊“委托—代理”关系,其特殊之处在于这种“委托”是不自觉的或不自愿的。

3. 需求弹性较小

经济学中的弹性理论根据商品供求价格弹性的大小,即商品供求量变动对价格变动反应灵敏度的大小,将商品分为富有供求弹性商品、缺乏供求弹性商品等。医药产品,特别是药品作为一种特殊商品,其供给弹性非常大,而其需求弹性却非常小,消费者对医药产品的价格变动不很敏感。药品是用来防病治病的,消费者不会因为价格高,就不购买,同样,在不需要的时候,也不会因为药品价格降低而大量购买。从某中意义上说,药品的市场价格对药品市场供求的调节机制失灵。

4. 政府直接干预

医药产品,特别是药品作为直接涉及人民健康的特殊商品,其研发、生产、定价、销售、进出口等均受到严格的特殊法律的规范、控制和管理;没有新药证书和生产许可证的药品、没有经过GMP

等管理规范认证的企业不能合法进入医药市场。

5. 营销人员的专业化水平要求较高

医药产品的特殊性,要求医药营销人员必须具备较高的专业化水平。要求医约营销人员既要掌握医药理论知识,也要精通市场营销理论和技巧,同时还要了解和熟悉相关的医药法规。

三、医药企业与医药市场的关系

医药企业是医药产品的生产者和提供者,是最重要的医药市场主体,这里的医药市场是广义的市场概念,而不是市场营销学中的市场概念。没有医药企业就没有医药产品,没有医药产品就不存在医药市场。

医药企业的生存和发展离不开医药市场。医药企业是以营利为目的经济组织,它的全部经济活动是以医药市场为场所,在医药市场中进行的。其生产要素要从医药市场购买,产出的医药产品要通过一系列的营销活动,由医药市场中销售出去。

对医药企业而言,医药市场既是其开展经济活动的平台,又是其为生存和发展展开竞争的战场。作为医药企业外部环境的医药市场,为任何医药企业提供的市场机会都是均等的,谁能及时地抓住市场机会,准确地判断市场发展变化趋势,谁就能站稳市场、赢得市场、扩大市场,否则,谁的市场就要萎缩,甚至退出市场。

从某种意义上说,市场经济就是竞争经济,谁在市场中取得了竞争优势,谁就赢得了生存和发展空间。因此,医药企业必须对医药市场的现实需求及其发展规律进行研究,市场研究的首要工作就是进行市场调查与预测,通过市场调查与预测,了解和掌握医药市场发展的历史和现状信息,判断未来医药市场发展变化的趋势,为确定产品的市场定位和制定正确的市场营销战略提供依据。

第二节 医药市场调查的概念与分类

一、医药市场调查的概念

市场调查的英文是 Marketing Research,也被称为市场调研、营销调研、市场研究等。由于研究的切入点和认识上的不同,加之市场调查与预测学科本身处于不断发展和完善之中,导致人们对市场调查的定义给出不同的表述。

美国市场营销协会(AMA)对市场调查的定义是:市场调查是对商品或服务市场相关问题的全部数据进行系统计划、搜集、记录、整理和分析的过程。

营销学大师菲利普·科特勒对市场调查的定义是:市场营销调查是系统地设计、搜集、分析和提出数据资料以及提出与企业所面临的特定营销状况有关的调查结果。

我们认为,医药市场调查是指在市场营销观念的指导下,以满足医药消费者需求为中心,运用科学的方法,搜集、记录、整理、分析和研究有关医药市场各种基本状况及其影响因素的信息资料,并提出解决特定的医药市场营销问题建议的过程。

这个定义有以下几方面的含义:

(1) 医药市场调查是一个系统过程,医药市场调查不仅仅简单地搜集、记录、整理、分析和研究有关医药市场信息资料，而是一个经过周密组织和策划的、由一系列环节和步骤组成的工作过程，在这一过程当中，各项工作既具有独立性，又具有高度的统一性，相互联系、相互依存，共同组成完整的医药市场调查过程。

(2) 医药市场调查是为解决特定的医药市场营销问题而进行的，是一个有明确目的的活动。医药市场调查本身不是目的，它服务于医药市场营销活动，其最终目的是为医药企业制定正确的市场营销决策提供依据。

(3) 医药市场调查必须采用科学的方法和技术，包括信息收集的方法与技术、数据资料处理的方法与技术，以及统计分析方法与技术等。只有采用科学的方法和技术，才能保证调查结果的客观性和准确性。

(4) 从本质上讲，医药市场调查是一项市场信息工作，它依据科学的方法和技术，按照一定的工作程序，收集、整理、分析和研究医药市场信息。信息管理的全部职能在医药市场调查过程中都能得到体现，特殊之处就在于其研究对象为医药市场信息，并为医药市场营销决策服务。

二、医药市场调查的范围

根据医药市场调查的范围不同，可分为狭义医药市场调查和广义医药市场调查。

狭义医药市场调查把医药市场定位于医药产品的销售对象，认为医药市场调查就是对医药产品消费者的调查研究，其主要任务是对消费者的结构、类型、消费需求、购买能力、购买动机与行为以及满意度等方面的市场情报进行搜集、整理和分析，为企业制定正确的营销策略提供依据。

广义医药市场调查把市场调查的范围扩展为与医药市场营销活动的所有方面，除了对医药产品消费者进行调查研究外，还对构成医药市场的其他要素进行调查研究，包括：①作为医药市场细分依据的市场状况调查(如目标市场、产品定位和市场供求调查等)；②市场结构与竞争对手调查(如基本情况、市场份额、营销网络、营销政策调查等)；③市场营销组合要素调查(如产品调查、价格调查、促销调查、分销渠道调查等)；④其他方面市场调查(如品牌形象调查等)。

目前，国内外大多数学者倾向于将广义市场调查范围作为市场调查的范畴。本书医药市场调查的定义是广义的市场调查。

三、医药市场调查的类型

医药市场调查有许多种类型，按研究问题的目的和性质，可将其分为探索性调查、描述性调查、因果性调查和预测性调查。

1. 探索性调查(exploratory research)

探索性调查用于探询医药企业所要研究问题的一般性质。调查组织者在研究之初对所欲研究的问题或范围还不很清楚，不能确定到底要研究些什么问题。这时就需要应用探测性研究去发现问题、形成假设。

探索性研究的基本目的是提供一些资料以帮助调查者认识和理解所面对的问题，不是为了揭示问题的本质。它是为了帮助调查者将问题定义得更准确些、帮助确定相关的行动方向或获取更多的有关资料。探索性调查不需要制定正式完整的调查方案和大样本调查，一般通过文案资料的搜集，或向行业专家咨询来完成。主要以定性研究为主。

2. 描述性调查(descriptive research)

描述性调查的主要目标是对市场调查问题所涉及的各种变量的特征或功能等作尽可能全面

的和准确的描述，并不涉及问题的本质及影响市场发展变化趋势的内在原因。它是一种最基本、最一般的市场营销调查。

与探索性调查相比，描述性调查的目的更加明确，研究的问题更加具体。描述性调查主要目的是对市场调查问题的各种变量作尽可能准确的描述，主要回答的是“什么”、“何时”、“如何”等问题，并不回答“为什么”的问题。描述性调查虽是一种结论性研究，但其研究结果，主要是描述市场的特征或功能，并不涉及变量间相互关系的研究。描述性调查需要制定周密的调查方案，并依据调查方案利用各种调查方法搜集信息资料。

常见的描述性调查有：

(1) 市场分析。主要是对医药市场一般状况的调查，如市场结构、主要竞争者、市场供求状况、市场容量等的调查。

(2) 产品销售调查。主要是对企业产品销售情况的调查，如产品的市场占有率、销售量及其变化趋势等的调查。

(3) 产品分析。主要是对市场同类产品基本状况的调查，如产品特征、产品质量与功效、产品生命周期、产品包装等的调查。

(4) 产品分销渠道调查。如物流模式、分销商的数量与地理分布等的调查。

(5) 产品价格调查。主要是对市场同类产品的价格水平、价格变动趋势等的调查。

此外，还有产品品牌调查、产品广告调查、新产品开发调查、企业形象调查等。

3. 因果性调查(causal research)

因果性调查的目的在于探求医药市场有关关联现象或变量之间的因果关系。在医药市场营销过程中，存在着各种变量关系，既有企业可以控制的变量，如本企业某种产品的产量、价格、促销费用和营销人员的配备等；也有企业不能控制的变量，如本企业某种产品的销售量、其他企业同类产品的供给量等。描述性调查可以说明这些变量间的相互关系，但要阐述某一变量是否影响或决定其他变量的变化，以及影响的程度，就要通过因果性调查来完成。描述性调查主要回答“什么”、“何时”、“如何”等问题，因果性调查则寻找“为什么”的问题，探求问题的本质，即何为自变量，何为因变量，以及自变量和因变量之间相互联系的特征。市场实验调查法是因果性调查的主要研究方法。

4. 预测性调查(Predictive research)

预测性调查是企业为了推断和测量医药市场的未来变化趋势而进行的研究。预测性调查以描述性调查和因果性调查为基础，运用科学的预测技术，对医药市场未来的变化趋势进行判断和估计。它对企业制定有效的市场营销计划，具有重要的意义。

此外，医药市场调查还有其他分类方法，比如，按市场调查主体的不同，可分为企业的医药市场调查、政府部门的医药市场调查、社会组织的医药市场调查和个人的医药市场调查；按市场调查区域范围的不同，可分为地方性医药市场调查、地区性医药市场调查、全国性医药市场调查和国际医药市场调查；按市场调查主题范围的不同，可分为专题性医药市场调查和综合性医药市场调查等。

四、医药市场调查的特点

医药市场调查与其他行业的市场调查相比，具有明显的特点，主要表现在以下几个方面：

1. 专业性强

医药市场调查从调查方案的设计到最终调查信息资料的统计处理与分析，要求调研人员不但要具备进行一般市场调查所需的统计学、数学和市场营销学等相关专业知识，而且需要具有良好的医学、药学和生物学等方面的知识背景。

2. 调查对象特殊

医药市场调查中的药品市场调查的主要对象是医生等专业人员和特殊的消费群体（患者或其家属）。医生在医药产品，特别是药品的消费中起着特殊的作用，而医药产品的消费者（患者）的消费行为是被动性的和非理性的，自己的消费选择权极其有限。

3. 政策性强

医药产品与人们的健康，甚至生命密切相关，政府部门对医药产业的法律性、政策性规定很多，从产品研发、生产到销售，各个环节都有相关的法律法规限制。因此，要求从事医药市场调查工作的各级研究人员必须具有与医药产品和医药市场相关的法律法规知识。

第三节 医药市场预测的概念和分类

一、医药市场预测的概念

医药市场预测是在医药市场调查的基础上，根据市场历史和现状信息，运用科学的方法和技术，对医药市场未来的发展趋势进行估计、测算和判断，得出符合逻辑的结论的活动和过程。其最终目的也是为医药企业的市场营销决策提供依据。

这个定义有以下几方面的含义：

（1）医药市场预测是以医药市场调查所获得的市场信息资料为依据，没有市场调查，不可能得出科学的市场预测结论。

（2）和医药市场调查一样，医药市场预测本身不是目的，它也服务于医药市场营销活动。

（3）医药市场预测的主要任务是采用科学的方法和技术，对医药市场未来的发展趋势进行估计、测算和判断。

（4）根据历史和现状信息资料，探索各种市场变量之间的内在联系，发现医药市场发展的内在规律性，这种规律性是医药市场预测的基本原理。

医药市场预测的内容非常广泛，如某种医药产品的市场供求趋势预测、价格变动趋势预测、市场占有率预测、新药开发前景预测等。

二、医药市场预测类型

（一）按市场预测的性质分类

1. 定性预测

定性预测是指通过市场调查对医药市场的发展规律进行分析和判断，预测其未来发展变化趋势。它是经验形态的预测，只能对市场未来发展变化趋势进行推测和估算，而不能揭示市场变化及其影响因素间的数量关系。常用的预测方法有因素分析预测法、专家意见集合法、专家会议预测法、德尔菲法等。

定性预测通常是在市场数据难于获得，或没有必要去收集详细的数据资料时，由专业人士以其个人的经验、知识和历史材料为依据，对市场未来发展变化趋势做出判断和预测。

定性预测的优点是：简便易行、速度快、费用少，不需要复杂的计算公式和数学工具，使用面较广，有一定的科学性。同时，还能够考虑国家医药管理政策等宏观环境因素对市场未来发展变化趋势的影响。其不足是：对市场变化及其影响因素间的数量关系难以做出量化的说明。

2. 定量预测

定量预测是指根据市场调查所收集到的历史数据，通过建立数学模型，预测医药市场未来发展变化趋势。它是一种知识形态的预测，适用于原始数据比较充裕或数据来源多且稳定情况下的市场发展趋势预测。常用的预测方法有时间序列分析预测法和回归分析预测法。

定量预测的优点是：以数学模型作为预测手段，精确度比较高，不受人为的因素影响，有利于保证预测的科学性和客观性；对市场变化及其影响因素间的数量关系可以做出量化的推断；可以估算出预测结果的误差和可信度。其不足是：对数据资料的质量和数量以及数据资料的时效性要求较高；需要熟悉预测技术的专业人员；费用比较高；对市场宏观环境等不可控因素的影响难以预测。

（二）按市场预测的时间分类

1. 短期预测（Short-term Forecast）

短期预测是指年度、季度或月度预测。市场预测中大量采用的是短期预测。短期预测主要是为企业的日常经营性决策提供依据，医药零售商常用之。

2. 中期预测（Medium-term Forecast）

中期预测是指一至五年时间长度的市场预测。其目的是为企业制定中期发展计划提供依据。中期预测常用于医药市场潜量、市场供求变动趋势以及价格变化等方面的预测。医药生产商、销售中间商常用之。

3. 长期预测（Long-term Forecast）

长期预测是指五年以上较长时间的市场预测。通常用于对企业产品生产和销售的发展方向，新药开发的发展趋势，生产要素供应变化趋势，消费趋势等方面的预测。主要目的是为企业制定长远发展规划和企业战略提供依据。医药生产商常用之。

（三）按预测的空间范围不同分类

1. 国际医药市场预测

国际医药市场预测是将国际医药市场发展趋势或市场潜力作为预测对象。跨国经营企业，特别是准备进入国际市场的企业经常进行国际市场预测。

2. 全国医药市场预测

全国医药市场预测是将某种产品国内市场的需求和竞争态势作为预测对象。对将全国市场作为目标市场的企业来说，必须了解和掌握全国医药市场的发展变化趋势。

3. 地区医药市场预测

地区医药市场预测是将某个地区的目标市场作为预测对象。主要是进行企业产品的销售趋势和市场占有率、目标市场的市场潜力等方面的预测。

第四节 医药市场调查与预测的作用

就医药市场而言，无论是国际市场，还是国内市场，都处于发展阶段，尤其是国内市场发展潜力巨大，但市场成熟程度较低，发展过程中的各种市场关系错综复杂。通过市场调查，医药企业不仅可以了解市场的过去和现在，而且能预见其发展变化的趋势，对企业制定正确的市场营销决策具有重要意义。

（一）有利于医药企业进行正确的市场定位

市场定位是指企业在外部环境分析（包括宏观环境分析、产业环境分析和竞争对手分析）的基础上，依据自身内部条件（经营资源和经营能力）等具体情况，正确选择目标市场的行为和过程。

任何医药企业的市场营销策划活动，必须以企业外部环境分析和内部条件分析为依据，只有通过市场调查，才能了解和掌握医药市场各种变量及其影响因素的基本状况及其发展趋势，明确企业内部条件所具有的优势和存在的劣势，为企业的市场细分、确定目标市场和产品定位提供依据。离开了市场调查，对企业内外环境的分析只能是一种主观臆测。

（二）有利于医药企业制定正确的市场营销战略

市场营销战略是企业为实现既定的市场营销目标，在对复杂的营销环境进行分析、判断，并预测其发展趋势的基础上，而做出的长远性、全局性的市场营销活动规划或行动方案。市场营销战略包括产品开发战略、市场进入战略、竞争战略、市场扩张战略、营销组合战略、国际营销战略等。

与市场定位一样，医药企业制定营销战略，也必须通过市场调查，了解和掌握企业外部环境（即营销环境）的基本状况及其发展趋势，了解和掌握企业自身的经营资源和经营能力，才能在制定营销战略时，使企业的资源、活动范围和营销目标在可以接受的市场限度内与企业外部环境所提供的各种市场机会相协调，使营销战略更具科学性和可实施性。

（三）有利于医药企业制定正确的新产品开发策略

通过市场调查，了解本企业产品处于产品生命周期的哪一个阶段，了解仿制品、替代品的市场营销状况，以及其他企业的新药开发状况等。快速有效地获取上述市场信息，对企业调整自己的营销策略、进行产品更新换代决策和制定新产品开发战略是至关重要的。

（四）有利于医药企业制定正确的市场营销组合策略

在医药市场中，药品与其他产品相比具有特殊性，主要表现在：①药品需求弹性较小；②药品具有一定的有效使用期限；③药品消费的非主动性（主要是指医生或其他专业人员对患者购买医药有重要影响作用）；④药品市场的集中度较高；⑤政府干预政策与措施较多且严格；⑥营销人员的专业化水平要求较高。

医药市场的上述特点，决定医药企业在制定药品的市场营销组合策略时，要考虑的市场影响因素要大大多于一般的商品。企业必须进行周密的市场调查，掌握尽可能全面的市场信息，方能制定正确的市场营销组合策略。

第五节 医药市场调查与预测在中国的发展与应用

（一）市场调研与预测的产生与发展

市场营销学是市场经济的产物，作为市场营销学重要分支的市场调查与预测也是随着市场经济的产生而产生，并随着市场经济的发展而发展的。其发展过程大致经过了三个阶段：

1. 市场调查与预测的萌芽阶段

从20世纪初至30年代末，市场调查与预测产生于美国。当时，出于对产品和市场研究的需要，美国的一些企业成立了市场调查机构，并进行了市场调查与预测活动，例如，出版商柯蒂斯出版公司在1919年对其读者进行了市场调查，将收集到的资料作为公司出版业务的依据等。与此同时，学术界也开始重视市场调查领域的研究工作，哈佛商务学校和西北商业学校分别成立了商务调查研究所。随着上述市场调查实践和研究活动的开展，市场调查与预测理论随之建立起来。

2. 市场调查与预测的成长阶段

从20世纪30年代末到50年代初，市场调查与预测学科进入成长阶段。随着统计分析技术，特别是抽样技术的进一步发展、完善和广泛应用，使市场调查与预测的理论和技术趋于完善。1937年，美国市场营销协会组织专家编写出版了《市场调查技术》一书，该书对促进市场调查与预测学科体系的形成和发展起到了积极的推动作用。此后，美国各大学商学院纷纷开设市场调查与预测课程。

3. 市场调查与预测的发展阶段

20世纪50年代以后，市场调查与预测学科进入高速发展期。第二次世界大战以后，随着科学技术和现代管理技术的快速发展，一些主要资本主义国家的经济也快速复苏并进入高速发展阶段，买方市场逐渐形成，市场上产品供过于求，市场竞争日趋激烈，消费行为和观念的改变，促使企业开始树立以消费者为中心的现代市场营销观念。为了了解和掌握市场变化趋势，提高产品的市场占有率，提高产品的销售量，企业开始广泛应用市场调查与预测技术，开展市场调查活动。市场调查与预测的广泛应用，又促进了学术界对市场调查与预测的理论、方法和技术的更深入的研究。至今，市场调查与预测学科体系仍在不断发展和完善之中。

（二）医药市场调查与预测在中国的发展和应用

20世纪80年代初，我国开始由西方引入先进的现代企业管理理论，如企业管理、市场营销等，市场调查与预测就是这时进入中国的。市场调查与预测在我国的发展可分为三个阶段。

20世纪80年代初，市场调查与预测进入中国。和市场营销观念一样，市场调查与预测伴随市场经济而产生和发展的，当时，我国实行的还是计划经济体制，市场调查与预测的应用受到诸多因素的限制，这一时期，学术界将其作为现代企业管理理论体系的组成部分，进行探索和研究。

到20世纪80年代中期，一些高等院校开始尝试开设市场调查与预测课程。进入90年代以后，随着社会主义市场经济体制的建立，为市场调查与预测的快速发展提供了环境条件，市场调查与预测进入大发展阶段，越来越多高等院校经济类和管理类的专业开设《市场调查与预测》课程，各类教材和专著相继出版，市场调查与预测的理论、方法和技术不断完善，并逐步形成了具有自己特色的市场调查与预测的理论、方法和技术。与此同时，越来越多的国内企业开始重视和应用市场调查与预测技术。国际许多著名的市场调查公司进入中国，如盖洛普公司、AC 尼尔森公司等，国内合资或独资的市场调查公司也纷纷成立，如央视市场研究股份有限公司（由中国国际电视总公司和世界排名第三的市场研究集团 TNS 合资组建）、北京零点研究集团、华南国际市场研究公司等。据有关资料统计，目前国内的专业市场调查公司有 2000 多家。

随着市场调查与预测的引入、传播和发展，以及社会主义市场经济体制的建立，我国的医药企业开始将市场调查与预测的理论、方法和技术应用于实践。

在计划经济体制下，我国医药企业的生产经营活动由上级主管部门计划安排，产品生产和流通由政府部门统购统销，市场是卖方市场。随着社会主义市场经济体制的建立，到 20 世纪 90 年代中期，医药市场的某些产品开始出现供过于求的现象，市场竞争也日趋激烈，到 20 世纪 90 年代末期，医药市场全面形成买方市场，绝大多数产品供过于求，市场竞争更加激烈。一些医药企业为了了解和掌握市场竞争环境和市场需求变化趋势，开始应用市场调查与预测技术进行市场调查，对其市场营销活动产生了积极的效果。

但是，医药市场调查与其他行业的市场调查活动相比，具有自己的特殊性，这是由医药市场和医药产品的特殊性决定的。因此，一些专家学者针对医药市场和医药产品的特点，在结合市场调查与预测的基本理论、方法和技术的基础上，开始进行医药市场调查与预测的研究和探讨，并取得了许多成果，这些成果在医药市场调查与预测活动中发挥了积极的指导作用。

本章小结

医药企业是指依法自主经营、自负盈亏、实行独立核算，以营利为目的向社会提供医药产品或劳务以满足市场需要的企业。与其他企业相比，医药企业具有自己的特点。

医药市场是指某种或某类医药产品的实际购买者和潜在购买者需求的总和。医药市场的特点有：①医药市场的集中度比较高；②个人消费行为特殊性；③需求弹性较小；④政府直接干预；⑤营销人员的专业化水平要求较高。

医药市场调查是指在市场营销观念的指导下，以满足医药消费者需求为中心，运用科学的方法，搜集、记录、整理、分析和研究有关医药市场各种基本状况及其影响因素的信息资料，并提出解决特定的医药市场营销问题建议的过程。其最终目的是为医药企业制定正确的市场营销决策提供依据。按研究问题的目的和性质，医药市场调查可分为探索性调查、描述性调查、因果性调查和预测性调查。

医药市场预测是在医药市场调查的基础上，根据市场历史和现状信息，运用科学的方法和技术，对医药市场未来的发展趋势进行估计、测算和判断，得出符合逻辑的结论的活动和过程。其最终目的也是为医药企业的市场营销决策提供依据。按市场预测的性质，可分为定性预测和定量预测；按市场预测的时间，可分为短期预测、中期预测和长期预测；按预测的空间范围；可分为国际市场预测、国内市场预测和地区性市场预测。

进行医药市场调查与预测对企业制定正确的市场营销决策具有重要意义：①有利于医药企业进行正确的市场定位；②有利于医药企业制定正确的市场营销战略；③有利于医药企业制定正确的新产品开发策略；④有利于医药企业制定正确的市场营销组合策略。

随着市场调查与预测的引入、传播和发展，我国的医药企业开始将市场调查与预测的理论、方法和技术应用于实践。到 20 世纪 90 年代末期，随着医药市场全面形成买方市场，医药企业为了满足市场营销活动的需要，广泛应用市场调查与预测技术进行市场调查工作。同时，医药市场营销方面的专家学者结合医药市场和医药产品的特点，开始进行医药市场调查与预测研究和探讨。

思考与练习题

一、名词解释

医药企业　医药市场　医药市场调查　医药市场预测

二、选择题

1. 医药市场调查有许多种类型，按研究问题的目的和性质，可分为(　　　　)。

A. 探索性调查　B. 描述性调查　C. 因果性调查　D. 预测性调查。

2. 按市场预测的性质分类，医药市场预测可分为(　　　　)。

A. 定量预测　B. 定性预测　C. 药品市场预测　D. 医疗服务市场预测

三、填空题

1. 按医药产品的形态分类，医药市场可分为(　　　　)和(　　　　)。
2. 按购买者的性质和购买目的分类，医药市场可分为(　　　　)和(　　　　)。
3. 药品市场可分为(　　　　)和(　　　　)。
4. 医药市场调查的目的是为医药企业制定正确的市场营销决策(　　　　)。

四、简答题

1. 医药企业和医药市场各有什么特点？
2. 医药企业与医药市场的关系是什么？
3. 医药市场调查有哪些类别？
4. 医药市场调查的特点是什么？
5. 医药市场定性预测和定量预测的优缺点是什么？
6. 医药市场调查与预测的作用是什么？
7. 简述医药市场调查与预测在中国的发展过程。

（孔祥金）

第二章 医药市场信息系统

学习目标

通过本章学习，要求掌握医药市场信息的概念和特点；熟悉医药市场信息的功能和分类；掌握医药市场信息系统的含义和构成；熟悉医药市场信息系统构建的前提、原则和程序。

现在，我们生活在信息时代(Information Age)——一个知识成为生产力的时代。信息给人类社会带来了充满生机的、快节奏变化的经济环境，现代医药企业对市场信息的需求越来越多，市场信息对现代医药企业获取市场竞争优势的重要性也越来越突出。医药企业要想及时有效地寻求和发现市场机会，对营销环境中可能出现的变化与问题做出准确的预测，就必须进行有效的市场信息管理，及时地、系统地收集、加工和应用各种医药市场信息。

第一节 医药市场信息的概念和特点

一、医药市场信息的概念

(一) 信息(Information)的含义

信息是一种与人类社会活动息息相关的事物，在人类社会的发展历程中，载满了信息活动的演进与变革。有学者认为，人类历史可以被五次巨大的信息变革划分为五种信息时代，这些信息变革分别是：语言的诞生、文字的诞生、印刷术的诞生、利用电磁波技术和计算机技术。在今天的经济社会中，面对周围以惊人速度变化着的经济环境，我们意识到应该更好地去了解信息，应用信息。

1. 信息的定义

究竟如何来定义信息呢？《辞源》中对信息的解释是："信息是系统有序程度的度量"、"信息是人们对外界事物的某种了解和知识，它能减少人们决策时的不确定性。"可以看出，一方面，信息是一种客观存在，并不以是否被人们接收而转移；另一方面，信息是信息源所发生的各种信号和消息被人们所感知、接收、认识和理解的内容的统称，它能使人们获得一定的认识，这种认识对人们的思想或活动产生影响。所以，哲学界认为信息具有物质和意识"桥梁"的特殊意义。现代哲学认为，信息是物质与能量并存的一种自然现象。中国的通讯工作者则认为，信息代表着某一种抽象的连续传递、交换、存贮和提取的内容。情报科学领域常用数据（Data）、信息（Information）和知识（Knowledge）这一组概念来表达情报领域中传输的内容。日本情报学家长谷寿彦和梨山修认为，“存在一个发生源和吸收源，当发生源发生的信号被吸收源所理解时就成了信息。”

此外，许多其他领域的学者和信息工作者也对信息做了不同的定义。目前，有关信息的定义大约有100多种，以下是几种有代表性的信息定义：

（1）申农在《通信的数学理论》中提出：“信息是能够用来消除不确定性的东西。”

（2）维纳在《控制论：动物和机器中的通信与控制问题》中认为：“信息既不是物质，也不是能量，信息就是信息。”

（3）斯蒂芬·哈格教授在《信息时代的管理信息系统》中提出，信息可简单地定义为那些在特定背景下具有特定含义的数据。

（4）钟义信教授在《论信息》一书中认为，信息是事物运动的状态和方式。

（5）黄学忠教授在《经济信息与管理》一书指出，信息是客观世界各种事物变化和特征的反映。

（6）刘长林教授在《信息的哲学本性》一书中指出，信息是被反映的事物属性。

（7）我国的权威性工具书《辞源》中解释道，“信息就是收信者事先所不知道的报道。”

信息的定义之所以不统一，原因在于：首先，信息本身具有复杂性，是一个多元化、多层次、多功能的综合体；其次，由于信息科学尚不够发达，人们对信息的内涵、外延还不确定，一些重要概念正处于多定义并存的阶段，还未进入到统一的本质概念阶段；最后，不同国家、地区的人们出于不同的研究目的，从不同的角度出发，会对信息作用产生不同的理解和解释，从而对信息做出不同的定义。这样，难免产生对信息认识和定义的差异化和多样化。

2. 信息的三个维度

我们可以从信息的三个维度——时间、空间和形式来确定人们对信息的需要。

（1）时间维度。信息的时间维度包括两方面：一是在需要的时候及时获得信息；二是与正要做的事情相关的信息。第一个方面阐述了信息的及时性，因为信息会变得陈旧与过时。例如，若想进行股票交易，你就要知道即时的股票价格，如果得到的信息

信息框

比较知识☞

信息与消息：信息以消息（Massage）作为载体来传递，并且在传递的内容中，只有那些对接收者具有一定价值、能满足接收者某种特殊需要的部分才是信息。

信息与数据：信息与数据（Data）息息相关，数据是信息的载体，信息是对数据的解释。信息是经过加工后的数据，对接收者存在着直接或潜在的价值。对于任何一个子系统来说，它接受的总是数据，输出的总是信息。

信息与知识：信息是知识（Knowledge）的一部分，人们在社会实践中，通过思维活动，对普遍存在的大量的信息进行选择、处理而组成系统化的知识。因此，信息是知识的原料，知识是信息的结晶。

信息与情报：情报（Intelligence）是一种特定的信息，是传递着的能为接受者理解并对接受者有用的反映人类社会某项事物动态的信息。

落后了,你就会被市场淘汰。第二方面阐述了信息的相关性,只有相关的信息才是有用的信息。例如,在做某个项目时,你需要到互联网上查找资料,这时你会通过搜索引擎去查找与自己的项目有关的信息,而不去理会其他五花八门的信息,否则就会无端地浪费时间。

(2) 空间维度。信息的空间维度阐述了信息的便利性,即不管人们在哪里,都能够获得信息。无论你是在家里、课堂上、办公室,还是飞机上、旅馆里,都可以获得一些你需要的信息。当然,在地球的任何一个角落,我们都可以利用英特网来获得所需的信息。

(3) 形式维度。信息的形式维度包括两方面:第一是信息以最恰当的形式(文字、声音、影像和动画等)被提供;第二是信息的准确性,即我们需要的是无差错的信息。错误的信息往往会带来更多的错误和麻烦。

基于上述信息维度的存在,我们必须保证得到和提供的信息具有及时性、相关性、便利性、呈现性和准确性,使信息真正成为有价值的资源。

(二) 医药市场信息(Medical Marketing Information,MMI)的概念

1. 市场信息(Marketing Information,MI)的概念

市场信息属于社会经济信息的范畴,它是在一定时间和条件下,同市场商品交换以及与之相联系的各种服务有关的消息、情报、数据资料的总称。或者说,市场信息是市场经济运行中,各种事物发展变化和特征的真实反映。

市场信息是商品经济的产物,而且随着商品经济的发展而发展,具有广泛性和多样性特征。就性质而言,市场信息是对市场运行过程与状况的客观描述,是各种经济事物运动变化状态及其相互联系的现实表现。在形式上,市场信息一般通过商情、广告、报表、凭证、合同、货单、文件、书信、语言、图像和网络等来表现。

2. 医药市场信息(Medical Marketing Information,MMI)的概念

医药市场信息是在一定时间和条件下,与医药市场营销活动相关的各种消息、情报和数据资料的总称。医药市场信息反映医药市场营销动态,包括消费者心理、竞争状况、市场供求态势、产品研发状况及新药上市情况等,是医药企业借以了解医药市场及其消费者,提供医药产品和服务的重要资源。

医药市场信息不同于一般市场信息,由于医药市场信息对医药企业的决策有着举足轻重的作用,人们对此类信息有更高的量与质的要求。

(1) 对信息量的要求。信息量指的是对信息确定程度的量度,信息量是消除人们对某一事物认知的不确定程度高低的主要指标。如果信息的获得能较大程度地消除人们对同类或相关事物认知的不确定性,则信息量较大;反之,信息量较小。由于医药市场信息工作者及其他接收者要求对信息源的发展变化有十分准确的了解,以减少医药生产和消费中决策的不确定因素,所以医药市场信息需要有较其他市场信息更充足的信息量。

(2) 对信息质的要求。既然信息是一种知识工作者的劳动产品,那么我们不仅可以测度它的量,而且还可以测度它的质。信息的质是一个主客观属性相统一的概念。也就是说,人们在测度信息质的时候带有一定的主观性,这种主观性又与信息使用者的素质及社会信息化程度相联系。医药市场信息的良莠关系到人类的生命安危,更需要避免不科学的信息测度方法和信息观。例如,在开发某种新药时,研究人员使用不恰当的测度方法或计算方法会造成数据的差错,导致错误

配方生成,进而延误新药上市。尽管如此,在测度信息质时也不能离开信息产品生产投入这一客观实际,这是保证信息质的前提和基础。并且由于医药市场信息质的要求高,需要更多的生产投入。

二、医药市场信息的特点

医药市场信息作为一种特殊的信息,一方面,具备所有市场信息的共同特征,如可扩散性和共享性、可加工、存贮和扩充性、客观性、系统性和时效性等;另一方面,它还有着与其他信息及市场信息不同的特点,如明确的来源和用途、复杂性和多样性、特殊性和集中性及较高的不可控性等。

(一) 市场信息的基本特征

为了更好地了解医药市场信息,有必要先来认识一下市场信息的基本特征。一般市场信息具有如下特征:

1. 可扩散性和共享性

市场信息只有通过传递才能为人们接受和利用,它可以通过各种传递方式被迅速地散布。市场信息虽然可以转让,但这种转让并非如实物产品交易那样,你占有后我便失去了,而是转让给你后我也并未失去的可以大家共享的资源。

2. 可加工、存贮和扩充性

市场信息可以被人们依据各种特定的需要,进行收集、筛选、整理、概括和归纳,并可建立相应的信息系统对大量的信息进行多次加工,增加信息自身的信息量。市场信息也可以通过体内贮存(指人通过大脑的记忆功能把信息存贮)和体外贮存(指通过各种文字的、音像的、编码的载体把信息存贮)这两种方式被存贮起来,以备使用。市场信息还可以随着人类社会的不断发展变化,随着时间的延续而不断地得以扩充。社会越进步发达,信息扩充的速度就越快。

3. 系统性

市场信息的系统性首先表现在它的传递过程是一个完整系统,从信息源开始,顺序经过信道到达信宿,形成一个完整的信息运行系统。其次,市场营销信息不是零星的,个别的信息集合,而是若干具有特殊内容的信息在一定时间和空间范围内形成的系统集合。因而,企业应连续、大量、多方面地收集信息,并进行加工,分析其内在联系,以保障信息的全面性和完整性,使其成为有用的信息。

4. 客观性

市场信息是客观存在的,只要进行市场营销活动,就会产生客观反映活动状况的信息。市场营销信息种类繁多、量大而多变,企业在收集信息时,应遵循其客观性,力求客观、准确,这样才能真实反映市场动态状况,有利于企业分析影响营销活动的各种要素,以做出适应市场变化的决策。

5. 时效性

市场营销活动极为频繁,情况瞬息万变,这就决定了市场营销信息的形成速度快、难以控制、时效性强的特点。对此,日本的商业情报专家认为:“一个准确程度达到百分之百的情报,其价值还不如一个准确性只有50%,但赢得了时间的情报。”因此,企业应建立有效的信息网络,以便及时准确地收集信息,为营销决策服务。

6. 双向性

信息的双向性是指信息的发送和信息的反馈。信息的获得依赖于传媒对信息的传递,这种传递不仅包含信息的发送过程,而且包含信息的反馈过程。随着科学技术迅速发展,现代的传播媒介呈现出多样化和高速化特征。企业应利用先进的信息技术与设备,有计划、有组织、连续不断地对信息及反馈信息进行收集与传递。

(二)医药市场信息的特征

1. 明确的来源和用途

医药市场信息产生于医药市场经营活动和与此相关的有关事物的动态变化之中。参与医药市场经营的各类医药企业和医疗机构的各种交易行为、医药商品供求关系及其变化、国家相关政策、行业法律法规及其对医药市场主体的影响等等,都构成了医药市场信息的直接来源。相应地,医药市场信息是直接为提高医药市场营销活动的有效性和维持市场的正常活动服务的。

2. 复杂性和多样性

信息时代的信息正以前所未有的速度不断生成、集聚、发展和膨胀,医药市场信息在数量急剧增长的同时,内容也呈现出复杂性和多样性。医药市场信息囊括了医药商品市场的信息、生产要素市场的信息、市场活动主体的信息、医药市场服务者的信息等一系列信息。信息内容不仅包括与商品交易活动直接相关的商品需求量、供应量、销售量、产品种类、质量和价格等,还包括间接影响交易行为的医药市场需求潜力、销售前景、市场占有率、商誉、广告效果、市场竞争状况和消费趋势、消费者心理等。

3. 特殊性和集中性

由于医药市场中的消费者是受各种疾病困扰的特殊群体,而医疗卫生机构和医药企业是医药市场信息集散的枢纽,所以医药市场信息具有一定的特殊性和集中性。

同时,医药市场信息还有着特殊的信息传播者与接收者。信息传播者在信息的传递中起着决定性作用,没有他们对信息传播活动的组织,信息不可能自发地从信源传递至信宿。医药市场信息的传播者可以是政府卫生部门、相关新闻媒介、医药企业的市场部门、医药产业咨询机构或者是实施口碑传播的患者及医生等。信息接收者则通过信息传播媒介对信息进行选择,因此,信息接收者要有较强的信息意识、较高的文化素质及相关的专业知识才能胜任这一职责。医药市场信息的接收者通常是医药企业具有营销和医药专业知识的决策人员与市场人员,他们接收和加工、利用信息,并以此为参考进行医药营销决策。

4. 较高的不可控性

实践证明,与其他市场信息相比,医药市场信息在准确度、时效性等方面更加难以控制,造成这种现象的主要原因有二:一是由于目前医药市场销售环节过多、销售渠道复杂多样、管理制度不健全,极易造成营销信息反馈失真;二是医药产品涉及人的生命安全,各级政府的有关规定政策限制多,使得市场信息受到较多的政策干扰。医药市场信息的传播者和使用者在复杂的市场和政策环境下,应注意选择可靠渠道和有效方法收集医药市场信息,并多关注各种医药政策的变化,认真过滤筛选信息,辨清哪些信息才是真正能帮助企业正确决策的有效信息。

第二节 医药市场信息的功能与分类

医药市场信息是医药企业进行市场营销的必要因素,企业是否能及时有效地掌握市场信息将关系到其营销的成败。医药市场信息直接构成市场调查的内容和作用对象，医药市场调查往往是围绕获取医药市场某一方面的信息而展开的。因此，我们这里谈一下医药市场信息的功能和分类。

一、医药市场信息的功能

医药市场信息为医药企业营销管理的多个环节提供了参考和依据，具体表现在：

1. 医药市场信息是医药企业经营决策的前提和基础

对企业的发展战略目标、经营方向、经营策略及内部管理问题做出正确决策，是企业管理的首要职能。决策的正确与否，直接关系到企业经营管理的成败。市场是企业活动的主要空间，是企业经营活动的出发点和归宿，企业生产与经营什么商品，都要从市场需求出发，企业生产的商品最终也要拿到市场上检验其符合需要的程度并实现其价值。因此，企业要在科学预测市场动态变化及发展趋势的基础上，进行决策。而预测和决策的正确性又直接取决于占有市场信息的多少及准确程度。这就需要企业的信息工作者运用科学的方法，开展市场调查，全面、系统地收集预测、决策所需的相关信息，并整理加工成可直接利用的信息，使之成为预测与决策的依据。

医药企业在营销过程中，不仅面临着战略目标、发展方向等战略问题的决策，还面临产品、价格、分销渠道、促销措施等战术问题的决策。这时，企业必须要面向整个医药市场，准确地获取相关的医药市场信息，掌握市场的变化规律和特点，合理决策，使生产经营的医药产品符合并满足消费者的需要。

2. 医药市场信息是医药企业制定营销计划的依据

企业在市场营销中，必须依据市场需求的现状和发展趋势，在营销决策的基础上，制定营销计划，以确定实现营销目标的具体措施和途径。营销计划的主要部分将清晰、详细地分析企业面临的市场营销现状及潜在的机遇和挑战。要制定一份好的营销计划，必须掌握充足的市场信息，如果不了解市场信息就无法制定出符合企业实际需要的营销计划。

医药企业必须根据需要收集市场信息，据此制定企业的长期或短期营销计划。并时刻关注市场变化和发展状况，必要时还可以对计划进行补充、修改或重新制定营销计划。

3. 医药市场信息为产品营销策略的制定提供充分依据

企业在产品上市或经营一种新产品时，需要制定相应的营销策略，并且随着市场的变化和波动适时调整营销策略。在市场经济体制下，市场变化的主要特点就是波动性，波动有周期性的，有季节性的，有长期波动，也有偶然波动。如果企业对市场的变化没有深刻认识，不能掌握其波动规律，就无法制定相应的对策和策略，这将使企业面临很大的风险和压力。而对于那些掌握市场波动规律，并能够制定相应营销策略的企业，市场行情的波动往往又变成了企业生产经营的机会，给企业带来一定的利益。因此，企业要掌握市场行情的波动规律，把握行情的变化，就需要通过经常性的市场调查来获取及时、准确的市场信息，了解有关经营商品的供求态势和价格走势，掌握商品供应和需求的变化，并据此制定和调整营销策略。只有这样才能充分利用市场机会，有效抵御市场波动带来的风险。

4. 医药市场信息是医药企业进行营销控制的必要条件

营销控制是指按照既定的营销目标，对企业的营销活动进行监督、检查，以保证营销目标实现的管理活动。只有及时掌握有效的市场信息，依据市场条件的变化来调整和修改营销计划，才能有效控制企业的营销活动，使营销活动按企业预期目标进行。

医药企业面临的市场环境可谓变化莫测，这种变化是企业所不能控制的。企业即便在制定市场营销策略时，已经进行了深入的市场调查，掌握了必要的市场信息，也很难完全把握市场环境的再度变化。因此，在企业的市场营销策略实施过程中，必须通过市场调查不断获取全面的、准确的、更新的市场信息，充分掌握所没有预料到的环境条件的变化，研究环境条件的变化对企业市场营销策略的影响，并根据这些影响对企业的营销策略进行调整，从而有效地控制企业的市场营销活动。

二、医药市场信息的分类

医药市场信息可以从不同角度，按照不同的分类方法进行分类

1. 按照信息产生过程，可分为原始信息和加工信息

原始信息，也称为初级信息，主要指信息工作者获得的未经筛选、加工和分析的原始资料和企业生产经营活动的记录。例如，通过某营销咨询机构获得的行业报告、市场预测报告；医药企业内部的产量、销售额、利润和费用等的原始记录。

原始信息是最广泛、最大量的信息，也是加工信息的基础，当它按照既定的管理目标和要求进行加工处理后，就形成加工信息，也称为二级信息或三级信息，如医药商情动态报告、医药产品需求报告、医药企业内部报表分析等。

2. 按照信息来源，可分为内部信息和外部信息

（1）内部信息。内部信息是来自医药企业内部生产经营过程及管理活动的信息。主要包括：

1）企业资源信息。主要包括人力资源信息、财务资源信息、物质资源信息及技术资源信息等。其中，人力资源信息主要有企业人员的数量、管理层、技术人员、职工队伍、员工文化结构、年龄结构、技术结构、性别结构、素质、人员分工、人员流动、培训、员工薪酬等方面的信息；财务资源信息主要有自有资金、借入资金、筹资渠道、筹资成本、资产负债率、固定资金和流动资金等方面的信息；物质资源信息有机器设备、厂房设施、能源供应、原材料供应等方面的信息；技术资源信息有科研队伍、技术机构与组织、研究开发能力、科技投入、技术水平、技术协作等方面的信息。

2）企业经营信息。主要包括生产活动、技术活动、营销活动、管理活动等方面的有关信息。

3）企业效益信息。主要包括经济效益和社会效益两大方面的信息。

（2）外部信息。外部信息指来自医药企业经营管理系统相关的市场环境系统的信息。主要包括：

1）医药市场环境信息。主要包括六大类，即政治法律环境信息、经济环境信息、科学技术环境信息、社会文化环境信息、自然环境信息和人口环境信息。

2）供需情况信息。主要包括两个方面：一是药品消费需求信息，包括现实需求、潜在需求、需求弹性、需求特征及需求趋势等方面的信息；二是医药商品供应信息，包括可供药品信息、销售时间和区域信息、销售方式信息、销售量信息等。

3）消费者及其消费行为信息。主要包括消费者类型及其特征信息、消费者的地理分布信息、消费者需求信息、消费者购买动机信息、消费者购买过程信息、消费者购买习惯信息和消费者家庭信息等。

4）医药产品信息。主要包括药品生产信息、药品效用信息、药品生命周期信息、新药开发信

息、替代产品信息以及价格信息等。

3. 按照信息的时间属性，可分为历史信息、现时信息和未来信息

历史信息反映已经发生的医药市场运行现象与过程的信息。

现时信息反映正在进行的市场经济活动的信息，其时效性较强。

未来信息指预测市场未来发展动向，揭示市场未来变动趋势的信息。

医药企业可以将获取的历史信息和未来信息作为经营决策的参考，同时，收集尽量全面的现时信息作为决策的关键依据。

4. 按照信息来源的稳定程度，可分为固定信息和流动信息

固定信息是系统化的信息资料，如统计资料、法律文件、广告专题节目和各种标准定额等。这类信息具有相对稳定性，是医药企业制定程序性决策的重要依据。

流动信息是随时反映市场经济活动进程及变化动态的信息，如市场供求变动、利率变化、价格涨落、商品结构调整等。这类信息是不断变化的，时效性强，流动性大，通常只有一次性使用价值，是企业制定非程序性决策、对生产经营活动及市场运行过程进行监督控制的重要依据。

5. 按照信息内容，可分为市场情报信息、企业经营管理信息、营销环境信息等

医药市场情报信息包括企业向市场收集所需的反映市场动态的情报资料，以及企业向市场发出的有关本企业营销情况的信息。医药市场情报信息一般通过广告、商情动态、销售分析等图像或文字资料反映出来。

医药企业经营管理信息指对企业生产经营过程进行计划、组织、领导和控制时所需的信息，包括销售计划与合同信息、生产和销售定额信息、产品与原料价格信息、有关统计信息等等。

医药营销环境信息指影响企业营销活动的外部环境信息，包括市场环境信息、经济环境信息、政治环境信息、科技环境信息等。

6. 按照信息性质，可分为定性信息和定量信息

定性信息是对信息主体所作的好与坏、多与少等性质方面的描述。定量信息是对信息主体的相关数量描述。利用充分的定量信息可以分析得出一些定性信息。如，根据定量信息：2006 年上半年，我国医药零售市场销售 420 亿元，同比增长 16.67%；医药产品的进出口总额 146.2 亿元，同比增长 20.61%，可以分析得出我国医药零售市场和对外贸易在 2006 年都有较好发展这一定性信息。

第三节 医药市场信息系统的含义及构成

随着电子计算机的广泛应用，使得经济计量学、市场信息管理以及市场预测技术都进入了一个新的阶段。与此同时，在市场调查与预测技术方面，动机研究、运筹学应用、态度测量技术、多元回归和相关分析、因子分析和判断分析、实验设计、数理模式、贝叶斯分析和决策理论、尺度理论、销售模拟、情报储存和校正、非数量多向尺度法、经济计量模式等等，都有所创新和发展。

一个运作良好的企业，包括医药企业在内，必须拥有一套完备的市场信息系统。现代企业市场信息系统的核心是建立起以电子计算机控制的商情系统，以及与此相适应的工作程序。有人甚至把科学的、先进的市场信息系统作为企业核心竞争力之一。

一、医药市场信息系统的含义

1. 市场信息系统(marketing information system,MIS)的含义

营销大师菲利普·科特勒(Philip Kotler)在《市场营销教程》中把市场信息系统定义为“能够为营销决策者及时准确地收集整理、分析评估并分送转达所需信息的人员、设备和程序。其任务在于收集、分类、分析、评估和分配那些合适、及时且准确的信息,以供营销决策者用来改善市场营销规划、执行与控制的工作。”

科特勒还指出,市场信息系统的起始和终端都是信息用户——营销经理、内部与外部合伙人及其他需要营销信息的人。市场信息系统运行的过程是:首先,系统和信息用户相互作用来评估信息需求;其次,系统通过公司内部数据库、营销情报收集、市场调研来开发所需信息;然后,系统帮助用户分析信息以便将其纳入制定营销决策和管理客户关系的适当形式中;最后,市场信息系统分送转达营销信息,并帮助经理们在制定营销决策过程中使用它。

斯坦顿(Stanton)教授在《市场营销基本原理》一书中的提法是:“市场信息系统是一个互动的、连续的、未来导向的人员、设备及程序的结构,用来产生及处理信息流程,以协助制定营销计划中的管理决策”。这一概念包括的含义,一是该信息系统具体作业应用时,先要确定所需信息,然后产生或收集所需信息,再利用各种统计分析、模式建立及其他数量分析技术来处理这些信息;二是该信息系统是连续作业的系统,而不是一种间歇的、时断时续的工作;三是该信息系统是未来导向的,其目的是预测和防止问题发生,并解决问题;四是该系统强调的是整个系统、整个过程,而不仅仅是所用的分析技术或资料处理过程。

当然,对于市场信息系统概念的理解还有很多种,这里仅介绍以上两种较有影响力的观点供大家学习。

2. 医药市场信息系统(medical marketing information system,MMIS)的含义

医药市场信息系统是一种特殊的市场信息系统,它是一个由人员、计算机设备及程序构成的相互作用的人机结合的信息处理系统,它通过连续有序地收集、挑选、分析、评估和分配医药市场信息,为医药企业的营销管理人员制定、执行和改进营销计划提供依据,最终为医药企业整体的管理和决策服务。

我们可以看出,这一概念至少包涵以下三层含义:

(1) 医药市场信息系统的目的在于满足营销决策者的信息需求,提高营销决策的效能与效率。

在当代医药企业的营销活动中,信息数量之大、信息收集之复杂、信息之于医药营销的重要性,远非过去的时代所能比拟。如果说,过去,由于交换是有限的,市场是狭小的,多数医药产品的销售者与其购买者十分接近,致使医药企业比较容易了解到消费者的需要与欲望,即医药市场营销信息的取得并不十分复杂;那么,随着商品经济的快速发展,市场地域变得越来越大,购买者的购买行为更加复杂,竞争开始由价格竞争发展到非价格竞争,信息的取得便越来越复杂化,决策者的信息需求也越来越不容易得到满足。此时,借助计算机的多种运算、远程传输等功能,建立医药市场信息系统,可以起到满足信息需求,提高决策效率的作用。

建立医药市场信息系统,一方面可以为决策者提供制定计划所需的信息,为设定医药企业目标和拟定营销计划打下基础;另一方面可以提供市场反馈的信息,作为评估市场计划执行情况的

基础，并以此结果作为拟定下期计划的基础。

(2) 医药市场信息系统具有整合功能，它不是给营销决策者提供一堆杂乱、无关的信息，而是把各种相关的信息整合处理后提供给决策者。

医药企业由于经营产品的特殊性，经常处于较其他企业更为特殊和复杂的市场环境中，所以医药市场营销要取得成功，需要大量的信息。然而，在没有建立医药市场信息系统之前，企业得到无效的、过时的、不可信的或者零乱无序的信息，却是屡见不鲜的。许多企业的决策者常常抱怨找不到关键的信息，真正需要的信息太少而不能利用的信息却太多，重要的信息已失去时效，信息的准确性也无法保证等等。医药市场信息系统通过对获得信息的筛选、归类和加工，使之准确化、条理化，便于决策者使用。

(3) 医药市场信息系统的运作过程是一个人机互动的过程，每个医药企业本身都是影响市场营销管理的各种信息流程的主体，系统的起始和终端都是信息用户——营销决策者及其他信息使用者。

医药市场信息系统处于医药市场营销环境(包括宏观环境和微观环境)与市场营销管理人员(即信息使用者)之间。市场信息资料经由市场营销环境流入企业市场信息系统；市场信息系统对流入的信息资料进行加工转换，通过信息流程传导给市场营销管理人员；市场营销管理人员依据这些信息资料制定各种计划、方案，然后又通过市场营销决策与沟通流程回到市场环境。医药市场信息系统在医药市场营销系统的地位，如图 2-1 所示。

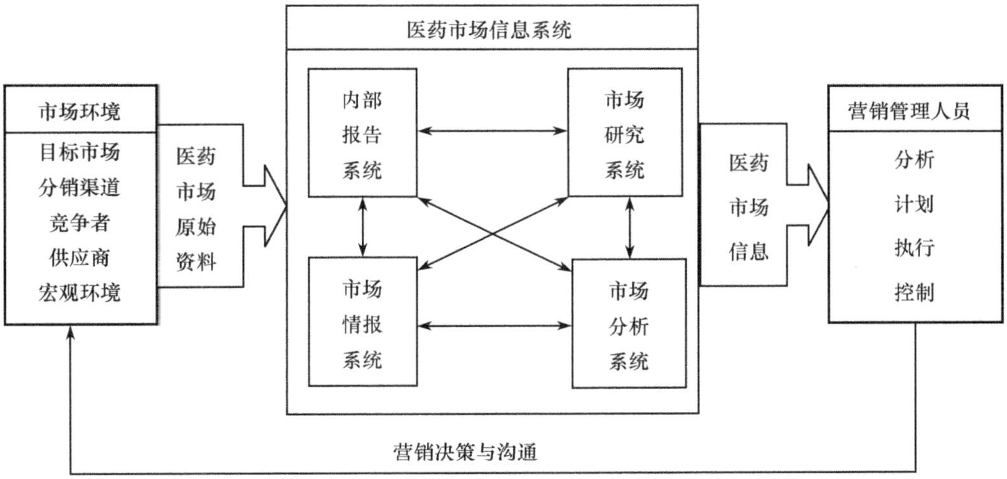

图 2-1 医药市场营销系统

二、医药市场信息系统的构成

医药市场信息系统主要由四个子系统构成：

(一) 医药企业内部报告系统

医药企业要获取的营销信息包括内部信息和外部信息。内部报告系统提供的是医药企业的内部信息，是医药市场信息系统中最基本的子系统。该系统的主要特点是：信息来自企业内部的生产、销售、财务等部门，且通常是定期提供信息，用于日常营销活动的计划、管理和控制。

内部报告系统以会计系统为主，同时辅之以销售报告系统。它的作用在于报告订货、库存、销售、成本、现金流量、应收应付账款等各种反映企业经营状况的信息。通过分析这些信息，能够帮助管理者分析市场机会，找出经营中存在的问题。

1. 会计报告系统

内部会计报告系统的核心是订货——发货——开出收款账单的循环。医药销售代表、代理商和顾客将订单送达医药企业，由企业内部人员将订单送至订单管理部门，有存货的立即备货，无存货的则要马上组织生产，然后由储运部门在规定的时间将产品发给订货单位，同时也将账单一并送达。企业必须快速、准确、连续地完成这些步骤，以实现循环的有机运行。这关系到产品的顺利生产、流通和销售，同时也关系到货款的收回，保证再生产的顺利进行。该循环的信息传递的实质就是订货处理、发货处理和账务处理。

2. 销售报告系统

销售报告系统也是内部报告系统的一个重要部分，它向企业决策者提供及时、全面、准确的销售报告，帮助管理者了解企业的产品销售情况，为其提供科学的决策依据，以便做出科学的战略决策。

销售报告系统的设置应以能够提供有效的销售报告为准则。有效的销售报告应满足以下要求：一要准确，由于决策者要根据销售报告做出决策，准确性是销售报告的最基本要求；二要精练，企业管理者每天都有大量的事务需要处理，他们无暇对报告信息进行提炼和概括，为了提高管理者的工作效率，销售报告必须要做到言简意赅；三要及时，销售报告的及时性很大程度上决定着它的价值，当今先进的电子信息处理设备，如计算机的广泛应用，为这一要求的实现提供了便利；四要系统，只有全面把握相关信息，销售报告的价值才能得到真正体现。

（二）医药市场情报系统

医药市场情报系统是医药企业决策者和营销管理人员用以获得外部营销环境发展信息的一整套来源和程序。医药市场营销管理人员借助该系统了解有关医药市场最新发展趋势的各种信息，并将医药市场最新发展的各种信息传递给有关的管理人员。营销情报的质量和数量决定着企业营销决策的灵活性和科学性，进而决定着企业的竞争力。

市场情报系统与内部报告系统的主要区别是：后者是为管理人员提供营销结果信息的，而前者则为管理人员提供正在发生的信息，且多为外部信息。

为了更好地支持企业的营销决策，医药企业可以通过以下途径来获取有效的营销情报：

1. 训练和鼓励本企业的医药代表去发现和报告新情报

作为企业“眼睛和耳朵”的销售代表具有收集信息和情报得天独厚的优势，他们最适于收集一些其他方法可能遗漏的信息。然而，由于营销人员业务工作繁忙，往往忽视信息的重要性，把信息的收集工作看成次要工作，因此企业必须加强营销人员的信息观念，通过学习、训练等方式，改变营销人员的信息观念。此外，管理者应注意对其从事情报收集工作给予有效的激励，来提高情报的质量和可靠性。

2. 利用中间商和其他伙伴来收集情报

因为中间商既是本企业的合作伙伴，又最直接接触消费者，所以其发言权较大；同时，通过他们还可以了解竞争对手的动态。企业应鼓励有业务往来的经销商、零售商等中间商把重要信息报告给企业。企业也可以通过多种渠道、多种形式获取竞争对手的市场营销活动情况,如参加医药商品贸易展销会、展示会及医药行业协会、学会等的活动,购买竞争对手的产品,搜集对手的广告,与竞争者的离职人员、在职人员和经销商等交谈,从而发掘各种信息源。

3. 向外界的情报供应商购买信息

随着市场经济的发展,一些调查公司和情报供应公司,包括各类咨询公司、研究公司、顾问公司等应运而生,他们的信息全面而及时,医药企业也可以向他们购买信息或雇佣其进行调查,收集情报。

4. 自己建立信息情报中心

由于企业对信息的需求是连续的,管理人员的每一决策都需要准确及时的信息情报,所以企业自己也应该建立信息情报中心,收集、处理并向决策者和有关部门提供信息情报。内部信息中心主要负责阅读、剪贴有关报刊资料,汇总所有来源的信息资料,建立和管理市场营销情报数据库,对医药市场信息资料进行归类整理和存档,以及向内部各管理部门传递信息等工作。

(三) 医药市场研究系统

上述两个系统都是收集、传递和报告有关日常的和经常性的情报信息,但是医药企业有时候还需要经常对营销活动中出现的某些特定的问题进行研究,医药市场研究系统的任务就是研究企业面临的这些特定问题。它针对某一特定市场现象或特定的营销问题系统而客观地识别、收集、分析和传递有关市场营销活动的信息,提出与问题有关的研究报告,以帮助管理者制定有效的营销决策。

一个成功的医药市场研究,应具备以下特征:

1. 方法科学

研究过程中的调查方法、分析方法、计划方法、管理方法等应力求科学,做到与研究对象和目的吻合。

2. 具有创造性

因为市场研究所要解决的问题和所要达到的目标是多种多样的,所以应具体问题具体分析,发挥主观能动性和创造性,以创新的方法和态度来解决问题。

3. 综合运用多种方法

在市场研究中,不应过分依赖于一种方法,而应综合运用多种方法,扩展信息来源,以提高可信度。

4. 模式与数据匹配

模式是为科学有效地处理数据而建立的,不同特征的数据要求相应的模式与之匹配。好的模式设计应简单明了,且能对要收集的信息起指导作用。

5. 经济性

市场调查应注意经济性,也就是说调查结果的价值要高于调研成本,否则,就失去了调查的意义。

(四) 医药市场分析系统

医药市场分析系统,也称医药管理科学系统,它的任务是通过对复杂现象的统计分析,建立数学模型，帮助市场营销管理人员分析复杂的医药市场营销问题，做出最恰当的市场营销决策。

一个完善的市场分析系统应由资料库、统计库和模型库三部分组成。

1. 资料库(data bank)

资料库有组织地收集外部环境资料和企业内部记录的有关营销资料，随时提供给营销管理人员进行研究分析。外部环境资料包括政府部门资料、行业资料、市场研究资料等；企业内部资料包括销售资料、采购资料、库存资料、财务资料、客户访问资料等。

2. 统计库(statistical bank)

统计库采用各种统计分析技术从大量的数据中提取有意义的信息。其重要性在于：首先，有些原始资料固然可以直接展示和运用，但在多数情况下，资料必须经过统计分析，方可供管理人员做决策之用；其次，管理人员有时还需要测量各变数之间的关系，这就需要多种多变数分析技术；再次，统计库分析的结果，除展示给管理人员利用及储存于资料库外，还可以提供给模型库作为重要投入资料。统计库可根据营销决策的需要提供多种统计分析方法，如回归分析、相关分析、因素分析、判别分析、聚类分析和时间序列分析等。

3. 模型库(model bank)

模型是指借助于文字、符号、图形、数字公式等对物质对象或社会经济现象进行模拟的方法。模型能描述出事物的主要特征和变化规律，是一种定量的抽象和概括。它是管理科学家运用科学方法，为对某一管理问题达到理解、预测和控制而建立的。

医药市场分析系统中的模型库是一个能够帮助医药营销决策人员做出较好的市场营销决策的许多模型的集合。这些模型有新产品销售预测模型、广告预算模型、竞争策略模型、产品定价模型以及最佳营销组合模型等等。因此，当营销管理人员需要解决"在某种情况下应采取何种方案"、"什么是最佳方案"等问题时，就会求助于模型库。

如表2-1所示，我们可以对这些模型进行分类，按照目的来划分，可分为描述性模型和决策模型；按照技术划分，可分为文字模型、图形模型和数学模型。

表2-1 医药市场分析系统的模型分类

根据目的划分	描述性模型：马尔可夫过程模型、排队模型等
	决策模型：微分学模型、数学规划模型、统计决策模型、博弈模型等
根据技术划分	文字模型
	图形模型：逻辑流程模型、网络计划模型、因果模型、决策树模型、函数关系模型、反馈系统模型等
	数学模型：线性与非线性模型、静态与动态模型、确定性与随机性模型等

第四节 医药市场信息系统的构建

医药市场调查与预测是医药企业进行有效的市场营销活动的基础，它是一种系统的研究工作。构建完善的医药市场信息系统，能够帮助企业更有效地开展市场调查和市场预测活动。这是因为：

首先，医药企业构建市场信息系统，由系统统一对医药市场信息进行收集、加工处理和提供，可以大大提高信息的使用效益。

其次，医药市场信息系统作为医药企业的专业管理信息系统之一，与企业其他专业管理信息系统一起组合成统一完整的企业管理信息系统，会使整个医药企业的经营管理效率大幅提高。

最后，医药市场信息系统同社会上的有关系统网络耦合，将会使企业的市场调查与预测等市场信息工作更加快捷、高效，给企业决策以更可靠的依据。

一、医药市场信息系统构建的前提和原则

（一）构建医药市场信息系统的前提

随着全社会信息化步伐的加快和企业管理模式的现代化，医药企业建立以计算机为中心的市场信息系统已势在必行。但医药市场信息系统的创建不应是盲目的，企业必须在确定自身已具备相应的条件后方可构建该系统。否则，只会给企业带来不必要的损失。

构建医药市场信息系统要求企业必须具备以下前提条件：

1. 有企业领导的全力支持

建立医药市场信息系统，涉及企业的各个方面。在这个过程中，必须由企业管理层进行决策，并给予具体工作人员全力支持。如果企业领导没有认识到建立市场信息系统的必要性和重要性，不给予全力支持，市场信息系统的创建最终是不会成功的。只有得到领导的支持和参与，才可能实现组织结构变革，营造有利的组织文化和投入足够的资金来兴建市场信息系统。因此，在建立市场信息系统的过程中，至少应该有一名高层管理人员具体负责对整个过程的支持。

2. 有合理的组织结构

构建医药市场信息系统，要求医药企业组织结构趋于合理。具体来说，企业的组织结构必须科学，符合现代化管理的组织原理。企业的组织结构模式、部门设置、职能划分等都要科学合理；同时，企业的组织结构还必须适应医药市场营销环境的要求，并与市场信息系统的运作相协调。

3. 具备一定的硬件系统

构建医药市场信息系统，要求企业有相应的硬件条件。不但要有善于从事市场调查与预测的专业人员、信息管理人员、信息处理人员、机器设备操纵人员等，还要有计算机、通讯设施等现代化的机器设备，另外，企业也要有充足的财力不断投入到系统构建、发展和维护等方面。

4. 具备一定的软件条件

构建医药市场信息系统，要求企业必须有一定的软件条件，即企业本身的经营管理工作应达到一定水平。要达到管理工作程序化，管理业务标准化，信息收集制度化，信息形式标准化，信息内容系统化，信息传递规范化，信息储存档案化，信息工作秩序化。

5. 具备一定的外部条件

医药企业建立市场信息系统，除了考虑上述内部条件以外，还要考虑其外部环境的制约。例如顾客的需求、社会信息网络的健全程度、技术设备的供应及政府政策倾向等等。

（二）医药市场信息系统构建原则

医药企业市场信息系统的构建必须遵循以下原则：

1. 系统性原则

构建合理的医药市场信息系统首先要从企业整体出发，进行系统思考和设计，使信息系统与

企业经营目标、组织结构、经营业务相适应,同企业经营管理对市场信息的要求相适应,同企业原有的信息工作基础相协调。系统还应与企业整个管理信息系统耦合,并与社会上各类信息系统保持尽可能密切的联系。此外,医药市场信息系统本身也应成为一个结构完整、运行有序的有机统一体。

2. 简明性原则

医药企业加工处理和传输市场信息应尽量简明扼要,信息的处理过程应尽可能避免繁杂的流程,信息的筛选优化应以适当为标准,这样才能缩短信息流通时间,提高信息利用的效率,所以构建医药市场信息系统时应注重其运作的简明性。

3. 经济性原则

建立医药市场信息系统,一方面必须以最大限度地提高企业的经营管理水平和效益为目的,另一方面也要确保以尽量少的费用达到预期的目标。建立医药市场信息系统,需要投入人力、物力、财力,系统的正常运行与维护也需不断的投入,为此必须始终注意成本与效益之间的对比,把经济效益放在重要地位加以关注。

4. 适应性与可靠性原则

由于医药市场的复杂多变性和医药产品的特殊性,建立医药市场信息系统,必须全面考虑系统的适应性与可靠性。适应性要求系统能够适应企业经营管理工作需要,适应外部环境的变化,为此系统本身要有较大的灵活性和应变能力,系统中的一些程序、规则等也要有较强的适应性。可靠性要求系统提供的信息必须可靠,要能鉴别信息是否准确,剔除无效的或不适用的信息,选择有效、适用的信息;并且系统在技术上也必须十分可靠,保证其正常运行。

5. 兼顾现实与未来原则

构建医药市场信息系统,既要立足于企业的现有基础和条件,从实际出发,逐步完善,逐步发展;又要以发展的眼光,充分预计到企业经营管理活动的变化和信息技术的发展,具有一定的前瞻性。要妥善处理好现实与发展的关系,把两者有机结合起来。

二、医药市场信息系统构建程序

医药市场信息系统的构建通常包括四个阶段,即:规划、分析、设计和实施。其中,系统规划主要回答"问题是什么?它是否值得去解决?"的问题;系统分析主要回答"信息系统该如何解决问题?"的问题;系统设计主要回答"信息系统必须怎样做?"的问题;系统实施是创建或购买并装配系统,使系统投入运行的阶段。

(一) 系统规划

系统规划阶段根据企业的市场信息系统开发要求,进行初步调查,明确问题,确定系统目标和总体结构,确定分阶段实施进度,并进行可行性研究。这一阶段的主要任务是明确用户的信息需求,确定系统要解决的问题和要实现的目标,即解决系统"做什么"的问题。这里的关键是,如何将系统需要与企业营销战略规划相结合,建立市场信息系统规划。

系统调查是系统规划过程中的一个重要环节,一般分为初步调查和详细调查两个阶段。初步调查要了解"为什么开发新系统"和"能否开发"的问题;详细调查的目的在于完整掌握现行系统的状况,发现问题和薄弱环节,收集资料,为下一步的分析和设计做好准备。常用的系统调查方法有:发调查提纲、开调查会、访问和实践体会等几种。

系统规划过程中的可行性研究主要针对系统建设的技术可行性、经济可行性、组织管理可行性及时间可行性等问题进行分析。

系统规划的主要成果就是系统调查报告,该报告由系统开发小组提出。它汇总了系统调查和可行性分析过程的结果,并提出建议。若系统可行,就进入系统分析阶段,否则就以某种形式修正项目,或放弃项目。典型的系统调查报告通常包括:建立系统的背景、目标和目的评价、系统问题和机会、项目的成本、项目的效益以及建议。

(二) 系统分析

系统分析是从全局角度出发,对已选定的对象和开发范围进行有目的、有步骤的实际调查和科学分析,其主要目的是建立信息系统的逻辑模型。因此,系统分析又称系统的逻辑设计。

系统分析阶段的任务是将系统调查所得的文档资料集中到一起,分析企业对医药市场信息的需求状况和信息处理过程,确定市场信息系统的逻辑功能,以使系统功能满足企业的需要。这是一个反复调查、分析和综合的阶段,在整个开发过程中起到承前启后的作用。依据前面系统规划确定的"做什么"的目标,来建立系统的上层逻辑模型,从而为后续的系统设计阶段提供"怎么做"的依据。

系统分析侧重于从业务全过程的角度进行分析,分析的主要内容有:老系统信息工作模式改革和新系统信息工作方法的实现是否具有可行性;信息收集、加工和传递的流程是否通畅,是否合理;数据、业务流程与信息供给功能之间的关系等。

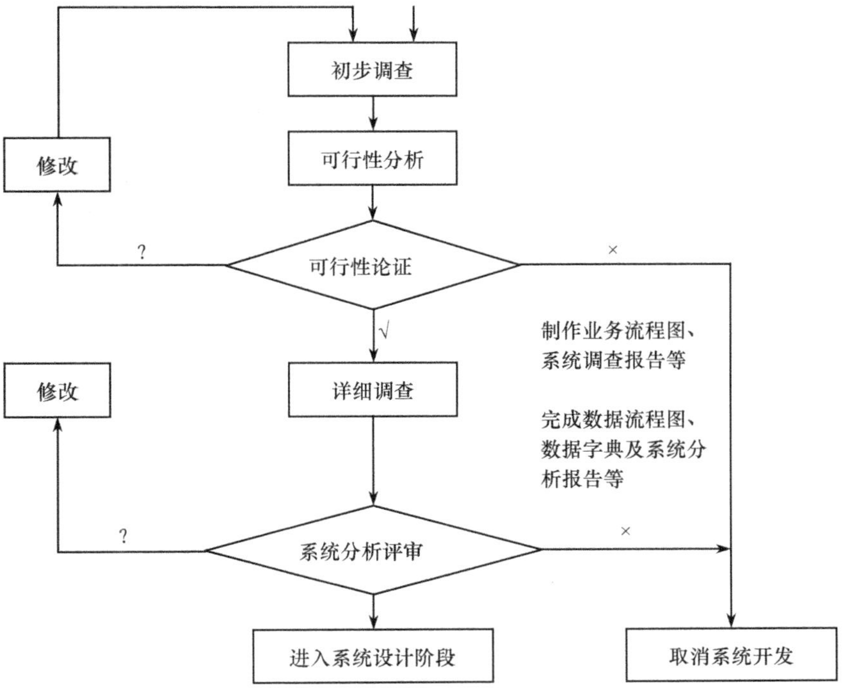

图 2-2　系统规划与系统分析流程图

系统分析的目的是将企业的信息需求及其获取方法确定下来，需要确定的结果包括：开发者关于企业总体营销状况的了解；企业对市场信息系统功能的需求；数据和业务流程、市场信息功能和相关指标体系；新系统拟改动和新增的信息管理模型等。

系统分析通过详细调查和分析，提出新系统的逻辑模型，并提交系统分析报告。系统分析报告给出了系统应该具有的逻辑功能和总体构建方案。从这份资料中，系统使用者可以了解将来的系统是否能满足业务上的要求，并提出改进意见。图 2-2 描述了系统规划与系统分析的工作流程。

（三）系统设计

系统设计阶段的任务是，根据新系统的逻辑方案进行软、硬件系统的设计，包括总体结构设计、代码设计、输出/输入设计、数据存储设计、功能模块设计、计算机系统和网络方案的选择等，最终给出设计方案。这一阶段的核心任务是根据系统的逻辑模型来建立物理模型，解决系统"怎么做"的问题。

1. 系统总体设计

系统总体设计的任务有：

（1）确定总体功能结构，划分模块和子系统。划分系统功能结构，就是自顶层向下将整个系统划分为若干个子系统，子系统再分子系统（或模块），层层划分。划分时要注意：子系统具有相对独立性，子系统之间数据的依赖性尽量小，子系统划分的结果应使数据的冗余最小。

（2）配置系统环境。系统的物理配置方案依据系统的总体方案、系统容量和吞吐量、系统的响应时间、系统的可靠性以及系统终端和网络的配置等方面来设计。设计时的参考指标主要有系统综合指标、计算机硬件指标、软件指标、数据库软件的选择等等。

（3）确定系统的计算机处理流程。在总体设计中，还要对系统处理的每个流程和模块进行初步设计，设计结果将成为后继设计的基础。系统处理流程设计主要是通过系统处理流程图来描述数据在计算机存储介质之间的流动、转换和存储情况，以便为模块设计提供输入输出依据。

2. 代码设计

代码是一组或者一个有序的易于计算机和人识别与处理的符号，这些符号可以是数字、字母，或者是由数字和字母混合组成。代码设计是指将系统中具有某些共同属性或者特征的信息归并在一起，并利用一些便于计算机或者人进行识别的符号来表示各种信息。

代码设计要遵循以下原则：

（1）惟一性。为了避免二义性，必须惟一地标识每一个对象，一个对象可能有不同的名称，可以按不同的方式进行描述，但是在一个编码体系中，一个对象只能对应一个惟一的代码，反之亦然。

（2）标准化和规范化。在代码设计时应该采用国际或者国家标准代码。这些标准是代码设计的重要依据，必须严格遵循。

（3）合理性和简单性。代码设计必须与编码对象的分类体系相对应。代码结构要简单，尽可能地短，以方便输入，提高效率，减少差错。

（4）适用性和可扩充性。代码尽可能地反映对象的特点，便于识别和记忆。编码时要留有足够的备用代码，以满足今后扩充的需要。

3. 输出/输入设计

输出/输入设计是系统设计中的一个重要环节，它对于今后系统使用的方便性、安全性和可靠性来说是十分重要的。好的输出结果可以为决策者提供简捷、明了、有效、实用的市场营销信息，而好的输入方式可以为用户和系统双方带来良好的工作环境。

在输出/输入设计中必须遵循的一个最基本原则是以输出确定输入和处理方式。这是因为，尽管各处用户有可能直接使用系统或从系统输入数据，但每个用户都要使用系统的输出信息。所以，输出/输入设计过程与实施过程相反，不是从输入设计到输出设计，而是从输出设计到输入设计。

输出设计要求准确、及时和适用。根据应用的需要，输出可以采用预印表格、打印多层表格等方式，周转文件也常在输出设计中被采用。

在进行输入设计时，为减小输入出错率，应做到尽量减少输入量、减少输入错误、简化输入过程、减少输入延迟。常用的输入方式有键盘输入、数模/模数转换方式、网络传送数据、移动存储器传送数据等。

4. 数据存储设计

数据存储有两种形式：文件形式和数据库形式。

(1) 文件存储。文件存储方式主要用于文书文件、图形文件的存储。而图形文件，有时也称为图形数据库。文件存储设计应注意，文件名的设计要有助于记忆，文件间的数据关系必须清楚；还要关注文件的调用频率和更新频率、文件的保存期限、文件的保密要求以及组织方式（顺序或是随机）等。

(2) 数据库存储。凡是可以列为二维表格形式的文件都应以数据库形式保存为宜。数据库是信息系统运行的基础。数据库设计就是要为系统所管理的大部分数据建立数据存储结构与存取方式。数据库设计的要点是逻辑设计和物理设计。逻辑设计是指根据前面分析得到的数据流程图和实体关系图，按每个数据存储的需要确定应该分为几个数据库，或是分为几个表，并为每个数据库确定结构和命名。物理设计是为了进一步确定各数据库或表的索引文件、存取路径和存储截止的分配。

5. 功能模块设计

功能模块设计的目的是建立一个完整的功能模块处理体系作为系统实施阶段的依据。设计以系统分析阶段和系统总体设计阶段的有关结果为依据，制定详细的、具体的系统实施方案。

功能模块设计的内容可以分为总控系统部分和子系统部分两个部分：

(1) 总控系统部分。总控系统部分的设计与总体设计中的系统总体结构图相对应，主要内容包括系统主控程序的处理方式，确定各子系统的接口、人机接口以及各种校验、保护、后备手段的接口。根据总体结构和子系统划分以及功能模块的设置情况，进行总体界面设计。系统交互界面的处理层次和顺序将依赖于系统划分的层次和模块的组织顺序。

(2) 子系统部分。子系统部分的设计对应子系统的主控程序和交互界面、各功能模块和子模块的处理过程，主要包含数据的输入、运算、处理和输出的设计，其中对数据的处理部分应给出相应的符号和公式。

6. 系统说明书

系统设计阶段的最终结果是新系统的物理模型，它包括两部分的内容：控制结构图和系统设计说明书。

控制结构图由系统功能结构图、系统物理配置图等组成。系统设计说明书包括系统设计目标和设计策略概述、计算机系统的选择、计算机系统配置、系统功能结构图、数据库设计、代码设计、系统故障对策等内容。

（四）系统实施

系统实施阶段将设计的系统付诸实施。一般系统实施工作的安排顺序是：组织准备→软件的购买和设计→硬件的获取→系统调试→系统切换→系统验收→运行与维护。

1. 组织准备

在系统正式实施开始之前，要制定出周密的计划，确定出系统实施的方法、步骤和时间等，并要有监督计划执行的组织保证。

系统实施涉及的人员较多，应由企业信息部门的主管负责组织实施领导班子。就是系统分析员和设计员，也要成为系统实施的具体组织者和管理者，进行协调、监督、检查工作。特别在实施过程中，可能需要对设计进行某些调整或修改，这就需要实施领导班子发挥协调和组织作用。另外，人员的培训也是实施计划的一个重点。什么时候、用什么方式、人员培训到什么程度，都是实施领导班子要列入实施计划的内容。

2. 软件编制

系统所需的软件，在系统设计阶段就已确定。系统软件、工具软件、通讯软件等需要购买，还有些成熟的算法模块可以采用现成的软件连接（例如统计分析、运筹学等算法）。但是，极少有现成的软件能满足企业市场信息系统的全部要求，因此，系统的主要管理模块还是由开发人员自己动手编写。开发人员在软件编制中要掌握的是结构设计的思想和面向对象的方法。

3. 系统调试

调试的任务是根据系统设计说明书和实施方案，对程序设计的结果进行检查，发现并纠正错误，使可能发生的问题和错误尽量消灭在系统正式运行之前。

调试应该有组织地进行，以保证调试工作的有效和高效。调试的指导思想应该是找出错误和纠正错误，而不是证明程序正确。调试过程中形成的所有资料都应保存下来备查。

4. 系统切换

系统切换，即新旧系统的交替。系统切换的内容包括：数据的转换；环境的转换，包括人员、设备、组织机构的改造和调整等；移交资料档案，包括开发期间建立的所有文档资料。

5. 系统验收

新系统正式运行前，企业要组织决策人员、业务人员和技术人员对系统进行分工测试，然后形成验收测试报告，对不满意的测试点提出改进意见。

6. 运行与维护

系统实施过程中，还需要进行运行管理和系统维护，从而保障系统正常运行。系统维护包括对机器、设备的维护和软件维护。

本章小结

在当今的商业化和信息化环境中，医药企业为了及时有效地寻求和发现市场机会，并在日趋激烈的竞争中取胜，就必须进行有效的市场信息管理。医药市场信息是在一定时间和条件下，与医药市场营销活动相关的各种消息、情报和数据资料的总称。它一方面具备所有市场信息的共同特征,另一方面还有着与其他信息及市场信息不同的特点,如明确的来源和用途、复杂性和多样性、特殊性和集中性、较高的不可控性等。

医药市场信息的功能较为广泛,它为医药企业的经营决策、营销控制、内外协调以及营销计划和产品策略的制定等提供必要的前提和依据。医药市场信息可按照信息性质、产生过程、来源、时间属性、来源的稳定程度、信息内容等分为不同的类型。

医药市场信息系统是一个由人员、计算机设备及程序构成的相互作用的人机结合的信息处理系统,它通过连续有序地收集、挑选、分析、评估和分配医药市场信息,为医药企业营销决策服务。医药市场信息系统由医药企业内部报告系统、医药市场情报系统、医药市场研究系统及医药市场分析系统四个子系统构成。

医药市场信息系统的构建通常分为系统规划、系统分析、系统设计和系统实施四个阶段。医药企业必须在确定自身已具备相应的条件后方可构建市场信息系统,系统构建要遵循系统性、简明性、经济性、适应性与可靠性、兼顾现实与未来等原则。

思考与练习题

一、名词解释

医药市场信息 医药市场信息系统 医药市场情报系统 医药市场研究系统 医药市场分析系统

二、选择题

1. 我们可以从信息的三个维度来确定人们对信息的需要,即信息的(　　)。
   A. 时间维度　B. 空间维度　C. 内容维度　D. 形式维度
2. 医药市场信息与一般市场信息有所不同,人们对此类信息的质和量的要求是(　　)。
   A. 质高,量小　B. 质高,量大　C. 质低,量大　D. 质低,量小
3. 医药市场信息作为一种特殊的信息,有着与其他信息不同的特点。但以下特点不能体现医药市场信息与一般信息的区别(　　)。
   A. 明确的来源和用途　B. 双向性　C. 特殊性和集中性　D. 较高的不可控性
4. 医药市场信息可分为固定信息和流动信息,这是按照(　　)来划分的。
   A. 信息性质　B. 信息来源　C. 信息内容　D. 信息来源的稳定程度
5. 作为医药市场信息系统的四个子系统之一,医药市场分析系统包括(　　)。
   A. 数据库　B. 模型库　C. 资料库　D. 统计库
6. 内部会计报告系统的核心是(　　)。
   A. 订货—生产—发货的循环　B. 订货—生产—开出收款账单的循环
   C. 生产—发货—开出收款账单的循环　D. 订货—发货—开出收款账单的循环
7. 医药市场信息系统构建过程中,(　　)主要回答"问题是什么? 它是否值得去解决?"的问题。
   A. 系统分析　B. 系统设计　C. 系统测试　D. 系统规划
8. 数据库设计的要点是(　　)。
   A. 逻辑设计和物理设计　B. 模块设计和流程设计
   C. 逻辑设计和流程设计　D. 物理设计和模块设计

三、填空题

1. 有学者认为,人类历史可以被五次巨大的信息变革划分为五种信息时代,这些信息变革分别是:(　　)、(　　)、(　　)、(　　)和(　　)。
2. 市场信息是(　　)的产物,而且随着它的发展而发展,具有广泛性和多样性特征。
3. 就性质而言,市场信息是对(　　)的客观描述,是各种经济事务运动变化状态及其(　　)的现实表现。

4. 医药市场信息是在一定时间和条件下,与(　　　　)相关的各种消息、情报和数据资料的总称。
5. 医药市场信息反映(　　　　),包括消费者心理、竞争状况、市场供求态势、产品研发状况及新药上市情况等。
6. 内部信息是来自医药企业内部生产经营过程及管理活动的信息。主要包括:(　　　　)信息、(　　　　)信息和(　　　　)信息。
7. 医药市场信息系统是一个由(　　　　)、(　　　　)及(　　　　)构成的相互作用的信息处理系统。
8. 医药企业内部报告系统以(　　　　)为主,同时辅之以(　　　　)。内部报告系统与市场情报系统的主要区别是:前者是为管理人员提供(　　　　)信息的,而后者则为管理人员提供(　　　　)信息。
9. 医药市场信息系统构建的四个步骤是(　　　　)、(　　　　)、(　　　　)、(　　　　)。其中,(　　　　)又称系统的逻辑设计,它通过详细调查和分析,提出新系统的逻辑模型,并提交(　　　　)报告。
10. 医药市场信息系统设计阶段的最终结果是新系统的(　　　　),包括两部分的内容:(　　　　)和(　　　　)。

四、简答题

1. 医药市场信息的特征是什么?
2. 医药市场信息具有哪些功能?如何对其进行分类?
3. 医药市场信息系统的四个子系统是什么?请简要阐述它们的任务。
4. 简述医药市场信息系统的构建过程。

案　例

我国头孢菌素市场需求分析

1. 我国抗感染用药市场背景分析

从1995年到2002年,我国医药工业总产值、药品销售额、抗感染药物市场容量均呈上升状态;从抗感染药市场年增长率来看,在1998年增长速度达到高峰后,增长速度有所放缓,到2002年增长率为6.8%。如表2-2所示。

表2-2　1995年~2002年我国抗感染用药市场背景分析

年份	医药工业总产值(亿元)	药品销售额(亿元)	抗感染药市场容量(亿元)	抗感染药市场年增长率(%)
1995	1060.00	464.04	169.01	—
1996	1251.00	532.03	186.08	10.10
1997	1400.00	607.29	203.63	9.40
1998	1630.00	776.87	249.27	22.40
1999	1976.00	922.90	283.60	13.80
2000	2332.00	1084.50	317.00	11.80
2001	2778.00	1177.00	322.84	1.80
2002	3300.00	1300.00	344.69	6.80

2. 我国头孢菌素市场发展现状

我国头孢菌素市场正处于大力发展阶段，销售量连年大幅度增长。1995年我国头孢菌素类制剂折合原料药用量为789吨（未计收率）。而到1998年达到1300吨，年均增长21.6%。增长最快的品种是头孢拉定，1995年折原料药为111.8吨，至1998年增加到295吨，年均增长率达38.13%。其次是头孢唑啉，从1995年的207.1吨增至1998年的365.3吨，年均增长20.83%。头孢氨苄年均增长率为7.2%。预计这一发展势头将继续下去。

随着国内医药经济每年以15%的速度持续增长，国内头孢菌素市场也呈高速发展态势，而且增长的速度更快，为30%左右。据业内人士分析，头孢菌素市场高速增长的原因主要有几个方面：一是人民生活水平的不断提高，用药量随之增长；二是国内企业进行资产重组和产品结构调整，产品生产规模扩大；三是外商投资企业的增多，促使市场逐渐饱和。目前，国内头孢菌素市场比例为进口药品占25%；合资药品占35%；国产药品占40%，三足鼎立，竞争激烈。

3. 头孢类原料、制剂进口情况

由于我国自产头孢菌素原料药较少，远远满足不了需求，因而需大量进口原料药和制剂。从替代进口角度看，头孢菌素的发展存在较大的空间，如表2-3和表2-4所示。

表2-3 2001年前10位头孢菌素原料进口量与金额

药 名	进口数量(kg)	进口金额(万美元)
头孢氨苄	417475.40	2547.32
头孢曲松	8473.28	1108.97
头孢噻肟钠	3338.13	988.52
头孢唑啉钠	37057.72	623.65
头孢他啶	7470.00	521.32
头孢拉定/L-精氨酸	6628.69	445.12
一水头孢克洛	3397.36	339.73
一水头孢克洛	3371.20	337.12
头孢克洛	10739.60	291.31
头孢呋辛钠	3969.72	170.03

表2-4 2001年前9位头孢菌素制剂进口量与金额

药 名	进口数量	进口金额(万美元)
注射用头孢呋辛（西力欣）	1119698支	338.03
注射用头孢呋辛钠	1112878瓶	315.44
注射用头孢他啶（复达欣）	394386支	307.62
注射用头孢他啶（凯复定）	433336瓶	280.16
注射用头孢呋辛钠（力夏乐）	715227盒	240.32
注射用头孢他啶（凯复定）	275634盒	204.69
头孢呋辛（西力欣）	330348盒	171.78
头孢呋辛钠（力复乐）	288415盒	96.91
注射用头孢呋辛钠（力复乐）	257844瓶	86.62

4. 人均占有头孢菌素量比较

1998年我国人均占有头孢菌素的数量为1.04g(1300吨/12.5亿人),已经达到1995年世界人均占有水平1.04g(4700吨/45亿人)。2000年我国人均占有量为1.4g(1752吨/12.5亿人),而美国1995年人均占有量已达到3.28g(862.96t/2.63亿人)。这说明我国头孢菌素的消费量还有较大的发展空间,它将取决于我国经济的发展和人均收入提高的程度。

5. 医院市场

1999年到2002年这四年间,头孢类药品的市场份额(按销售金额计)基本上占整个抗感染类药品的半壁江山。如表2-5所示。

表2-5 1999~2002年主要抗感染药历年市场份额变化情况 (单位:%)

类别	1999	2000	2001	2002
头孢类	49.08	48.21	48.45	48.52
喹诺酮类	12.92	13.28	13.30	13.12
大环内酯类和林可胺类	9.68	9.51	10.02	11.06
青霉素类	9.05	7.89	6.61	5.12
β-内酰胺类	7.07	6.79	6.78	7.29
氨基糖苷类	2.93	3.10	2.40	2.18
四环素类	0.35	0.32	0.24	0.23
磺胺类	0.07	0.07	0.02	0.02
氯霉素类	0.01	0.02	0.01	0.07
其他	8.85	10.82	12.18	12.39

头孢曲松在医院中一直是头孢类的使用大户,头孢呋辛近几年国产化大大提高,在医院市场的推广也显成效,其所占比重有逐年上升的势头,头孢哌酮与舒巴坦钠的复方制剂在医院市场也很受欢迎;相比之下,第二代、第三代头孢品种的医院市场份额则渐渐萎缩。如表2-6所示。

表2-6 1999~2002年头孢类主要品种医院市场份额变化情况 (单位:%)

药名	1999	2000	2001	2002
头孢曲松	22.33	22.26	19.52	16.48
头孢噻肟钠	14.98	15.42	11.24	6.88
头孢呋辛	11.04	11.00	13.61	15.26
舒巴坦/头孢哌酮钠	7.87	8.87	11.93	14.48
头孢他啶	9.19	9.40	11.39	11.46
头孢环己烯	12.31	11.03	8.61	5.81
头孢克洛	3.81	4.90	6.59	6.22
头孢哌酮	4.77	3.81	3.60	5.45
头孢唑啉钠	3.75	2.81	1.61	1.45
头孢羟氨苄	2.11	2.31	2.18	1.87
头孢噻肟钠/舒巴坦	1.36	1.83	1.22	1.52

从剂型细分市场看，头孢菌素注射剂与口服剂型的比例在连续几年中均比较稳定，头孢类针剂仍是医院使用的主要类别，这与头孢菌素的疗效稳定、副作用小的特性相匹配，但发展使用更为方便的口服制剂也有较大空间。

6. OTC 市场

以上海、广州两大城市为代表，我们可以看出，质量稳定、价格低廉的国产头孢类老品种在OTC 市场上唱主角。如表 2-7 和表 2-8 所示。

表 2-7　1999~2002 年上海 OTC 市场前 11 位头孢类畅销品种市场份额变化情况　（单位：%）

药　名	1999	2000	2001	2002
头孢曲松	22.33	22.26	19.52	16.48
头孢噻肟钠	14.98	15.42	11.24	6.88
头孢呋辛	11.04	11.00	13.61	15.26
舒巴坦/头孢哌酮钠	7.87	8.87	11.93	14.48
头孢他啶	9.19	9.40	11.39	11.46
头孢环己烯	12.31	11.03	8.61	5.81
头孢克洛	3.81	4.90	6.59	6.22
头孢哌酮	4.77	3.81	3.60	5.45
头孢唑啉钠	3.75	2.81	1.61	1.45
头孢羟氨苄	2.11	2.31	2.18	1.87
头孢噻肟钠/舒巴坦	1.36	1.83	1.22	1.52

表 2-8　广州 OTC 市场头孢类前 10 位畅销品种

排序	品名(成分)	制造商
1	头孢拉定胶囊	广州环叶制药有限公司
2	头孢拉定胶囊	广州侨光制药厂
3	西力欣片(头孢呋辛)	葛兰素威康
4	头孢氨苄胶囊	广州环叶制药有限公司
5	君必清胶囊(头孢拉定)	香港澳美制药厂
6	泛捷复胶囊(头孢拉定)	上海施贵宝制药有限公司
7	希刻劳胶囊(头孢克洛)	礼来(苏州)制药有限公司
8	头孢氨苄胶囊	广州侨光制药厂
9	欧意片(头孢羟氨苄)	石家庄制药集团有限公司
10	希刻劳混悬剂(头孢克洛)	礼来(苏州)制药有限公司

7.“十五”期间头孢菌素生产厂新建扩建概况

浙江永宁制药厂扩产头孢菌素产品 40 吨至 100 吨，生产 7-ACMA 等中间体 660 吨，扩建后产量达 1100 吨，抢占 10%~15% 国际市场份额。

四川全兴股份制药投资6000万元,生产头孢系列产品及1000吨青霉素。

山西阿拉宾度同领药业投资3000万美元,生产青霉素、半合抗及头孢菌素系列。

浙江得邦化学公司近期投资生产头孢替呋钠(目前只有法玛西亚普强生产)。

山东新华-青孚制药资金从300万美元追加到1100万美元,而后中荷再投资1.1亿元,生产头孢系列。

华药兰花公司与印度兰花药业合作,投资2500万美元,生产头孢无菌原料药,产品在2003年上市。

由哈药集团与荷兰DSM、张家口制药总厂三方合资组建的张家口帝哈制药,注册资本1274万美元,生产6-APA及半合抗系列产品。另外,清华紫光集团也将投资生产头孢菌素系列产品。

(资料来源:博宏药业网 www. gdbhyy. com)

案例讨论

1. 请指出以上医药市场信息包括了哪些类型的信息。
2. 如果你是一名市场信息员,你将设计怎样的方案来收集以上的头孢菌素市场信息?

(李 伟 张 黎)

第三章　医药市场调查的内容

通过本章学习，要求熟悉医药市场宏观环境调查的主要要素；掌握医药市场微观环境调查及竞争对手调查与市场营销组合要素调查的主要内容；熟悉医药市场潜量的概念及其测定方法。

市场是企业生产和经营的出发点和归宿，市场环境时刻影响和制约着企业的生存和发展。对一个医药企业来说，在竞争日趋激烈的今天，必须在市场调查的基础上，考察和分析企业所面临的市场环境，明确企业营销环境中所蕴含的机会与威胁，并对此作出正确的判断，主动适应环境，使企业立于不败之地。因此，科学、客观地市场调查有利于医药企业及时探明市场需求变化的特点，为企业的决策提供科学依据，并促进企业改善经营管理，提高经济效益，增强企业的竞争力和持续发展能力。

第一节　医药市场宏观环境调查

市场营销的宏观环境是指间接影响和制约企业的营销活动的各种因素，它们对企业的影响是全面的、共同的，不会因为企业使命不同而有多大差异。因此，医药企业应在调查宏观环境的基础上，通过调整内部的可控因素，来适应宏观环境的变化发展，确保企业持续、健康地发展。医药市场宏观环境调查的内容主要包括：政治法律环境、人口环境、经济环境、科学技术环境和社会文化环境等。

一、政治法律环境

1. 政治环境

政治环境主要包括与医药企业经营活动有关的国内和国际政治环境。国内的政治环境包括政治制度、政党和政党制度、国家的方针政策、政治气氛等。国际政治环境包括世界局势、各国关系和世界和平等。

就企业而言，最重要和最直接的政治环境因素就是政府的方针政策和有关规定，它直接关系到社会购买力的提高和市场消费需求的增长，甚至也会使消费需求结构发生很大的变化。如我国自从在城镇实行职工医疗保险制度和在农村实行新型合作医疗制度以来，直接刺激了医疗服务需求的上升，直接影响到整个医药企业的经营变化。因此，企业调查政治环境可以及早预见政府可能的行为，提前作出反应，并根据国家制定的各种政策调整企业的经营战略，把握政策带来的发展机遇，主动争取政府的优惠条件，回避不利因素，谋求企业的不断发展。

2. 法律环境

法律环境主要是指国家从本国的社会制度出发，为发展本国的经济而制定的法律、法规、法令、条例等。企业作为经济社会中的"法人"，存在于由各类法律、规定和条例构成的一整套完备的法规体系中，并受到法律的制约和保障。企业只有了解法律、用好法律，才能保障自身的发展。

我国在改革开放以来，为了适应经济发展和对外开放的需要，陆续制定和修订了如《中华人民共和国反不正当竞争法》、《中华人民共和国广告法》、《中华人民共和国专利法》、《中华人民共和国商标法》、《中华人民共和国消费者权益保护法》、《中华人民共和国产品质量法》、《中华人民共和国食品卫生法》、《中华人民共和国价格法》等一系列法律，以及许多相关法规。

对于医疗行业和医药企业来说，相关法律法规还包括：《中华人民共和国药品管理法》、《中华人民共和国药品管理法实施条例》、《药品注册管理办法》、《进口药品管理办法》等，此外，还有一系列的药品研制、生产和流通管理规范和办法等。

二、人口环境

人口是构成市场的第一要素，其数量直接决定市场的潜在容量。从某种意义上说，人口越多，市场规模就越大。而人口数量和人口增长速度、人口的年龄结构、地理分布、人口健康状况、个人消费观念与消费心理等特征都会对市场格局产生深刻影响，并直接影响企业的市场营销活动。企业必须重视对人口环境的研究，密切注视人口特征及其发展趋势，及时抓住市场机会。

1. 人口数量和增长速度

随着科学技术的进步，生产力的发展，人民生活条件不断改善，我国人口平均寿命延长，死亡率下降，人口持续增长。我国有 13 亿的人口，即使人均医药消费较低，但市场潜力是非常惊人的。2000 年，我国药品市场为 188. 24 亿美元，据估计，2010 年将达到 470 亿美元。

2. 人口年龄结构

消费者的年龄结构直接影响消费品市场的商品结构。调查分析人口年龄结构，来评估潜在市场，评估市场对不同类型商品和服务的需求，对企业具有重要意义。根据美国劳动统计局的资料，年轻家庭的医疗费用比一般家庭少 20% 左右。

我国于 2000 年已进入老龄化社会，到 2025 年老年人口达 1. 82 亿人，占人口总数的 12. 06%。老年人口的增多，将使防治心血管疾病、糖尿病、抗癌药物和保健食品的需求增加，因而老年人药品市场有着极大的潜力。另外，我国现有儿童 3. 5 亿，每年患感冒、肺炎的患者数以千万计，全国儿童用药量占药品总销售额的 20%，因而也是具有发展潜力的市场。

3. 人口地理分布

首先，人口密度与医药市场的关系非常密切。人口密度越高，市场越是集中，企业进入这类市场就越有利。我国东部沿海地区人口密度高，约占总人口的 94%，东部人口密度是西部的 8. 8 倍。我国医药市场的"东热西冷"现象与此不无关系。其次，人口集中在城市还是集中在农村，人口的流动趋势，不同地区人们的疾病结构，都会影响到消费方式和消费水平，这也是企业开展市场营销所必须重视的。再次，有些疾病的发生与地理环境有密切的关系，如气候、地形等，从而也就决定了相应医药产品的主要销售场所。另外,由于区域、消费者的经济收入、消费观念、消费习惯、价值观念等的不同,也会影响医药企业目标市场营销工作的开展。

4. 人口健康状况

新中国成立后,在以预防为主的卫生工作方针的指引下,曾经严重威胁我国人民健康的传染病、地方病等得到了很好的控制,国民的健康水平显著提高,平均期望寿命由解放前的35岁增长到71.4岁。但是改革开放以后,随着人民生活条件的改善,我国的疾病谱发生了大的变化,慢性病如心血管系统疾病、糖尿病、恶性肿瘤等已成为危害我国人民的主要疾病。而过去已经销声匿迹的一些传染病、地方病等又死灰复燃。随着经济全球的一体化,一些疾病像艾滋病等也在我国迅速蔓延。这些都对我国的医药服务行业和医药企业提出了新的挑战。只有充分了解我国疾病构成的特点和变化,及时调整医药产品结构,才能适应医药市场需求。

5. 个人消费观念与心理的变化

消费观念既受个人收入、年龄的影响,也随着人们对未来的预期心理和社会保障、社会福利事业的变化而变化。其最突出的标志就是储蓄与信贷的变化对市场需求的影响。当人们对未来充满信心时,就会减少储蓄,扩大信贷规模,从而使需求规模扩大。相反,人们就会减少目前的开支,增加储蓄,社会购买力就要下降。这对企业制定经营策略也有着重要的影响作用。

三、经济环境

经济环境主要是指影响消费者购买力及支出模式的各个因素。社会购买力是指一定时期社会各方面用于购买产品的货币的能力。它直接或间接的受到消费者收入、消费者支出模式、储蓄和信贷等经济因素的影响。

1. 消费者收入状况

消费者个人从各种来源所得到的货币收入,包括消费者个人的工资、红利、租金、退休金、馈赠等收入。消费者收入主要形成消费资料购买力,这是社会购买力的重要组成部分。而且由于生产资料需求是由消费资料需求引发派生出来的,因而对生产、经营生产资料的企业的市场经营活动也会产生重大影响。消费者收入的多少还影响着消费者支出行为模式。

消费者个人收入可区分为个人可支配收入和个人可任意支配收入。个人可支配收入是指从个人收入中扣除税款和非税性负担后所剩下的余额,即个人能够用于消费支出或储蓄的部分。个人可任意支配收入是指从个人可支配的收入中再减去维持生活所必需的费用(吃、住、穿等)和其他固定支出(分期付款),这部分收入是消费者可以任意投向的收入。由于需求弹性很大,因而是影响消费需求构成最活跃的经济因素。这部分收入越多,人们的消费水平就越高,企业市场营销的机会也就越多。

2. 消费者支出模式与消费结构

消费者收入的变化会对消费者的支出模式产生影响,消费者支出模式也受到家庭生命周期的不同阶段和消费者家庭所在地点的影响,1875年,德国统计学家恩斯特·恩格尔根据对德国、法国等欧洲国家家庭收支预算的调查研究,发现了家庭收入与各方面支出变化之间的规律性,它通常用恩格尔系数来表示,即:恩格尔系数等于食物支出金额除以家庭消费支出总额。恩格尔系数表示,随着家庭收入增加,用于购买食品的支出占家庭收入的比重下降,用于住房建设和家庭其他方面消费支出占家庭收入的比重基本不变,而用于服装、交通、娱乐、保健预防、教育等方面的支出和储蓄占家庭收入的比重上升。

3. 消费者储蓄和信贷

储蓄来源于消费者的货币收入,其最终目的还是为了消费。在一定时期内货币收入水平不变的情况下,如果储蓄增加,投资的机会也多,购买力和消费支出便减少;相反,如果储蓄减少,投资的机会也少,购买力和消费支出便增加。所以储蓄的增减变动会引起市场需求规模和结构的变动,对企业的市场经营活动会产生一定的影响,同时企业还要深入了解消费者储蓄的目的,因为储蓄的目的不同,往往会影响潜在需求量、消费内容、消费的发展方向以及消费模式。只有掌握了消费者的储蓄动机,才能为消费者提供满意和需要的商品和服务,引发消费者的购买动机。

消费信贷也是影响消费者购买力和支出的一个重要因素。所谓消费信贷就是消费者凭信用先贷款以购买商品,取得商品使用权,然后再按期还款。消费信贷规模变化会影响购买力的增减变动,进而对企业的市场经营活动产生影响。

四、科学技术环境

科学技术是第一生产力。科学技术一旦与生产密切结合起来就将直接或间接地带来相关行业的变化和发展,伴随而来的是新兴产业的出现、传统产业的改造、落后产业的淘汰。所以,科学技术的不断进步与新技术的问世,将会给医药企业带来各种契机和前途,当然也存在种种威胁。医药企业要搞好经营,必须十分重视医药科学技术环境的变化。

对于医药企业而言,分析医药科技环境的目的在于判明医药行业生产力发展水平和工业化程度,并通过对技术装备条件的考察来具体了解医药企业面向未来的能力。通过对新技术、新工艺、新材料的考察,了解新旧产品的替换范围、程度及时间,掌握医药产品的寿命周期以及需求发展的层次趋向。

科学技术环境调查的主要内容包括:①当前本行业本产品的生产技术、工艺发展水平及其变化趋势;②本企业的生产技术和工艺水平,与当前国内、国外先进水平的差距及变化趋势;③国内外与本企业有关的新产品开发及上市情况;④产品所处的寿命周期阶段及新旧替代情况;⑤医药新产品研究开发的重点领域和趋势等。

企业在分析科技环境时,除了明确本企业的技术力量和潜在的研究开发能力外,还要正确估计竞争对手的技术水平及研究动向,及时调整企业经营战略。

五、社会文化环境

社会文化是人类在创造物质财富过程中所积累的精神财富的总和。它体现着一个国家或地区的社会文明程度。作为影响企业市场营销活动的社会和文化环境因素,是指在一定社会形态下的教育水平、道德规范、价值观念、宗教信仰以及世代相传的风俗习惯等。

1. 教育水平

教育是培养人的一种社会现象,是传递生产经验和生活经验的必要手段。处于不同教育水平的国家和地区的消费者对商品有着不同的需求,而且对商品的整体认识存在很大的差异,如商标、包装、商品的附加利益等。企业的产品目录、产品说明书的设计要考虑目标市场的受教育状况,是采用文字说明,还是文字加图形来说明,这都要根据消费者的文化程度来做相应调整。教育水平对市场营销的促销方式等方面也有很大影响,教育程度比较低的地区,产品的宣传工作,尽量少用报纸、杂志作广告,而采用电视、收音机、展销会等形式,要考虑不同文化层次的消费者接近媒体的习惯,利用媒体传播商品信息。

2. 价值观念

所谓的价值观是指生活在某一社会环境下的多数人对事物的普遍态度或看法。生活在不同社会环境下,人们的价值观念会相差很大。消费者对商品的需求和购买行为深受价值观念的影响,对于不同价值观念的消费者,企业应必须采取不同的策略。中国人往往把坚固耐用与否视为质量好坏的重要标准,美国人则喜欢标新立异、与众不同。在产品设计方面,中国多采用标准化策略,而美国多采用多样化策略。

价值观念是社会文化环境中最难准确认知的一个方面,对企业市场营销活动影响巨大。阶层观念是普遍存在的价值观念,各阶层追求的商品不同,志趣爱好各异。不同年龄的消费者对价值观也有很大区别,年轻人往往追求时尚、欢迎创新,老年人则比较保守、不轻易改变原有的消费习惯。企业市场调查研究时要注意价值观念方面的差异而分别对待。

3. 宗教信仰

宗教作为历史的产物,对人们的态度、价值观及生活方式有重大影响。不同宗教有着不同的价值观和行为准则,从而会导致不同的需求和消费模式。企业在进行市场研究时,应了解宗教的地理分布情况及各宗教的要求与禁忌。

4. 风俗习惯

风俗习惯主要体现在饮食起居、婚丧仪式、道德伦理、行为方式等方面。风俗习惯对消费嗜好、消费方式起着决定性的作用。例如,不同国家对图案和颜色的使用就有不同的习惯,企业在开发和包装某一新产品时,都应考虑不同地区的特点。

第二节　医药市场微观环境调查

医药市场微观环境主要是指医药企业内部、供应商、营销中介、客户、竞争者和社会公众,这些都影响着企业为目标市场服务的能力,构成企业经营微观环境的各种制约力量,与企业形成了协作、竞争、服务监督的关系。因此,对医药市场微观环境的调查就是要使企业在经营过程中,不断适应这些微观环境的变化,提高企业在市场上的竞争力。

(一) 企业内部环境要素调查

企业置身于市场营销环境之中,其既成的生产经营状况实际上也是构成微观环境的一个因素。企业内部环境的分析,其目的是揭示企业的优势和弱点,判别其是否拥有捕捉营销机会的竞争能力。

1. 营销能力

企业营销能力的主要分析指标有:企业知名度、信誉度、产品的市场占有率与市场覆盖率、产品质量声誉、服务质量、生产成本、分销成本、营销人员素质、研究开发与革新能力、地理情况、原材料拥有情况。

2. 财务能力

企业财务能力的主要分析指标有:资产报酬率、销售利税率、毛利率、资产负债率、资产周转率、销售增长率等。

3. 生产能力

企业生产能力的主要分析内容包括:是否拥有先进设备满足需要的能力、能干而甘愿奉献的劳动力、按时交货的能力及技术和制造工艺的能力。

4. 组织能力

企业的组织能力主要包括:是否具有智慧与创新精神的领导集团,企业决策者素质、具有奉献精神的员工、企业家导向、对市场环境变化情况的迅速反应能力。

对企业每一具体的营销机会而言,并不是上述所有要素都值得同等对待。企业能否在市场竞争中抓住时机,还与企业各部门的协调配合有密切关系。因此,在对企业内部环境力量调查时,还应考虑企业内部各部门的具体情况等。

(二)供应商调查

供应商泛指向企业提供所需各类资源和服务的供应者。供应商与医药企业的关系是一种经营协作关系,两者配合密切与否对企业营销活动的成果将会产生很大的影响,这种影响主要体现在以下几个方面。

1. 供货的及时性和稳定性

对生产企业来说,原材料、能源、机械设备等的保证供应是其生产经营活动的基础,因此企业必须和供货商保持密切联系,及时了解和掌握供货商的变化和动态,以使货源供应在时间和数量上得到有效保证。

2. 供货的质量水平

供货的质量水平将会直接影响到企业产品的质量,从而影响其销售。供货的质量包括供应商所提供的商品本身的质量和供货商提供的售前和售后服务水平。

3. 供货的价格水平

供应物资的价格水平直接影响到医药产品的成本和利润,最终影响到其在市场上的竞争能力。这就意味着企业在营销中应密切注意供货价格的变化趋势,特别要密切注意对构成医药产品的关键部分的材料价格的变化,使企业应变自如。

(三)营销中介调查

医药营销中介是指协助企业促销、运输、分销和出售的各类组织或个人。对营销中介的调查主要包括对中间商、实体分销商(运输企业和仓储企业)、营销服务机构及金融机构等的调查。

1. 中间商

中间商是指介于生产者与消费者之间专门从事医药产品流通活动的经济组织或个人,包括零售商、批发商和代理商。与供应商相比,中间商更为重要。由于中间商直接与目标顾客打交道,因而它的销售效率、服务质量将直接影响企业的产品销售。

2. 实体分销商

实体的分销也就是医药产品的物流活动,即指产品从生产企业运到购买者所在地的过程,包括运输和储存。企业应结合自身产品的特点,在综合考虑储存和运输的费用、安全性、速度等因素后,选择最适宜的物流公司。

3. 营销服务机构

营销服务机构是帮助经营企业寻找目标客户和帮助企业促销医药产品的机构,主要有市场调查机构、广告代理公司、市场营销顾问机构等。在现代,大多数经营企业要借助这些服务机构来开展销售活动。因此,经营企业在选择这些机构时,需对它们所提供的服务、质量、创造力等方面进行评估,并经常检查其实际工作的完成情况,及时替换那些不具有预期服务水平和效果的机构,才能提高企业的效益。

4. 金融机构

金融机构又称财务中介机构,是指那些在企业买卖产品时能够向企业提供资金服务的信托公司、保险公司和银行等部门。企业应根据金融机构提供的服务条件进行选择,在综合权衡和选择后,还要注意与其保持友好合作的关系。

(四) 客户调查

所谓客户,是指用户、消费者或者说就是企业的目标市场。主要包括所有出于直接使用目的而购买企业产品或服务,以及为再加工或再销售目的而购买本企业产品或服务的个体和组织。企业与客户的关系实质上是一种生产与消费的关系,客户对于企业的重要性在于,失去了客户就意味着失去了市场,赢得了客户就赢得了市场。

客户调查主要有:消费者市场调查、生产者市场调查、中间商市场调查、政府市场调查及国际市场调查。

(五) 竞争者调查

竞争者是指与本企业存在利益争夺关系的其他经济主体。企业的竞争者包括正在生产和销售本企业相同产品或服务的直接竞争者、潜在的进入者等。关于竞争者调查的具体内容将在本章第三节中详述。

(六) 社会公众调查

社会公众是指对企业的存在和发展具有实际的或潜在的利害关系或影响的任何团体。对社会公众的调查主要包括以下各群体。

(1) 政府公众,是指负责管理企业业务经营活动的有关政府机构。

(2) 媒介公众,是指那些联系企业与外界的传播媒体,主要指报纸、杂志、广播、电视、网络等。

(3) 金融公众,是指影响企业融通资金能力的各种金融组织和社会集团,如银行、投资公司等。

(4) 群众团体,是指各种保护消费者权益组织、环境保护组织及少数民族组织等。

(5) 地方公众,是指企业周围的居民和团体组织。

(6) 企业内部公众,是指企业内部从上到下的组织成员,包括股东、管理人员、职工等。

上述社会公众与企业存在着相互作用、相互联系的利益关系,它们对企业的各项营销活动既可能产生积极的推动作用,也可能出现消极的妨碍作用。因此通过调查,使企业密切关注各类公众的态度,运用公共关系手段加强与各种公众的交流和沟通,争取得到广大社会公众的关心、理解和支持,为企业创造出一个适宜其健康发展的环境。

第三节 竞争对手调查

竞争是商品经济的基本特性,只要存在着商品生产和商品交换,就必然存在着竞争。企业在经营过程中,总会遭遇竞争对手的挑战。为了制定有效的竞争战略,企业必须对竞争对手进行调查,收集有关竞争对手的资料,并在产品、价格、渠道、促销等方面进行比较研究。这样,企业才能及时准确地掌握竞争对手的状况并采取相关的策略和措施。

(一)确认企业的竞争者

按不同的分类标准,可以将企业的竞争者分为不同的类型。

1. 按提供产品的方式,竞争者可分为品牌竞争者、形式竞争者、类别竞争者和愿望竞争者

(1)品牌竞争者,是指以不同的品牌、相似的价格向同一顾客提供相似的产品和服务的企业。

(2)形式竞争者,是指提供同类产品和服务的企业。

(3)类别竞争者,是指提供不同种类的产品和服务,但能够满足顾客同样需要的企业。

(4)愿望竞争者,是指提供不同产品,满足顾客的同一愿望,与本企业争夺同一顾客者都可以看成是竞争者。

2. 按竞争方式,竞争者可分为直接竞争者、间接竞争者和潜在竞争者

(1)直接竞争者,是指生产与本企业完全相同产品的企业。

(2)间接竞争者,是指那些生产的产品与本企业所生产的产品具有可替代性的企业。

(3)潜在竞争者,是指那些具备了生产本企业所生产的产品的生产能力,但目前还未生产该产品的企业。

(二)竞争者营销策略

企业采取的策略与竞争者的策略越相似,企业之间的竞争越激烈。在多数行业里,竞争者可以分成几个追求不同策略的群体。策略性群体是指在某一行业里采取相同或类似的策略的一群企业。确认竞争者所属的策略性群体,对企业制定营销策略具有重要意义。

根据策略群体的划分,企业可以了解进入各个策略群体的难易程度。一般小型企业适于进入投资和声誉较低的群体,因为这类群体较易打入。而实力雄厚的大企业则可考虑进入竞争性强的群体。在企业进入某一策略群体之后,还要确定主要的竞争者是谁,然后决定自己的竞争策略。只有在策略上占有优势,企业才能吸引相同的目标顾客。

同一战略群体内竞争激烈,在不同的战略群体间也同样存在着抗衡。一方面,各群体之间的目标顾客群常常存在着一定的交叉;另一方面,顾客可能看不出他们的供应品有多少差异,导致市场细分的模糊。再者,在流动障碍较小、企业实力相当的情况下,各战略群体都有扩展自己市场细分范围的冲动,势必造成各战略群体之间的激烈抗衡。

企业需要考察用于确认行业内各策略性群体的因素。企业必须了解每一个竞争对手的产品质量、特色、组合、顾客服务、价格政策、经销范围、广告和销售促进方案。除此以外,还必须对各个竞争者的研究与发展、制造、供应、人力资源、财务等方面做出详细的分析。

（三）判断竞争者的目标

了解竞争者的目标，是竞争分析的前提。市场中所有的竞争者都要为追求最大利润而选择适当的行动方案。但是，各个企业对短期利润和长期利润重视的程度各不相同。有的竞争者可能只倾向于“满意”的利润而非“最大化”的利润，目标不同，相应的策略也会不同。企业应了解竞争者近期的目标是什么，远期的目标是什么。

此外，企业还必须考虑到竞争对手在利润目标以外的目标。每一个竞争者均有自己的目标组合，其中每一个目标的重要程度不同，企业应当了解竞争者对目前的获利能力、市场占有率的成长、现金流量、技术领先、服务领先以及其他目标的相对重视程度如何。了解竞争者的目标组合，就可知道竞争者是否满足其目前状况，以及对不同的竞争行动的反应如何。企业还必须注意竞争者在不同市场细分区域的目标。

（四）评估竞争者的优势与劣势

各种竞争者能否执行他们的战略和达到其目标，取决于每个竞争者的资源和能力。企业需要进一步评估每个竞争者的优势和劣势。首先，要对竞争者的资源进行分析。竞争者资源条件的优劣通常只有在与本企业的比较中才能确认。企业要将竞争者的每一项资源与本企业一一对比，在产品、分销、促销、定价、企业信誉、成本、技术、组织与管理、人员素质、财务实力等方面指出竞争者的优势和劣势。其次，要对竞争者的假设进行分析，每个企业都对自己的情形有所假设，如把自己看成社会上知名的企业、产业领导者、低成本生产者等。这些对本企业的假设将指导它的行为方式和对事态的反击方式。例如，如果自视为低成本的生产者，就可能采取低价策略反击竞争者的挑战。竞争者的这些假设可能是准确的，也可能是不准确的，当它们是不准确的时候，就为本企业提供了可乘之机。因此，一个企业要善于识别笼罩于竞争者身上的假象和错觉，当竞争者已按照错误的假设来经营时，就可以超越它。

（五）了解竞争者的反应类型

了解竞争者的目标、策略、优劣势，都是为了解释其可能的行动，以及其对企业的减价、增加促销、介绍新产品等的反应，也就是确定竞争者的反应模式。此外，竞争者特殊的经营哲学、内部文化、主导信念也会影响其反应模式。如果企业想要预测某一竞争者的行动与反应，就必须深入了解其心理状态。

竞争者对外部刺激的反应可分为消极防御型、全面防御型、死守阵地反击型、凶暴反击型、选择反击型、随机反击型等。了解主要竞争者的反应形态有助于企业在制定经营策略时充分预见相关策略的后果。

第四节　市场营销组合要素调查

市场营销组合要素是指企业根据其目标市场的需要，全面考虑其任务、目标、资源以及外部环境，加以整合、协调使用的可控制因素。它是由美国教授鲍敦于1960年首先提出的。当时鲍敦将其确定为12个因素。同年杰罗姆·麦肯锡又在文字上，将它们表述为著名的“4P”，即产品(product)、价格(price)、分销地点(place)和促销(promotion)。后人又在“4P”的基础上提出了“6P”组合，加入政治权力(power)及公共关系(public relation)，即著名的“大市场营销理论”。菲利普·科特勒教授在此基础上进一步提出了十要素说：即在“6P”基础上再加上市场调研(probing)、市场细分(partitioning)、市场择优(priorting)以及市场定位(position)等。尽管如此，“4P”组合仍是基础。对市场营销组合要素的调查，主要是指对产品、价格、销售、促销要素的调查。

一、产品调查

1. 产品生命周期分析

任何产品在市场上都有从投入到退出的过程，这一过程被称为产品生命周期，产品生命周期一般划分为四个阶段，包括导入期、成长期、成熟期和衰退期。调查产品生命周期有利于企业决定是否对现有产品进行扩大投资力度或开发新的产品。

对产品所处生命周期阶段的调查通常用产品的渗透水平来衡量。产品渗透水平是指产品的使用者占总人数的比重，通常采用曾经使用率(曾经使用过某种产品的人数占总样本的百分比)和过去六个月内的使用率和过去三个月内的使用率来判断。而渗透深度是指上述三个指标数值的接近程度。如果三者数字十分接近，而且数值较大，说明产品渗透比较深；如果过去三个月内的使用率远低于过去六个月内的使用率，而且后者又远小于曾经使用率，则说明渗透深度比较浅。

通过调查产品的渗透水平，可以大概估计产品所处的生命周期阶段，从而为营销策略的制定提供依据。

2. 产品试销调查

产品生命周期理论告诉我们，任何一种产品都有一个由弱到强、由盛到衰的过程。当老产品衰退时就必须由新产品所取代。新产品在研发后，企业就应决定是否投向市场，进行商品化。由于直接大批量生产进行商品化，风险很大，一旦商品卖不出去，企业会立即陷入困境，甚至面临倒闭破产的危险。所以在产品投放市场以前必须在小市场范围内进行新产品的试销。通过试销中收集的一些数据资料来推断产品的市场吸引力和经济效益吸引力。

产品试销可收集消费者初次购买率、重复购买率和合理价格等指标的数据。经过试销，企业可以得到以下信息：

第一，产品卖出后消费者的满意程度。

第二，知道该产品、初次尝试购买该产品和重复购买该产品的消费者的人数及比例。

第三，初次购买和重复购买该产品的消费者。

企业在获得上述信息的基础上可以做出进一步的决策。如果初次购买率、重复购买率都高，即可以对新产品立即商品化；如果前者高后者低，则需重新设计或放弃；如果前者低而后者高则应加强广告等推销努力；如果两者都低，则应舍弃或可以调整价格等。同时根据试销价格也可为产品投放市场时定价提供依据，并可估算产品的经济效益吸引力。对产品试销的调查分析还可以分析新产品对竞争对手所造成的威胁以及对本企业相关产品所造成的影响。

3. 包装调查

包装调查就是通过对消费者的调查，发现包装在区别性、传递信息、吸引力和强化产品形象方面的效果。包装调查的内容主要包括：

（1）调查产品包装的保护和提供便利的功能。

（2）调查产品包装与其他产品的区别性，分析包装设计的独特性，是否抢眼、新颖及是否有新意，吸引注意力的强度。

（3）调查包装传递信息能力、吸引力、强化形象能力。传递信息力包括生产厂家、产地、类别、名称、性能、成分等；吸引力则是反映包装被人喜欢的程度，消费者对几种包装偏好的排序，包装是否能引起购买欲望等；强化形象能力则反映消费者从包装上是否可以看出产品的高质量、独特风格等。

（4）调查研究包装规格组合。包装规格组合研究是分析决定提供何种包装规格给目标消费者。新的包装规格很可能会抢占竞争对手一定的市场份额，甚至会开辟一个全新的市场，同时也可能会对公司已有的包装产生威胁。对不同的目标顾客和不同的需求可提供不同的包装组合。

4. 品牌调查

对于企业来讲，具有一个良好形象和知名度的品牌无疑是成功的必备条件之一。品牌调查的内容主要包括：

（1）自己的品牌和竞争品牌在目标市场上知名度如何，哪一个品牌在消费者心目中的份额处于领导地位，哪一个处于挑战者地位。

（2）自己的品牌在消费者心目中的地位是否已转化为实际的市场占有率，哪一个品牌具有最高的市场占有率，它在消费者心目中是否也处于领导地位。

（3）市场领导者的市场占有率是否在改变，是变得更强还是更弱，市场挑战者的情况如何。

（4）市场领导者所具有的核心竞争力是什么，挑战者怎样才能获得这个竞争地位。

（5）如果领导品牌已变得更强，在产品方面它做了哪些其他品牌所没有做到的改进，如果领导品牌正在变弱，随时有被挑战者超过的可能，挑战者在产品方面做了哪些领导品牌和其他品牌所没有做的改进。

通常情况下，品牌研究应先调查分析出反映品牌在市场中地位的指标，包括品牌知名度、广告知名度、品牌渗透率、品牌最常使用率、品牌忠诚度和转移率、品牌吸引力和产品吸引力。然后再进行市场占有率和品牌知名度、品牌吸引力、产品吸引力的关系分析；产品缺陷分析；品牌 SWOT 分析。最后就可以根据上述五个问题做出客观的、全面的回答，为企业营销管理人员指出改进工作的途径。

二、价格调查

进行产品价格调查一般要研究以下几个问题：①当产品价格变化时，目标消费者反映如何；②当企业提升价格或降低价格时，对公司产品的市场占有率和销售量有什么影响；③当市场上产品价格变化后，自己品牌和竞争品牌的相互地位会如何变化；④使产品利润达到最大的销售价格应是多少；⑤如何确定新产品、产品线扩张、产品范围扩张的价格或价格范围。

1. 价格需求弹性分析

需求价格弹性是反映消费者需求对价格变化的敏感程度。需求价格弹性的分析通常结合需求价格曲线来进行。需求曲线可以测试产品的三个关键测度：

第一，最大潜在权限。它是指在最低价格时对产品的需求。

第二，需求价格弹性。它反映价格每变动一个百分点，需求数量变动的百分比。

第三，核心忠诚顾客。它是在最高价格时仍选择测试产品人数的百分比，这部分人是测试产品的忠诚顾客。

2. 新产品消费者预期价格分析

价格不但与产品本身的价值、企业利润目标有关，还与消费者对价格的心理预期和支付能力有关。因此，企业在新产品市场定价时，必须分析消费者对产品的期望价格。一个比较简单的方法就是在企业初步制定的价格基础上，给出一系列的价格测试点，调查消费者对每一价格水平的反应和态度。

3. 价格差异敏感性分析

如果消费者能够对价格差异做出理性的判断，那么当绝对价格差异一样时，就应该导致相同的敏感性。但现实中的实例和实验结果表明，消费者对价格差异的感受取决于变化的百分比，而不是变化的绝对值。价格差异的百分比不同而产生了不同的敏感性。

影响价格敏感性的因素主要有：①认知替代品的程度，消费者对替代品的认知程度愈高，了解越详细，对产品价格的变化越敏感，反之，敏感性就小；②独特价值效应，企业通过产品差异化以取得某种独特的产品价值，从而降低其他产品的替代程度，独特价值越明显、越重要，消费者对其价格变化越不敏感；③转换成本，产品转换成本越高，价格敏感越低；④对比困难，对非经常性购买、效果难以对比的产品，价格敏感性低；⑤支出效应，支付能力越强，支付比重越小，一次性支付费用越大，则相同的价格差异所引起的敏感性越小；⑥分担成本，对于产品的购买成本分担越少甚至不分担，则对价格差异的敏感性低；⑦最终利益，产品能给消费者带来的利益越大，相对比较重要，则价格敏感性小。

三、分销渠道调查

由于产品从厂家到消费者手中必然要经过一定的中间渠道，中间渠道的好坏直接影响着产品的传递效率、销售量、经济效益以及消费者需求的满足程度。因此在市场研究中，必须对分销渠道进行调查分析。分销渠道分析主要包括：渠道选择的合理性分析、中间商评价和渠道存在问题分析。

1. 分销渠道选择的合理性调查

分析分销渠道选择是否合理，主要分析以下几个方面：①分析渠道模式的长短和宽窄是否符合产品特性的要求。体现产品特性的要素包括单价、体积、重量、性质、自然生命周期、技术复杂程度、服务等；②分析渠道是否符合市场因素的要求。市场因素主要包括市场容量、每次购买量、市场范围、顾客集中度、市场规模和发展趋势、竞争者使用渠道等；③分析渠道是否符合企业自身的条件和期望的要求，企业自身的条件和期望包括企业的实力和声誉、企业自身销售能力的大小、企业的产品组合和企业控制渠道的愿望等。

2. 中间商评价

中间商评价包括能力评价和绩效评价两个方面。

能力评价是指对中间商的实力和信誉进行评价。主要评价内容包括：①中间商所在区域的市场潜力、需求量和顾客集中度；②中间商的经营能力和财务实力（如销售能力、市场渗透能力、拥有网络、服务能力、运输仓储能力、资金实力和承担风险的能力等）；③中间商的信誉（中间商是否拥有稳定而又忠诚的顾客群，是否拥有良好的经营作风、经营态度和合作意向，中间商的用户反映、合同执行、结算信誉等）。

绩效评价包括：①销售绩效，中间商为企业所创造的销售收入和利润、特许经营费用收入，与竞争对手相比的市场渗透水平和产品市场占有率；②财务绩效，中间商对上级分销商提供的价格是否满意，是否为下级经销商提供足够的利润空间；③消费者满意度，中间商是否经常有消费者对其产品和服务提出起诉，对消费者提出的问题是否及时地给予解决；④业务水平，中间商是否掌握了足够的有关产品或服务的特点及属性的指标，是否积累了足够的经营经验与技巧等。

3. 分销渠道常见问题调查

(1) 串货问题：对各营销网点货源严格监控，调查分析是否存在串货、串货来源，查明原因，给出解决办法。一般来说可通过价格体系调控、物流控制、粘贴产品区域条码等手段来阻止串货。

(2) 成本过高：分销成本过高一般是由以下原因所引起的：没有达到经济存货量、经济采购批量，渠道选得太长，管理混乱，运输路线或方式选择不合理等。企业应对各个环节逐个分析，查出问题点并给予解决。

(3) 发货周期过长：这可能是由于渠道过长，物流不畅通，网络不健全等因素引起的。

企业通过对渠道模式的合理性的调查分析，中间商评价，就可以发现分销渠道中存在的问题，从而找出问题的原医以改善渠道的效率，提高经济效益。

四、促销调查

企业需要与目标顾客取得有效的信息沟通与联系，就需要寻找一种有效的沟通方法；同时，在面对竞争的情况下，还需要说服和刺激顾客有购买本企业产品的意愿。这需要企业开展有效的促销活动以实现企业既定的营销目标。促销调查的目的就是为企业制定促销策略、能够有效地开展促销活动提供市场信息。促销调查主要包括促销信息调查、促销组合调查和促销效果调查。

1. 促销信息调查

企业促销的任务主要有两个，一是生产者就产品服务信息与顾客进行沟通，以完成交换所需要的基本条件；二是因为面对市场竞争，企业必须向目标顾客证明和说服目标顾客接受本企业的产品和服务，并能够刺激目标顾客尽快购买企业的产品或服务。所以，促销的本质是信息交流活动。对促销信息的调查主要包括四个方面的内容：①信息内容；②信息结构；③信息格式；④信息来源。

2. 促销组合调查

促销组合是广告、人员推销、营业推广和公共关系四种促销方式的配合。促销组合策略是对有关促销方式的选择和搭配的策略。由于四种手段之间存在一定的替代性，为达到一个预期的销售水平，可采用不同的组合，选择促销组合策略需要考虑多种因素。

(1) 促销方式：广告的功能特点是高度普及、公开、渗透性强、富于表现力，而且不像企业的销售代表那样具有强制性。广告既能用于树立产品的长期形象，也能促进快速销售。

人员推销能够进行有效的人际交流，建立多种多样的关系，容易得到直接的反应，易于在购买过程的特定阶段获得购买者的偏好、信任并促成行动，是一种最有效的工具。但这却是企业费用最昂贵的促销办法。

营业推广是利用赠券、有奖销售手段促进销售的集合，它能够沟通信息、刺激顾客，促使他们进行交易，具有明显的诱导性。营业推广在具体应用上比较灵活，但其影响往往是短期的，对于建立长期的品牌偏好不太有效。

公共关系的特点主要表现在可信度较高、作用比较广泛、易于造成深远影响并取得长期效果，还具有非商业性的特点。公共关系活动同其他促销组合因素组合起来效果更好。

（2）确定促销组合的因素：

1）产品市场的类型。促销工具的有效性因产品市场类型的不同而异。一般情况下医药产品的广告作用最为明显；其次是营业推广、人员促销和公共宣传。促销组合在很大程度上受到产品制造商、批发商和零售商对消费者选择推式或拉式的战略分别创造销售机会的影响。其中，推的战略要求使用销售队伍和贸易促销，通过销售渠道依次积极地推出产品；拉的战略要求在广告和消费者促销方面花费较多的经费，建立消费者的需求欲望。消费者、零售商和批发商会反过来依次努力求购产品。不同企业可视具体情况灵活选用推拉战略。

2）目标顾客的准备阶段。购买者在不同的准备阶段里，各种促销工具的成本效益是不同的。在创立声誉阶段，广告和公共关系的作用最大，而营业推广和人员推销的作用则是第二位的。中级阶段人员推销和广告将影响顾客的信任程度。销售的最后阶段需要靠推销访问。鉴于费用昂贵，人员推销的办法应在顾客购买过程的较晚阶段使用。

3）产品生命周期。在产品导入阶段，多发挥广告和公共宣传促销的作用，可产生较高知名度，为促使经销商经营还可再辅以人员推销。在成长阶段，广告和公共宣传继续起主要作用，但产品促销活动可减少一些。在成熟阶段，须强化营业推广，外加提醒作用的广告。而在衰退阶段应以营业推广为主并辅以提示性广告。

3. 促销效果调查

在执行了促销计划之后，信息发出者必须衡量它对目标对象的作用。这包括询问目标对象是否可识别并回忆起该信息，他们接收到多少次信息，他们可能回忆起哪几点，对信息的感觉如何，他们以前及现在对公司及产品的态度如何。营销人员还需收集到目标对象的行为反应，如有多少人喜欢该产品，多少人购买，多少人向别人谈及该产品。

许多公司主要依靠一两种营销沟通手段达到其目的。但是经济领域发生的变化，如大市场细分为许多小的子市场、最新的媒体的运用及消费者不断复杂化，使得每一个细分市场都需要有自己的沟通手段。而联系手段、信息及对象的多样化使公司对沟通工具综合运用变得极为重要。

第五节　医药市场潜量测定

一、几个基本概念

1. 市场需求与市场潜量

市场需求是一个产品在一定的地理区域和一定的时期内，在一定的营销环境和一定的营销方案下，特定的顾客群体所愿意购买的该种商品的总量。市场需求不是一个固定的数字，而是一个在一组条件下的函数，所以它也称为市场需求函数。它会受到商品自身的价格、对商品价格的预期、相关商品的价格、消费者收入和消费者偏好等诸多因素的影响。

图 3-1 表示出市场总需求与行业营销费用支出水平之间的对应关系。其中横轴表示一定时期内行业的营销费用水平，纵轴表示由此而导致的需求水平。Q_0 表示在没有发生任何营销费用的情况下市场的最低需求量，称为基本需求量。随着行业营销费用的增加，市场需求也逐渐增加，但在开始时市场需求快速增加，后来增加得越来越慢，当营销费用超过一定的极限水平后，市场需求就不会再有显著增加。市场需求量的高界限 Q_1 称为市场潜量。市场潜量与基本销售量之差称为市场营销灵敏度，它表示行业营销费用对市场需求的影响力。

因为行业的营销费用不可能无限制地增加，在一定时期、一定的市场环境下只能有一个确定的水平。因此，市场需求函数无法反映时间对市场需求的影响，更确切地说，市场需求函数只显示了在一定时期、一定环境下市场需求预测与预期的行业营销费用的关系。当市场环境发生变化时，市场潜量也会发生变化，图 3-2 反映出市场潜量对于环境的依赖关系。环境的变化对市场需求的影响表现为市场需求曲线的移动。营销人员对于市场需求函数的定位无能为力，但是在一定环境条件下，营销人员可以通过决定行业营销费用变动来影响它们在需求曲线上的定位。

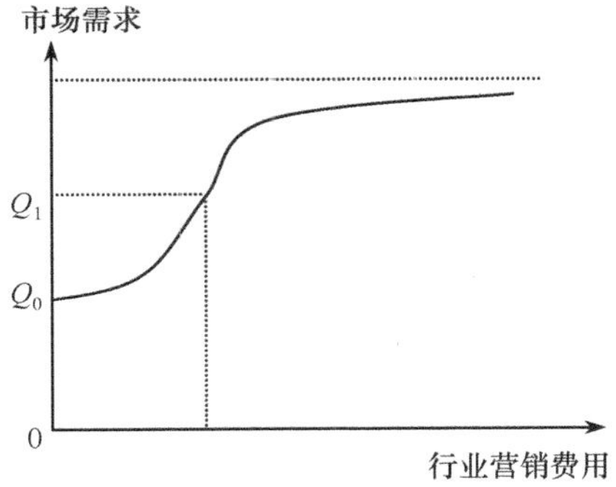

图 3-1　市场需求与行业营销费用的关系
（假设在一定特定的市场环境下）

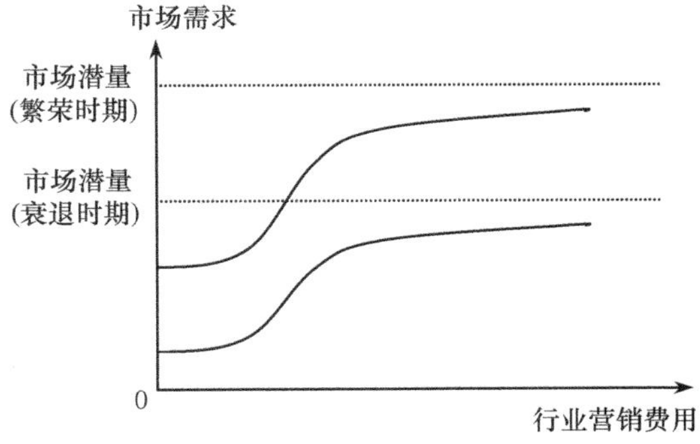

图 3-2　市场需求与行业营销费用的关系
（假设在两个不同的环境下）

2. 企业市场需求量与企业市场潜量

企业市场需求量是指一个企业在全行业可实现的市场需求总量中所占的份额。可表示为：

$$Q_i = S_i Q$$

式中：Q_i——企业的市场需求量；S_i——企业的市场占有率；Q——市场总需求量。

同市场需求一样，企业需求也是诸多因素的函数，称为企业需求函数。企业的市场需求份额取决于该企业的产品、服务、价格、沟通等等与竞争者的关系。

企业市场潜量是当企业相对于竞争者的营销努力不断增加时，企业需求所能达到的极限。绝大多数情况下，企业潜量低于市场潜量，因为每个企业都有自己的忠诚的购买者，其他公司的营销努力很难对他们产生影响。当企业成为市场独占者时，企业潜量和市场潜量相等。企业的营销努力也不可能无限增加，企业在估算出企业需求后，需要选择营销努力的水平。企业以其选定的营销计划与假定的市场环境为基础所预期的企业销售水平称企业销售预测值。

3. 销售定额与销售预算

销售定额,是企业针对某一产品线、企业部门或推销人员所确定的销售目标。制定销售定额是企业管理和激励员工的一种手段。

销售预算,是对与其销售量的一种保守估计,是企业编制生产预算、材料预算、人工预算等业务预算和现金预算等财政预算的基础,它主要为采购、生产和现金流量等业务决策服务。

二、市场需求的估计

企业可以用一系列方法估计当前市场的市场需求,包括测量总市场潜量、地区市场潜量、全行业的实际销售额和企业的市场份额。

1. 总市场潜量

总市场潜量是指在一定时期内,在一定的行业营销努力水平和一定的环境条件下,一个行业中所有企业所能获得的最大销量(数量和金额)。通常以下式估计总市场潜量:

$$Q=nqp$$

式中:Q——总市场潜量;n——一定的假设条件下特定产品或市场的购买者数量;q——每个购买者的平均购买量;p——单位产品平均价格。

例如,某医药公司对某城市某种抗生素药品市场的需求潜量进行估计,该城市人口约为500万人,经过市场调查,估计大约每年有10%的人口使用此种抗生素,且每人每年平均使用量为2盒,每盒的价格为10元,则此城市这种抗生素药品的市场需求潜量为10 000 000.00元。

$$Q=nqp=5\ 000\ 000\times10\%\times2\times10=10\ 000\ 000(\text{元})$$

上式中最难估计的是特定产品或市场的购买者数量。在实际预测中,需要从总人口中剔除显然不会购买该产品抗生素的人数,余下的可能购买者作为n,以计算总市场潜量。

2. 地区市场潜量

企业面临着选择最佳销售区域,并在各销售区域中实现营销预算的恰当分配问题。因此,企业需要估计不同地区的市场潜量。主要有两种方法可供选择:一种是适用于厂商市场的市场组合法,另一种是为适用于消费者市场的多因素指数法。

(1) 市场组合法:市场组合法要求辨别在每个市场上的所有潜在购买者,并估计其潜在购买量,然后将一个市场上所有潜在购买者的潜在购买量相加,就可得出每个市场的购买潜量。但是实际上企业很难拥有所有潜在购买者的清单,更难以估计每一位购买者的购买需求。

(2) 多因素指数法:由于消费者市场上购买者数量众多,企业不可能知道消费者名单,也不可能使用市场组合法,所以面向消费者市场的企业常常运用多因素指数法来估计地区市场需求潜量。使用这种方法,要找出影响需求的因素,并根据各因素的重要性分别赋予一定的权数,进行加权平均,即可求出多因素指数。

例如,在某地区,可利用下述相对购买力指数公式计算其地区市场潜量。

$$B_i=0.5y_i+0.3r_i+0.2p_i$$

式中:B_i——地区i的购买力占全国总购买力的百分比;y_i——地区i的个人可支配收入占全国的百分比;r_i——地区i的零售额占全国的百分比;p_i——地区i的居住人口占全国的百分比。

上述公式可用于反映许多药品的市场潜量,但不适用于廉价药品和高价药品。另外,对不同的产品,权数可能有不同的取值,同时,企业还可能因为其他一些额外因素而对区域市场潜量进行必要的调整，如竞争者在该市场的存在情况、地区促销成本、季节因素、实体分配系统及地区市场特性等。

三、企业销售增长率与市场占有率

除了要估计总市场潜量和地区市场潜量，企业还要估计企业的销售增长率及市场占有率。

销售增长率一般指企业当年销售额与上年相比增长的幅度，销售增长率为正且大，说明企业的拥护购买量在增加，反映了企业竞争能力的提高；反之则表明企业竞争能力的衰退，企业的销售增长率往往只有与行业发展速度和国民经济的发展速度相对比分析才有意义。如果企业的销售额当年比上年有所增长，但增长的幅度小于行业或国民经济的发展速度，则表明经济背景是有利的，市场总容量在不断扩大，但扩大的部分被企业占领的比重则相对减少，大部分新市场被其他企业占领了，因此，本企业的竞争能力相对地下降了。

市场占有率是指市场总容量中企业所占的份额，或在已被满足的市场需求中有多大比例是由本企业占有的。预计本企业产品在未来时期可以达到的市场占有率大小，可以为企业生产经营规模和制定具体的产品销售计划提供依据。

市场占有率＝本企业产品市场销售量/同类产品的市场总销量×100%

市场占有率的高低可以反映本企业竞争能力的强弱。企业占领的市场份额越大，说明购买本企业产品的消费者数量越多；消费者之所以购买本企业产品而不是其他企业的产品，说明本企业产品的竞争能力比较强。同样，市场占有率的变化可以反映企业竞争能力的变动。如果企业的市场占有率本身虽然很低，但与上年相比有了很大提高，则说明企业竞争能力是在逐步增强的。

本章小结

医药市场的宏观环境是指间接影响和制约企业的营销活动的各种因素，医药经营企业应在调查宏观环境的基础上，通过调整内部的可控因素，来适应宏观环境的变化发展。医药市场宏观环境调查的内容主要包括：法律政治环境、人口环境、经济环境、科技环境、自然环境和社会文化环境。

调查医药市场微观环境主要包括医药企业内部、供应商、营销中介、客户、竞争者和公众，这些构成企业经营微观环境的各种制约力量，因此对医药市场微观环境的调查就是要使企业在经营过程中，不断适应这些微观环境的变化，提高企业在市场上的竞争力。

企业在经营过程中，会遭遇竞争对手的挑战，竞争者的经营战略会直接影响到企业的生存。通过调查，企业才能及时准确地掌握竞争对手的状况并采取相关的策略和措施打败竞争对手。

市场营销组合要素是指企业根据其目标市场的需要，全面考虑其任务、目标、资源以及外部环境，加以整合、协调使用的可控制因素。市场营销组合要素调查主要包括对产品、价格、销售渠道和促销的调查。

分析市场需求，有利于企业制定发展战略和决定发展目标。对市场需求的估计主要包括对总市场潜量和地区市场潜量的分析。

思考与练习题

一、解释概念

市场需求　总市场潜量　企业市场需求量　企业市场潜量

二、选择题

1. 按提供产品的方式,竞争者可分为(　　　　)。
   A. 品牌竞争者　B. 形式竞争者　C. 类别竞争者　D. 愿望竞争者
2. 按竞争方式,竞争者可分为(　　　　)。
   A. 直接竞争者　B. 间接竞争者　C. 潜在竞争者　D. 替代竞争者
3. 对市场营销组合要素的调查,主要是指对(　　　　)。
   A. 产品调查　B. 价格调查　C. 销售调查　D. 促销调查
4. 分销渠道分析主要包括(　　　　)。
   A. 渠道选择的合理性分析　B. 中间商评价　C. 渠道存在问题分析　D. 渠道设计分析

三、简答题

1. 医药市场宏观调查和微观调查的主要内容是什么?
2. 如何对企业的竞争对手进行调查,主要包括哪些方面的内容?
3. 市场营销组合要素调查主要包括哪些方面的内容?
4. 如何对医药市场潜量进行测定?

(蔡小霞　魏　巍)

第四章 医药市场消费行为分析

学习目标

通过本章学习，要求了解医药企业市场细分的依据、要求和意义；掌握消费者市场细分的标准；掌握医药目标市场选择的策略及其影响因素；熟悉医药消费者市场和医药组织市场的概念特点；掌握医药消费者购买行为分析的内容影响消费者购买行为的因素及购买决策的过程；掌握医药组织购买行为的影响因素及购买行为的决策过程。

第一节 医药目标市场战略

在经济全球化的今天，现代企业面临的是复杂多变的市场。任何医药企业，无论其规模如何，都不可能使自己的产品或服务满足于医药市场上所有消费者的需求。因此，医药企业必须善于选择适合自己的目标顾客群从事营销，从而确定企业在市场中的位置。在营销理论中，市场细分(segmenting)、目标市场选择(targeting)与市场定位(positioning)是企业营销战略的三要素，又称为STP 营销战略。

一、医药市场细分

(一) 医药市场细分的概念

市场细分又称市场细分化或市场分割，是指根据消费者需求的差异性，将整个市场划分为两个或两个以上具有不同需求特征的“子市场”的过程，每一个“子市场”称为一个细分市场。值得注意的是，市场细分不是对产品进行分类，而是对消费者群体进行细分的。

市场细分是由美国市场营销学家温德尔·斯密(Wendell. R. Smith)于 1956 年提出的，它是市场营销理论的重要里程碑，被现代企业誉为是具有创造性、革命性的新概念。它对于医药企业正确制定营销计划和策略、实现营销目标都有着极其重要的意义。

医药市场细分，就是指医药企业按照一定的细分变量，把整个医药市场细分为若干个需要不同的产品和市场营销组合的市场部分或亚市场的过程，其中任何一个市场部分或亚市场都有一个有相似的欲望和需要的购买者群，都可作为医药企业的目标市场。

(二) 医药市场细分的变量

市场细分是建立在市场需求差异化的基础上，依据一定的细分变量来进行的。因此，形成消费需求差异的因素都可以作为市场细分的变量。消费者市场与生产者市场由于其影响需求的因素不同,因而市场细分的变量也不同。

1. 消费者市场细分的变量

消费者市场细分的变量主要有地理变量、人口变量、心理变量和行为变量四类(表 4-1)。消费者的生理、心理特征、健康意识与行为、社会经济地位各不相同,因而对产品的信赖、品牌偏好、追求的利益、广告感受度、价格的承受能力也不同,因而,这些都可作为市场细分的变量。

表 4-1 消费者市场细分变量

细分标准	具体因素与特征
地理因素	地理位置:城市、农村;沿海、内地等 气候条件:热带、亚热带、温带、寒带
人口因素	性　　别:男、女 年　　龄:儿童、青少年、青年、中年、老年 收　　入:高、中、低 文化程度:小学、初中、高中、大学及以上
心理因素	社会阶层:高、中、低 生活方式:简朴型、时髦型、浪漫型 消费个性:外向型、内向型;理智型、冲动型;冒险型、守旧型
行为因素	购买动机:显示地位、经济实惠、方便耐用 使用状况:曾使用者、初次使用者、经常使用者、潜在使用者和未使用者 购买频率:经常、一般 购买习惯:购买时间、地点 忠 诚 度:坚定忠诚者、一般忠诚者、转移忠诚者、多变者 购买阶段:尚未知道、知道、感兴趣、有购买意愿、已经购买、重复购买

(1) 地理变量,是指医药企业按照消费者所处的地理位置和自然条件来细分市场。这是一种传统的、相对比较稳定的划分方法。地理分布不同的消费者会对药品需求产生极大的影响。相对而言,较为重要的地理变量有:①地理位置,如我国的南方与北方、东部与西部、城市与农村的消费者对许多产品的要求有极大的差别。一般来说,城市居民对营养保健滋补类用品、新药特药、进口药的需求较多,而广大的农村对普药、中草药、中成药的需求相对较多。②气候条件,我国东南部地区气候炎热潮湿,北部地区气候严寒干燥,这就使人群的疾病具有地域性特征。一些地方病、传染病及突发性疾病与气候条件密切相关,应引起医药企业足够的重视。

(2) 人口变量,人口是构成市场最主要的因素,也是市场细分最常用的变量。主要包括:①年龄,不同年龄组群的消费者对医药产品的需求、偏好以及购买力具有较大的差异。因而,可根据消费者的年龄结构,将医药市场细分为许多各具特色的医药市场,如儿童医药市场、青少年医药市场、成人医药市场和老年人医药市场等。②性别,不同性别对于医药产品的需求明显不同。研究表明,女性比较关心保健与容颜等方面,且随着生活水平的提高日趋明显。因而,不少企业为此开发出大量的保健用品,如太太口服液、中华乌鸡精等产品。③收入,消费者的经济收入水平直接影响其购买力,影响人们的用药结构和消费观念,并对消费需求的数量、结构和趋势产生决定性的影响。高收入阶层的消费水平较高,接受新特药的观念较强,选择药物时较多考虑疗效;而低收入阶层则用药水平较低,选用药物时多考虑价格因素。④文化程度,一般情况下,教育程度愈高,购买的理性程度也愈高,喜欢品质和格调较高的产品。

(3) 心理变量,是指按照消费者的社会阶层、生活方式、个性心理特征来细分消费者市场。消费者的欲望、需要和购买行为受心理因素影响较大。①社会阶层是指按照一定的社会标准将社会成员划分为不同的社会等级。社会阶层会因社会制度、经济发展水平和历史文化因素的差异而形成不同的特点。不同的社会阶层在其价值观念、消费观念、消费结构等方面都存在着明显的差异,其购买行为也显著不同。②生活方式是指一个人或群体对工作、生活、消费和娱乐活动的特定习惯和方式。人们的生活方式不同,对产品的爱好与需求也就不同。生活朴素型的消费者更看重商品的内在价值,推崇时尚的消费者则追求包装新颖独特的商品。企业应注意不同购买者的生活方式,善于细分出某些追求相同生活方式的购买者,有针对性地设计、开发出更好的产品满足其需求。③消费个性,人的消费个性差异较大,有的消费者追求商品的实际效用,讲究实惠;有的消费者追求新颖、时尚的商品,讲究商品的个性特点和象征意义;有的消费者对价格特别敏感,专门选择价格低廉的商品,而有的消费者则专门选择高价商品,以示其与众不同的消费水平。可见,个性会对消费者的需求和购买动机产生不同程度的影响。

(4) 行为变量,是指企业按照消费者的购买行为进行细分市场的变量,如消费者购买或使用某产品的时间、使用率、期望利益、对品牌的忠诚度、待购阶段以及对产品的态度等变量。①购买时机,可根据顾客的有规律或无规律购买、平时购买或节假日购买等购买时机进行市场细分。②期望利益,以消费者从购买产品中追求不同的利益来细分市场,推出具有某种利益的产品,实施有针对性的营销策略。③使用状况,消费者对产品的使用状况可分为曾使用者、初次使用者、经常使用者、潜在使用者和未使用者五类,企业对不同的使用者应采取不同的市场营销策略。④购买频率,根据消费者对某种商品的使用数量和购买频率,可以将市场细分为经常购买、一般购买和不经常购买市场。掌握这些信息,有助于企业恰当地制定产品价格和选择促销的方式。⑤购买习惯,消费者购买商品往往是根据商品在家庭消费中的地位、重要性做出购买决定的。企业应根据消费者的购买习惯来细分出子市场,进而采取不同的营销策略。⑥忠诚度,消费者可分为坚定忠诚者、一般忠诚者、转移忠诚者和多变者。对于忠诚度不高的消费者市场,企业要从品牌设计、价格制定、销售方法和广告宣传等多方面加以改进,培养自己的忠诚顾客。⑦购买阶段,消费者的购买过程可分为尚未知道、知道、感兴趣、有购买意愿、已经购买和重复购买等阶段。企业应对处于不同购买阶段的消费者市场,实施与之相适应的营销策略。

需要指出的是,以上四大类市场细分变量是企业常用的标准,但企业在市场细分中要根据具体情况来确定细分的变量。通常选择与消费者购买行为关联性最强的变量作为市场细分的标准。

2. 生产者市场细分的变量

生产者市场属于组织市场,与消费者市场有很大的区别。生产者市场细分的变量主要有:

(1) 最终用户的要求,这是生产者市场细分最通用的变量。最终用户往往有不同的要求,追求不同的利益,从而对产品提出不同的质量标准和使用要求。生产者市场的购买活动就是为了不同的生产需要,来满足最终用户的需求。

(2) 用户规模与购买力大小,用户的经营规模决定了其购买力大小。一些大用户,数量虽少,但其生产和经营规模大,购买的数量也多;而小的用户数量多,分散面广,购买数量和金额却有限。企业可以在调查的基础上,将用户分为A、B、C、D四类。A类为经营规模庞大,在市场上居于垄断地位的巨型企业。B类为经营规模较大,市场占有率高、销售面广的大型企业。这两类用户购买力极高,是企业销售商品的重要目标,如果能够与其建立和保持长期稳定的购销关系,则企业的生存和发展就有了可靠的保证。C类为规模中等的用户,应是中小企业发展的目标。中小企业要争取尽可能多的C类用户成为自己的目标顾客。D类用户一般经营规模小、资金薄弱,对这类用户可通过加强促销策略,取得联系。

(3) 用户的地理位置,每个国家或地区,大多根据资源、气候和历史传统形成若干产业集中地区。因此,生产者市场比消费者市场在地理位置上更加趋于集中。按用户的地理位置来细分市场,可使企业把一个地区的目标用户作为一个整体考虑,促销和广告宣传的针对性就强,可大大节约营销成本,提高企业的经济效益。

(4) 用户的行业特点,某类行业市场往往具有同类性质的需求,因此,可以作为生产者市场的细分变量。如我国大多数高价进口、合资企业生产的药品主要是通过医院药房渠道销售。按行业特点细分市场,可使目标市场更加集中,有助于企业节省研发和促销费用。

(三) 医药市场细分的要求

作为一个有效的细分市场,除了要有实际意义外,还必须具备以下要求:

1. 可衡量性

可衡量性是指医药企业对细分市场的购买力、市场需求和市场规模等必须能够进行数量化的评估和测定,并可以获得有关顾客的具体资料。这样,医药企业才能决定相应的生产规模,进行合理定价,决定渠道类型和促销方式。

2. 可进入性

可进入性是指医药企业根据现有的资源,通过市场营销组合能够有效地进入细分市场,并较好地满足细分市场的需要。细分后的市场范围要有一定数量的人口和购买力,否则就没有开发的价值。同时,要保证目标市场上的消费者能够了解企业的产品,并能通过销售渠道购买到企业的产品。

3. 可营利性

可营利性是指细分出来的医药市场要有足够的市场容量和发展潜力,使企业能够获得目标利润。如果细分市场范围太小,则产品销量和营利都得不到保证,就不能作为细分变量。市场容量不仅要考虑现实的购买力,还要考虑发展的潜力。

二、目标市场选择

市场细分的最终目的是有效选择并进入目标市场。所谓医药目标市场是指医药企业在市场细分的基础上,依据企业资源和经营条件所选定的、准备以相应的医药产品或服务去满足其需要的一个或几个细分市场。

(一) 医药目标市场选择模式

医药目标市场是医药企业打算进入的市场,或打算满足的具有某一需求的顾客群体。医药企业在选择目标市场时,有五种可供参考的市场覆盖模式。如图 4-1 所示。

1. 市场集中化

市场集中化是最简单的一种目标市场模式,即是医药企业只选取一个细分市场,只生产一类医药产品,供应某个单一的顾客群,进行集中营销。

2. 选择专业化

选择专业化是指医药企业选取若干个具有良好的营利潜力和吸引力的,且与医药企业目标和资源条件相一致的细分市场作为目标市场。其优点是可以有效地分散经营风险,即某个细分市场营利不佳,企业仍可以在其他细分市场上取得营利。

3. 产品专业化

产品专业化是指医药企业集中生产一种产品,并向各类顾客销售这种产品。其优点是医药企

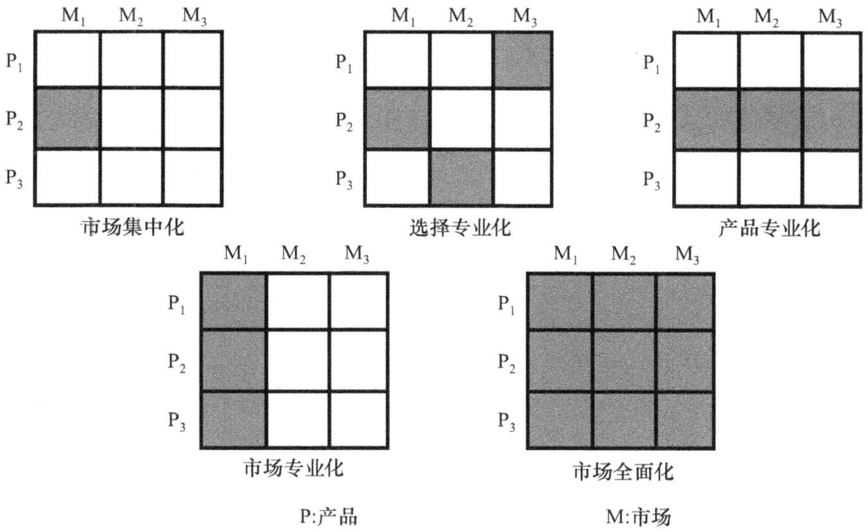

图 4-1　目标市场模式

业专注某一种或某一类产品的生产，有利于在该领域树立企业形象，但缺点是当该领域被一种全新的技术与产品所代替时，可能影响销售量。

4. 市场专业化

市场专业化是指医药企业专门生产满足某一顾客群体需要的各种产品。市场专业化经营的产品类型较多，能有效地分散经营风险，但当顾客的需求下降时，企业则会遇到收益下降的风险。

5. 市场全面化

市场全面化是指医药企业生产的多种产品能够满足各种群体的需要。由于涉及面广、量大，因此，只有实力雄厚的大企业才能选用这种模式，并能够收到良好的效果。

（二）医药目标市场选择策略

医药企业对于目标市场的选择还需要考虑其市场战略问题，即采取何种市场营销战略进入目标市场。目标市场策略有三种类型：无差异化营销策略、差异化营销策略和集中化营销策略。如图 4-2 所示。

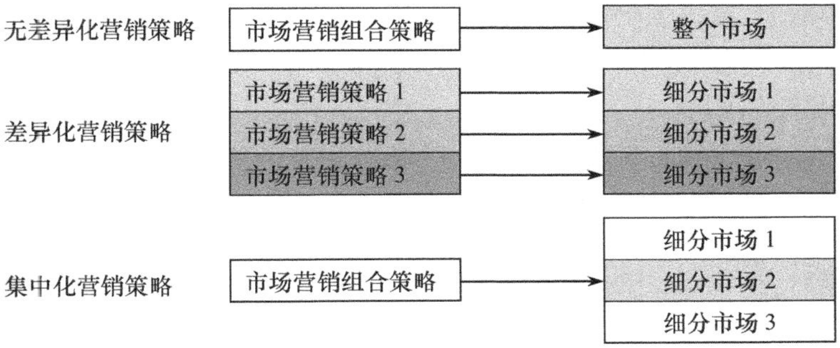

图 4-2　三种目标市场营销战略

1. 无差异化营销策略

无差异化营销策略是指医药企业把整个市场看做一个大的目标市场，不进行细分，决定只推出一种产品，运用单一的市场营销组合，力求在一定程度上满足尽可能多的顾客的需求。医药企业只注重人们需求的共性，而不关注其需求的差异性。其优点是成本的经济性，缺点是产品的市场适应性差。

2. 差异化营销策略

差异化营销策略是指把整体市场划分为若干需求与愿望大致相同的细分市场，然后根据企业的资源与实力，选择两个以上细分市场作为目标市场，并为各自目标市场设计不同的营销组合策略。其优点是市场的适应性和抗风险能力强。缺点是产品的研发费用、分销费用、管理成本大幅度增加，在推动销售增加的同时，也推动着成本的增加。

3. 集中化营销策略

集中化营销策略是指在市场细分的基础上，选择一个或少数几个性质相似的子市场作为目标市场，实施一套营销组合策略，集中企业所有力量，争取在较少的子市场上拥有较大的市场占有率。企业追求的不是在较大的市场上占有较小的份额，而是在较小的市场范围内占有较大的份额。其优点是能够充分发挥医药企业的资源优势，节省生产成本，有利于树立企业形象和品牌形象。缺点是经营风险较大。因此，实施集中化营销策略时要加强风险意识，随时做好应变准备。

（三）影响医药企业选择目标市场策略的因素

1. 企业资源

对医药企业而言，如果企业规模较大、技术力量较强、资金雄厚、原材料供应条件较好、市场营销管理能力较强，可以考虑实施差异市场营销策略。反之，则宜选择无差异市场营销或集中市场营销策略。我国医药工业的整体水平相对落后，宜采用集中市场营销，重点开发一些新剂型和国际市场紧缺品种，建立自己的相对品种优势，将能促进企业参与国际竞争。

2. 产品同质性

产品同质性是指产品在性能、特点等方面差异性的大小。对于同质性商品，差别并不明显，只要价格适宜，消费者一般无特别的选择，可以采用无差异市场营销。对于异质性商品，如药品的剂型、品种、复方等对其疗效影响很大，消费者对产品的质量、价格、包装等常常需要进行反复比较，然后才决定购买，这类产品就必须采用差异市场营销或集中市场营销。

3. 市场同质性

当消费者对产品的需求、偏好等较为接近，购买数量和使用频率大致相同，对销售渠道或促销方式也没有大的差异时，就显示出市场的类似性，可以采用无差异市场营销。反之，则必须采用差异市场营销或集中市场营销策略。

4. 产品生命周期阶段

产品所处的生命周期不同，采用的营销策略也应不同。处于导入期和成长期的新产品，通常采用无差异市场营销或针对某一子市场实行集中市场营销战略，以扩大市场规模，提高市场占有率。成熟期的产品，应采用差异市场营销战略，以开拓新市场，维持和扩大销售量，增强企业的竞争力。进入衰退期时，企业则应采用集中市场营销战略，缩小市场，以延长产品生命周期。

5. 竞争对手的营销策略

一般来说，企业对营销策略的选用要与竞争对手有所区别。如果竞争者采用了差异市场营销，本企业采用无差异市场营销，往往就无法有效地参与竞争，很难占有有利地位，除非企业本身有极强的实力和较大的市场占有率；如果竞争者采用的是无差异市场营销，则无论企业本身的实力如何，都要采用差异市场营销战略，特别是采用集中市场营销。

三、市场定位

企业在选定目标市场后，还要对目标市场上本企业所提供的产品进行市场定位，以求在消费者心目中留下良好的印象，并形成一种特殊的偏好。

1. 医药市场定位的概念

医药市场定位就是确定医药产品在市场中的位置，即根据顾客对某种医药产品属性的重视程度，给本企业的产品创造并培养一定的特性，树立一定的市场形象，在为数众多的产品概念中，发现或形成有竞争力的、差别化的产品特色。其实质是取得目标市场的竞争优势，以吸引顾客。

2. 医药市场定位的步骤

医药市场定位的关键是医药企业要设法在自己的产品上找出比竞争者更具有竞争优势的特点。其步骤如下：

(1) 确认本企业的竞争优势：识别本企业潜在的竞争优势是市场定位的基础。企业的竞争优势主要包括成本优势和产品差异化优势。成本优势是指使企业能够比竞争者低廉的价格销售相同质量的产品或者是以相同的价格水平销售更高质量的产品，而产品差别化优势是指产品独具特色的功能与顾客利益需求相适应的优势。为此，医药企业市场营销人员必须系统地了解目标市场需求的特点以及这些需求被满足的程度，从中识别与确认本企业的潜在竞争优势。

(2) 准确地选择相对竞争优势：相对竞争优势表明医药企业能够胜过竞争者的能力。准确地选择相对竞争优势就是一个医药企业各方面实力与竞争者的实力相比较的过程。通常的方法是分析、比较医药企业与竞争者在经营管理、技术开发、采购、生产、市场营销、财务、产品七个方面究竟哪些是强项，哪些是弱项，最终选出最适合本企业的优势项目。

(3) 发挥独特的竞争优势：是指企业要通过一系列的宣传促销活动，将其独特的竞争优势准确地传播给潜在顾客，并在顾客心目中留下深刻印象的过程。为此，医药企业应使目标顾客了解、熟悉、认同与偏爱本企业的产品，并通过一切努力强化目标顾客形象，保持目标顾客的了解，稳定目标顾客的态度，以巩固与市场相一致的形象。

3. 医药市场定位的策略

医药目标市场定位策略是指企业在选择目标市场的基础上，研制开发并推出适合目标市场需求的产品，使企业的产品与目标市场取得最佳配合。

(1) 避强定位策略：避强定位策略是指企业通过对市场和现有产品的认真分析研究，发现消费者实际需求未能很好满足的部分，把产品定位于目标市场上的“空白点”，开拓新的市场领域，避免与竞争者直接对抗。由于目标市场没有竞争者，医药企业产品可以长驱直入，易被消费者接受，从而取得优势地位。

(2) 迎头定位策略：迎头定位策略是指医药企业选择靠近于现有竞争者或与现有竞争者重合的市场位置，争夺同样的顾客，彼此在营销组合上差别不大。采用这种策略具有一定的风险，但如果医药企业经过仔细调研后也难以发现市场空隙，只要市场需求潜力仍然很大，而企业又能赋予产品新的特色，就可以采用此策略，一旦成功就会取得巨大的市场优势。

（3）重新定位策略：重新定位策略是指企业改变产品特色，使目标顾客对其产品新形象有一个重新认识的过程。如果医药企业的产品或服务不再处于市场优势位置，就应该考虑重新定位问题，它是调整市场营销战略中必不可少的。但在企业做重新定位决策时，必须权衡重新定位的成本和预期收益两个主要因素。

第二节 医药消费者市场及其购买行为分析

一、消费者购买行为模式

近些年来，不同的学科从不同的领域研究探索，提出了各具特色的消费者购买行为模式。这些模式对于企业在市场营销活动中弄清特定的购买者行为以及与企业各项营销策略和方法的关系，掌握消费者购买的规律性有着重要的参考价值。下面介绍几个具有代表性的购买行为模式。

1. 经济学模式

最早建立购买行为理论的是以马歇尔为代表的经济学家提出的经济学模式。认为购买者是一个“经济人”，“经济人”的行为是合理的和完全理智的，追求的是“最大边际效用”。基于以上原则，该模式提供了如下假设：①价格越低，商品的销售量越大；②产品价格越低，替代品越难销售；③某商品销售量上升，其互补品销售量也随之上升；④推销费用越高，销售量越大等。

用经济学模式分析购买行为，注重的是产品的价格和性能因素，强调消费者购买的经济动机对购买行为的影响，这无疑是重要的。但单纯用经济因素并不能清晰地解释消费者行为的发生及其变化，如购买者对某种品牌的偏好。尽管如此，经济学模式仍然是我们探讨购买行为“暗箱”的一个重要组成部分。

2. 传统心理学模式

传统心理学模式即需求的驱动力模式。需求促使人们产生购买行为，而需求则是由驱动力引起的。需求驱动力可分为两种：原始驱动力和学习驱动力。心理学强调学习驱动力源自于人们运用自己的感觉器官，与外界事物的经常接触，得到认识和经验积累，从经验中学到理性知识。

用传统心理学模式分析购买行为，强调通过强化力量加强诱因——反应的关系，借助于强大的驱动力来建立消费者的购买行为。该模式应用于企业营销实践活动中，尤其是制定促销策略、广告策略，都会收到较好的效果，但该理论对人们对于商品及促销活动的感受不能做出令人满意地解释。

3. 社会心理学模式

社会心理学模式认为，人们的需求和行为都要受社会群体的压力和影响，以至于处于同一社会阶层的人们在商品需求、兴趣、爱好、购买方式和购买习惯上都有着许多相似之处。企业营销人员的主要任务是确定哪些人对哪些产品最具有影响力，以便在最大限度和范围内对其施加影响。但社会心理学模式仍具有一定的局限性。这是因为个人的行为肯定要受到社会的影响，但不是全部。即使两个人受到同一社会的影响，他们的行为仍然会有明显的不同。购买者的个性类型与产品的品牌偏好之间的关系，至今仍在研究探索中。

以上几种模式在不同的营销活动中作用有所不同，作为企业的营销人员应因时、因地、因产品而宜选择分析模式，综合运用各种分析模式的优势，弥补各自的不足。对各种模式了解得越全面、越透彻，对购买行为分析得越科学，营销的效果就越好。

二、医药消费者市场的概念与特点

市场是指有购买力和购买愿望的顾客群体。按照顾客购买目的或用途的不同，医药消费市场可分为医药消费者市场和医药组织市场。消费者市场是指为了满足个人或家庭生活需求而购买商品或服务的人所组成的群体。它是企业产品的最终购买者和消费者，也是企业产品价值的最终实现者。而组织市场是指以某种组织为购买单位的购买者所构成的市场，以维持组织运作或履行组织职能。

所谓医药消费者市场是指个人或家庭为了满足其防病、治病、强身健体等生活需要而购买药品和接受服务所形成的市场。随着社会、政治、经济和文化的发展，医药市场需求也是不断发展的。医药消费者市场需求的特点呈现为：

1. 多样性

由于消费者收入水平、文化程度、年龄、职业、性格、生活习惯的不同，因而对同一类药品甚至是对同一种药品的需求和关注程度也是千差万别的，从而决定了医药消费者市场的多样性与复杂性。消费者需求的复杂性要求药品品种供应要齐全。

2. 发展性

随着社会经济的发展，消费者对医药产品和医药市场服务的需求也在不断地发展变化。医药市场总的发展趋势也是由低级向高级，由简单向复杂，由被动消费向主动消费过渡，许多潜在的消费需求，不断地变成现实的购买行为。例如，人们生活水平的不断提高和保健意识的增强，消费者对营养滋补品和防衰老药品的需求越来越大。因此，医药企业应正确认识消费者市场需求的发展性，不断开发出新的医药产品，使医药企业的发展与消费者市场需求的发展相适应。

3. 伸缩性

医药产品的需求受内因和外因的影响，具有一定的伸缩性。内因是指消费者本身的身体健康情况、支付能力和认识判断能力等；外因包括药品数量多少、价格高低、促销措施、广告宣传、医保制度等。这些因素都可能对消费需求产生促进或抑制作用。

4. 相关性

医药消费者需求的药品有些是相关产品，相关产品又分为相互补充品和相互替代品。有些药品配伍使用，彼此是互补品，一种药品的销售会带动另一种药品的销售，如利福平与乙胺丁醇。因此，生产和经营互相补充的药品，不仅给消费者带来方便，还能扩大药品的销售额。而有些药物之间存在着此消彼涨的关系，如青霉素钠盐与青霉素钾盐，金银花与连翘等，它们是替代品，在一些情况下可以相互替代。这就要求医药企业根据市场需求规律有计划地组织药品供应，满足消费者的需求。

5. 可诱导性

大多数医药消费者缺乏专门的医药知识。在购买医药产品时，具有一定程度上的可诱导性。医药企业可以通过成功而有效的市场营销活动，引导、诱发医药消费者的需求，使潜在需求变为现实的需求，潜在的购买欲望转变为现实的购买行为。

6. 广泛性

每一个人都不可避免地会生病，因而，医药消费者市场人数众多，范围广泛。

三、处方药市场和非处方药市场

我国《药品管理法》中明确规定,“国家对药品实行处方药与非处方药分类管理”。根据药品品种、规格、适应证、剂量及给药途径的不同,从2000年1月1日开始实施药品处方药和非处方药分类管理。因此,还可以将药品市场分为处方药市场和非处方药市场。

(一)处方药市场

1. 处方药市场的含义与特征

处方药(Prescription drugs)是指“凭执业医师和执业助理医师处方方可购买、调配和使用的药品。”根据规定,医药企业和中间商都不能将处方药直接提供给患者,但可以合法地提供给那些证照齐全且合法经营批发或零售处方药的公司及具有执业资格的医院、诊所。

处方药市场是指医药企业、药品经销商、医院和医疗机构等组织销售处方药品的市场。其特征是:

(1) 决策者与使用者分离:其他商品终端销售的特点是,无论消费者要购买什么商品、什么品牌、购买数量等选择,最终决策权都是在买方,而在处方药销售时,消费者需要什么药、什么品牌、购买数量等项目的决策权是掌握在医生的手中,而不是在买方。这是处方药与其他商品的本质区别。

(2) 采购与终端销售人员专业化:处方药市场的采购人员大都受过专业训练,具有丰富的专业知识,非常了解药品的功效、作用、质量、规格和有关的技术要求。医药企业应从技术的角度向他们说明本医药企业药品和服务的特点和优势。目前,我国处方药的85%是通过医院渠道销售的,也就是说医生是这些处方药的终端销售人员,医生对某种处方药的认可程度,直接影响到该药品的销售。同时,企业处方药的推销人员也必须是受过良好训练的专业人员,才有可能与医生进行有效地沟通。

(3) 生命周期相对较长:产品的生命周期是指产品从试制成功投放市场开始,直到最后被市场淘汰为止全部过程所经历的时间。药品的生命周期主要取决于其疗效,某些传统药品几百年来延续使用,说明其疗效可靠、稳定,如青霉素等。

(4) 影响购买的人多:与消费者市场相比,影响处方药市场购买决策的人较多。大多数医院和医疗机构有专门的采购组织,新药的购进最为复杂,药事委员会、药剂科、科室主任、临床医生任何一个环节受阻,新药都难以进入医院。因此,医药企业应派出训练有素的、有专业知识且交际能力强的医药代表与采购人员进行沟通。

2. 处方药市场的需求

(1) 需求为派生需求:医院购买药品的目的主要是为医生处方用药,而医院对药品的需求是由病人对药品的需求派生而来的。因此,业务用药需求是随着消费者药品需求的变化而变化的。

(2) 需求弹性小:需求弹性是指商品价格变化对其相应需求量变化的影响程度。一般来说,消费者对药品的价格不敏感,在合理的限度内,价格的下降不会使人们去购买比实际需要还要多的药品,而药价小幅度的升高,也不会引起整个消费需求明显减少。整个市场的需求极少受市场价格变动的影响。

(3) 需求的季节性:由于疾病的发生与季节有密切的关系,处方药的市场需求也具有一定的季节性。

(4) 需求的可替代性：处方药有许多品种具有近似的功效和作用，如抗生素、感冒药物等。这些功效相近的处方药在一定情况下可以相互替代。

(5) 需求的地域性：不同地区的医院，使用处方药的习惯不同，不同的医生，也有其用药习惯。因此，也就决定了处方药的品种和数量的需求具有一定的地域性。

3. 处方药市场中医生处方的作用

处方药的营销方式与 OTC 有着明显的不同。医生对药品的认可程度对处方药的销售有着重要的影响。医生的处方态度是处方药销售的关键。医生的态度大体可分为敌意型、未接触型、中立型、决定型和支持型几种类型。持决定型和支持型的医生，对该药品感兴趣，有好的用药经验，他就会开该药品的处方，而支持型的医生，除了同意药品的优点和开处方外，还会在各种场合帮助宣传该药品。因而医生处方受个人偏好、方便性、是否新药、安全等多种因素的影响。

(二) OTC 市场

1. OTC 市场的含义与特征

非处方药(nonprescription drugs，over-the-counter drugs，简称 OTC)是指"由国务院药品监督管理部门公布的，不需要凭执业医师和执业助理医师处方，消费者可以自行判断、购买和使用的药品。"由于非处方药不需要医生处方，为确保人们用药的安全有效，国家有关部门除需要严把遴选、更新、淘汰与转换关外，对其药效、标识、流通等方面都有着严格的规定要求。OTC 起效快，疗效确切，具有高度的安全性，一般不会引起药物依赖性，毒性反应发生率低，药效、剂量都具有稳定性。

OTC 市场是指个人和家庭为了满足其防病、治病、健体强身等需要而购买 OTC 和接受服务所形成的市场。其特征是：

(1) 与保健品市场接近的 OTC 市场：具有保健品市场的特点，但与保健品市场特点相似的 OTC 市场的药品主要不是针对某种疾病治疗，而大多是通过某种疗效来预防某种疾病，如与保健品特点比较接近的滋补美容类药，乌鸡白凤丸、排毒养颜胶囊等药品。在消费者认知中，OTC 要比保健品疗效更可靠、更快速，但同时也会考虑到 OTC 的副作用。因此，这部分 OTC 市场的营销策略应基本采用保健品的营销方式进行运作，其中最重要的市场营销策略就是用药品的快速疗效以打击保健品的缓慢功效，传播投入较大，产品包装精美，注重终端表现和品牌形象的培养。在这块 OTC 市场中，只要选择了正确的营销策略，就可引起整个市场的振荡和整合，从而在市场中有所收获。

(2) 易发疾病的 OTC 市场：对于易发疾病，医药消费者自我诊疗的比例较高，超过 40%。易发疾病 OTC 市场的消费者认知比较成熟，OTC 成了主要的选择，市场容量较大，利润较为稳定，但同时竞争也十分激烈。新药的不断进入，必然要面对消费者有限的认知中已被一些品牌所占据的情况，但若以良好的概念运作为基础，清晰的品牌定位为导向冲击市场，定能弱化原有品牌的影响力，从而获得一定的市场份额。

(3) 与处方药特征相似的 OTC 市场：这个市场的 OTC 大多是由处方药转来的，具有处方药的特征，如不注重包装、品牌力弱化，不注重终端形象建设，细分市场不成熟。因此，面临的同类竞争压力较小。如天麻头风灵胶囊，针对的是经常头痛的消费群，头痛市场基本上没有知名品牌，因此经过一定的传播后，很快就成为头痛市场中记忆度最高的第一品牌。但这类 OTC 市场也会面临种种困惑，如狭小的市场空间，巨大的投入，市场运作阻力重重。首先是国家的宏观政策，宣传受到约束，造成广告作用具有一定的削减性。其次是面对广泛人群的低认知,医药企业不得不思考对本身产品品牌的开发培育和投入。只有确定了目标消费群,才能相应地针对其心理需求进行市场营销。

2. OTC 市场的影响因素

OTC 购买者为个体消费者,其购买决策主要受下列因素的影响:

(1) 消费者的用药习惯:大多数购买者主要是根据曾经用药的经验选择药品。这种购买者中,有的本身是慢性病患者,曾长期服用过某药,或者是周围人群中有曾用过该药已治愈,当再次需要时,多继续购买这种药品。

(2) 专业人员的影响:患者用药受专业人员影响较大,或曾经医生处方用过该药,或向医药专业人员咨询而选择某药。

(3) 传播媒介的影响:主要是受各类广告的影响。此外,药品的品牌、价格、包装等都会影响消费者的决策。在购买决策上,营业人员的推荐甚至店堂陈列对消费者的影响也很大。如感冒,尽管是多发病、常见病,但人们对其基本知识仍不是很了解,这种情形也导致药品生产者和销售者在价格制定上有很大的主动性。

3. OTC 市场消费者的购买行为

OTC 市场消费者的购买行为是指在具体购买药品时所表现出来的心理和行为特征。根据购买者的特性,OTC 市场消费者的购买行为一般可分为五种类型:

(1) 习惯型:这类消费者要么具备一定的药品知识,要么属于久病成医者,因而,往往忠诚于一种或数种老品牌的药品,习惯于购买自己熟知的常用药品,不轻易购买其他种同类产品。

(2) 理智型:这类消费者在购买前持十分慎重的态度,对于自己所要购买的药品事先需要经过周密的考虑和反复的比较,或者是具备相应的医药学专业知识,所以,在购买时早已胸有成竹,不会贸然做出购买行动。

(3) 经济型:受经济条件的限制,这类消费者对药品价格非常敏感,廉价药品对于他们最具有吸引力。

(4) 盲目型:这类消费者由于缺乏应有的医药学知识,往往容易受药品的广告、包装、说明书或促销人员的诱导,盲目冲动地购买某种药品,因而不能理智地决定购买计划。

(5) 躲闪型:这类消费者由于患有一些难以启齿或隐私型疾病,为顾及家人和工作单位的影响,经常光顾私人诊所或药店,在购买药品时常常是躲躲闪闪,说话吞吞吐吐。

在营销工作中,研究消费者的购买行为,其目的是为了针对不同顾客类型采取相应的服务方式。如对有备而来者要业务熟练;对盲目就医者应认真负责;对难于启齿者应避免尴尬;对小心谨慎者应不厌其烦;对主动咨询者应热情周到服务。

四、影响医药消费者购买行为的因素

消费者的购买行为受诸多因素的影响,要有效地开展市场营销活动,必须了解影响医药消费者购买行为的相关因素。

(一) 相关群体

1. 相关群体的含义

相关群体是指能够影响医药消费者购买行为的个人或集体。只要某一群人在消费行为上存在相互影响，就构成了一个相关群体。我们把某种相关群体中有影响力的人物称为“意见领袖”，其行为会引起群体内崇拜者的仿效。

按照对医药消费者的影响强度分类，相关群体可分为主要群体、次要群体和其他群体。①主要群体是指那些关系密切经常发生相互作用的非正式群体，对消费者影响力最强。②次要群体是指较为正式但日常接触较少的群体，如医药专业协会和同业组织等，这类群体对消费者的影响仅次于主要群体。③其他群体是指那些群体影响面广，但对每个人的影响强度较小的群体。

2. 相关群体对医药消费行为的影响

相关群体对消费者购买行为的影响，一般表现为三个方面：①示范性，是指相关群体的消费行为方式为消费者提供了可供选择的模式；②仿效性，是指相关群体的消费行为引起人们仿效的欲望，影响人们的商品选择；③一致性，是指相关群体促使人们的行为趋于某种“一致化”倾向。

在对药品消费行为中群体影响的研究发现，相关群体对药品的购买行为影响较大，但其影响程度视产品类别而定。最直接的影响有以下两类：首先是医患关系，这种关系的影响力是不言而喻的。其次是一些同种重症慢性病患者自发组成的以某种慢性病命名的非正式组织，如“糖尿病俱乐部”、“抗癌乐园”等，更是影响他们行为的群体因素。他们会定期举行活动，互相交流用药体会和推荐药品。一些精明的医药产品经营者就利用这样的组织进行促销活动，诸如出资举办活动，宣传有关的医药学最新动态，同时进行相关医药产品的销售。这种人性化的营销方式非常受这个群体的欢迎，促销效果也十分明显。因此，企业在制定营销策略时，要选择好目标市场，以关系最密切、信息传递最迅速、影响力最大的相关群体为中心，做好产品促销工作，提高医药产品的知名度，扩大产品销售。

（二）经济因素

经济因素对医药消费者购买行为的影响是毋庸置疑，主要表现为以下两个方面：

1. 药品质量与价格的统一

药品质量与价格统一的实质就是要求药品的价格与其质量相符，这是商品的内在规律。产品功能与价格的关系，一般表现为高质量、高价格的医药产品有销路。所以，从质量与价格的统一来看，企业一方面要重视质量，另一方面要正确确定药品的价格，力求价格与质量相符。

2. 药品的定价

除了使药品价格与质量相符外，还必须考虑药品的定价是否为目标市场的顾客所接受。有时虽然做到了药品的质量与价格相符，但如果不为目标市场的顾客所接受，同样不可能取得营销的成功。在某一市场上的平价药品，在另一市场则可能是高价药品，因此，必须结合市场营销环境制定价格。

（三）心理因素

影响医药消费者购买行为的心理因素很多，主要有以下几个方面：

1. 个性

个性是个体身上表现出的经常的、稳定的心理特点。消费者个性的差异也将影响购买行为。如外向型的消费者，很容易受外界的影响，他们喜欢与售货员交谈，表情外露，容易表现出对商品的态度；而内向型的人大多沉默寡言，内心活动复杂，不轻易表露；理智型的人喜欢对商品进行反复比较和思考，最后才做出购买决定。

2. 态度

态度是指消费者对某个客体的见解和倾向，常常表现为对外界所持有的偏爱或厌恶的感觉。态度能够帮助消费者选择目标，影响购买决策。社会阶层、相关群体、文化、后天经验等因素都会对消费者的态度产生影响。因此，医药企业应根据消费者的态度设计和改进医药产品，或者利用促销手段不断改变他们对产品的态度，以利于产品的销售。

3. 感觉

感觉是人脑对直接作用于感觉器官的客观事物而引起的内在反应。消费者在购买产品时，都要通过自己的感觉器官，对产品或服务产生一定的印象，并进行综合分析后，最后做出是否购买的决定。医药企业为了使消费者对药品产生最佳感觉，就必须采取多种营销手段，把医药产品的外观、功能、特性等充分展现给消费者，以引起消费者的注意，刺激购买。

4. 自我形象

自我形象是指一个人对自己的看法和估计他人对自己的看法。人往往通过自己购买的商品，来反映自己所希望表现出的形象。因而，消费者的自我形象影响他们的决策。在企业营销中，应力求使产品形象与人们追求的自我形象达到一致，从而使他们倾向于购买。为此，企业必须分析研究产品在不同消费者心目中的印象，通过价格、广告等促销策略来展示产品形象。

5. 后天经验

消费者购买商品的动机是由需求推动而形成，而需求的形成又是比较复杂的。在营销学中，从心理学角度来看，都使用“后天经验”理论来分析这个过程。在后天经验理论中，应用比较普遍的是“刺激-反应”模式。该理论认为，消费者购买动机是由驱使力、刺激物、提示物、反应和强化五种要素互相作用的结果。一个企业要扩大产品销售，不仅要了解自己的医药产品与潜在医药消费者的驱使力的关系，还要善于向医药消费者提供诱发需求的提示物——适当的广告宣传手段，并且进行反复的宣传“强化”工作，加深医药消费者的印象，才能使医药企业产品实现“后天经验”的效果，成为人人喜爱的产品。

（四）家庭因素

消费者是以个人或家庭为单位购买产品的，家庭成员和其他有关人员在购买活动中起着不同作用并且相互影响，构成了消费者的“购买组织”。家庭不同成员对购买决策的影响往往由家庭特点如家庭权威中心点、家庭成员的文化与社会阶层等来决定。了解这个规律，有助于医药企业抓住关键人物开展营销活动，提高营销效率。

（五）药物因素

药品质量是药品的生命，在相同的市场和相同的医药产品结构条件下，药品质量也是影响医药消费者购买的重要因素，而疗效又是衡量药品是否具有市场竞争力的标准之一。药物的构效关系、量效关系、药物与剂型的关系以及机体自身等因素都是影响药品疗效的主要因素。医药企业应通过综合分析这些因素，把握医药消费者购买行为的规律性，为营销决策提供依据。

五、医药消费者购买决策过程

（一）医药消费者购买行为分析的内容

医药消费者购买过程是指医药消费者将购买动机转化为购买活动的过程。在购买行为实现前要有一个购买决策的过程。医药消费者的购买决策是指在获得一定市场信息的基础上，从实现购买的若干购买方案中选择一种最优方案的决定过程。医药消费者的购买行为过程是实现购买行为所进行的一系列心理活动和购买活动。

医药消费者购买行为分析的内容主要是围绕着“5W”和“1H”来展开工作的。“5W”分别是指购买决策的参与者是谁（Who）、购买什么（What）、何时买（When）、何处买（Where）、为什么购买（Why），“1H”是指如何购买（How）。

1. 谁购买

即消费者是哪些人，弄清购买行为中“购买角色”。消费者是谁指的是企业的目标顾客是谁；购买角色是指在购买活动中不同人的位置和作用。严格说来，购买者有别于消费者，是指实际完成购买行为的人，他可能是产品的消费者，也可能不是。在许多产品的购买过程中，购买者、决策者与消费者是分离的。在医药消费者市场中，医药消费者的购买活动一般以消费者个人或以家庭为单位，但购买的决策者可能是家庭中的某个或某几个成员。因此，企业就必须进一步了解各家庭成员在购买决策中所起的作用和影响。在消费者的实际购买活动中，人们可能以不同的身份出现：①发起者，首先想到并提出要购买某种药品的人；②影响者，对最终的购买决定有直接或间接影响的人；③决策者，最后决定整个购买意向的人；④购买者，购买行动的实际执行人；⑤使用者，所购药品的最终使用者。

为此，企业应研究不同的家庭特点，了解家庭各成员对购买决策影响力的差异，搞清楚在消费者的购买行为中，谁是决策者，谁是使用者，谁对产品的购买决定有着重大的影响。企业选择的各种促销方法，必须尽量符合那些真正具有决策力或影响力的顾客的需求，从而使医药企业准确地确定其目标市场，有针对性地实施营销组合策略。

2. 买什么

即要了解消费者购买什么。在研究消费者购买什么时，除了要回答企业目标顾客最想得到的产品和服务以确定企业的市场营销定位外，更重要的是企业要了解消费者在购买药品时所关心的是什么、考虑的是什么，了解产品的知晓度和被接受度。由于医药消费者的差异，使同一类药品的不同消费者在购买药品时所关心的内容可能不一样，有人关注疗效，有人关心品牌，有人关心价格，有人注重广告，也有人完全听从医生的建议。掌握这些情况，可使医药企业在市场营销中更好地把药品与消费者的需要结合起来，解决其根本问题，使需要得到充分地满足。

3. 何时买

即消费者购买某类产品和服务的具体时间。由于药品作用的特殊性，消费者购买药品的时间就是什么时候生病什么时候购买，要预测某一个消费者何时购买药品是不现实的。但从医药市场总体上考察，药品具有季节性，如一年中冬春季节是呼吸道疾病的高发期，因而感冒类药品的销售就会比夏季高。掌握消费者购买药品时可能存在的规律后，企业可以根据所预测的消费者购买时间，在生产和经营上有一定的提前量，及时开发新药品，把握最佳的销售时机，扩大药品销售。

4. 何处买

即了解消费者在哪里购买,在哪里使用。在哪里购买是了解消费者购买某类商品的习惯,企业据此可以研究商品或服务的适当销售渠道和地点,而在哪里使用是了解消费者在什么样的地理环境和气候条件,甚至于什么场所使用,企业据此可以提供更具适应性的商品或服务。

药品是特殊商品。在我国,药品消费中最基本的购买地点有两个:一是医疗单位,二是药店。这是由于药品种类(处方药与非处方药)的不同、国家政策的不同所导致的营销策略的异同,因而企业必须根据所生产经营药品的种类进行相应的调整。在医院销售的药品一般以处方药为主,需要有专业知识做后盾,所以消费者多以服从型消费为主。表现为消费者在购买药品时,品种、数量等除了由医生说了算外,还要受当地《基本医疗保险目录》的限制。因此,医药企业所要做的工作一方面是力争使本产品进入医保目录中,另一方面是做好对医院和医生的推广宣传工作,以达到扩大药品销售的目的。OTC 药品通常在零售药店出售。由于 OTC 药品是消费者可以完全自主消费的药品,而且可以做广告宣传,所以,药品品牌、知名度及广告效应对药品销售的作用非常大。医药企业在做 OTC 市场时,可以通过广告宣传和企业公关行为,努力提高企业和产品的知名度和美誉度。同时,还需要注意药品的外观、包装等是否具有很强的吸引力和冲击力。此外,药店所处位置、柜台的布置、药店销售人员的服务态度与质量等,均对药品销售产生直接的影响。

5. 为什么买

既了解和探究消费者行为的动机或影响其行为的因素。“为什么购买”的问题是隐藏的、错综复杂的和难以捉摸的。对于企业的营销人员来说,就像是面对“暗箱”一样,从外面看不到内部的活动。只有探明了消费的原因与动机,企业才可以比较全面地了解消费者的需要。

6. 如何购买

即了解消费者怎样购买、喜欢何种促销方式以及搞清楚消费者对所购商品是如何使用的。据此企业可以提供更多的适销对路的产品,可以针对不同情况实施差异化营销,还可以作出有效的促销决策,吸引更多的消费者购买。

(二)医药消费者购买行为类型

消费者在购买商品时,会因为商品的价格、购买频率的不同,投入不同的购买介入程度。所谓购买介入程度是指消费者购买风险大小或消费者对购买活动的关注程度。如果医药产品价格昂贵,消费者缺乏产品知识和购买经验,购买具有较大的风险性和高度自我表现性,则称为高度介入购买行为;如果产品价格低或消费者有产品知识和购买经验,购买无风险或无自我表现性,则称为低度介入购买行为。同类产品不同品牌之间的差异大小也决定着消费者购买行为的复杂性。根据消费者介入购买的程度和品牌间的差异程度,可以将购买行为分为四种类型,如表 4-2 所示。

表 4-2 购买行为的四种类型

介入程度 / 品牌差异程度	高度介入	低度介入
差异大	复杂的购买行为	多样化的购买行为
差异小	减少不协调感的购买行为	习惯化的购买行为

1. 复杂的购买行为

复杂的购买行为是指消费者购买品牌差异性很大的产品时所发生的购买行为,即如果医药消费者属于高度介入，并且了解现有各医药产品的品牌、质量、品种和规格之间具有较大差异，则会产生复杂的购买行为。当消费者初次选购价格昂贵、购买次数较少的、冒风险的和高度自我表现的药品时，则属于高度介入购买行为。例如，不同品牌之间感冒药的差异较大，消费者在对不同品牌之间的功效、质量、价格等无法判断时，贸然购买有极大的风险。对于复杂的购买行为，企业应制定策略帮助购买者了解医药产品有关的知识，运用多种营销方式让这类消费者知晓并确信该品牌药品的特征和优势，使他们树立对该药品的信任感。特别是要注意针对购买决定者做该药品特性方面的多种形式的广告。

2. 减少不协调感的购买行为

减少不协调感的购买行为是指消费者购买品牌差异性不大的产品时所发生的购买行为，即如果医药消费者高度介入某种药品的购买，但又看不出各品牌之间有何差异时，则往往会对所购药品产生失调感。因为在消费者购买一些品牌差异不大的药品时，看不出或不认为某一价格范围内的不同品牌有什么差别，不需花很多精力去进行比较和选择，而是将注意力更多地集中在品牌价格是否优惠、购买时间与地点是否方便上，并迅速做出购买决策，但在购买之后又会因使用过程中发现产品的缺陷或听到其他同类药品的优点而产生不平衡感。对于这类购买行为，医药企业要提供完善的售后服务，通过各种途径经常提供有利于本企业和药品的信息，使顾客确信自己的购买决定是正确的。

3. 多样化的购买行为

多样化的购买行为是指消费者介入购买的程度低，但品牌的差异性很大的情况，即如果医药消费者低度介入并了解现有各医药产品品牌和品种之间具有显著差异，则会产生多样性的购买行为。对于这些产品，消费者经常会改变自己的品牌选择。因而，对于寻求多样性的购买行为，市场领导者和挑战者的营销策略是不同的。市场领导者应力图通过占有货架、避免脱销和提醒购买的广告来鼓励消费者形成习惯性购买行为，而挑战者则是以较低的价格、赠送样品和强调试用新品牌的广告来引导消费者改变原有的习惯性购买行为。

4. 习惯性的购买行为

习惯性的购买行为是指消费者介入购买的程度较低，品牌的差异性也不大，消费者对这些产品很熟悉，已形成了购买习惯和消费偏好。他们无需主动寻找有关产品的信息，也不需要对品牌特色进行评价。对习惯性购买行为的主要营销策略是：①利用价格与促销吸引医生试用；②开展大量重复性广告，以加深医药消费者印象；③增加购买介入程度和品牌差异，如果竞争者通过技术进步和产品更新将低度介入的产品转换为高度介入，并扩大与同类药品的差距，将促使消费者改变原先的习惯性购买行为，寻求新的品牌。

（三）医药消费者购买决策过程

消费者购买行为的形成是一个相对复杂的连续行为。医药消费者在购买某一产品时，均会有一个决策过程，只是所购产品类型、购买者类型的不同而使购买决策的过程有所区别，但典型的购买决策过程一般可分为以下几个连续的不同阶段。如图 4-3 所示。

图 4-3　消费者药品购买行为过程

1. 认识需要

认识需要是消费者购买决策过程的起点。医药消费者首先要认识到有待满足的需求,如在疾病状况下,才能产生购买医药产品的动机。医药消费者购买药品行为的发生常缘于以下情况:

(1) 突发性需要:这是医药市场中最常发生的购买行为。对于一个具体的医药消费者而言,由于疾病的发生一般是没有规律的,所以对药品的需要不具备预见性。只有当有了病之后,才会产生购买某种药品的需要。

(2) 经常性需要:这种购买行为如发生在个体身上,则是由于患了某种慢性病。消费者对这类药品的品牌、功效、价格都非常熟悉,一般不需花时间考虑。医药企业对于这种购买行为的主要营销工作是:首先,保持产品质量、合理的价格和一定的存货水平,对现有顾客进行"强化"工作;其次,利用广告宣传、营业推广等,吸引潜在顾客对本产品的注意,改变他们原有的购买习惯。

(3) 无意识需要:是指患者本身已存在某种病症,但并没有引起足够的注意或是某种新药的宣传力度不够,消费者不知道这种药品的存在,因而也就没有产生用药需要。对此,医药企业营销工作就是要进行合理的广告宣传,提高消费者的卫生保健意识,使无意识需要转变为现实的需要。

2. 收集信息

当消费者产生了购买动机后,便会马上开始寻找各种信息。在医药消费者进行经常性购买时,其需求能很快得到满足,但如果是因突发性需要而购买药品时,由于消费者不具备相应的专业知识,不能完全自我做出用药的判断。此时,消费者通常的做法是,要么去医院、诊所,要么去零售药店,由医生或专业药师对疾病做出诊断并决定用药品种和数量,也有的是向一些有经验的人咨询,开始收集有关产品、品牌、价格、功能和疗效等方面的信息资料,这种情况在 OTC 市场较为常见。

这个阶段医药企业营销人员最重要的工作之一就是要了解消费者的主要信息来源和各类信息对消费者购买决策的影响程度。根据药品种类并结合研究消费者的行为以及影响消费者判断选择的各种信息来源及时向消费者提供信息。要在对各种信息来源调查、分析的基础上,设计和安排恰当的信息渠道和传播方式,采用对目标市场影响最大、信息数量最多的促销组合。

3. 比较评估

当医药消费者从不同渠道获取到有关信息后,便对可供选择的品牌的药品信息进行分析、比较和评价,最后做出购买决定。比较评估是一个复杂的过程,在 OTC 市场上,除了消费者本身因素如病情、经济条件、知识水平、身体状态外,影响判断选择的因素还有:

(1) 药品方面:影响医药消费者判断和选择的药品固有属性有药品质量、疗效、适应证、毒副作用、价格、品牌形象、广告宣传等。药品选择主要看其是否能快速解除痛苦,以及安全性、副作用和价格等方面。

(2) 服务方面:药品零售网点的数量、所处位置、零售药店的形象、店堂布置、知名度、POP 广告、销售人员的服务态度和服务质量等也会影响消费者对药品的需要。

(3) 政策方面:主要是指国家或地区的医药保险目录也直接影响消费者用药的品种和数量。

在这一阶段,企业营销人员首先应当注意通过调查,研究消费者期望的产品属性有哪些,以及各项属性所占的权重;其次,在提供充分符合消费者需要产品的基础上,通过各种手段强化本企业品牌所具有的优势属性的权重,弱化不大具有优势的属性权重,调整营销组合。

4. 决定购买

评价会使医药消费者对可供选择的品牌形成某种偏好,产生购买意图,但只让消费者对某一品牌产生好感和购买意向是不够的，真正将购买意向转化为购买行为，期间还会受到两个方面因素的影响：

(1) 他人态度：这是影响购买决定的因素之一。消费者行为受很多因素影响，他人的影响是绝对不能忽视的，包括直接相关群体、医生、药品零售人员、家庭成员等，他们的否定态度愈强烈，且与该消费者的关系愈密切，消费者的购买意向就愈低或取消购买决定和购买行为。

(2) 风险因素：购买行为是购买意向与风险因素相互作用的结果。许多购买活动都或多或少地要承担一些风险，消费者由于无法确定购买的后果而感到不安。可觉察风险的大小随着所支付费用的多少、产品的属性不确定的程度及消费者的自信程度而发生变化。市场营销人员应该了解那些有可能使消费者改变购买决定与行为的因素，为他们提供相关信息，以降低他们的风险感。

5. 购后评估

消费者对其购买的产品是否满意，将直接影响到以后的购买行为。如果对产品感到满意，则在下一次购买中可能继续采购该产品，并向其他人宣传该产品，从而在消费者中形成良好的口碑；如果感到不满意，消费者可以通过放弃或者寻求证实产品优点的有关信息以减少心理的不平衡感，甚至采取相应行为来发泄不满，这势必会损害企业的品牌形象。因此，医药企业应重视消费者的购后感觉与再购行为之间的关系。判断消费者的购后行为有三种理论：

(1) 预期满意理论：认为消费者对医药产品的满意程度，取决于预期得到实现的程度。如医药产品符合消费者的期望，购后就会比较满意；反之，期望距现实距离越远，消费者的不满就越大。因此，医药企业对药品的广告宣传要实事求是，不能夸大其词。

(2) 认识差距理论：认为医药消费者购买药品后都会引起程度不同的不满意感，而且其他的同类产品越是有吸引力，对所购医药产品的不满意感就越大。企业除了要向消费者提供货真价实的一流产品外，还要采取积极措施以消除顾客认识差距和不满意感。

(3) 实际差距理论：药品使用后的实际效果受多种具体因素的影响，不可能与理论上的有效率完全一致。在这一阶段，企业营销人员应采取有效措施，通过征求消费者意见，与他们保持各种联系，指导他们从积极方面认识产品的特性，正确地评估药效，尽可能增加消费者的购后满意感。

第三节　医药组织市场及其购买行为分析

一、医药组织市场的概念和特点

医药组织市场是指以某种组织为购买单位的购买者所构成的市场，其购买的目的是为了生产、销售、维持组织运作或履行组织职能。医药组织市场由医药生产企业、医药商业企业、药品零售企业、各级各类医院和诊所、政府机构等所组成。根据国家有关规定，药品生产企业不能够进行药品的直销活动，其医药产品大部分需经过医药商业公司、医院或零售药店才能到达消费者手里。另外，生产原料药的企业面对的客户则是医药生产企业。医药组织市场的购买主体是组织而非个人，其购买目的是为了进一步加工生产或者是直接销售，从而获得经济利益，而不是为了个人使用。因而，医药组织市场与医药消费者市场的购买行为存在着显著的差异。

与医药消费者市场相比，医药组织市场具有以下一些特点：

1. 购买者数量少，但购买规模大

医药组织市场上购买者的数量远比医药消费者的数量少得多，我国现有医药生产企业约 7000 家，医药商业企业近 20 000 家，各级各类医院就更多，但与我国医药消费者市场相比，其数量还是微不足道。医药市场上所有药品都要经过它们手才能进入零售领域，每个购买者购买的规模之大，是任何个人消费者所不可比拟的。

2. 购买者区域相对集中

医药组织市场的购买者往往集中在某些区域，以至于这些区域的购买量占很大的比重。购买者所处位置与经济布局、自然资源、投资环境以及国家的经济政策等因素密切相关。例如，我国的医药企业密集区以东部沿海经济发达地区为主，如广州、深圳、上海、江苏、浙江、天津等省市。大型的医药商业企业、零售企业和大型医院都主要集中于大中城市。

3. 购买者的需求具有派生性

组织市场的需求是由消费者市场派生而来的，且一般不受价格的影响。组织市场购买药品或服务是为了给自己的服务对象提供所需的药品和服务，医院对药品的需求是由病人对治病的需求所引发的。因此，医药组织购买者的需求最终取决于医药市场对产品的需求。

4. 组织购买比较理性化和专业性

组织市场的购买者多为受过专门训练的内行专业人员，采购比较理性化和专业化。医药组织市场购买对采购人员的要求高，既要具有专业药学知识，又要具有必需的市场营销知识。同时，参与购买决策的人员较多，审批程序复杂，审查非常严谨。为此要求营销人员必须具备良好的专业素质和相应的营销技巧。

5. 组织购买具有连续性和相对稳定性

由于医药组织购买技术性强、产品替代性差、质量要求严格，医药组织购买经常从供应商处直接购买，而且一旦合作成功，其关系会长久维持下去。因此，需求具有连续性和相对稳定性。

二、医药组织购买行为的参与者

医药组织购买行为的特点是专业性强、参与人员多、机构稳定。研究分析每一个组织购买过程中参与者及其承担的不同角色，有助于医药企业在营销过程中采取正确的促销策略。从采购行为中参与者所承担的任务不同来分析，可有以下几种角色：①使用者，是实际使用某种药品或服务的人员；②影响者，是指影响采购决策的人员，如相关科室主任，他们通常对新特药品进行审查把关，协助采购工作正常进行；③决策者，是指有权决定药品数量、规格、品种、价格及供货厂家的人，如药剂科主任；④采购者，是指实际完成采购任务的工作人员；⑤批准者，是指那些有权批准决策者或采购者所提出的购买方案的人员，如医院药事委员会成员或医院院长。需要指出的是，在实际采购工作过程中，这些人员的组成或承担的角色经常会发生变动。因此，营销人员必须具体问题具体分析。

三、医药组织购买行为的影响因素

经济因素是影响医药组织者购买决策的最基本因素。在不同供应商药品的质量、价格和服务差异较大的情况下，组织者的采购人员会高度重视并综合这些因素，仔细收集和分析资料，进行理性的选择。但是在不同供应商药品的质量、价格和服务差异不大的情况下，组织者的采购人员几乎无须进行理性的选择。因此,医药组织的购买行为与医药消费者购买行为截然不同。医药组织购买行为的动机比较单一,其目的是降低经营成本,取得营利。当然,经济因素并非是影响组织购买行为的惟一因素。一般来说,按其影响范围,可以将组织购买行为的影响因素分为环境因素、组织内部因素、人际关系因素以及购买参与者个人因素四类。如表 4-3 所示。

表 4-3 影响组织市场购买的主要因素

环境因素	组织因素	人际因素	个人因素
需求水平	组织目标	地 位	年 龄
政治法律	采购政策	权 威	收 入
药事法规	采购程序	说服力	教育水平
科学技术	采购制度		专 业
竞争状况	机构设置		性 格
经济状态			风险态度
社会文化			

1. 环境因素

环境因素是指影响医药组织购买者生产经营的外部环境因素,包括政治、法律、医药科技、市场竞争、人口、社会文化等,这些都会对组织的购买决策产生重大影响。在正常情况下,这些外部因素既可以提供市场机会,也可能制造生存障碍,直接制约着医药组织购买者的经营内容、市场规模,规范着它们的业务经营行为,并用行政的、法律的、经济的、舆论的手段对其市场行为做出公平的评判与选择。由于医药经营者与组织购买者存在着一荣俱荣、一损俱损的相互依存关系,所以,营销人员必须密切注意环境因素的发展变化,对这些因素可能对组织购买者的影响做出正确的判断,并及时调整营销策略,力求将问题转变成机会。

2. 组织因素

组织因素是指医药组织购买者内部自身状况,包括组织机构设置、经营目标、采购政策、采购程序、采购制度等也会对购买行为产生影响。如采购的权力是集中还是分散,采购的正规化程度,采购部门在组织中地位等都对组织的购买行为产生影响。医药企业营销人员在与这些组织客户打交道时,必须对这些情况进行充分的了解,如医院的进药程序、药事委员会的组成、采购工作的人员以及对产品质量、供货时间、付款时限的具体规定等,从而规范自我的营销行为。

3. 人际因素

人际因素是指组织购买者内部成员间的关系。购买组织通常由许多成员组成,他们的地位、权威、说服力、感染力以及彼此间的权力关系不同,所承担的角色和作用也各不相同。这种人际关系也影响着组织购买的决策和购买行为,特别是对于像中国这样重视人际关系的国家,有时良好的人际关系是决定营销效率的主要因素。因此,市场营销人员寻找并满足决策者的需要,是营销成功的关键要素之一。

4. 个人因素

通常是指采购人员的年龄、收入、教育程度、职位、性格、兴趣、爱好以及职业道德等。医药组织购买经常被认为是“理智性”的行为,如医院药品的采购,当供应药品的质量、疗效、价格、服务等相差无几时,采购人员的个人因素就会起较大的作用。所以,医药企业营销工作不仅要在药品质量、价格、服务上下功夫,还要在与采购人员经常沟通中,建立良好稳固的私人关系,以影响和促进组织的购买决策行为。

四、医药组织购买行为的决策过程

药品的采购工作是保证医药公司、零售药店、医院正常运营、杜绝假冒伪劣药品进入流通领域,确保药品质量和用药安全的重要环节。因此,国家药品管理法对药品的采购工作制定了严格的规章管理制度。采购工作总的要求首先是保证采购药品的优质和安全有效,其次是根据经营的需要保持一定数量的品种,保证《基本药品目录》中的常用药和主要品种不断货,以供医生和患者选用。按国家有关规定认真做好特殊药品、贵重药品和有效期药品的管理工作。

2000 年 7 月,由卫生部、原国家发展计划委员会等部门联合下发了《医疗机构药品集中招标采购试点工作若干规定》。2004 年 9 月,卫生部、国家发改委等部门又联合下发了《关于进一步规范医疗机构药品集中招标采购的若干规定》。根据国家有关规定,属于城镇职工基本医疗保险或公费医疗药品目录的药品、医疗机构临床使用量比较大的药品,原则上都需要实行集中招标采购。这对于避免药品采购工作中出现的不正之风,降低虚高药价,减轻患者的经济负担具有重要意义。现以医院为例介绍说明药品集中招标采购工作的程序。

(一)常规用药的集中招标采购

1. 医疗机构提出采购要求

医疗机构根据临床需要和减轻患者用药负担的原则,组织有关部门或人员制定本期拟集中采购的药品品种、规格和数量计划,经单位药事管理机构集体审核后提交药品招标采购经办机构。经办机构既可以是医疗机构联合组织的招标采购机构,也可以是依法设立、从事药品集中采购代理业务并提供相关服务的社会中介组织。

2. 药品招标采购经办机构按国家有关规定组织招标活动的步骤

(1) 认真汇总各医疗机构药品的采购计划。

(2) 依法组织专家委员会审核各医疗机构提出的药品采购品种、规格,确认集中采购的药品品种、规格和数量,并反馈给相关医疗机构。

(3) 确定采购方式,编制和发送招标采购工作文件。

(4) 审核药品供应企业的合法性及其信誉,确认供应企业的资格。

(5) 审核投标药品的批准文件和近期质检合格证明文件。

(6) 组织开标、评标或谈判,确定中标企业和药品品种、生产厂家、规格、数量、价格、供应方式以及其他约定。

(7) 决标后,组织医疗机构直接与中标企业按照招标结果签订购销合同,明确购销双方的权利和义务。

(8) 监督中标企业和有关医疗机构依据招标文件规定和双方购销合同做好药品配送工作。

上述采购过程只限于医院必需的、常用的、《医院基本药品目录》品种范围内药品的采购工作,而医院新特药品的采购工作不在此列。

(二)基本目录药品的采购

基本用药目录药品的采购过程一般要经过以下几个连续的不同阶段。如图 4-4 所示。

图 4-4　基本用药目录药品的采购程序

1. 提出计划

根据有关规定医疗单位药品的采购,由药剂科统一管理,其他科室不得自购、自制、自销药品。采购的药品应以本院基本用药目录为依据,不得购销与医疗目的无关的各种生活用品或化妆用品,严禁从未取得《药品经营许可证》的非法药品经营单位或个人手中采购药品。

药品采购计划,首先由药品仓库有关人员根据库内药品的使用消耗以及临床用药需求,提出所需药品的品种、规格与数量,按有关管理规定制定进购计划,填写药品计划申请单,并由药剂科主任审定签字。如表 4-4 所示。

表 4-4　某医院药品计划申购单

品名	规格	现有库存量	计划数量	进货价	批发价	金额

院长:＿＿＿＿＿＿　科(室)主任:＿＿＿＿＿＿　制表人:＿＿＿＿＿＿

2. 采购调研

接到采购任务后,药品采购人员需进行较为详细的情报调研工作,对有关货源、质量、价格等多方面进行系统的比较。由于医疗单位一般比较重视当地医药经营部门这个货源主渠道,药品生产企业应事先与医药公司签订营销合同,力争使医药公司将本企业药品作为其主打产品。同时,本企业的营销人员也应采取上门推销的方法做好营业推广工作,协助医药公司做好医院推广工作。当然,详细的、印刷精美的企业资料和产品资料,如说明书、报价表以及有关证明材料等在任何时候都是药品推销中不可或缺的。

3. 采购洽谈

医院采购人员在掌握供应商和产品情况的基础上,根据医院的采购计划,就药品品种、规格、数量、质量、价格、供货方式、供货时间、结算方式、违约责任等内容进行洽谈。

4. 签订合同

签订合同是以法律文书的方式确定供需双方的权利与义务。根据国家有关规定,只有同时持有《药品经营企业许可证》、《营业执照》的药品经营企业,才能成为合法的药品供应者。

5. 履约评估

履约评估即药品采购合同履行情况的追踪与评价。一方面监督医药公司或厂商按照合同规定按质、按量、按时供货,同时根据合作情况确定以后是否继续合作。所以,医药企业要增强法律意识，严格履行合同，必要时也应学会用法律武器维护自己的利益。

（三）新特药品的采购

所谓医院新特药品是指不属于《医院基本药品目录》品种范围内的，虽然国家已有生产或进口，但医院临床极少使用，或国内上市不久临床使用经验不多，或本医院尚无使用先例，或虽有使用先例但使用经验不足以推广于临床的药品及制剂。新特药品的采购程序如下：

1. 提出申购计划

由于医院新特药品不属于基本用药范围的特殊性，一般不列入常规性计划申购。只有当个别医生或科室因医疗、教学或科研需要，指定使用某一新特药品时，才提出申购计划。医院新特药的计划申购必须先由申请医生或科室填写“新特药品计划申购单”。如表 4-5 所示。经有关部门（药事委员会）和领导（无药事委员会的县级以下医疗单位由院长负责审批）签署意见、审核批准后，才能正式列入申购计划。

表 4-5　某医院新特药品计划申购单

年　　月　　日　　　　　　　　　　　　No：

药品名称：	厂牌或产地：
规格：	数量：
参考资料：	
申购理由：	
申购人：	科室负责人：
药剂科领导意见：	药事管理委员会或院长意见：
药品采办记录：	

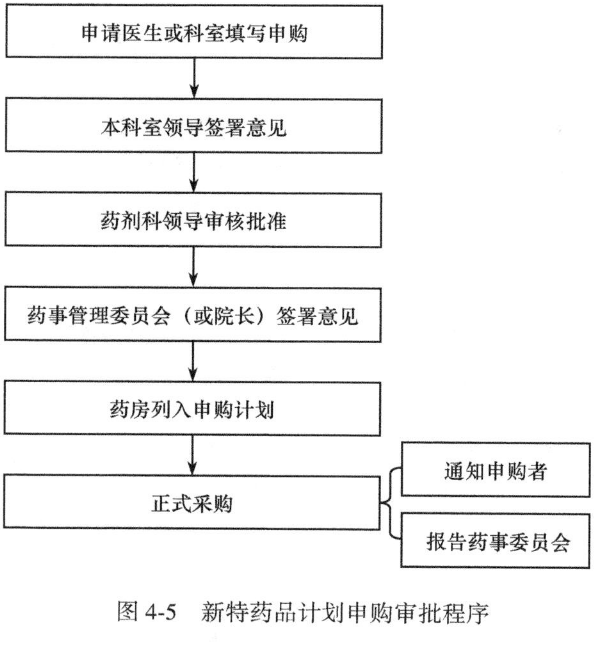

图 4-5　新特药品计划申购审批程序

2. 计划申购审批程序

计划申购审批程序如图 4-5 所示。

3. 采购使用

药品仓库接到经批准的“新特药品计划申购单”后，将所申购药品的名称、规格、数量等填入药品计划申购单，交由采购人员依照采购单进行采购。药品采购后要通知申请医师或使用科室，同时，让其填写“新特药品使用情况报告单”，如表 4-6 所示。在药品使用完后，回收报告单，并与原“新特药品计划申购单”一并归档，以作为日后筛选基本药品目录的依据。

对于大多数医药企业而言，开发新特药品不仅仅是因为药品具有生命周期的特征，而且更是企业不断增强核心竞争力、提高经营管理水平的有效途径。然而，要使新特药品顺利走向市场、走进医院，医药企业及其营销人员必须熟悉医院的进药程序与要求，提供必需的资料，才能成功开拓新市场，提高药品销售成功率。

表 4-6 医院新特药品使用情况报告单

承用科室（医生）__________ 药品名称__________启用日期__________ No：

使用一般情况	申购数：	实购数：
	实用数：	剩余数：
	使用病例数：	
	统计病例数：	
临床疗效情况	有效：	治愈：
	与其他药物联用情况：	
不良反应情况	毒性反应：	
	过敏反应：	
	其他副作用：	
药动学情况		
评价意见	使用医师意见：	
	使用科室意见：	
	药剂科主任意见：	
	药事管理委员会意见及其他：	

本单一式两份，一份药房申购办理人员归档备查，一份交药事委员会。

本章小结

在营销理论中，市场细分、目标市场选择、市场定位是企业营销战略的三要素，又称为 STP 营销战略。

市场细分是根据划分不同的消费者群体进行的，而不是通过产品分类进行的。其目的是有效选择并进入目标市场。消费者市场细分的变量主要有地理变量、人口变量、心理变量、行为变量，而生产者市场细分的变量主要有最终用户的要求、用户规模与购买力大小、用户的地理位置和用户的行业特点等。

目标市场策略是指企业针对客观存在的不同消费者群体的特点，采取不同的市场营销组合。一般可分为无差异市场营销策略、差异化市场营销策略和集中市场营销策略三种。

医药消费者市场是指个人或家庭为了满足其防病、治病、强身健体等生活需要而购买药品和接受服务所形成的市场。消费者购买行为的类型可分为复杂的购买行为、多样化的购买行为、减少不协调感的购买行为和习惯化的购买行为四种。

影响医药消费者购买行为的因素主要有经济因素、相关群体、心理因素、家庭因素和药物因素。医药消费者购买决策过程可分为认识需要、收集信息、比较评估、决定购买和购后评估五个阶段。在不同阶段，医药企业可以采取不同的营销策略，促使医药消费者的购买动机转化为购买行为。

医药组织市场是指以某种组织为购买单位的购买者所构成的市场，以维持组织运作或履行组织职能。影响医药组织购买行为的因素主要有环境因素、组织因素、人际因素和个人因素。医药组织购买行为的决策过程要经历提出计划、采购调研、采购洽谈、签订合同和履约评估五个阶段。

思考与练习题

一、名词解释

目标市场　市场细分　组织市场　消费者市场　消费者购买行为　相关群体

二、填空题

1. STP 营销战略是指(　　　　)、(　　　　)和(　　　　)。
2. 医药目标市场选择的策略主要有(　　　　)、(　　　　)和(　　　　)。
3. 处方药市场需求的性质属于(　　　　)需求。

三、选择题

1. 市场细分是根据(　　　　)来进行的。
   A. 产品　B. 消费者群体　C. 企业　D. 市场
2. 医药市场细分的要求是(　　　　)。
   A. 可衡量性　B. 可进入性　C. 可盈利性　D. 相对稳定性
3. 消费者市场细分的变量包括(　　　　)。
   A. 地理变量　B. 人口变量　C. 心理变量　D. 行为变量

四、简答题

1. 处方药市场和非处方药市场的特征有何区别？
2. 影响医药消费者购买行为和医药组织购买行为的因素主要有哪些？
3. 消费者购买决策过程可分为哪几个阶段？每个阶段应如何开展有效的营销工作？
4. 简述组织市场的特点及组织购买行为的决策过程。

案　例

"傻瓜理论"

当有些消费者在生活中有了消费需求而又要对所需的产品进行一定的了解时，任何信息都可能成为决定其购买的因素。而此时，商家掌握了消费者所需产品的相关信息，这样，商家需要的是将产品的优点和对消费者的利益传达给消费者；而对于消费者来说，鉴别商家的信息是否正确、真实，产品对自己是否有益便对其购买与否起着决定性作用。此时，就消费者掌握的信息而言，消费者显然处于弱势地位，于是，在商家的眼中消费者就成了"傻瓜"。

"傻瓜理论"中涉及一个经济学的问题就是信息不对称。如果消费者所掌握的信息比商家还要多时，那么他对于产品的优劣判断将比商家更清楚，此时，商家欲说服消费者购买产品显然是比较吃力的。当然，我们将此时的消费者称为"傻瓜"并无贬义，因为当某一产品的营销者成为其他产品的消费者时也同样成了"傻瓜"。

当消费者要去购买去商品的时候，终端销售人员对其的影响也是比较大的。大多的消费者有以下三种消费习惯：

1. 已有明确的目标，但还要到处收集"证据"以佐证自己的观点是正确的

比如消费者要购买彩色电视机时，本来决定购买的是 SONY，但还要证明一下自己对于 SONY 的选择是否正确，于是就要参考一下 TOSHIBA、Haier、Panasonic 和长虹等品牌，当其认定 SONY 的确在另外几个品牌之上的时候他才会毫不犹豫的决定购买。

2. 茫然无知被人“牵着鼻子走”的消费者

这类的消费者有真正的消费需求,但对产品的信息所知甚少,只是通过与商家的接触才了解些许情况。这样的消费者在卖场大都是指指这个,看看那个,不知买哪一个好。所以,在商家与消费者的交流中传运给消费者的信息就显得尤为重要,而这样的消费者也比较容易被抓住。比如去买钻戒的人,对这方面的知识了解的就不多,这时商场的营业员就为其讲解如何鉴别钻石的真假与成色,不同的手指适合不同的款式,并且还会告诉你,他们的产品产地正宗在南非,且又有很大的优惠,这样的消费者往往一次便被套牢。真可谓说什么信什么,信什么买什么。

还有些购买保健品的消费者也是如此,如肝保健品肝复春就遇到过类似的情况。一些人在单位、学校体检的时候突然查出脂肪肝,对疾病知识茫然无知,一时惊惶失措,不知如何是好,十分害怕,想快点治好。于是,看到报纸上宣传的相关产品就要打个电话问问。这样的人群在咨询医生的讲解、引导下,极易产生购买。应该说此类消费者还是非理智的,比较理智的理智大多会多打几个咨询电话,最后才会权衡利弊购买哪一种产品。

3. 感觉自己所掌握的信息甚多,什么都懂,最后却成了商家的推广员

这样的消费者对相关产品、相关信息了解甚多,相对上述两种消费者来说简直成了专家,但相对于大多数商家优秀的销售人员来说却并非如此。这类人群从心理上来说,还是非常想购买产品的,但还要装作十分在行,尽量给产品“挑缺儿”。如果终端营业员、促销员或者咨询医生对产品的知识和医学知识都多于对方,通过耐心的讲解,对其提出的疑问全部解答清楚,可令其心服口服。

此时的消费者无论是对产品还是对销售人员都极其信服,不仅会购买产品,还会主动宣传产品,向亲朋好友推荐,这样的消费者最后就心甘情愿地成为商家的“鱼肉”。例如,一个患有前列腺肥大多年的老患者,可谓久病成医,服用过很多药物,进口的、国产的、中药、西药,但效果都不太好,他也在上海的几所大医院的名医、专家门诊治过,但仍不见效,十分痛苦。后来打电话咨询商家的推广员,前后谈了一个小时左右,问了很多问题,都比较专业,经过耐心解答,详细阐述产品的优点和其治疗效果,终于令其信服。最后不仅认可了商家的产品,还夸奖商家的服务态度好,而且还推荐了另一个客户。由此可见,即使消费者对产品的知识、医学知识掌握很多,但道高一尺,魔高一丈,只要紧紧抓住其心理并能完美解答对方提出的问题,同样可以实现销售。

总之,医药产品的营销一定要以消费者为基础,只有真正的了解消费者的消费动机、消费方式和真正的需求,令消费者清楚、准确地接受产品的优良信息,才会取得成功!医药产品的营销策划人员应时刻从消费者的角度看问题,这样做出的方案才能迎合消费者,才能有效,才能卖货!

(资料来源:全球品牌网 www.globrand.com,改编整理)

案例讨论

1. 如何理解“傻瓜理论”在医药消费者市场的应用?

2. 运用医药消费者购买动机和医药消费者购买行为影响因素的有关知识,结合上述案例分析医药产品的消费需求。

(初 炜)

第五章　医药市场调查设计

学习目标

通过本章学习，要求掌握医药市场调查设计的含义、医药市场调查的工作流程；熟悉医药市场调查设计的意义；掌握医药市场调查方案设计含义；熟悉设计医药市场调查方案的基本原则；了解医药市场调查方案的评价方法和医药市场调查方案设计的意义。

医药市场调查是一项复杂而细致的信息工作，在调查活动开始之前，必须对调查工作做出周密的计划和安排。调查者以调查任务和目标为依据，制定调查的具体步骤和程序，才能使调查工作有计划、高效率地进行，进而保证调查工作的质量。

第一节　医药市场调查设计的概念与意义

（一）医药市场调查设计的含义

医药市场调查设计是医药企业在正式市场调查以前，根据本企业在经营管理过程中发现的问题，并经初步分析研究，制定出一系列的调查方案组合，形成一个主体规划或调查方法，以使市场调查有目的、有计划、有组织地进行。

医药市场调查设计不是指医药营销调查工作过程的整体设计，而是指为了有效地收集和分析资料而预先确定的调查研究的类别及其基本模式。这种调查设计一般要提出某类调查的预期目标和形式，同时规定调查活动要获得什么、要做什么和如何做。医药市场调查设计就是在进行实际调查之前，根据调查研究的目的，对调查工作总任务的各个方面和各个阶段进行的通盘考虑和安排，提出相应的调查实施方案，制定出合理的工作程序。

医药市场调查设计的含义一方面是指针对医药市场相关问题进行调查所做的计划与方案；另一方面也是指医药企业营销策划人员对本企业所面临的问题进行调查计划与方案的策划过程。

（二）医药市场调查设计的任务

医药市场调查设计是对调查事项作出一系列的事先决定，综合起来，形成一个执行调查任务的主体计划。它的主要特点可以归纳为“预期”和“说明”四个字，就是预期调查项目所需的客观及其客观条件，大致说明从调查中所要得到的信息以及所要做的工作。医药市场调查设计的任务有以下几个方面：

（1）为解决问题需要收集哪些资料。

（2）怎样运用这些数据去解决问题。

（3）说明获得答案及证实答案的基本规则。

（4）详细叙述从哪里取得资料及如何取得资料。

（5）关于估计计划可行性及计算成本的说明。

（6）作出调查工作的计划。

（三）医药市场调查设计的意义

医药市场调查设计的意义主要表现在以下几方面：

第一，有利于正确认识医药市场调查。通过对医药市场调查进行设计，有利于医药企业能对本企业所面临的问题进行认真思考，从而对医药市场调查有一个正确认识。

第二，任何一项调查必须具备科学的调查方法和指导原则，只有对医药市场调查进行认真的设计，运用一定的技术方法和手段，依靠一定的理论指导才能使调查得到的结果对医药企业有一定的指导意义，对领导层的决策提供一定的决策依据。

第三，有利于节约资源，避免遭受损失。对医药市场调查进行设计可以使每次调查都能达到预期的成果，如果没有进行医药市场调查设计，可能导致所得到的结果与调查的目的不一致，这样不得不重新进行数据的收集，那么之前所做的工作就是浪费。同时，盲目进行的调查得到的结果可能误导医药企业的决策层，从而使得决策失误，继而让企业遭受损失。

第二节　医药市场调查的工作流程

医药市场调查过程包含了若干个既相对独立又相互联系的工作阶段，具体说，医药市场调查可以分为确定医药市场调查问题、设计医药市场调查方案、医药市场调查数据的采集、数据的处理与分析和撰写调查报告等几个阶段。

一、确定医药市场调查问题

医药市场调查的第一个阶段是要确定医药市场调查问题，在不同的背景下，确定调查问题的工作难度是不同的。比较容易和简单的情况是，作为医药市场调查项目的承接者，接受了一个具体的市场调查项目，委托者对该项目的需求情况表述得细致、具体、充分和详尽。这时，第一阶段的工作就比较轻松。另一种情况是，我们自己就是医药市场调查项目的策划者，要策划进行一项调查课题，或者接受了一项药品销售情况市场调查任务，委托者也对调查课题的相关情况作了介绍，但这种介绍并不详尽和充分。这时，作为医药市场调查项目的操作者，我们就必须清楚所要调查的问题究竟是什么，也要了解清楚调查的目的究竟是什么。

（一）调查问题的不同类型

医药市场与其他市场一样，从调查性质看，调查问题可以分为三种：探索性调查，描述性调查和因果性调查。

信 息 框

结论性调查

与探索性调查相对应的是结论性研究,结论性研究的目的是检验假设和考察相互间的关系。结论性研究比探索性研究更正式,更具结构性。一般是以大规模的有代表性的样本调查为基础,所得的数据要进行定量分析。因为调查的结果要用作制定管理决策的依据,因此,在性质上把这种研究的结果说成是结论性的。

1. 探索性调查

探索性调查的基本目的是提供一些资料以帮助调查者认识和理解所面对的问题。常常用于在一种正式的调查之前帮助调查者将问题定义得更准确、帮助确定相关的行动路线或获取更多的有关资料。这一阶段所需的信息是不精确定义的,研究过程很有灵活性,没有什么结构。例如,向医药行业的资深营销专家咨询就是一种探索性的调查。探索性调查的样本量一般较小。原始数据一般是定性的。探索性调查的结果只是试验性的、暂时性的,或作为进一步研究的开始。

2. 描述性调查

描述性的调查研究是结论性研究的一种,顾名思义,这种调查的结果,就是要描述某些事物总体的特征或功能,具体地说就是描述市场的特征或功能。

(1) 描述性调查主要内容有:①描述药品购买者的特征;②估算在某一具体总体中显示某种行为的人群所占的比例;③确定药品特征的概念;④确定变量间的联系程度;⑤进行具体的预测。

(2) 描述性研究的主要应用领域:①市场研究;②市场占有率研究;③销售分析研究;④形象研究;⑤产品使用研究;⑥销售渠道研究;⑦价格研究;⑧广告研究。

3. 因果性调查

(1) 因果性调查包括下述内容:①了解哪些变量是起因;②确定起因变量与要预测的结果变量间的相互关系的性质。

(2) 研究因果关系的主要方法是市场实验法。当然还有些高级的统计方法可以用于检验因果关系的模型。例如为了检验药品包装(自变量)对药品销售量(因变量)的影响,可将同类商店随机地分为两组,分别出售新包装的商品和原包装的同种商品,最后再进行比较。

4. 三种方法的比较

在许多调查中,探索性调查、描述性调查与因果性调查是相互补充的(表 5-1)。

表 5-1 探索性调查、描述性调查与因果性调查的比较

	探索性调查	描述性调查	因果性调查
目的	对问题进一步了解产生想法和思路	描述总体的特征和功能	确定因果之间的关系
特征	小样本 不具总体推断意义 定性分析 常常是全部方案设计的前端部分	有事先提出的具体假设 大样本 定量分析 结果用于决策参考	研究独立变量,控制中间变量 多为大样本 侧重定量分析 结果说明决策原因
方法	专家调查 座谈会 二手资料	二手资料 抽样调查 观察法	实验法 二手资料 抽样调查

（二）医药市场调查问题的设定

设定医药市场调查问题是医药市场调查的一项关键性的工作，只有对医药市场调查问题有清晰地认识和准确的定义，该调查项目才能有效地实施，确定医药市场调查问题应当包括经营管理决策问题和具体的市场调查问题两个层面的内容，它们之间既不相同，但又密切相关。

经营管理决策问题是指医药企业决策者在医药企业经营管理中所面临的问题，主要回答决策者需要做什么，关心的是决策者可能采取的行动，所以经营管理决策问题是以行动为中心的。例如，“如何进一步扩大心脑血管产品的市场占有率”、“是否向市场推出系列产品”、“是否需要利用广告进行促销”等等。

医药市场调查问题是以信息为中心的，医药市场调查与其他市场调查一样，它要回答“什么信息是所需要的？如何获取这些信息？”例如，对于“是否需要利用广告进行促销”这个经营决策问题，市场调查问题就要考虑广告的运作方式、消费者接触不同广告方式的频率、消费者对广告的信任程度和偏好、广告对购买行为的具体影响等等。

设定医药市场调查问题是一项重要而又细致的工作，涉及不同方面的工作内容。其一般的工作程序如图 5-1 所示。

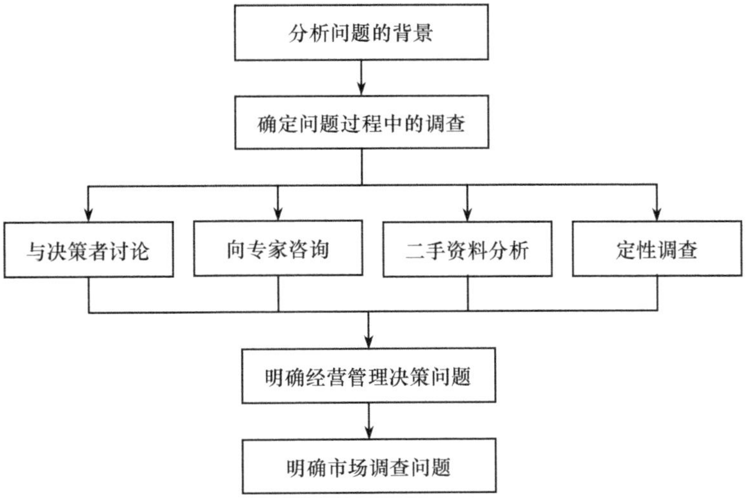

图 5-1　确定市场调查问题的工作流程

1. 分析问题的背景

任何问题或机会的产生和出现，都存在于一定的背景之中。了解这些背景有助于对问题和机会的认识和把握。

第一，要把握与医药企业所属行业相关的各种历史资料和发展趋势。这些资料包括：有关药品的销售量、市场份额、利润状况、技术水平、市场需求等。对历史和发展趋势的分析应分别在行业层面和企业层面进行。当一个医药企业的销售额与整个行业的销售额同时下降，但下降的幅度有所不同时，所反映的问题是不同的。

第二，要分析决策者的目标。事实上目标有两种类型，团体目标和决策者个人目标。团体目标有时比较概括和抽象，对它的描述常常是笼统而不是准确的。如“改善本企业的形象”、“增强医药企业的竞争力”等。调查人员要注意并善于把概括性的目标分解,使团体目标具体化。决策者个人目标是通过调查要达到的个人目的。例如,通过调查结果来统一领导层内部的分歧,支持自己的某项决策等。意识到这样的问题,有助于在确定调查问题时处理好不同目标的协调问题。

第三,将调查问题的确定与财力结合起来。为了将调查问题确定在适当的范围内,应当明确市场调查要提供给客户为某种目标所需要的信息,但所需要的信息并不一定是最精确的信息,而是在一定的成本费用条件下形成的最有价值的信息。从另一方面看,客户在调查经费上的投入也具有一定的弹性,如果仅仅增加一点费用,但适当地扩大了项目的调查范围,从而使调查结果的可用性大大增强,项目获得批准的可能性就会增大。

此外,还要了解消费者的购买行为,整个经济环境、文化背景和国家对医药行业的政策倾向以及进行市场调查所具备的技术条件等。

2. 确定问题过程中的调查

为了更科学、准确地确定医药市场调查问题,必须要做预调查或与目标群体进行沟通交流,这也包括与决策者交流、向专家咨询、二手资料的分析、必要的定性调查。

(1) 与决策者交流:市场调查的主要目的是为经营管理决策提供依据。决策者所面临的问题是什么,希望从市场调查中得到些什么,这是市场调查人员在确定问题过程中必须要获取的信息,与决策者交流是其主要渠道。同时,决策者都了解比较全面的情况,之所以出资进行市场调查也有一定的目标和打算。与决策者进行交流,交换双方的观点和对问题的看法,不仅有助于将调查的问题确定的更为准确和恰当,还有助于增进双方的了解,建立起更好的信任和沟通渠道,为今后更多的合作奠定基础。如有的医药企业总经理需要知道本企业所经营的几个品种市场前景如何,是否要扩大产品线。

(2) 向专家咨询:与专家交流有助于对医药市场调查问题的了解和认识。交流方式可以是信函形式,如请专家对设计方案进行评议;也可以是座谈形式,轻松的气氛有助于专家充分发表自己的见解。同时在选择专家时要注意专家有不同的类型,如专门从事医药市场调查和研究的专家,熟悉医药行业和药品客户经营环境的专家等。

(3) 二手资料的分析:二手资料是已有的资料和数据,如每年卫生系统的统计公报、国家药监局等政府部门公布的相关数据和资料,虽然这些资料和数据不是为解决我们当前医药企业所面临的问题而专门收集的,但它可以为解决当前的问题提供有价值的信息。随着信息传输方式和传播渠道的不断开拓,收集大量的二手资料将会变得越来越容易。在现有的二手资料没有被充分分析之前,不要急于为获得一手资料而进行调查。在实际的数据收集过程中,对二手资料的收集和分析是十分重要的。

(4) 定性调查:从医药企业管理决策者、有关医药行业专家和二手资料所获得的信息仍不足以确定本企业调查所面临的问题,就有必要进行定性调查。定性调查以小样本为基础,具体的调查方式也是灵活多样的,如深层访谈法、座谈会、德尔菲法等。

3. 明确经营管理决策问题和市场调查问题

在上述工作的基础上,市场调查人员对经营管理决策所面临的问题应该有比较清楚的了解,对市场调查的范围也有了比较明确的界定。接下来的工作就是,将经营管理决策所面临的问题转化为市场调查问题。如前所述,经营管理决策问题要回答决策者采取什么行动,而市场调查问题要回答需要什么信息,以及怎样以最好的方式获得这些信息。

例如，近一段时期某医药企业的中药饮品产品系列在市场份额中呈逐渐下降的趋势，此时，经营管理的决策问题是"怎样阻止这个下降趋势，恢复失去的市场份额"。针对这个问题可以有几种行动方案：①改进现有的产品质量；②推出新产品系列；③改变营销组合和营销策略；④进一步细分市场等。假设经过与决策者和专家进行沟通和交流或具体分析等一系列工作，认为不合适的市场细分是主要原因，就可以将"针对该系列产品，为进行有效的市场细分提供有关信息"确定为市场调查的主题。

二、医药市场调查方案设计

确定医药市场调查问题是整个医药市场调查过程的第一步，接下来的就要精心设计市场调查方案，医药市场调查方案是实施调查项目的蓝图。有关医药市场调查方案设计的具体内容，将在本章第三节中详述。

在这里，需要强调的是，在进行医药市场调查方案设计时，应该处理好如下几个关系：

1. 需要与可能

需要是指对任何实施该调查的医药企业或从事医药生产、流通和销售的组织和个人对信息内容的需要。显然，他们希望通过一项调查获得尽可能多的信息，希望调查的内容包括多方面。但是，一个好的市场调查，不仅要描述所关心的问题，更要揭示产生这些问题的主要原因和次要原因，揭示影响调查项目发生变化的相关因素。调查的过程是一个由浅入深、由表及里的不断深入的过程，它是通过一系列具体问题的组合实现的。如果一项调查中所涉及的内容过多，就不可能对每一个内容的调查都系统和深入。不系统、不深入的信息的价值并不大，所以不要指望在一次调查中解决所有的问题。可能是指实施调查的能力，它既包括采集有效数据的能力，也包括对数据深入加工的能力。有些信息的需求很明确，但采集这些数据的难度很大，数据质量不能保证；或有些模型虽然很好，但调查人员的数据处理技术或计算工具有局限。对这样一些调查问题，在设计过程中要慎重处理。

2. 精度与费用

精度与费用对医药市场调查设计也有重要影响。在描述性研究和因果关系研究中，通常是采用抽样调查方法，用样本数据对总体有关参数进行估计。精度是指样本的估计值与总体真值之间的差异。当然，人们希望估计的精度越高越好，即估计量的误差越小越好。但估计的精度与样本量的大小有密切关系，而样本量的大小受调查费用的制约。所以精度与费用之间存在一种此消彼涨的关系，这种关系如图 5-2 所示。

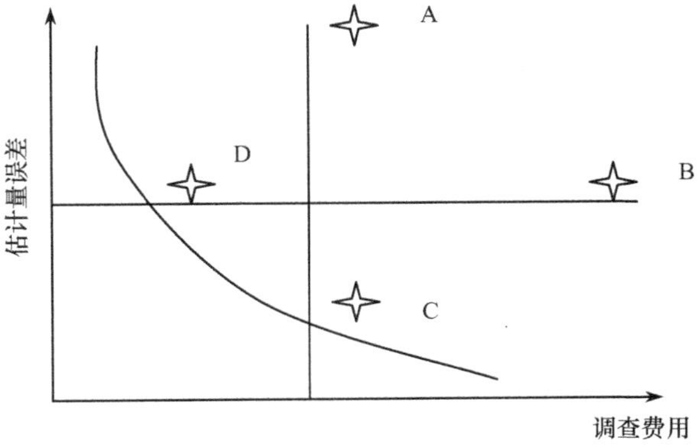

图 5-2　精度与费用关系示意图

图中，A、B、C、D 四点代表 4 种调查设计方案。与方案 A 相北，在相同调查费用条件下方案 C 的估计量误差较小，估计精度较高，所以方案 C 优于方案 A；与方案 B 相比，在相同精度的条件下，方案 D 的调查费用较少，所以方案 D 优于方案 B。从 C 点向右移发现，随着调查费用的增加，估计量的误差也在减小，但减少的速度越来越慢，从D点向左移发现，随着调查费用的减少，估计量的误差在增大，但增大的速度越来越快。所以从最优设计的角度看，C、D两点之间是最优的选择区间，至于具体选择哪一点，要根据调查的精度要求、调查的预算约束等因素权衡确定。

三、医药市场调查数据的采集

在实施调查过程中，可以把采集到的数据记录到纸张上，也可以直接录入到计算机中，我们称之为数据采集的模式。在数据采集中又可以使用不同的方法，如由被调查者自填问卷，或者由访问人员通过问答将调查结果记录到问卷上等等，我们称之为数据采集的方法。通常的数据采集模式和采集方法均适用医药市场调查数据的采集，下面将对数据采集不同模式与方法的特点进行讨论。

（一）数据采集模式

数据采集是按照调查设计的要求，对被选中的调查单位收集信息的过程。数据采集有不同的模式。一种是纸张式的，即将调查结果记录在用纸印刷的问卷上；另一种是采用计算机辅助方式，调查问卷出现在计算机屏幕上，调查中将答案直接输入到计算机中。

1. 纸张式数据采集模式

这种模式是传统的数据采集模式，其主要特点是投资比较小，纸张式方法通常比计算机方法的成本更低，所需费用主要是印刷问卷的费用，如果是邮寄调查，再加上邮寄费用，同时设计纸张式数据收集所需时间也少。纸张式模式的主要缺点是不便于现场调查中的质量控制，数据采集以后的工作量大，如对数据的审核、编码、录入等项工作，这样就延长了整个调查时间。

2. 计算机辅助数据采集模式

这是一种现代化的数据采集方法，在发达国家的市场调查中已经占据主导地位。实践中主要有如下几种应用类型。

计算机辅助电话调查（computer assisted telephone interview，CATI）。

计算机辅助面谈访问（computer assisted person interview，CAPI）。

计算机辅助自填式调查（computer assisted self interview，CASI）。

计算机辅助方式的优点：第一，由于问卷是程序化的，调查的问题能按合适的顺序出现在计算机屏幕上，并通过事先确定的程序（例如“跳转”方式）来引导调查员或被调查者，对各个答案之间的逻辑关系进行审核，并及时提出发现的问题，供访员或被调查者核对、改正，而且在重复性调查中，可以利用被调查者在以前调查中所提供的信息进行提示和对比。这些功能有效地减少了现场调查中的回答误差，提高了原始数据的质量。第二，由于数据的收集、审核和录入是同时进行的，因而大大缩短了整个调查的时间。第三，调查结果的传递十分快捷，调查管理人员可以随时得到及时的调查情况，这些情况包括：回答率、完成的访问数、未完成的访问数、配额的实现情况、每次访问所耗费的时间等，这些信息对于调查过程的现场监督和管理是十分重要的。第四，从费用方面考虑，虽然购置设备、进行程序的开发和设计将是一笔昂贵的开支，但是使用计算机辅助方式可以大大减少数据的录入和审核费用，节省下问卷的印刷费用，而且程序一经开发出来就可以长期使用。

计算机辅助方式的缺点：采用计算机辅助方式收集数据，要求填写问卷的人是经过培训的，熟悉计算机操作，应用程序要经过严格的测试，在调查过程中如果出现技术故障，需要计算机专家处理。

（二）数据采集方法

在现场调查中，有多种采集数据的具体方法，这里只是将几种不同方法的特征加以概括。

1. 自填式

自填式指被调查者在没有访问人员协助的情况下完成问卷。把问卷递送给被调查者的方法有很多，如调查员分发问卷、通过邮寄问卷（邮寄调查）、通过网络传送问卷（网络调查），或把问卷刊登在媒体上（媒体调查）。由于被调查者（如医生、患者或医药销售人员）在填答问卷时访员并不在场，出现疑问时无人解答，所以这种方法要求问卷结构严谨，有清楚地说明，让被调查者（如医生、患者或医药销售人员）一看就知道如何完成问卷。

2. 问答式

问答式是指现场调查中访问人员按问卷中的问题提问、被调查者（如医生、患者或医药销售人员）回答的一种调查方式。实施时又可以有不同的情况，典型的方式有访问人员和被调查者（如医生、患者或医药销售人员）面对面地问答（面访调查）和访问人员与被调查者（如医生、患者或医药销售人员）通过电话问答（电话调查）。

3. 混合式

混合式调查有时也被称为搭车调查，但两者还是有区别的。搭车调查是指将一项调查（次要的）附在另一项调查上（主要的）。例如，在即将开始一项调查任务的同时，又接受另一项调查任务。新项目的调查主题与即将开始的调查项目的主题相似，所以，将新项目的调查问卷附加在马上就要进行调查的问卷中，由此可以节省调查费用，如想了解患者对海明威肝病治疗的看法，即将开始对患者进行调查，现高层管理者想知道患者对肝病药物的看法时就可采用这种调查方式。

4. 其他方式

除了上面介绍的以外，还有其他一些调查方式。

查阅式：如文案调查，这种方式属于二手资料的利用，如查阅医药行业报告或中医药管理局发布的相关内容，或医药统计的资料。

座谈式：如小组访谈法，这是座谈会式的调查，被调查者之间可以相互启发，从而使调查内容比较深入，如与医生进行沟通或与 OTC 药店的经营者进行沟通与交流。

观察式：调查人员通过直接观测的方法获取信息，如利用安置在 OTC 药店中的录像设备观察顾客挑选药品时的表情；调查人员在药店门口通过技术的方法估算流量等。

实验式：通过实验的方式取得所需要的信息，主要用于对因果关系的监测与分析，如某种治疗心血管疾病新药的临床实验。

（三）调查的现场实施

在数据采集阶段，工作的最终目标是获得较高质量的原始数据。数据采集的整个过程由若干个环节组成，每个环节都有可能发生误差，因此，对现场调查需要精心地组织与管理，以把误差降低到最低水平。为此，要做好以下几方面的工作：

1. 组织好调查团队

团队中的主体是访问人员，他们是成功收集数据的关键因素，因此要确保聘用能够胜任调查工作的人作为访问人员，并且对他们进行适当的培训，配备访问所需要的工具。

2. 选择控制程序

应该对所有的数据采集工作规定符合设计要求的选择控制程序，样本的选择严格按照规定的程序进行。这个指导方针在随机抽样的调查中尤为重要。

3. 提高回答率

有很多因素影响回答率，现场实施中需要把各方面的工作做细，提高调查的回答率。

4. 采用一致性标准

在标准化式的调查中，为了保证数据的一致性，所有的访问人员应该接受相同的培训，使用相同的手册，调查实施中采用统一的标准语，避免访问人员各行其是，如：您好！我是某医药公司的调查员，耽搁您一点时间，希望您就×××问题接受我们的……。

5. 健全质量控制系统

在数据采用过程中，应加强对调查质量的监测和监控，加强对数据质量的评估。

四、数据的处理与分析

1. 数据的处理

数据的处理是把调查中采集到的数据转换为适合于汇总指标和数据分析的形式，它是整个调查过程中的一个重要环节。数据处理的过程包括：①初步审核；②编码；③录入；④再次审核；⑤插补；⑥权数调整；⑦创建数据库。

2. 数据的分析

数据分析主要是运用统计学方法对采集到的原始数据进行运算处理，并由此对研究总体进行定量的描述与推断，以揭示事物内部的数量关系与变化规律。数据分析的主要工作包括：①描述分析（集中趋势和离散趋势）；②参数估计；③列表分析；④相关和回归分析等。

有关调查数据的处理与分析的具体内容，将在本书第十章中详述。

第三节 医药市场调查方案设计

一、医药市场调查方案设计的含义

医药市场调查方案设计就是根据医药组织调查研究的目的和调查对象的性质，在进行实际调查之前，对调查工作总任务的各个方面和各个阶段进行的通盘考虑和安排，提出相应的调查实施方案，制定出合理的工作程序。

中国有句古语："凡事预则立，不预则废"。医药调查方案的设计是整个调查过程的第一步，在设计过程中，需要把已经确定的市场调查问题转化为具体内容，通过调查具体指标的方式表现出来，并对调查指标做出明确定义。对研究问题定义与调查指标的定义是有区别的。调查问题的定义是概念性定义，而调查指标定义是操作性定义。

例如，要研究 OTC 药店销售人员的态度对医药企业经济效益的影响。什么是 OTC 药店销售人员的态度，我们可以给它下一个定义，揭示其内涵与本质，但这是概念性定义，在调查中，我们需要通过具体的调查指标反映它，如用销售人员销售药品的数量、服务态度等具体内容为 OTC 药店销售人员的态度下操作性定义。就说明医药市场调查设计是调查人员从定性认识到定量认识的联结点,医药市场调查设计能够体现出调查人员对所研究的问题在定量认识方面的广度和深度。

二、医药市场调查方案设计的基本原则

1. 科学性原则

设计医药市场调查方案必须遵循科学性原则,这是医药市场调查方案设计的根本原则。例如,如果希望用调查数据对总体的有关参数进行估计,就要采用随机抽样设计,并有随机抽样实施的具体措施。否则,设计就是不科学、不完善的。再如,样本量的确定是医药市场调查方案设计的重要内容,样本量的确定有多种,有些情况下需要计算,有些情况下可以根据经验或常规人为确定。如果调查结果要说明参数的置信区间,样本量的确定就必须有理论依据,即根据方案设计中的具体的抽样方式以及对估计的精度要求,采用正确的样本量计算方式。还有,在因果关系的研究中,为了研究事先的假设,有些调查需要采用实验法收集数据,采用实验法,就必须有因素控制设计的具体实施措施,选择的控制因素是合理的,符合假设中的理论框架,这样才能说明调查结果的有效性。

2. 可行性原则

医药市场调查设计方案必须依据实际情况,不仅要科学,而且要具有可行性,具有操作性强的调查方案才能真正成为调查工作和行动纲领。例如,进行随机抽样要具备抽样框,没有合适的抽样框就难以实施真正的随机抽样。再如,对调查中的敏感性问题(对于传染性的疾病或男性疾病等),受访者的拒访率通常是比较高的,如果这些敏感性问题不是特别重要,在调查方案设计中就可以删去,如果这些问题十分必要,就要从可行性的角度想一些措施,降低问题的敏感性,使调查不会由此受到影响。所以,医药市场调查方案各项内容的设计,都必须从实际出发,具有可行性。尤其对一些复杂群体、复杂内容的调查,可行性是评价调查方案优劣的重要标准。

3. 有效性原则

医药市场调查方案设计不仅要科学、可行,而且要有效。这里的有效性是指在一定调查经费约束下,调查结果的精度可以满足研究目的需要。实际上,这是一个费用和精度的关系问题。人们都知道,在费用相同条件下精度越高,或在精度相同条件下费用越少的调查设计是最好的设计。但是,在实际设计中问题可能要更复杂一些。所以在医药市场调查方案设计中追求科学、可行的同时,还要考虑到调查的效率。科学、可行、有效侧重于不同的方面,但它们之间又相互联系,相互影响。在医药市场调查方案设计中如果能够很好地兼顾这些方面,则该调查方案可以说是较好的调查方案。

三、医药市场调查总体方案设计

医药市场调查的总体方案设计是医药企业针对本企业面临的问题以及调查工作各个方面和全部过程的通盘考虑,包括整个调查工作过程的全部内容。医药市场调查总体方案是否科学、是否可行,是整个调查成败的关键。市场调查总体方案设计过程如图 5-3 所示。

1. 确定调查目的

明确调查目的是医药市场调查设计的首要问题,只有确定了调查目的,才能确定调查的范围、内容和方法,否则,就会列入一些无关紧要的调查项目,而漏掉一些重要的调查项目,无法满足调查的要求。例如,2007 年 3 月某省卫生厅组织关于“该省中医现状的调查”,其目的很明确,主要是想了解目前该省中医药的基本情况,发展如何,患者对中医药的看法如何,中医从业人员的态度如

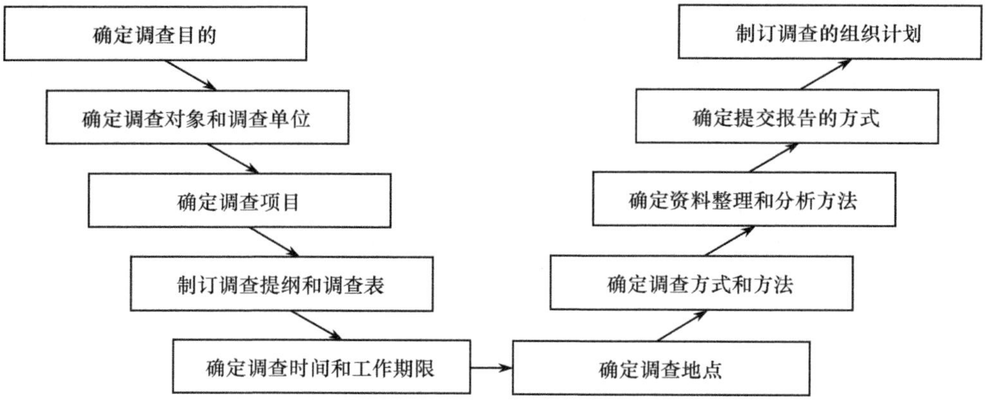

图 5-3　市场调查方案设计流程

何等。可见,确定调查目的,就是明确在调查中要解决哪些问题,通过调查要取得什么样的资料,取得这些资料有什么用途等问题。衡量一个调查设计是否科学的标准,主要就是看方案的设计是否体现调查目的的要求,是否符合客观实际。

2. 确定调查对象和调查单位

明确了调查目的之后,就要确定调查对象和调查单位,这主要是为了解决向谁调查和由谁来具体提供资料的问题。调查对象就是根据调查目的、任务确定调查的范围以及所要调查的总体,它是由某些性质上相同的许多调查单位所组成的。调查单位就是所要调查的总体中的个体,即调查对象中的一个一个具体单位,它是调查中要调查登记的各个调查项目的承担者。

在确定调查对象和调查单位时,应该注意以下四个问题:

第一,由于医药市场有它自身的特点,因此,在许多情况下,调查对象也是比较复杂的,必须用科学的理论为指导,严格规定调查对象的涵义,并指出它与其他有关现象的界限,以免造成调查登记时由于界限不清而发生的差错。如:以城市中医院为调查对象,就应划清城市中医院与非城市中医院、综合性医院与私人诊所等概念的界限。

第二,调查单位的确定取决于调查目的和对象,调查目的和对象变化了,调查单位也要随之改变。例如,要调查县级城市中医院基本情况时,这时的调查单位就不再是所有城市中医院,而是按行政区划分的县级城市中医院。

第三,调查单位与填报单位是有区别的,调查单位是调查项目的承担者,而填报单位是调查中填报调查资料的单位。例如,对某地区中医院医疗设备进行普查,调查单位为该地区中医院所拥有的每台设备,而填报单位是该地区每个中医院。但在有的情况下,两者又是一致的,例如,在进行中医院职工基本情况调查时,调查单位和填报单位都是每一个职工。在医药市场调查方案设计中,当两者不一致时,应当明确从何处取得资料并防止调查单位的重复和遗漏。

第四,不同的调查方式会产生不同的调查单位。如采取普查方式,调查总体内所包括的全部单位都是调查单位;如采取重点调查方式,只有选定的少数重点单位是调查单位;如果采取典型调查方式,只有选出的有代表性的单位是调查单位;如果采取抽样调查方式,则用各种抽样方法抽出的样本单位都是调查单位。

3. 确定调查项目

调查项目是指对调查单位所要调查的主要内容，确定调查项目就是要明确向被调查者了解些什么问题，调查项目一般就是调查单位的各个标志的名称。例如，在对患者进行调查中，患者的性别、民族、文化程度、年龄、收入等都成其为调查项目，这些调查项目的标志可分为品质型调查项目和数量型调查项目。品质型调查项目是说明事物质的特征，不能用数量表示，只能用文字表示。如例中的性别、民族和文化程度；数量型调查项目表明事物的数量特征，它可以用数量来表示，如例中的年龄和收入。

在确定调查项目时，除要考虑调查目的和调查对象的特点外，还要注意以下几个问题：

第一，确定的调查项目应既是调查目的所需，又是能够取得答案的。

第二，调查项目的表达必须明确，要使答案具有确定的表示形式，如数字式、是否式或文字式等。否则，会使被调查者产生不同理解而做出不同的答案，造成汇总时的困难。

第三，确定调查项目应尽可能做到项目之间相互关联，使取得的资料相互对照，以便了解现象发生变化的原因、条件和后果，便于检查答案的准确性。

第四，必要时应附加调查项目的解释。

4. 制定调查提纲和调查表

当调查项目确定后，可将调查项目科学地分类、排列，构成调查提纲或调查表，方便调查登记和汇总。

调查表一般由表头、表体和表脚三个部分组成。如表 5-2 所示。

表 5-2　诊所、卫生所、医务室、社区卫生服务站、乡镇卫生院调查表

机构名称(签章)____________________组织机构代码　□□□□□□□□-□

一、一般情况		三、年总收入与支出(万元)	
1. 经济类型代码	□□	1. 总收入	□□□
2. 卫生机构类别代码	□□□□	2. 总收入中:上级补助收入	□□□
3. 机构分类管理代码	□	3. 总收入中业务收入	□□□
4. 设置/主办单位	□□	总业务收入内中医业务收入	□□□
①政府　②企业　③事业单位　④社会团体　⑤其他社会组织　⑥个人		4. 总支出	□□□
5. 房屋建筑面积(平方米)	□□□□	5. 总支出中人员经费	□□□
二、人员数(人)		人员经费内:中医人员经费	□□□
1. 总人员	□□□	6. 药品支出	□□□
2. 执业医师	□□	药品支出内中药支出	□□□
3. 执业医师内:中医执业医师	□□	四、诊疗人次数	
4. 执业助理医师	□□	1. 诊疗人次数	□□□
5. 执业助理医师内中医执业助理医师	□□	2. 诊疗人次数中中医诊疗人次数	□□□
6. 注册护士	□□		
7. 药剂人员	□□		
8. 检验人员	□□		
9. 其他卫生技术人员	□□		

说明:凡有中医执业医师的上述卫生机构均应填此表。从 2002 年至 2007 年，每年度填写一份。

单位负责人:________　填表人:________　报出日期:________年________月________日

表头包括调查表的名称、调查单位(或填报单位)的名称、性质和隶属关系等。表头上填写的内容一般不作统计分析之用,但它是核实和复查调查单位的依据;表体包括调查项目、栏号和计量单位等,它是调查表的主要部分;表脚包括调查者或填报人的签名和调查日期等,其目的是为了明确责任,一旦发现问题,便于查寻。

调查表式分单一表和一览表两种,单一表是每张调查表式只登记一个调查单位的资料,常在调查项目较多时使用。它的优点是便于分组整理,缺点是每张表都注有调查地点、时间及其他共同事项,造成人力、物力和时间的耗费较大。一览表是一张调查表式可登记多个单位的调查资料,它的优点是当调查项目不多时,应用一览表能使人一目了然,还可将调查表中各有关单位的资料相互核对,其缺点是对每个调查单位不能登记更多的项目。

调查表拟定后,为便于正确填表、统一规格,还要附填表说明。内容包括对调查表中各个项目的解释,有关计算方法以及填表时应注意的事项等,填表说明应力求准确、简明扼要、通俗易懂。

5. 确定调查时间和调查工作期限

调查时间是指调查资料所属的时间。如果所要调查的是时期现象,就要明确规定资料所反映的是调查对象从何时起到何时止的资料。如果所要调查的是时点现象,就要明确规定统一的标准调查时点。

调查期限是规定调查工作的开始时间和结束时间。包括从调查方案设计到提交调查报告的整个工作时间,也包括各个阶段的起始时间,其目的是使调查工作能及时开展、按时完成。为了提高信息资料的时效性,在可能的情况下,调查期限应适当缩短。

6. 确定调查地点

在医药市场调查方案中,还要明确规定调查地点。调查地点与调查单位通常是一致的,但也有不一致的情况,当不一致时,尤有必要规定调查地点。例如,医药企业想了解某市场消费者对某种药品的使用后评价则需要规定调查地点,划分出具体的区域以免调查资料出现遗漏和重复。

7. 确定调查方式和方法

在医药市场调查方案中,还要规定采用什么组织方式和方法取得调查资料。搜集调查资料的方式有普查、重点调查、典型调查、抽样调查等。具体调查方法有文案法、访问法、观察法和实验法等。在调查时,采用何种方式、方法不是固定和统一的,而是取决于调查对象和调查任务。在市场经济条件下,为准确、及时、全面地取得市场信息,尤其应注意多种调查方式的结合运用。

8. 确定调查资料整理和分析方法

采用实地调查方法搜集的原始资料大多是零散的、不系统的,只能反映事物的表象,无法深入研究事物的本质和规律性,这就要求对大量原始资料进行加工汇总,使之系统化、条理化。目前这种资料处理工作一般已由计算机进行,这在设计中也应予以考虑,包括采用何种操作程序以保证必要的运算速度、计算精度及特殊目的。当前越来越多的现代统计分析手段可供我们在分析时选择,如回归分析、相关分析、聚类分析等。每种分析技术都有其自身的特点和适用性。因此,应根据调查的要求,选择最佳的分析方法并在方案中加以规定。

9. 确定提交报告的方式

主要包括报告书的形式和份数,报告书的基本内容、报告书中图表量的大小等。

10. 制定调查的组织计划

调查的组织计划,是指为确保实施调查的具体工作计划。主要是指调查的组织领导、调查机构的设置、人员的选择和培训、工作步骤及其善后处理等。必要时候,必须明确规定调查的组织方式。

四、医药市场调查方案的评价

(一) 医药市场调查方案的可行性研究

医药企业在针对本企业所面临的问题所进行的调查中,所设计的调查方案通常不是唯一的,需要从多个调查方案中选取最优方案。同时,调查方案的设计也不是一次完成的,而要经过必要的可行性研究,对方案进行试点和修改。可行性研究是科学决策的必经阶段,也是科学设计调查方案的重要步骤。对调查方案进行可行性研究的方法有很多,这里主要介绍逻辑分析法、经验判断法和试点调查法三种方法。

1. 逻辑分析法

逻辑分析法是检查所设计的医药市场调查方案的部分内容是否符合逻辑和情理。例如:要调查某城市消费者对某类药品使用习惯,而设计的调查项目却是消费者的消费结构或医药企业的产品品种,如果按此设计所调查出的结果就无法满足调查的要求。逻辑分析法可对调查方案中的调查项目设计进行可行性研究,而无法对其他方面的设计进行判断。

2. 经验判断法

经验判断法,即组织一些具有丰富调查经验的人士,对设计出的医药市场调查方案加以初步研究和判断,以说明方案的可行性。例如,对医药市场中的药品购买者的购买动机进行调查,就不宜用普查方式,而适合采用抽样调查。经验判断法能够节省人力和时间,在比较短的时间内做出结论。但这种方法也有一定的局限性,这主要是因为人的认识是有限的,有差异的,事物在不断发生变化,各种主客观因素都会对人们判断的准确性产生影响。

3. 试点调查法

试点调查是整个调查方案可行性研究中的一个十分重要的步骤,对于大规模市场调查来讲尤为重要。试点的目的是使调查方案更加科学和完善,而不仅是搜集资料。

试点调查也是一种典型调查,是解剖麻雀。从认识的全过程来说,试点是从认识到实践,再从实践到再认识,兼备了认识过程的两个阶段。因此,试点具有两个明显的特点,一个是它的实践性,另一个是它的创新性,两者互相联系、相辅相成。试点正是通过实践把客观现象反馈到认识主体,以便起到修改、补充、丰富、完善主体认识的作用。同时,通过试点,还可以为正式调查取得实践经验,并把人们对客观事物的了解推进到一个更高的阶段。具体来说,试点的任务主要有以下两个:

(1) 对调查方案进行实地检验。调查方案的设计是否切合实际,还要通过试点进行实地检验,检查目标制定的是否恰当,调查项目设计是否正确,哪些需要增加,哪些需要减少,哪些需要说明和规定,哪些需要修改和补充。试点后,要分门别类地提出具体意见和建议,使调查方案的制定既科学合理,又解决实际问题。

(2) 调查实施前的审核。作为实战前的演习,可以了解调查工作安排是否合理,哪些是薄弱环节。试点调查应注意以下几个问题:①应建立一个精干有力的调查队伍,队伍成员应该包括有关领导、调查方案设计者和调查骨干,这是搞好试点工作的组织保证。②应选择适当的调查对象。

要选择规模较小,代表性较强的试点单位。必要时可采取少数单位先试点,再扩大试点范围、然后全面铺开的做法。③应采取灵活的调查方式和方法。调查方式和方法可以多用几种,经过对比后,从中选择适合的方式和方法。④应做好试点的总结工作。即要认真分析试点的结果,找出影响调查成败的主客观原因。不仅要善于发现问题,还要善于结合实际探求解决问题的方法,充实和完善原调查方案,使之更加科学和易于操作。

(二)医药市场调查方案的评价

对于一个医药市场调查方案的优劣,可以从不同角度加以评价,现结合某省所做的关于"中医现状调查",简要说明如下:

1. 方案设计是否体现调查目的和要求

方案设计是否基本上体现了调查的目的和要求,这一条是最基本的,例如,中医现状调查主要是为了摸清该省中医药基本情况,根据所制定的调查方案所确定的调查范围、调查单位、调查内容,设置了一系列完整的指标体系,目的是通过此次调查能比较全面的反映了中医的现状。医药市场调查方案项目设置的重点基本上能够体现中医的发展情况、消费者对中医的看法及中医从业人员的看法。

2. 方案设计是否科学、完整和适用

例如,某省关于"中医现状调查",采取对选择的区域实行普查,主要对中医院、综合性医院和乡镇卫生所,设置了许多相互联系、相互制约的指标,形成一套比较完整的指标体系,其特点是全面、系统和配套,适用性较强。

3. 方案设计能否使调查质量有所提高

影响调查数据质量高低的因素是多方面的,但调查方案是否科学、可行,对最后的调查数据质量有直接的影响,某省关于"中医现状调查"由于方案设计合理,使调查的实际差错率大大低于20‰的规定。

4. 调查实效检验

评价一项调查方案的设计是否科学、准确,最终还要通过调查实施的成效来体现。即必须通过调查工作的实践检验来观察方案中哪些符合实际,哪些不符合实际,产生的原因是什么,肯定正确的做法,找出不足之处并寻求改进方法,这样就可使今后的调查方案设计更加接近客观实际。

五、医药市场调查方案设计的意义

医药市场调查方案设计是一项复杂的、严肃的、技术性较强的工作,一项全国性的市场调查往往要组织成千上万的调查人员参加。为了在调查过程中统一认识、统一内容、统一方法、统一步调,圆满完成调查任务,就必须事先制定出一个科学、严密、可行的工作计划和组织措施,以使所有参加调查工作的人员都依此执行。

具体来说,医药市场调查方案设计的意义表现在以下三方面:

(1) 从认识上来说,医药市场调查方案设计要兼顾医药市场的特殊性

医药市场与其他市场相比而言是一个特殊的市场,关系到人的生命、健康和安全。医药市场调查方案设计应该根据该市场的特点进行。医药市场调查方案设计是从定性认识过渡到定量认识的开始阶段。虽然调查所收集的许多资料都是定量资料,但应该看到,任何调查工作都是先从

对调查对象的定性认识开始的，没有定性认识就不知道应该调查什么和怎样调查，也不知道要解决什么问题和如何解决问题。医药市场调查方案设计正是定性认识和定量认识的连接点。

（2）从工作上讲，医药市场调查方案设计起着统筹兼顾、统一协调的作用

当前无论做何种市场调查可以说是一项复杂的系统工程，对于大规模的市场调查来说，更是如此。在调查中会遇到很多复杂的矛盾和问题，其中许多问题是在于调查本身，是内在的；也有不少问题并非是调查的技术性问题，而是与调查相关的问题，例如抽样调查中样本量的确定，按照抽样调查理论可以根据允许误差和把握程度大小，计算出相应的必要抽样数目，但这个抽样数目是否可行，要受到调查经费预算、调查时间等多方面条件的限制。

（3）从实践要求上看，医药市场调查方案设计能够适应医药市场环境变化的需要

随着国家相关法律法规的出台，医药市场逐渐规范，医药市场调查已由单纯的收集资料活动发展到把调查对象作为整体来反映的调查活动，与此相适应，医药市场调查过程也应被视为是市场调查设计、资料收集，资料整理和资料分析的一个完整工作过程，所以，医药市场调查设计正是这个过程的第一步。

本章小结

医药市场调查设计是医药企业在正式市场调查以前，根据本企业在经营管理过程中发现的问题，并经初步分析研究，制定出一系列的调查方案组合，形成一个主体规划或调查方法，以使市场调查有目的、有计划、有组织地进行。

医药市场调查的工作流程包括：确定医药市场调查问题、设计医药市场调查方案、医药市场调查数据的采集、数据的处理与分析和撰写调查报告等几个阶段。

医药市场调查方案设计就是根据医药组织调查研究的目的和调查对象的性质，在进行实际调查之前，对调查工作总任务的各个方面和各个阶段进行的通盘考虑和安排，提出相应的调查实施方案，制定出合理的工作程序。设计调查方案的基本原则就是科学性原则、有效性原则和可行性原则。

医药市场调查总体方案设计主要包括下述几个内容：确定调查目的；确定调查对象和调查单位；确定调查项目；制定调查提纲和调查表；确定调查时间和调查工作期限；确定调查地点；确定调查方式和方法；确定调查资料整理和分析方法；确定提交报告的方式；制定调查的组织计划。

医药市场调查方案的评价主要从医药市场调查方案的可行性研究和医药市场调查方案的评价两方面来进行。其中医药市场调查方案进行可行性研究的方法有很多，现主要介绍逻辑分析法、经验判断法和试点调查法三种方法。对于一个调查方案的优劣主要从方案设计是否体现调查目的和要求；方案设计是否科学、完整和适用；方案设计能否使调查质量有所提高；调查实效检验。

思考与练习题

一、名词解释

医药市场调查设计　医药市场调查方案设计

二、选择题

1. 医药市场调查方案设计的基本原则有（　　　）。

A. 科学性原则　　B. 可行性原则　　C. 有效性原则　　D. 详尽性原则

2. 医药市场调查数据采集模式主要有(　　　　)。

A. 纸张式数据采集模式　B. 访问采集模式　C. 计算机辅助数据采集模式　D. 文献采集模式

3. 市场调查首先要解决的问题是(　　　　)。

A. 确定调查方法　B. 选定调查对象　C. 明确调查目的　D. 解决调查费用

三、填空题

1. 调查表一般由(　　　　)、(　　　　)和(　　　　)三部分组成。

2. 调查表有(　　　　)和(　　　　)两种。

3. 填报统计报表的资料来源主要是(　　　　)和(　　　　)。

4. 调查人员向被调查人员提问,以此获得统计资料,此方法称为(　　　　)。

5. 一个现象处于连续不断的变化之中,则适宜于采用(　　　　)调查分析。

四、简答题

1. 何为医药市场调查设计,它有何重要性?

2. 什么是医药市场调查方案设计?

3. 简述医药市场调查方案设计的科学性、可行性和有效性原则。如何理解它们之间的关系?

五、分析说明题

1. 某药品生产企业欲进行一次市场调查、以了解患者对某规格和剂型的药品的看法,以及对本企业产品的看法。请帮助该企业设计一个市场调查方案。

2. 如果你准备对本地区医药行业渠道模式进行调查,请回答如下问题:

(1) 为什么要进行这样一项调查?

(2) 调查中想获取的信息有哪些?

(3) 谁使用这些数据?如何使用这些数据?

(4) 调查中要定义哪些问题?

(5) 请就调查过程中各环节所涉及的问题加以说明。

(李习平)

第六章　医药市场文案调查法

学习目标

通过本章学习，要求掌握医药市场文案调查的含义与特征；熟悉医药市场文案调查的优缺点和资料搜集的具体要求；了解医药市场文案调查的功能；掌握医药市场文案调查的程序与原则；熟悉医药市场文案调查资料的来源渠道；掌握医药市场文案调查资料的搜集方法。

在医药企业与医药市场环境之间的信息流构成中，文案资料（二手资料）占有重要地位。据统计，医药企业有80%以上的各种市场信息来自于文案资料。因此，通过文案调查，搜集二手资料是医药企业开展市场调查活动的重要内容。

第一节　医药市场文案调查的特点与功能

一、医药市场文案调查的含义与特征

（一）医药市场文案调查的含义

医药市场信息来源于两个方面：一是第一手资料，即实地调查资料；二是第二手资料，即已为某种目的而收集起来并已经公开发表的医药市场信息资料。

医药市场文案调查是指医药市场调查人员通过阅读、检索、剪辑、购买、复制等手段，搜集医药企业（医药生产、医药批发、医药零售等企业）内外部的历史和现实二手资料，并经过甄别、统计分析得到调查者想要得到的各类资料的一种调查方法。二手资料的表现形式有：医药行业报告、医药市场信息文集、医药数据库、医药报表以及各种含有医药市场信息的报刊和杂志。

医药市场文案调查法与医药市场实地调查法（访问法、观察法、实验法等）是相互依存、相互补充的。在医药市场调查中，二手资料的搜集是原始资料搜集的先决条件。医药市场调查一般先从搜集二手资料开始市场研究。通过搜集二手资料，可以使医药企业迅速了解医药市场有关历史信息，有助于市场研究人员对医药市场情况有一个初步认识，并为进一步的实地调查奠定基础。

（二）医药市场文案调查的特征

1. 医药市场文案调查的特征

（1）医药市场文案调查是搜集已经加工过的二手医药市场资料，而不是对原始一手资料的搜集。

(2) 医药市场文案调查是搜集医药市场的文献性信息,具体表现为各种医药市场文献资料,且主要以印刷型文献资料为主。

(3) 医药市场文案调查搜集的资料包括动态和静态两个方面,尤其偏重于从动态的角度搜集反映市场变化的历史与现实的医药市场信息资料。例如,从某种信息渠道得知,2001~2006年江中健胃消食片的销量分别为:1.7亿元、4亿元、7亿元、8亿元、超过8亿元和超过9亿元。依据这些动态信息,调查人员可以了解到江中药业的江中健胃消食片近六年的成长速度和发展趋势。

2. 医药市场文案调查的优缺点

与实地调查相比,医药市场文案调查有如下优点:

> **信息框**
>
> 信息提示☞
>
> 我国《药品广告审查标准》规定,下列药品不得发布广告:①麻醉药品、精神药品、毒性药品、放射性药品;②治疗肿瘤、艾滋病,改善和治疗性功能障碍的药品,计划生育用药,防疫制品;③《中华人民共和国药品管理法》规定的假药、劣药;④戒毒药品以及国务院卫生行政部门认定的特殊药品;⑤未经卫生行政部门批准生产的药品和试生产的药品;⑥卫生行政部门明令禁止销售、使用的药品和医疗单位配制的制剂;⑦除中药饮片外,未取得注册商标的药品。

(1) 资料来源丰富,不受时空限制。文案调查可以超越时空条件的限制,搜集有关的医药市场文献资料,了解到广泛的情报信息。

例如,某外资医药企业要将其某种麻醉药品打进中国市场,计划先通过调查来制作相应的药品广告。首先,它要了解中国有关药品广告的最新法律法规,遵守相关法律法规才能长久发展。该企业采用文案调查法,通过互联网跨越时空限制,搜索到《中华人民共和国广告法》、《中华人民共和国药品管理法》及《药品广告审查办法》等有重要参考价值的信息。

(2) 节省搜集资料的时间。相对于实地调查来说,医药市场文案调查实施起来更方便,不需要设计调查问卷、实地访问、数据统计等,受外界因素的干扰也较少。因此,借助文案调查能较快的获取所需信息,可以大大节省调查时间。

(3) 调查费用低。采用文案调查法,资料的搜集过程相对容易、组织工作也较简便,既可节省大量的时间,又可节省人工、交通、管理等调查费用。

与实地调查相比,特别是在国际医药市场调查中,由于地域遥远、市场条件各异,如果采用实地调查,则需要更多的时间、人力和经费,再加上语言障碍等原因,将给实地调查带来许多困难。相比之下,文案调查就显得轻松自如多了。

例如,某医药企业的产品要进入美国市场,首先就必须通过调查来了解美国相关的商业惯例和政策法令,而这里首选的调查方法就是文案调查法。因为,通过查找相关权威性年鉴、医药书籍、刊物及网上搜索等文案调查方式来了解美国在这方面的相关法律规范、市场准入制度、市场供求信息等,不仅能达到调查目的,而且省时、省力、节约费用。

医药市场文案调查与实地调查比较,其优点如表6-1所示。

与实地调查相比,医药市场文案调查有如下缺点:

（1）缺乏针对性。由于二手资料是为其他调查目的搜集整理的，因此，其所搜集的资料往往不具有针对性，致使所搜集的二手资料与调查目的、决策要求往往不能很好地吻合，不能直接应用到实际。因此，采用文案调查法搜集的医药市场资料由于缺乏针对性，不一定能满足调查者研究特定市场问题的数据需求。例如，调查所需的是某种药品的每月销售额，而我们所掌握的是该药品的全年销售额资料，尽管可计算平均月销售额，但精确度必然会受到影响，尤其对一些有季节性消费规律的产品。

表 6-1　医药市场文案调查法与实地调查法的比较

比较项目	实地调查	文案调查
收集程序	非常复杂	简单
收集成本	高	低
收集时间	长	短

（2）缺乏时效性。文案调查法搜集的二手医药市场信息资料是历史性的数据和资料，与客观现实之间总会存在一定的差距，尤其是随着时间的推进，医药市场在不断地发展变化，新事物、新问题、新现象不断涌现。因此，采用文案调查法搜集的二手医药市场信息资料存在时效性缺陷。

例如，某医药企业要开发生产一种新型的治疗肠胃疾病的药物，通过文案调查搜集到 2003 年该类药物市场的主要产品有吗丁啉、三九胃泰、胃必治、斯达舒、江中健胃消食片，并了解到各自的市场策略和市场份额，这些数据看起来参考价值很高，但这些资料只是 2003 年的报告内容。由于市场的变化，市场状况已经不同，有的对手可能已经消失，也可能又出现了新的竞争者。

（3）准确性有待审核。由于二手医药市场资料是他人为其他目的搜集整理的，而且因搜集者、发布者、转载者的原因，会存在许多潜在的错误，使其准确性大大降低。所以，调查者在搜集这些二手医药市场资料时，必须评价和审核其准确性、适用性，以免错误性信息给决策者带来误导。二手医药市场资料的评价主要有以下几方面，如表 6-2 所示。

表 6-2　二手医药市场资料评价的主要内容

问　　题	争　论　点
谁赞助研究？	研究有偏见吗？
谁进行研究？	他们有资格吗？
谁提供信息？	他们是目标市场的代表吗？
信息的可信性？	信息有偏见吗？
谁搜集信息？	它有相关性吗？
为什么搜集信息？	它客观吗？
何时搜集信息？	它仍然及时吗？
在哪儿搜集信息？	它与你的市场相同吗？
如何搜集信息？	它是按正确方法做的吗？

1）谁报告信息？由于利益的关系，人们有时会把发现对他们有利的信息公开，而把对其不利的信息隐瞒起来。

2）是谁搜集的信息？通常由政府机构、专业的医药市场调查公司或医药信息咨询机构等搜集的二手医药市场资料的可信度较高。而医药行业协会搜集数据的质量则参差不齐。

3）为什么搜集信息？弄清搜集这些信息的真正目的，因为有些被搜集起来以证明论点的信息可能存在偏见。

4）搜集的是什么信息？信息与我们调查的特定问题的相关程度如何？搜集二手资料一定要注意其与我们特定调查问题的相关性。如果根本不相关，则不具有参考价值，也无需花费精力去搜集。

5）何时搜集的信息？信息被搜集以后，医药市场条件可能会发生变化。例如，为购买一批医疗器械而进行了三年的品牌选择动机的一项研究，由于市场条件的变化，研究可能已不再适合。

6）信息是如何搜集的？研究设计合适吗？样本选择恰当吗？使用什么样的度量程序？

（4）对调查人员要求高。由于医药行业的特殊性，医药市场文案调查要求调查人员必须具备医药方面的基本理论、基本知识和基本技能。例如，要调查化学制药、中成药及生物制药等的市场运行情况，调查人员必须了解这些药物的基本常识和总体发展情况，如果对其一无所知，调查根本无法进行。

此外，由于文案调查所搜集的二手资料的准确程度较难把握，有些资料是由专业水平较高的医药市场调查人员采用科学的方法搜集加工的，准确度高，而有的资料只是估算和推测的，准确度较低，因此，搜集资料时，应明确资料的来源并加以说明。

（三）文案调查的要求

一般来说，医药市场调查人员应选择能提供与调查课题相关的最全面、最准确信息的医药市场调查机构，但这并非指调查人员仅需找一个信息源。只要条件许可，调查人员都应寻找两种以上的信息源来互相佐证。因此，文案调查应满足如下要求：

> **信息框**
>
> 特别提示☞
>
> 对质量不高的二手资料最好的处理办法是：在同一主题下搜集一种以上的信息来源以互相佐证。例如，当寻找某类药品市场规模估计数量时，不要停留在你发现的第一个信息上，继续寻找几种不同渠道的信息做交叉检查、多方比较，互相参照以求其一致性。

1. 资料要广泛、全面

文案调查对二手医药市场资料的搜集必须全面、周详，要争取通过各种渠道（医药报刊、政府文件、药交会、医药数据库、信息机构、互联网等），利用各种机会，采取各种方式搜集各方面的资料。一般来说，既要有宏观资料，又要有微观资料；既要有历史资料，又要有现实资料；既要有综合资料，又要有典型资料。对同一主题，尽可能从多种信息渠道搜集信息，以便互相佐证、核实。

例如，某药品广告中称“该产品对某种病症的治愈率达90%，而且采用最新技术、安全无副作用等”。该医药企业的市场调查人员从医药信息机构、权威网站等渠道得知：国家有关部门发布了有关“药品广告不得保证治愈率、保证无副作用”等规定。为核实信息的准确性、全面性，给决策者提供可靠、完整的信息依据，减少决策失误，医药市场调查人员又从政府文件、医药数据库等渠道搜集了有关“药品广告发布标准”的较全面的信息。

对照国家食品药品监督管理局发布的《药品广告审查发布标准》，调查人员可以确认该药品广告中的宣传语确实违反了国家对药品广告的规定。

2. 资料要有价值、有针对性

由于二手资料大多是针对其他目的而形成的，因此在兼顾资料的广泛性、全面性的同时，一定要着重考虑搜集与调查主题紧密相关的资料。针对不同的问题，决策所需的信息也有所不同。如新产品开发决策，需要临床用药信息、市场现有产品信息、企业技术能力信息和原料供应信息等；选择销售渠道决策，需要产品的药理特性信息、药品销售法规政策信息、销售渠道成本费用信息、竞争对手销售渠道信息等。因此，要善于对一般性资料进行摘录、整理、传递和选择，以及时得到有针对性的、对医药企业生产经营有参考价值的信息。

3. 资料要有时效性

在搜集资料时，要注意资料的时间性。一旦资料所反映的实际情况已经发生变化，这些资料就失去了参考价值。随着信息时代的到来，知识更新速度加快，市场活动的节奏也越来越快，资料适用的时间段在逐渐缩短。所以，要用最快的速度及时了解、及时搜集、及时分析、及时利用各种最新医药市场信息，以保证各种资料的时间价值。只有那些能够反映最新医药市场活动情况的资料才是价值最高的资料。

2007年3月15日，国家食品药品监督管理局、国家工商行政管理总局联合发布了新修订的《药品广告审查办法》（简称新《办法》）和《药品广告审查发布标准》（简称新《标准》）。新《办法》和新《标准》将于2007年5月1日起正式施行。如果企业没有注意到资料的时间性，搜集的依旧是之前的相关药品广告法规，那么，由于国家相关政策法规的变化，资料所反映的情况已发生变化，这些资料就失去了参考价值。因此，在搜集二手资料时一定要注意其时效性，避免花费大量精力却搜集到过时、无用、没有参考价值的二手资料。

二、医药市场文案调查的功能

根据市场调查的实践经验，文案调查常被作为市场调查的首选方式。几乎所有的市场调查都开始于搜集二手资料，只有当现有二手资料不能为解决问题提供足够的信息依据时，才开始进行实地调查。因此，在医药市场的实际调查中，文案调查可以作为一种独立的调查方法加以采用。

作为搜集医药市场信息的一种重要手段，医药市场文案调查在医药市场调查中，具有很多重要的功能。尽管文案调查搜集的二手资料不可能提供医药市场特定调查问题的全部答案，但其在很多方面都是有用的。

1. 为医药市场研究提供重要参考依据

通过对医药企业统计资料的搜集和整理，了解医药企业诸如财务结构、生产状况、技术水平、职工现状、市场情况等信息。通过对有关资料的搜集，分析竞争对手情况、技术发展趋势、管理理论的发展、市场供需状态等可为企业进行市场研究、制定总体发展战略提供基础依据。

文案调查对进行医药市场分析研究的作用表现在以下几个方面：

（1）医药市场供求趋势分析：通过收集医药市场各种动态的资料并加以分析对比，以观察医药市场的发展方向。为企业合理安排生产计划、制定发展战略提供依据。

（2）相关和回归分析：利用一系列相互联系的现有资料进行相关和回归分析，以研究现象之间相互影响的方向和程度，并可以在此基础上进行相应预测。例如，配伍使用的药品，如利福平和乙胺丁醇，是互补产品；性能相似的药品，如抗病毒药利巴韦林与干扰素是替代产品；而原料药与制剂之间，则存在着先行与后行关系。正常情况下，先行后行产品、互补产品之间的需求往往呈同方向变化；而替代产品之间的需求关系往往呈反方向变化。

（3）医药市场占有率分析：根据各方面的资料，计算出本医药企业某种产品的市场销售量占该市场同种产品总销售量的份额，以了解该产品的市场总需求及本医药企业所处的市场地位。

（4）医药市场覆盖率分析：利用本企业某种产品的投放点与全国该种产品的市场销售点总数的比较，以了解该产品销售的广度和宽度。例如，通过比较胃药吗丁啉全国销售投放点与全国同类胃药的销售总投放点数，可以了解吗丁啉在全国的销售广度、在各地的分布均衡情况。

2. 可开展经常性的医药市场研究

医药市场实地调查与文案调查相比，费时、费力，组织起来也比较困难，而医药市场文案调查具有较强的机动性和灵活性，可较快地搜集医药企业内外的各种统计资料，财务资料和业务资料，也可以搜集到研究问题的特殊医药背景资料、主体资料和相关资料。

医药企业利用文案资料可开展经常性的市场分析和市场预测，描述医药市场发展变化的前景，为企业的生产经营决策提供信息支撑。

3. 为医药调查方案设计提供帮助

在医药市场调查方案设计过程中，调查者往往需要利用历史的信息，了解调查总体范围、总体分布、总体单位数目、关键指标，才能有效地定义总体、设计抽样框、确定样本量、确定抽样方式等，以设计出可行的、科学的市场调查方案。通过文案调查搜集到的这些历史信息，对设计科学合理、有效的医药市场调查方案有很大的帮助。

4. 为医药市场实地调查奠定基础

实地调查前需要对整个医药市场形势有充分认识，在很大程度上依靠统计好的二手资料来提供帮助。二手资料所反映的医药市场环境情况、专业医药市场基础情况等，可作为医药市场实地调查的向导。

充分利用二手资料，可以使医药市场实地调查计划更周详，从而提高计划实施的可行性；可以明确指明医药市场实地调查应调查的问题，从而协助鉴定实地市场调查资料之准确性，使医药企业市场调查取得良好的效果。

第二节 医药市场文案调查的程序与原则

一、医药市场文案调查的程序

文案调查应用广泛，要想高效而节省地搜集已公布的数据资料就需要拟定一份计划方案，以指导医药市场调查人员顺利开展调查工作。在确定计划方案时，应十分明确整个工作流程及每一环节的工作目标，只有在明确了目标、地点、形式后，每个调查人员才能以最小的投入实现调查的目的。尽管每个医药市场调查课题都有其特殊的一面，但一些基本的工作程序是所有调查人员必须共同遵守的。医药市场文案调查工作流程如图 6-1 所示。

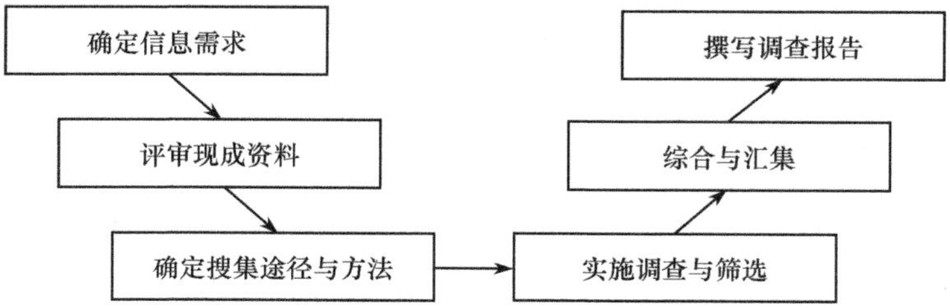

图 6-1 医药市场文案调查工作流程

1. 确定信息需求

医药市场文案调查必须针对特定的目的搜集相关的医药市场资料，为此，医药市场调查者应考虑医药企业市场研究和经营管理的信息需求，包括现实需求和长远需求。现实需求是指文案调查应为解决什么样的现实问题（如药品营销渠道不畅、某种药品市场份额下降等）提供信息支持；长远需求是指文案调查应为医药企业经常性的生产经营管理决策提供基础性的、连续性的数据和资料。

2. 评审现成资料

评审现成资料就是对医药企业已取得或已经积累起来的现成医药市场资料是否能满足决策需要进行评审。在信息时代,可以利用的资料可能很多,但关键的问题是,医药市场调查人员应根据它的特殊需要对眼前的现成资料作出评审。

现成资料评审的主要内容如下:

(1) 内容,资料的全面性与针对性,资料是否与调查课题密切相关。

(2) 水平,资料的专业程度。

(3) 时间,资料所涉及的时间是否适当,是否时过境迁。

(4) 准确,资料是否可信,与一手资料的接近程度如何。

(5) 方便,资料能否既迅速又便宜的获得。

现成的二手资料若能满足医药市场调查的要求,就无需再进行实地调查。这样,就可以节省很多时间、人力、财力等。因此,医药调查人员应与企业内部的档案室、资料库和外部的图书馆、政府机构、相关医疗信息机构、医药类在线数据库主办者保持密切联系,以求廉价便捷地搜集到所需的医药市场信息。

3. 确定搜集途径与方法

根据确定需搜集的医药市场信息内容,确定搜集信息的方向、渠道与方法,明确向调查对象(医院、药品生产部门、零售药店等)搜集什么(某药品月销售额等)、何时搜集、采用什么方法。医药市场信息资料来源的渠道很多,调查人员应根据搜集的目的、内容和要求,考虑医药市场信息提供者的信誉、专业化程度、服务水平和提供的数据质量等,综合多种方法来获取不同性质的医药市场信息资料。

例如,某医疗器械企业发明了一种能够对假牙在口腔中活动的情况进行三维测量的仪器。将这种仪器批量生产并推向市场之前需要确定市场的销售潜力。因此,决定开展市场调查。由于目的明确,所需的各种资料也就十分清楚了。所需资料主要有:①国内牙医诊所的绝对数;②全国每10万人口拥有牙医的平均数;③即将开业的牙医诊所数;④未来10年新增牙医数;⑤现有牙医年龄结构;⑥全国牙医诊所在各省的分布情况。

为获得上述有关资料,经分析确定出其资料搜集途径:①全国卫生部门的年度统计;②全国牙医卫生状况普查资料;③有关牙医医学发展动态的学术会议、论文等;④行业协会的调查和研究报告。

4. 实施调查与筛选

明确了要搜集的内容、渠道和方法后,医药市场调查者则可实施医药市场信息资料的搜集工作。对所搜集的二手资料和相关资料,从技术、质量、内容、目的、时间、水平、系统性、可靠性等方面作出评审,以决定资料的利用价值。需要特别指出的是,调查人员有时会误信公布的数据资料而影响文案调查的结果,有经验的医药市场文案调查人员懂得用两三种来源对公布的信息做交叉检查。通过筛选,剔除与课题无关及不完整、不可靠的医药市场信息。

5. 综合与汇集

对经过筛选后的二手医药市场信息资料,进行分类、综合、加工、制表、归档、汇编等,使搜集的二手资料实现合理化、综合化、层次化,为日后开展经常性的医药市场调查奠定基础,为医药市场分析和管理决策提供可靠的信息支持。

6. 撰写调查报告

调查报告是所有调查工作的过程和成果赖以表达的工具。调查报告的撰写要求如下:

(1) 简单明了。将搜集的医药市场信息资料编制成统计图和统计表,以方便阅读者分析结果。

(2) 突出重点。对与调查结果有十分明确关系和重要联系的资料应采用不同方式重点阐述。

(3) 结论明确。结论和建议必须明确,否则,调查报告就失去了其意义和价值。

二、医药市场文案调查的原则

医药市场文案调查的对象是现成的二手医药市场信息资料,医药市场调查人员在进行文案调查的过程中,要根据调查的目的和要求,从繁杂的医药文献档案中识别、归纳出有价值的医药市场信息资料,减少资料搜集的盲目性,必须遵循以下基本原则:

1. 相关性原则

相关性原则是医药市场文案调查的首要原则,也是调查人员选定文献资料的最主要标准。医药市场调查人员必须根据调查的目标要求,确定资料选择的范围和内容,把与主题切实相关的资料选择出来。例如,要调查 2006 年医疗器械生产企业在全国的市场竞争情况,那么非医疗器械生产企业的资料就不应列入我们所搜集资料的范围内;要调查某药品在 A 地的销售情况,那么该药品在 B 地的销售资料就应剔除。

2. 时效性原则

文献资料大多是历史性资料,要求调查人员在医药市场信息资料的搜集过程中,必须考虑资料的时间背景。用最快的速度及时搜集各种最新数据和资料,及时更新数据库,摒弃过时的、与目前市场情况不相符的医药市场信息资料,缩短二手资料的时滞性,提高资料的时间价值,确保搜集的医药市场信息资料能够准确地、及时地反映调查对象的发展规律性。一般来说,距离调查期越近,资料的可靠性越高、参考价值越大;距离调查期越远,资料的参考价值越小。例如,要预测西安杨森的达克宁霜 2007 年的市场前景,那么其 2006 年的市场调查报告的参考价值肯定比 2001 年的市场调查报告的参考价值要大得多。

3. 系统性原则

文献资料调查的主要任务是从众多的二手医药市场信息资源中选择出符合调查需要的内容,而一般情况下,医药市场调查人员搜集的资料并不能直接、全面地说明所要调查的主题,需要调查人员在已有医药市场信息资料的基础上,进行必要的加工处理,以求资料具有系统性、层次化和系列化。例如,某种药品某个遗漏的、难以查找的特定年份的销售额,可以用该年份前后几年的年销售额平均数代替,以提高二手资料的准确性,确保二手资料的系统性、全面性。

4. 效益性原则

搜集信息要付出一定的代价,花费一定的成本。因此,选择信息资料的搜集方法时,一定要结合本医药企业自身的能力和对医药市场信息资料的需求程度,讲求实效,力求节省。当然,有时为获取高价值的资料或为了尽快了解最新医药市场动态,也值得付出昂贵的代价。由于医药市场文案调查的最大优点就是省时省钱,如果费用支出过高,调查周期过长就失去了它的意义。

第三节　医药市场文案调查资料的搜集

一、医药市场文案调查的资料来源

医药市场文案调查是围绕调查目的，搜集一切可以利用的二手医药市场信息资料。二手医药市场信息资料可以分为医药企业内部资料和医药企业外部资料。内部资料主要是指医药企业各部门提供的各种业务、统计、财务及其他有关资料。外部资料是指医药企业外部的各类机构、情报单位、国际互联网、在线医药数据库及图书馆等所持有的可供用户共享的各种医药市场信息资料。资料来源主要渠道如图 6-2 所示。

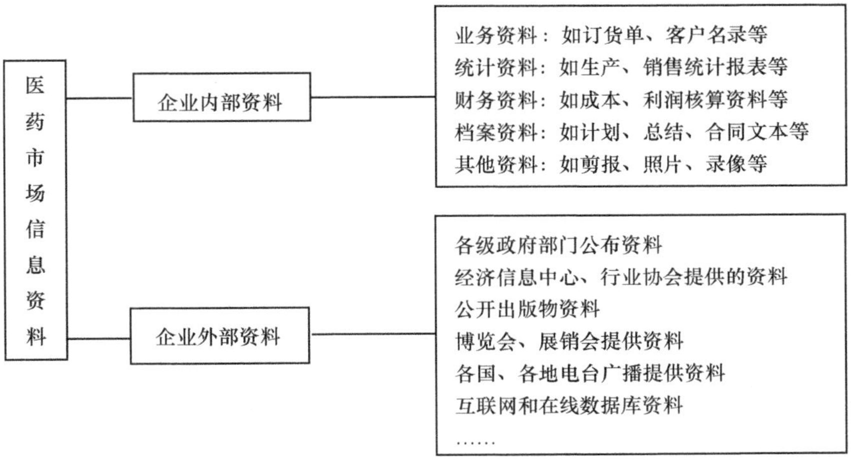

图 6-2　文案调查资料的来源

1. 企业内部资料的来源

(1) 业务经营部门：企业业务资料是反映医药企业生产经营业务活动的一些原始记录方面的资料，包括各种医药产品(药品、医疗器械等)销售资料、购销合同、订货单、发货单、退货单、客户名录、促销资料、顾客反馈信息等。通过对这些资料的整理和分析，可以掌握本医药企业所生产和经营产品的供应情况、各地区需求情况等，是企业重要的二手资料。

(2) 统计部门：企业统计资料是对医药企业各项经济活动的综合反映，是企业生产经营决策的重要依据，也是企业进行预测与决策的基础。其中，业务中形成的各类医药统计报表(各种计划、日报、月报、季报、年报)，企业生产、销售、库存等各种数据资料是十分重要的二手资料。

(3) 财务部门：财务部门承担着对企业经营活动的数量关系进行记录、核算以及资金筹措、成本、利润的核算等职能。财务资料反映了医药企业各种活劳动和物化劳动的占有和消耗情况及所取得的经济效益。通过对这些资料的研究，可以确定医药企业的发展背景，考核医药企业的经济效益。医药企业财务部门在管理活动中形成和保存的各种财会资料，主要有企业资产、负债、权益、收入、成本、费用、利润等会计核算和财务分析资料。

（4）档案部门：医药企业中，文书资料的保管、档案部门，保管着医药企业各类重要资料，其保管的重要文件、计划总结、合同文本等资料，通常全面地反映了企业的概貌，是不可忽视的二手资料，医药市场调查人员在进行文案调查时应充分加以利用。

（5）其他资料：医药企业内部渠道的二手资料除上述资料外，还有企业平时搜集的各种剪报、医药市场调查报告、经验总结、顾客意见、录音、录像、照片等资料。这些资料对医药市场研究有一定的参考价值。

2. 企业外部资料的来源

外部资料是指各类机构提供的已出版或未出版的资料。这些机构可以是各级政府部门，也可以是其他的信息咨询机构（如医药市场调查公司等）。医药市场调查人员要想及时获得有用的资料，一定要熟悉这些机构，熟悉他们所提供的资料类别及质量。对于与医药企业生产、营销活动联系密切的机构，更要加强和该机构人员的交流和沟通。良好的人际关系是及时获取有价值资料的必要条件。

从企业外部搜集二手资料，主要有以下几个渠道：

（1）各级各类政府主管部门公布的资料：各级统计部门每年定期或不定期地发布国民经济统计资料，并定期出版各类统计年鉴，内容包括工业、农业、教育、环保、居民购买力水平等较权威的信息。这些信息都具有综合性强、辐射面广的特点。

此外，各级计委、财政、税务、银行等部门也定期不定期地公布有关政策、法规、价格、市场供求等信息。

（2）各种医药信息中心、医药信息咨询机构、医药行业协会等提供的市场信息资料：这类机构专业性强，资料全面，信息灵敏度高。为满足不同用户需要，它们通常提供咨询、检索、代购等服务，是获取二手医药市场资料的重要来源。

（3）各种公开出版物：如有关书籍、报刊、杂志等，经常刊登各种医药产品广告资料、医药产品市场行情、各种预测资料、医药经济信息等，信息及时、容量大，是重要的搜集二手资料的渠道。

（4）各种药品博览会、展销会、药交会和订货会：这些会议上一般都有大量的医药新产品、新技术、新设备、新材料等生产供应方面的信息。参加这些会议可以搜集大量的医药市场信息资料，还可以直接获取医药产品的样品、说明书等资料，有时还可以借助拍照、录音、录像等方法获取重要资料。

（5）各国家、地区电台、电视台提供的医药市场信息：目前电视广播事业非常发达，各地都有电视台和广播台，还可通过卫星传播，覆盖全国。这些电台每天都有大量的广告和各种经济信息，也是重要的搜集外部二手资料的渠道。

（6）国际互联网、在线数据库：这也是医药企业获得外部信息的重要渠道。对于医药市场调查者来说，通过国际互联网和在线数据库可以搜集存放在世界各地服务器上的医药市场信息资料，获得重要的信息资源。主要包括：

1）与调查课题相关的医药行业总体环境、产业环境、竞争环境的资料。

2）与调查课题相关的各类医药公司、医药企业、组织机构的资料。

3）同类研究课题的医药报告、医药案例分析、研究思路与参考性方案等。

4）与调查课题相关的医药产品知识、医药市场知识及相关知识。

总之，通过国际互联网和在线数据库可以搜集到大量重要的二手资料，不仅能达到调查目的，而且方便快捷、省时省力。因此，现代医药市场调查应善于应用网络调查搜集二手资料。

二、文案调查资料的搜集方法

由于医药行业的特殊性、专业性，在开展医药市场实地调查时，所需的大量医药专业二手资料很难直接通过访谈调查得到(如进出口量、国内年销售量等)。这些信息的成功搜集依赖于平时二手资料的搜集(如购买医药数据库、医药行业报告、医药文献等)、积累及与专业的医药信息机构良好的合作关系，一般信息咨询公司很难搜集到这些二手资料。

文案调查资料的搜集方法很多，主要有以下几种：

1. 查找法

查找法是获取二手资料的基本方法。首先，从医药企业内部查找，可获得大量反映其自身、客户、市场信息等方面的资料。在此基础上，还可以从企业外部的图书馆、信息中心等处查找。

(1) 参考文献查找法：是利用有关著作、论文、报告等正文后列举的参考文献目录或文中涉及的文献资料，以此为线索查找有关资料的方法。采用这种方法，可以提高查找效率，是获取技术、经济情报等的重要方法之一。

(2) 检索工具查找法：是利用已有的检索工具查找有关资料的方法。依据检索工具不同，可分为手工检索和计算机网络检索两种。

1) 手工检索。进行手工检索的前提是要有检索工具。因目录范围、著录形式、出版形式不同而有多种多样的检索工具。以著录方式来分，其检索工具有目录(产品目录、企业目录、行业目录)、索引(按人名、地名、符号等特征进行排列的资料)、文摘等。目录是根据信息资料的题名进行编制的；索引是将信息资料的内容特征和表象特征录出，标明出处，按一定的排检方法组织排列；文摘是对资料主要内容所作的一种简要介绍，可使人们使用较少的时间获得较多的信息。

2) 计算机网络检索。与手工检索相比，计算机网络检索不仅具有速度快、效率高、成本低、内容新、范围广、数量大等优点，而且还可超越时空限制，向客户提供完整的、可靠的信息。因此，在目前电脑普及率不断提高的情况下，计算机检索这种查找信息的方式的应用将越来越广泛。

2. 剪辑法

剪辑法是指调查者平时从各种报刊上剪辑与市场调查活动有关的文章、报道、述评、资讯等的一种搜集信息的方法。市场情况的瞬息万变在日常新闻报道中都有所体现，只要用心观察便可搜集到有用的信息。例如，某制药厂，从报纸上刊登的“多毛姑娘”来信反映的苦闷中获得信息，集中力量研制出一种脱毛霜剂，产品投放市场收到了良好的经济效益。

3. 购买法

许多重要的二手资料(如经济年鉴、统计年鉴、医药企业名录等)一般公开发行，医药企业可订购这些材料。另外，一些专业信息机构、信息中心也有偿提供一些重要的医药市场信息和医药市场分析报告。此外，企业还可通过订阅刊登有关医药市场信息的医药报刊、杂志等来搜集信息，但要注意订阅的医药报刊、杂志要尽量覆盖面广、避免雷同。

4. 索取法

很多情况下，医药市场调查人员需向占有信息资料的有关机构(如制药企业、医院、连锁药店)或个人直接索取某方面的医药信息情报。由于这种方法是无代价的，因此，这种方法的效果在很大程度上取决于信息占有方的态度。向那些已建立某种联系的医药单位或医药专家个人索取，常常能取得较好的效果。有些医药企业出于宣传自己的需要，乐意向社会提供有关的医药市场信息资料。

5. 情报联络网法

情报联络网法，是指医药企业在全国范围内或国外有限地区内设立情报联络网，使情报资料搜集工作的触角伸到四面八方的一种方法。情报联络网的建立是医药企业进行文案调查的有效方法。

一个医药企业情报网的建立，自然要受到企业资金和人力的制约。企业可以采取重点地区设立固定情报资料搜集点，由企业专门人员或由驻地人员兼职；一般地区可以与同行业、同部门以及有关的情报中心挂钩，定期互通情报，以获得各自所需要的资料。这样，在联络网内各地区的有关医药市场供求趋势、消费者购买行为、医药产品价格情况、经济活动研究成果、科技最新发明创造乃至政治形势等情报都可以及时地通过情报联络网传输给企业。一般情况下，中小医药企业和乡镇医药企业以及个体企业无力建立自己的独立情报网，可以借助于其他部门的情报网。如各地的医药信息调查公司、医药信息咨询服务中心等，大都有自己的信息渠道和情报网，拥有大量的医药市场信息，企业可以利用它们获取所需的医药市场信息。

6. 采集法

在药品交流会、新药发布会、展览会等场合，医药市场调查人员可以现场采集到大量医药企业介绍、医药产品介绍、医药产品目录等重要的资料。

7. 互换法

与一些医药信息机构或单位之间建立长期信任关系的基础上，企业间进行对等的信息交流。当然这种交换不同于商品买卖之间的以物易物，而是一种信息共享、互惠互利、共赢的协作关系。进行信息交换的双方都有向对方无代价提供资料的义务和获得对方无代价提供的资料的权利。

三、建立医药市场文案调查体系

重视信息资料的搜集、积累和利用，是现代医药企业的一个重要特征。通过信息资料的搜集和积累，可以使医药企业了解医药市场环境和各种影响医药产品生产与经营的条件与现状；通过对信息资料的分析，可以发现各种对医药企业经营管理造成影响的因素及发展变化的征兆，起到一种预警作用。否则，就会使企业视听不明，造成决策的困难和失误。

医药企业除了可以根据有关调查课题的需要进行医药市场文案调查外，通过建立医药市场文案调查体系，在平时有目的、有系统地搜集并积累各类医药市场信息资料，为企业开展经常性的文案调查打下良好的基础。建立医药市场文案调查体系应从以下几方面着手：

1. 制定文案调查方案

制定一套文案调查的指标体系和信息搜集、处理、保存、传输的操作流程，逐步配备现代化的信息工具和手段，加快信息的流通速度。

2. 配备专门的工作人员

根据医药企业生产经营和长远发展的需要，配备专门的医药市场调查人员，通过各种知识培训和实践活动，培养一支精干、有力的医药市场情报队伍。

3. 加快医药信息的传递

加强企业内部信息管理，提高信息传递速度，保证信息质量，增强管理机构利用信息的能力，力求用最短的流程、最快的速度、最简便的传递方式解决医药企业经营管理过程中的决策、计划等一系列战略、策略等问题，发挥医药信息在企业中的作用。

4. 市场信息的内外沟通

建立和逐步扩大医药企业与外部医药市场信息的联系，使内部和外部的市场信息工作形成一个有机的体系。一方面可借助医药企业外部的各种情报信息网络获得必要的信息，另一方面企业的各种医药市场信息也可通过它们在全国范围内扩散。例如，我国已于1995年建成数据广播信息网，它是以图文电视、调频广播附加业务、有线电视网作为覆盖方式，以卫星作为传输手段的信息服务网，任何系统及企业的数据信息均可由此在全国范围内随时传递或发布。

本章小结

医药市场文案调查用于搜集与医药市场调查主题相关的二手医药市场信息资料，这些资料一般是文献性的、动态的资料。由于文案调查可以跨越时空限制且资料来源丰富，所以可以大大节省调查时间、费用，能迅速搜集到所需的医药市场信息。但由于文案调查搜集到的是他人为其他目的整理的历史性的资料，因此资料缺乏针对性、时效性，而且由于医药行业的特殊性，该方法对调查人员的要求也较高。

文案调查的要求：①资料要广泛、全面；②资料要有价值、有针对性；③资料要有时效性。

文案调查的功能：①为医药市场研究提供重要参考依据；②为医药企业开展经常性的市场研究提供依据；③为医药市场调查方案设计提供帮助；④为医药市场实地调查奠定基础。

医药市场文案调查的程序：确定信息需求，评审现成资料，确定搜集途径与方法，实施调查与筛选，综合与汇集，撰写调查报告。进行医药市场文案调查应遵循的原则：相关性原则、时效性原则、系统性原则、经济效益性原则。

医药市场文案调查法搜集资料的来源：医药企业内部资料和外部资料。内部资料包括：业务资料、统计资料、财务资料、档案资料等。外部资料包括：各级政府、统计部门公布资料；经济信息中心、行业协会提供的资料；公开出版物资料；博览会、展销会提供资料；各国、各地电台广播提供资料；互联网和在线数据库资料。

资料搜集的方法有查找法、剪辑法、购买法、索取法、情报联络网法、委托法、采集法、互换法。

建立医药市场文案调查体系应进行的主要工作：①制定文案调查方案；②配备专门的工作人员；③加快医药信息的传递；④市场信息的内外沟通。

思考与练习题

一、名词解释

医药市场文案调查　医药市场二手资料

二、选择题

1. 医药市场文案调查应遵循的基本原则有(　　　)。
   A. 相关性　B. 时效性　C. 经济效益性　D. 系统性
2. 医药企业内部资料的来源渠道有(　　　)。
   A. 业务部门　B. 统计部门　C. 档案部门　D. 财务部门　E. 公开出版物
3. 医药市场文案调查的优点(　　　)。
   A. 节省费用　B. 节省时间　C. 资源广泛　D. 不受时空限制　E. 对调查人员要求低
4. 年鉴属于(　　　)。
   A. 行业组织资料　B. 政府资料　C. 公共机构的资料　D. 金融机构资料
5. 文案调查应满足的要求(　　　)。
   A. 资料的广泛性　B. 针对性　C. 价值性　D. 时间性

三、填空题

1. 医药市场文案调查的资料来源有(　　　　)和(　　　　)。

2. 医药市场文案调查的方法主要有(　　　　)、(　　　　)、(　　　　)、(　　　　)、(　　　　)、(　　　　)、(　　　　)、(　　　　)。

3. 医药市场文案调查的工作程序是(　　　　)、(　　　　)、(　　　　)、(　　　　)、(　　　　)、(　　　　)。

四、简答题

1. 医药市场文案调查可用于哪些研究?

2. 与原始资料相比,医药市场二手资料有什么特点?

3. 如何评价医药市场二手资料的价值?

案　例

决胜市场　调查为先

中国古代兵法云:知己知彼,百战不殆。一个企业要想在激烈的市场竞争中生存,随时把握市场变化至关重要。但是,怎样才能准确及时地把握市场状况呢?国际上通行的方法是通过市场调查获取及时的市场信息,而其中首选的就是文案调查法。

日本某医疗器械公司进军美国市场之前,首先采用文案调查法,通过互联网查阅了美国的有关政府文件和美国进出口贸易法律条款等。阅后得知,美国为了限制进口、保护本国工业,在进出口贸易法律条款中明确规定:美国政府收到外国公司商品报价单后,一律无条件地将价格提高50%。而美国法律中,对本国商品的定义是"一件商品,美国制造的零件所含的价值,必须在这一商品总价值的50%以上"。日本公司又从购买的相关书籍、数据库、政府公布报告等渠道确认了信息的准确性、真实性。

之后该公司针对这些规定,思谋出一条对策:生产一种具有20种零件的医疗器械,在本国生产19种零件,在美国市场上购买一种零件,这一零件价值最高,其价值比率占该产品价值的50%以上,在日本组装后再送到美国销售,就成为美国国内的商品,就可以直接和美国本地产品进行竞争,从而大大提升了自身产品的竞争能力,取得了理想的效果。

采用文案调查法,跨越时空限制,日本医疗器械公司没有花费太多的时间和成本,在本国就搜集到了决策所需的重要信息,大大节省了人力、物力、财力,而且省时、及时。

[资料来源:《商海战场逐鹿·中外企业纪实(十五)》]

案例讨论

1. 结合案例,说明文案调查法在医药市场调查中的重要作用。

2. 结合案例,说明为什么收集二手资料时,必须强调时效性?

(宋慧勇)

第七章 抽样调查技术

学习目标

通过本章学习，要求掌握抽样和抽样调查的概念，熟悉随机样本与非随机样本的区别及其主要抽样方法；掌握抽样调查的流程；熟悉样本容量的确定方法；了解抽样误差和非抽样误差概念。

第一节 抽样与抽样调查

一、抽样的含义与特点

（一）抽样与拍样调查的含义

抽样是指从市场调查总体中，按一定方式和程序选取一部分调查对象的过程。

抽样调查也称抽查，是指从调查对象总体中选取具有代表性的部分个体作为样本进行调查，并根据样本的调查结果去推断总体的一般特征的调查方法。抽样调查是医药市场调查中使用频率最高的一种调查方式。主要应用于批发商、医院和零售药店等流通渠道的调查以及医生和消费者的调查。

（二）抽样调查的特点与功能

1. 抽样调查的特点

（1）经济性强。它是抽样调查一个最显著的优点。由于调查的样本单位通常是总体单位中的很小一部分，调查的工作量小，因此可以节省大量的人力、物力、财力和时间。

（2）时效性强。抽样调查可以迅速、及时地获得所需要的信息。由于工作量小，调查的准备时间、调查时间、数据处理时间等都可以大大缩减，从而提高数据的时效性。与普查等全面调查相比，抽样调查可以频繁地开展，随着市场环境的变化和发展及时取得有关的信息，以弥补普查等全面调查的不足。

（3）适应面广。抽样调查可以获得更广泛的信息，适用于对各个领域、各种问题的调查。从使用的范围来看，抽样调查既可用于调查全面调查能够调查的现象，也能调查全面调查所不能调查的现象，特别适合对一些特殊现象的调查，如医药的临床试验等。从调查的项目和指标来看，抽样调查的内容和指标可以更详细，能获得更全面、更广泛和更深入的数据。

（4）准确性高。抽样调查的数据质量有时比全面调查更高，由于全面调查的工作量大、环节多，登记性误差往往很大。当然，用样本数据去推断总体时，不可避免地会有推断误差，但这种误差的大小是可以计算并加以控制的，因此推断的结果通常是可靠的。

当然，抽样调查也有局限性。如果采用抽样调查的目的是使用样本数据对总体的有关变量进行推算，那么，大范围内的市场调查更容易发挥抽样调查的优势。如果调查对象分布在很小的区域内，被调查对象比较集中，个体之间又存在较大差异，抽样调查的优势不能得以充分发挥，这种情况下采用全面调查的方式可能更好。所以，总体规模越大，实施全面调查的难度越大，抽样调查的用武之地也就越大。

2. 抽样调查的功能

（1）明确数据的来源。对信息收集者来说，在某些情况下，有些市场信息非常重要，但又不可能进行大规模的全面调查，抽样调查就成为解决数据来源的一种理想选择。

（2）对数据进行验证。医药企业获得了有关市场数据，但对数据质量如何并不清楚，要验证数据的真伪，则可以采用抽样调查的方法检验数据质量，即从相关单位中抽取样本，通过认真细致的调查，将其与已有的数据进行比较，得到较为真实的数据。据此，来评估原有数据的质量，并作为对原有数据进行调整的依据。例如，对官方公布的有关医药市场的研究报告，想知道数据是否符合实际，可以采用抽样调查的方式对这些数据质量进行评估。

所以，抽样调查的主要作用是解决数据的来源，以及对数据进行验证和调整。

二、抽样调查的有关基本概念

抽样调查中涉及许多基本概念，这些概念中有些是描述抽样方式的，有些是描述抽样误差类型的。

（一）总体、个体和样本

1. 总体（Population）与个体（Item unit）

在医药市场调查中，通常把所要调查研究的医药企业或购买药品的消费者的全体称为总体，而把组成总体的每个元素（成员）称为个体（Item unit），一个总体中所含的个体的数量称为总体容量（Population size）。例如，要研究某城市药品零售店的分布状况，那么，这个城市所有药品零售店状况就是我们的研究总体，而每个药品零售店状况就是个体。总体范围的确定一般比较容易，如要检验某品牌药品的质量，这一批药品构成的集合就是总体，每一箱药品就是一个个体。但有时总体范围的确定比较困难，如对于新推出的一种新药，要想知道市场潜力如何，就没法确定调查的总体。一般来说，当总体的范围难以确定时，可以根据研究的目的来定义总体。

根据总体所包含的单位数目是否可数，可以分为有限总体和无限总体。有限总体是指总体的范围能够明确确定，而且元素的数目是有限可数的。由若干个医药企业组成的总体就是有限总体。无限总体是指总体所包括的元素是无限不可数的。在新药的临床试验中，每一个试验数据可以看成是总体的一个元素，而实验则可以无限地进行下去，因此由试验数据构成的总体就是一个无限总体。

将总体分为有限总体和无限总体的目的主要是为了判别在抽样中每次抽取是否独立。对于有限总体，每次抽取一个单位，并不影响下次抽取的结果，因此，每次抽取可以看作是独立的。对于有限总体,抽取一个单位后,总体元素就会减少一个,前一次的抽样结果往往会影响第二次的抽样结果,因此,每次抽玟是不独立的。

2. 样本(Sample)

为了推断总体的某些重要特征,需要从总体中按一定抽样技术抽取若干个体,将这一抽取过程称为抽样(Sampling)。所抽取的部分个体称为样本,样本中所含个体的数量称为样本容量(Sample size)。如果想知道某医药企业产品的消费者购买后的评价,可以从选取的区域抽取1500人来进行调查,那么这1500人就是样本,而样本容量为1500。一般用大写字母N代表总体单位数,用小写字母n代表样本的单位数。样本按照样本单位数的多少分为大样本和小样本。一般来说,$n \geqslant 30$为大样本,$n<30$为小样本,医药企业进行抽样调查时,多采用小样本,但也可能采用大样本,根据具体情况而定。从一个总体中可以抽取一个样本,也可以抽取多个样本。

(二)总体参数与样本统计量

1. 总体参数

总体参数是根据总体中所有单位的数值计算的。也可以说,总体参数就是总体指标值。常用的总体参数有总体总量、总体均值、总体比例、总体方差等。

2. 样本统计量

样本统计量是根据样本中各单位的数值计算的。常用的样本统计量有样本均值、样本比例、样本方差等。样本统计量是样本的函数,如果样本是随机抽取的,且在大样本情况下,样本统计量趋于正态分布。也正因如此,我们可以根据样本统计量对未知的总体参数进行估计,并计算抽样误差。

3. 抽样框

抽样框是供抽样所用的所有调查单位的名单。在抽样框中,可以对每个单位编上一个号码,按一定随机化程序进行抽样。在抽样后,调查人员可根据抽样框上所提供的信息找到被选中的入样单位实施调查。

抽样框的形式有多种,可以是名录框(企业名录、电话簿、人员名册等),也可以是一张地图或其他适当形式。但不管什么形式,抽样框中的单位必须是有序的,便于编号。高质量的抽样框应当提供被调查单位更多的信息,并且没有重复和遗漏。

(三)随机抽样和非随机抽样

根据样本抽取方法的不同,抽样可以分为随机抽样和非随机抽样。

1. 随机抽样

随机抽样也称为概率抽样,是指按照随机原则抽取样本,也就是说,在抽取样本时排除主观上有意识地挑选,总体中的每个单位都有相同的机会被抽中。如果每个单位被抽入样本的机会相同,称为等随机抽样;如果每个单位被抽入样本的机会不同,称为不等随机抽样。无论等随机抽样还是不等随机抽样,抽取时都要通过一定的随机化程序来实现,每个单位的入样概率也是通过抽样的随机化程序得到认定。在随机抽样条件下,样本统计量的分布一般是可测的,因而可以用样本统计量对总体参数进行估计。在对总体参数进行估计时,估计量不仅与样本观测值有关,还与样本单位入样概率有关,所以每个单位的入样概率必须是已知的或可测的。

随机抽样的最大特点是，可以用样本数据对总体参数进行估计，并计算总体参数可能落入的区间范围，故从概率样本中所获信息的含金量较高。但抽取概率样本的技术操作相对复杂，同时必须有抽样框，因而随机抽样的成本较高，对抽样设计人员的专业技术要求也较高。

2. 非随机抽样

非随机抽样是相对于随机抽样而言的，是指抽取样本时并不遵照随机原则，而是根据主观判断有目的地挑选，或是依据方便、快捷的原则抽取。因此，这种抽样效果的好坏在很大程度上依赖于抽样者的主观判断能力和经验。与随机抽样相比，非随机抽样的最大特点是操作简便、实效快、成本低，但因为在非随机抽样条件下，无法查明样本统计量的分布，或者这种分布根本就是不存在的。所以，尽管样本数据有可能对总体特征作出不错的描述，但是无法计算抽样误差，无法对估计结果的精确性做出评价，也不能从概率的意义上控制误差，因而在理论上不具备由样本对总体进行推断的依据。

第二节 抽样调查流程

抽样调查流程包括以下几个过程：①确定目标总体；②确定抽样框；③区分抽样框；④确定样本容量；⑤选择抽样方法；⑥收集数据；⑦样本有效性检验；⑧必要时再抽样；⑨为决策提供信息。如图 7-1 所示。

（一）确定目标总体

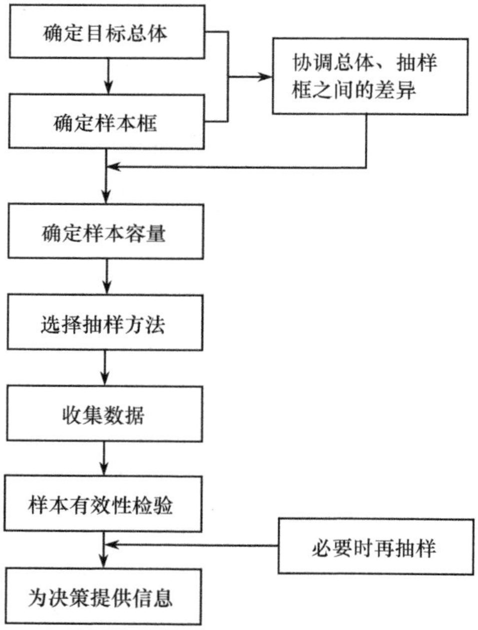

图 7-1 抽样调查流程

调查人员首先要根据调查主题的要求和调查提纲所涉及的内容，确定抽样调查基本对象的范围。不同的市场调查主题对抽样调查对象的选择标准具有较大的差异。

调查目标总体的确定应遵循以下指导原则：

1. 以调查目标为依据的原则

如果调查目标已经考虑得很成熟了，那么，目标总体的界定也就很清楚。事实上，调查目标包括对调查问题、调查假设和调查界限的陈述。这些要素都有助于进一步改善目标总体的界定。

2. 评价不同方案的原则

任何一个调查项目都可有若干个合理的目标总体被选定义。所以，这时的任务其实就变成了找出这些不同定义并对他们做出评价，而不是简单地假设第一个提出的总体定义就是合理的。

3. 用探索性调查去了解市场的原则

如果调查目标是了解市场对营销行动中某些要素的反应，就有必要地对这个市场作一定的了解。有时候作一些前期调查能提供这类信息。没有前期调查,总体的定义可能会太宽,因此导致调查支出过高。例如,一家OTC药店的管理层正在考虑是否应增加中药专柜,就要了解消费者和潜在的消费者对此有何看法,这是界定目标总体时要回答的关键问题。如果以前的调查显示,该药店的消费者来自半径2公里的地区,那么这条信息对界定目标总体就很有帮助。

4. 抽样单元选取适当的原则

目标总体由抽样单元构成。抽样单元里包含的可能是消费者、商店、家庭、组织交易、产品或其他任何事物。这就是要弄清指定什么样的抽样单元最合适。

5. 调查总体界定适当的原则

保证调查总体与调查目的和调查问题的一致性,是抽样调查的根本原则。调查人员过度界定调查总体,则会使所收集的信息不符合研究的需要,同时也会使收集资料的成本上升。

6. 便利性原则

如果可以选择的话,应该优先选择那些便于抽样的总体。

(二)确定抽样框

确定抽样框是非常重要,样本是从抽样框中抽取出来的。实际上,抽样框的描述不需要罗列出所有总体成员,只要指明如何找到每个抽样单元就足够了。例如,用随机抽样对学龄儿童抽样时,选择其中一个成员可以先随机选择一个区域范围,然后再随机选择出一个学校、一个教室,最后选出一个小学生。这里,即使没有创建出一个含有该总体里所有学生的名单,每个学生被选中的概率也一样能计算出来。

在简单随机抽样中,最大的问题莫过于如何才能得到合适的名单。解决这个问题的办法就是采用一个方便的名单,采用的方法一般有以下两种:

1. 创建电话访谈名单

通过在电话簿上收集访谈名单,被广泛地用作创建样本的依据。使用电话簿时要注意,有些总体成员可能会因为改换住址、要求自己的电话号码不被列入号码簿或者没有电话而会被略掉。

2. 杂志、信用卡、邮购公司购买名单

通过专业杂志来进行收录,通过这种方式创建名单,能为抽样框的构建提供有益的帮助,但是,这些名单都各有偏差,有时调查人员可以界定一个与抽样框完全匹配的总体。但是,完全匹配有时很难实现,通常要考虑总体中的哪些部分要用抽样框排除在外,由此产生的偏差将是什么样的。例如,城市居民的名单里可以排除掉那些住在新建住宅里的人,这里要回答的问题是,这部分人有多少,他们对调查的回答与其他人的回答是否一样。只要能找出这么做可能引起的偏差,并在对调查结果加以解释时,把偏差考虑进去,那么这类偏差的存在就不会严重影响调查的有效性。

(三)区分抽样框

在选择抽样框时,要注意不同抽样框的确定要有差异。也就是说抽样框内的单位与其他单位要有一定的区分。处理总体抽样框差异的方法:

1. 抽样框小于总体

当抽样框小于总体时,这类问题属于子集问题,调查人员必须在抽样框方面重新界定总体,或者从其他来源获取与总体相匹配的信息。

2. 抽样框大于总体

抽样框虽然包含了所有总体里的元素,但却大于总体,这类问题属于扩展集问题。例如,调查人员感兴趣的是接触那些购买"建民"感冒药的人,如果抽样框包含的是购买"建民"所有产品人的名单,那么就带来扩展集的问题。要处理扩展集问题,调查人员必须添加一个过滤性问题,例如:"你买'建民'感冒药吗?"如果回答"是",那么这个人才可以被包含在样本里。

3. 出现交叉问题

所谓的交叉问题就是指总体中的某些元素从抽样框里被忽略掉了,但同时抽样框又包含了总体以外的其他元素。解决这样问题的方法是调查人员不仅需要重新定义总体,而且还需要采用一个更好的过滤性问题。

(四) 确定样本容量

在市场调查过程中,抽样数目的确定是一个非常重要的问题。如果样本容量不足,则会影响样本对总体的代表性,进而影响抽样调查结果的准确性;如果样本过多,又会造成调查成本的增加。调查人员需事先确定具体抽样方法或抽样方法组合,设计样本计划时应预见所有的不测事件和可能性,并制定应对办法。关于样本容量的有关问题,将在本章第五节中详述。

(五) 选择抽样方法

抽取样本基本方法主要分为两类:随机抽样和非随机抽样,在这两类抽样方法中又各自包含不同的调查方式。市场调查中具体选择哪一种抽样方法,主要要考虑:①市场调查主题对调查过程的技术要求;②市场调查总体的分布特征;③特定市场调查费用的投入水平。

(六) 收集数据

收集数据分为两个阶段。第一阶段应选择组成样本的元素;第二阶段,从这个元素中获取信息。简单地说,你需要选择一个人,然后询问他一些问题。然而,你必须认识到,不是每个人都愿意回答,所以出现了替代的问题。当一个选入样本的人不愿回答或证明不适合时,就出现了受访者替代问题。这里的问题是"如何确定替代受访者?"如果市场研究主管希望保证使用某一特定抽样方法,替代问题必须阐明。在实际中有三种替代方法:舍弃替代、过多抽样、再抽样。

舍弃替代在等距抽样经常使用。假定我们已使用电话目录作为抽样框,你是访问者,要求你对每100人电话访问一次。在你第一个电话中,这个人拒绝参与调查。你的职责是赶紧拨打下一个人的电话号码,你不是要跳过100个名字,如果这个人也拒绝参与,你再到下一个名字,如此直到你找到一个合作的受访者。然后你继续100的跳跃区间,使用第一个拒绝者的名字作为跳跃点。

过多抽样是一个可选择的替代法,它是调查者对关联率、无反应率和不可用反应的认识的结果。例如,如果进行一项邮寄问卷调查,估计反应率在20%左右,那么为了获取200个受访者的最终样本,就应将1000个潜在受访者抽取入邮寄样本。

再抽样是受访者替代的第三种方法,它是在初始样本抽取后利用抽样框抽取更多名字的程序。

(七) 样本有效性检验

抽样过程的最后活动是有效性检验阶段。样本有效性检验有多种形式,其中之一是将样本

(如人口统计)轮廓与已知的档案(如人口普查)资料进行比较。对于配额样本有效性检验,研究者必须使用另外的人口统计特性来建立配额系统。

(八) 必要时再抽样

当样本有效性检验失败时,意味着它不能充分代表总体。进行样本替代时也可能产生这个问题。发现这种情况时,研究者有时在制表和分析中使用加权方案进行弥补;另一方面,有时可以执行再抽样,选择更多的受访者加入样本直至达到一个令人满意的有效水平。

(九) 为决策提供信息

抽样调查最终的目的就是为决策者提供相应的信息咨询,为决策者做出战略决策提供决策支持。

第三节 随机抽样技术

随机抽样(probability sampling),又称概率抽样,是指样本的产生是完全、严格地按照随机的原则在调查总体中进行抽选,对总体中任何一个个体都给予平等的抽取机会的抽样方法。比较常用的随机抽样方式有:简单随机抽样、等距抽样、分层抽样、整群抽样等。

一、简单随机抽样

(一) 简单随机抽样的含义

简单随机抽样(simple random sampling),也称纯随机抽样,是指在调查总体中不进行任何有目的的选择,按随机原则直接从总体中抽取样本的抽样方法。对调查总体中的每一个单位来说,被抽中的机会完全是偶然的和平等的。它是随机抽样中最单纯、最简单的抽样方式。

简单随机抽样它适用于分布比较均匀、变异程度比较小的调查总体。如果总体内部各单位之间的变异程度较大,则要结合其他随机抽样技术使用。

简单随机抽样是从总体 N 个单位中随机抽取 n 个单位作为样本,有放回和不放回抽样两种方法。

放回的简单随机抽样是指从总体中随机抽取一个样本单位,记录观测结果后,将其放回到总体中去,再抽取第二个,以此类推,一直到抽满 n 个单位为止。采用这种方法,单位有被重复抽中的可能。这种抽样方法容易造成信息重叠而影响估计的效率,所以较少采用。

不放回简单随机抽样是指抽取第一个样本单位后,将其放置一边,再从总体 $N-1$ 个单位中抽取第二个,以此类推,一直到抽满 n 个单位为止。采用这种方法,每个单位最多只能被抽中一次,故不会由于样本单位被重复抽中而提供重叠信息。所以比放回抽样有更高的估计效率。

在简单随机抽样中,对于总体的所有成员,选入样本的概率是已知的和相等的。可以用下式表示:

$$\text{选择的概率}=\frac{\text{样本容量}}{\text{总体容量}}$$

（二）简单随机抽样的方式

简单随机抽样的随机化程序主要通过三种方式实现。

1. 抽签法

这种方法类似于通常所说的“抓阄”，即将每个总体单位的号码写在签上，将签充分混合均匀后随机抽取，中选号码的单位作为入样单位。在总体单位 N 较大的情况下，制作选签是一件繁重的工作，实践中较少采用此法。

2. 随机数字技术

随机数字表是由 0~9 的随机数字组成的表，表中数字的排列顺序也是随机的。用随机数表抽取简单随机样本时，可用下面几种方法：

（1）根据总体大小 N 的位数决定在随机数表中随机抽取几列，如 $N=678$，要抽取 $n=5$ 的样本，则在随机数表中随机抽取 3 列，顺序往下选出头 5 个 001~678 之间互不相同的数，如果这 3 列随机数字不够，可另选其他 3 列继续直到抽满 n 个单元为止。

（2）若 N 的第一位数字小于 5，且 n 较大，则上面的方法可能花费较多的时间。如果 $N=327$，按上面的方法，则 000 和 328~999 的数都没有用。这时采用下面的方法可能更好，在随机数字表中随机抽取 3 列，顺序往下，如果得到的随机数在 401~800 之间，则这个数字减去 400，由此大于 327 的数字被去掉。显然这种方法比上一种方法效率高。

（3）若 N 的第一位数字小于 5，如 $N=327$，且 n 较大，除了按方法二产生随机数字以外，还可按下面的方法产生随机数。在随机数字表中随机抽取 3 列，顺序往下，如果得到的随机数大于 327，且小于 982（因为 $327\times3=981$，而 $327\times4=1308$，因此 000 及 982~999 的数字应仍掉），这用这个数字除以 327，得到的余数入样，显然这种方法也比方法一效率高。

在使用随机数字表时，为克服可能的个人习惯，增加随机性，使用随机数表的页号及起始点应该用随机数产生，如随意翻开一页，闭上眼睛，将火柴随意撒到页面上，将火柴头所指的数字作为页号，同样的方法产生起始行号和起始列号。

3. 计算机抽取

统计软件中都有抽取随机样本的功能，其原理是利用软件中的相应程序产生随机数，然后由计算机完成抽取。通常，抽样框中的信息都可以形成文件，存储于计算机中，因此，这种方法抽取样本十分快捷。需要指出的是，通过大量的模拟实验发现，计算机产生的随机数可能是伪随机数，其随机性并不特别理想，在使用中要意识到这一点。

（三）简单随机抽样的优点和缺点

简单随机抽样是最基本的随机抽样方法，操作简单，每个单位入样的概率是相同的，保证总体的每个成员都有一个已知和相等的可能性被选入样本，同时计算抽样误差和对总体参数进行推断的形式比较简单，因此，得到的样本不管容量是多大，都将是总体的一个有效代表。但是，简单随机抽样要求总体元素的完整列表，没有利用抽样框中更多的辅助信息，所以用样本来估计总体参数的效率受到影响。同时，在简单随机抽样条件下，样本的分布可能十分分散，这就增加了调查过程中的费用和时间。

二、等距抽样

（一）等距抽样的含义

等距抽样(systematic random sampling),也称系统抽样或机械抽样,是指先将总体各单位按一定标志排序,并根据总体单位数和样本单位数计算抽样距离,然后按固定的顺序和间隔来抽选样本的抽样方法。等距抽样能使样本均匀地分布在总体中,增加样本的代表性。总体单位的排列可以是一维的(如直线排列),也可以是二维的(如平面排列);起始单位可以是一个,也可以是一组;对总体单位的抽取可以是等概率的,也可以是不等概率的。

等距抽样一般应用于大规模市场调研中,适用于总体单位变异程度比较大,但是变化率比较均匀的调查总体。

等距抽样是替代简单随机抽样的最普遍的抽样技术之一。它比简单随机抽样更为流行,这主要基于它所代表的“经济效率”。等距抽样应用更为容易,能在比简单随机抽样更短的时间内完成。而且,在许多例子中,等距抽样有生成一个与简单随机抽样在质量上几乎完全相同的样本的潜在可能。与简单随机抽样一样,使用等距抽样,必须获得总体的列表。然而,不必将名字、号码或任何别的标志转录到纸上或计算机文件中。相反,研究人员决定一个“跳跃区间”,将列表中名字的个数除以样本容量得到跳跃区间。在跳跃区间的基础上选择名字。跳跃区间可用下面公式表示:

$$\text{跳跃区间}=\frac{\text{容量总体}}{\text{样本容量}}$$

等距抽样的具体操作方法是,将总体 N 个单位按直线排列,根据样本量 n 确定抽样间隔,即抽样间隔为 $N/n \approx k$,k 为最接近 N/n 的一个整数。在 $1 \sim k$ 范围内随机抽取一个整数 i,令位于 i 位置上的单位为起始单位,往后每间隔 k 抽取一个单位,直至抽满 n。这时总体中每个单位的入样概率都相等,均为 $1/k$,因此,等距抽样是一种等概率抽样。例如,有一个由 20 个元素组成的总体,将从这个总体中选择容量为 5 的样本,将这些元素标为 1 到 20。对于 20 个总体元素和 5 个样本容量,跳跃区间为 $20/5=4$,意味着在随机开始点之后,选择每第 4 个元素取一个样本。这个随机开始点,必须是介于 1 和 4 之间的某个数字,由随机数表确定。这样如果随机开始点是 1,第 1,5,9,13,17 项将组成样本;如果它是 2,则第 2,6,10,14 和 18 项将组成样本,如此等等。

（二）等距抽样的特点

等距抽样的突出特点是操作简便,因为它只需要随机确定一个(或少数几个)起始单位,整个样本就自然确定了,而不像其他抽样方式那样抽样多个单位。等距抽样对抽样框的要求也比较简单,它只要求总体单位按一定顺序排列,而不一定是一份具体的名录清单,因而非常便于某些内容的现场调查。

等距抽样的估计效果与总体单位排列顺序有关。如果排列顺序与调查内容没有联系,称为按无关标识排列,这时等距抽样估计与简单随机抽样估计效率相仿。如果排列顺序与调查内容有关,称为按有关标识排列。按有关标识排列的等距抽样精度比简单随机抽样的精度要高。例如,欲对大学二年级的学生进行抽样调查,了解学生的平均身高,采用等距抽样,如果是按学号排列,学号与学生身高没有关系,属按无关标志排列。如果是按学生入学时身高顺序排列,则属于按有关标识排列。在后一种情况下的系统样本中,既有身体较矮的同学,也有身体较高的同学,样本的结构与总体的结果十分相似,因而可以有效提高估计的精度。

(三)等距抽样的局限性

从估计方面看,当 $N \neq nk$ 时,样本均值不是总体均值的无偏估计量,虽然当 N 很大,n 也较大时,这种偏差是很小的。更为重要的是,等距抽样的方差估计比较复杂,这就给计算抽样误差带来一定困难。

采用等距抽样方法时,特别需要注意研究变量是否存在周期性变化。例如,要对商场的零售额进行抽样调查,以每周 7 天为抽样间隔。事实上,每周 7 天中,零售额的情况是不同的,一般规律是,周末和假日零售额较大,平日较少。若抽中周末为系统样本的起点,估计结果会偏高;反之,若抽中平日为起点,估计结果会偏低。若遇到这种情况就需要调整抽样间隔,使处于周期中各个位置的单位都有相同机会入选样本,或者改用其他抽样方法。

三、分层抽样

1. 分层抽样的含义

分层抽样(stratified random sampling),也称类型抽样,是指在抽样前依据某一种或几种特征对调查总体进行分类或分组,每一类或每一组称为一层,然后按随机的原则从各组中抽取样本的抽样方法。它把总体中具有某些特征或者特征比较接近的单位归为一组,然后,在每一组中,采取简单随机抽样或等距抽样的方法抽取子样本,将各组的子样本合起来构成总体样本。如图 7-2 所示。

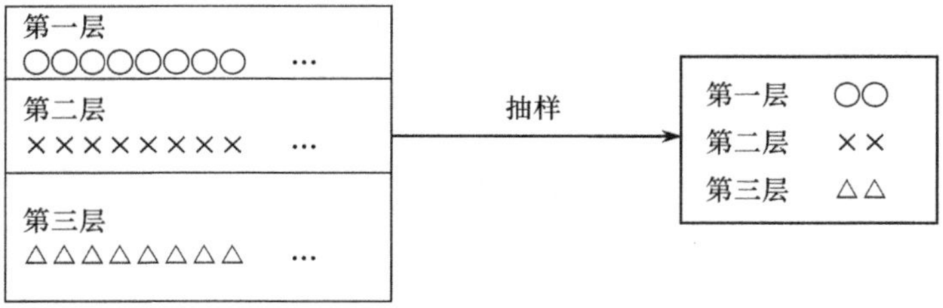

图 7-2 分层抽样图示

类型抽样一般适用于分布不均匀、各单位之间变异程度比较大的总体。类型抽样的特点是:各层调查单位都具有某种同质性(样本的变异性较小),层与层之间却具有较大的差异性(方差较大)。分层抽样的步骤如下:

(1) 总体被分为相互排斥和穷举的子集。

(2) 从每个组或子集中独立地选择一个简单随机样本。

全部元素所分入的子集称为层或分总体,注意我们的定义规定这个划分必须相互排斥或穷举的。这意味着每个总体元素必须分配给、并只能分配给一个层,再分配过程中不能忽略任一总体元素。

2. 分层抽样的优点

(1) 准确性高。分层抽样能产生更精确的样本统计量。或者说,相对于简单随机抽样,其抽样误差更小。

（2）满足不同需要。分层抽样允许对感兴趣的特定集合的特征进行调查。这样，通过分层，我们可以保证拥有不同特征的集团都具有充分的代表。这对于从具有小子集的总体中抽样是极其重要的。

3. 分层抽样样本量的分配

分层抽样中，样本量如何在各层中进行分配，可以有不同的方法。这些分配方法可以归结为两类：等比例分配和不等比例分配。等比例分配是指该层中单位数越多，在该层中抽取的样本单位就越多，该层的样本单位比例与该层中的总体单位比例相一致，即：

$$n_i/N_i = n/N$$

式中，n 为样本量；n_i 为第 i 层的样本量；N 为总体单位数；N_i 为第 i 层的总体单位数，等比例分配操作比较容易，也容易理解，有其合理性，在实践中广泛使用。另一类是不等比例分配，因为在有些情况下，各层单位数相差悬殊，如果按等比例抽样，总体单位数少的层所分到的样本量过小，代表性不足，就需要在该层适当增大样本量；或者，有些层内的方差过大，为了提高估计精度，在方差大的层中可以多抽，在方差小的层中可以少抽，这些都属于不等比例抽样。显然，在条件具备时，例如，知道各层的总体方差，不等比例抽样比等比例抽样有更高的效率。

四、整群抽样

1. 整群抽样的含义

整群抽样（cluster sampling），也称分群抽样，是指将调研总体分成若干群体，然后利用简单随机抽样技术，从中抽取某些群体进行全面调查的抽样方法。例如，药品制造商或药品经销商对产品质量的检验通常是选取整箱药品进行检验。

整群抽样适用于变异程度较大的调查总体。其特点与分层抽样相反，强调群体之间的差异性要小，以保证群体之间具有较大的代表性；而群内的变异性则较大。是将一组被调查者视作一个抽样单位而不是个体的抽样方法。在这种抽样中，总体被分为子集合，每一个子集合都代表整个总体。

虽然整群抽样背后的基本概念与在等距抽样中描述的极为相似，但是实施方法不同。这个过程首先识别完全相似的群。因此，任何一个群都将是令人满意的总体代表。如果调查者从任何总体中抽取一系列的独立的简单随机样本，这些样本就是群。然而，整群抽样通过简化抽样程序在获得经济效率上比简单随机抽样走得更远。

我们通过对一种称为地区抽样的整群抽样的描述来说明上述问题。在地区抽样中，市场研究人员将调查的总体划分成地区，例如，人口普查区、城市、邻近地区或其他任何方便的和可识别的地理标识。研究人员这时有两个选择：一步法和两步法。在一步法中，研究者可以相信不同的地理区域足够相似，将注意力集中于一个地区，把结论推广到整个总体。但是研究者需要随机选择这个地区，对它的成员执行一次普查。在两步法中，第一步，研究者在这些地区中选择一个随机样本，第二步，在选中的这些地区中确定一个概率方法进行抽样。两步法比一步法更可取，因为总是可能存在一个单一的群，它没有研究者所相信的代表性。但是，两步法成本更高，因为涉及更多的地区和时间。地区网络抽样是地区抽样的一个变种。使用这种方法时，研究者将一个网络置于调查地区地图之上。网络中的每一方格成为一个群。

2. 整群抽样的优点

采用整群抽样的主要优点有：一是实施调查方便，可以节省费用和时间。在总体单位分布很广的条件下,若采用简单随机抽样,样本的分布十分散,调查实施有一定难度,费时费力,而群中各单位的分布非常集中,抽中一个群以后,在一个点上可以调查多个单位,调查效率较高;二是在缺乏总体单位的抽样框时,运用整群抽样更合适。例如,对某市小学生的视力状况进行抽样调查,全市小学生名单的抽样框是没有的,但有全市小学校的抽样框,所以可以依据该抽样框抽取小学,在中选的小学中抽取班级,这时可以把班级视为群,对中选班级中的所有学生进行视力测试。

3. 整群抽样的缺点

整群抽样的主要缺点是,由于抽取的样本单位比较集中,群内各单位之间存在相似性,差异比较小,而群与群之间的差别往往比较大,使得整群抽样的抽样误差比较大。为了达到一定的精度要求,就有必要增大样本量。这说明,整群抽样的估计精度与群的性质有关,但是,如果群的构造是相反的情况,即群内各单位之间存在较大的差异,而群与群的结构相似,整群抽样反而会提高估计效率。

例如,要估计某地区的男女比例,采用简单随机抽样,抽取若干人可以得到总体男女比例的估计值;采用整群抽样,以家庭为群,对抽中家庭中的所有人进行统计,也可以得到总体男女比例的估计值。在后面的这种情况,群内个体之间存在很大差异(有男有女),而群与群之间即各家庭之间的性别结构却十分相似(同样也是有男有女),在这个背景下,整群抽样估计男女比例的效率就高于简单随机抽样。所以整群抽样特别适合于对某些特殊群结构进行调查。整群抽样中,群的规模可以相等(如以家庭为群,每个家庭中的人口数相同),也可以不等;抽取群时,可以采用等概率抽样(每个群的入样概率相等),也可以采用不等概率抽样。这些情况构成不同的组合,因而对总体参数有不同的估计形式。

第四节　非随机抽样技术

非随机抽样(non-probability sampling),是指在特定市场调查条件的限制下,调查人员根据自己对市场调查总体分布特点的主观判断选取调查样本。非随机抽样和随机抽样方法间的关键区别是样本设计中使用的机制。非随机抽样方法中选择样本不是基于概率,换句话说,不能计算出总体中的任何个体被选入样本的概率。但每一种非随机抽样方法仍努力抽取一个有代表性的样本。比较常用的随机抽样方式有:方便抽样、判断抽样、参考抽样、配额抽样和自愿样本。

(一) 方便抽样

方便抽样(convenience sampling),也称任意抽样,其样本选择完全按调查人员的方便而定。它是非随机抽样调查中最方便、最经济的一种方法。节省时间和费用,效率较高,但对具有差异性的调查总体,应用方便抽样得到的信息资料的可信度较低。这种方法适用于无差异的市场调查总体。一般用于探索性调研阶段。

方便抽样操作简便,能及时取得所需要的信息,节省调查经费。它的主要局限在于样本信息无法代表总体,即不能根据样本信息对总体进行任何推论,因而方便样本不适合于描述性研究和因果关系研究,它比较适合于探索性研究,通过调查发现问题,产生想法和提出假设。

（二）判断抽样

判断抽样是指抽取样本时，由调查人员依据对实际情况的了解和经验，人为确定样本单位，或由了解情况的专家圈定样本。精心挑选样本元素是希望它们能服务于研究目的。最典型的情况是，选择样本元素的原因是相信它们是存在兴趣的总体的代表。判断抽样的关键特征是有目的性选择总体元素。在某些情况下样本元素得到选择不是因为它们有代表性，而是因为它们能向市场研究人员提供所需的信息。判断抽样在进行探测性设计时得到普遍运用，当寻求构思和进行观察时，研究人员的兴趣不在于对意见进行全面抽样，而在于对那些能提供关于研究问题的某种观点的人进行抽样。

在判断抽样中，如何确定样本单位，这取决于调查的目的。通常有三种情况，一是选择“平均型”样本，所谓“平均型”是指在调查总体中，选定的样本可以代表平均水平，其目的是欲了解总体平均水平的大体位置。二是“众数型”样本，即在调查总体中选择能够反映大多数单位情况的个体为样本。三是“特殊型”样本，如选择很好(高)的或很差(低)的典型单位为样本，目的是分析研究造成这种异常的原因。

判断抽样的目的多在于了解总体的数量特征和对问题的深入分析，而不是利用调查结果对总体参数进行估计。如通过判断抽样，我们可能了解到总体均值的大体位置，但是无法从概率的角度上推算其置信区间，也缺乏足够的理由说明样本结果进行推算的客观性。

（三）参考抽样

参考抽样中的参考样本，又称为“雪球样本”，要求受访者提供另外的受访者的名字。当研究者的样本元素的列表小于研究所预期的总数量时，就要添加列表。在访问每位受访者后，就询问其他可能的受访者的名字。利用这种方式，更多的受访者为先前的受访者所提及。或者，就像这样样本的别名所暗示的，样本就像滚下山的雪球一样越来越大。

当抽样框有限或太小或抽样框受访者可以提供其他合格的受访者的名字时，参考样本是最适宜的。参考抽样的非概率方面来自从始至终所使用的选择方法。初始列表在某种方式上可能也是特别的，然后根据原始列表上的人的记忆来添加样本。参考样本通常在产业市场研究情景中应用较多。

（四）配额抽样

配额抽样是指将总体中的各单位按一定标准划分为若干个类别，将样本数额分配到各类别中，在规定的数额内由调查人员任意抽选样本。

配额抽样与分层抽样有相似之处，都是事先对总体所有单位按某种标准分层，将样本分配到各层中，但它们也有明显的区别。在分层抽样中，是按随机原则在各层中抽取样本，所以分层抽样属于随机抽样。而在配额抽样中，样本的抽取不是随机的，调查人员可以根据主观判断或方便原则抽取样本，所以配额抽样属于非随机抽样。

配额抽样使样本中拥有某种特征的元素比例与该类元素在总体中的比例一致，以此来试图成为总体的代表。在配额抽样中，可以按单一变量控制，也可以按交叉变量控制。

表 7-1 和表 7-2 是单一变量控制的例子。在一个城市中欲采用配额抽样抽出一个 $n=500$ 的样本。控制变量有年龄和性别，配额是按单个变量分别分配的。如各个年龄段上的配额和性别的配额。这种配额抽样操作比较简便，但有可能出现偏斜，例如年龄小的均为女性，年龄大的均为男性。

表 7-1 单一变量控制配额分配表

年 龄	人 数
20~30 岁	150
30~40 岁	150
40~50 岁	100
50 岁以上	100
合 计	500

表 7-2 单一变量控制配额分配表

性 别	人 数
男	250
女	250
合计	500

表 7-3 是交叉变量控制的例子。交叉变量配额控制可以保证样本的分布更为均匀,更具有代表性,但现场调查中操作的难度相对要大。

配额抽样不需要抽样框,且能保证样本结构与总体结构的一致,所以在市场调查中得到广泛应用。由于它属于非随机抽样,所以具备非随机抽样方式的共有特征。

表 7-3 单一变量控制配额分配表

年龄 \ 性别	男	女	合计
20~30 岁	70	80	150
30~40 岁	75	75	150
40~50 岁	55	45	100
50 岁以上	50	50	100
合 计	250	250	500

(五) 自愿样本

自愿样本不是经过抽取,而是由自愿接受调查的单位所组成的样本。例如,在有些药店的收银台有调查表,购药者可以自愿填答。网络调查是构造自愿样本的典型例子,调查人员将调查问卷发布在相关的网页上,上网读者可以自愿参与。还有一些调查,采用将问卷刊登在报刊上这种方式进行。这类调查所得到的样本都可以视为自愿样本。

自愿样本的特点是,样本集中于某些特定的群体,只有能够接触到调查问卷的那些人才有机会参与调查,构成样本的那些单位往往对调查内容感兴趣,并愿意陈述自己的看法,这类调查的样本结构具有独特性,通常与总体结构相距甚远,调查结果不能反映总体状况。但这种自愿参与性的调查组织方便,成本低廉,而且参与者大多是对调查内容的关心者,调查人员能够了解这个特定群体的意见和看法,对于了解情况、分析问题、查找原因都是十分重要的信息。

第五节 样 本 容 量

(一) 样本容量与样本代表性和精确度之间的关系

样本容量就是样本中所含个体的数量。样本容量与样本对总体的代表性无关(样本的代表性由抽样方法决定)。也就是说,样本容量不决定样本对总体的代表性,但样本容量的大小影响调查结果的精确度。

样本精确度指样本统计数据(如受访者对于一个特定问题的回答的平均值)接近它所代表的总体真实值的程度。样本容量与样本统计量相对于总体真实值的精确度有直接关系。

(二) 影响样本容量的因素

在一定的抽样方式下,建立置信区间所需样本容量的大小取决于以下几个因素:

1. 置信度

置信度是总体参数真值落在置信区间内的可靠程度。要求较高的置信度,就需要较大的样本容量,置信度越高,样本容量就越大。

2. 估计的精度

估计的精度,即置信区间的宽度。要求较高的置信度,就会扩大置信区间的宽度,也就是说降低了估计的精度。因此,要想既提高估计的精度,又不降低估计的可靠性程度,必须增加样本容量。

3. 建立置信区间的费用

虽然增加样本容量可以提高置信区间的可靠性程度和估计的精度,但也不是样本容量愈大愈好。因为增加样本容量,就会延长调查时间,增大工作量和成本费用,同时还可能增大调查误差。

4. 总体的变异程度

总体的变异程度用总体方差表示。在其他条件相同情况下,总体的变异程度越大,所需要的样本容量也越大。

5. 总体的规模

小规模和中等规模的总体,其规模大小对样本容量的需求会产生影响。而大规模的总体,对样本容量的需求则几乎没有影响。也就是说,规模很小的总体逐渐扩大,为保证相同估计精度,样本容量会随之增大(但不是同比例的)。当总体规模达到很大程度时,随着规模的继续扩大,样本容量却几乎可以维持不变。大规模总体中的抽样比 n/N,要远远低于小规模总体中的抽样比。

6. 无回答情况

无回答减少了有效样本容量。在无回答率较高的调查项目中,样本容量要大一些,以减少无回答带来的影响。

(三) 确定样本容量的方法

对于随机抽样和非随机抽样,确定样本容量的方法是不同的。

非随机抽样的目的主要在于进行探索性研究,而不是用样本数据对总体进行数量推算。所以样本容量的确定主要是根据主观判断和从事实际调查的经验,这样就具有一定的随意性。样本容量大小是否恰当,与设计人员的判断能力和调查经验的积累有密切关系。在市场调查中,对于一些项目的配额抽样,也常常使用一些经验数据,如每个样本城市抽取 200 个或 500 个样本单位。经验数据是长期从事该项调查的经验积累和总结,十分简捷,便于操作。但因为缺乏严格的理论证明其合理性和必然性,所以对这种样本容量提出质疑也是可以理解的。

随机抽样的样本容量则是在计算的基础上确定的。在其他客观条件已定情况下,样本容量的确定主要在于对估计精确度的要求。这取决于估计量的用途和使用者可以接受的误差范围。

如果调查结果将用于重大意义的风险决策，就要以较高的精确度要求计算样本容量。此外，还需要考虑是否需要对调查的子总体进行估计。如果调查结果需要包括一些细分的数据，就要对不同子总体单独计算样本容量，总样本容量是单独计算的子样本量之和。如果仅仅需要总体数据，则是按既定需要标准计算出总样本容量，然后把总样本容量按某种方法分配到各子总体（层）中。

下面主要讨论随机抽样中样本容量的计算问题。由于随机抽样中有不同的抽样方式，对不同的抽样方式，样本容量计算的方式是不同的，所以将分述。

1. 简单随机抽样下的样本容量的确定

简单随机抽样下获得的估计值是它们相应的总体值的无偏估计量。简单的情况下，如果我们假定无限的（或至少非常大的）目标总体，可以对简单随机抽样下在整个目标总体中测量的特征的平均值和方差作如下估计：

$$\bar{y} = \frac{1}{n}\sum_{i=1}^{n} y_i \qquad S_y^2 = \frac{1}{n-1}\sum_{i=1}^{n}(y_i - \bar{y})^2$$

式中：n：样本容量；

y_i：对样本中 i 元素的某个特征的测量值；

$\bar{y}$：估计的平均值（总体平均值得无偏估计量）；

s_y^2：估计的样本方差（总体方差的无偏估计量）。

一个估计的总体参数（如一个平均值或一个比例）的可靠性指它的再现性——一个总体参数的估计值在给定容量的不同样本中如何重复出现。假定没有测量误差，总体参数的估计值的可靠性能以标准误来判断。例如，样本平均值的估计标准误以下式给出：

$$s_{\bar{y}} = \frac{s_y}{\sqrt{n}}$$

与样本平均值相关的估计标准误越小，样本估计值的可靠性越大。

一个估计值的标准误能用于构造对于总体估计值的置信限制。为了构造置信区间，我们对于样本估计值的抽样分布必须做出一定的假设。对于足够大的样本容量（比如 $n>30$），样本估计值（如平均值或比例）的抽样分布接近于正态分布，正态理论可用于为所估计的未知总体参数构建置信区间。例如，对于真实的总体平均值的一个适宜的（$1-\alpha$）的置信区间是：

$$\bar{y} \pm (t_{\alpha/2}) S_y \big/ \sqrt{n}$$

其中，t 指学生氏分布或 t—分布。我们用 t—分布代替标准正态 z—分布是因为在大多数情况下总体方差是未知的。T 的值在学生氏分布表中 n—1 自由度中读取。如果样本容量大于 30，那么 t 的值与在相同显著水平上从标准正态表中读取的 z 值相同。

上述公式严格应用于目标总体无限大的情况。当目标样本相对于目标总体较大时，这些公式将高估总体参数（平均值或比例）的方差（标准差）。当目标样本占目标总体的 10% 至 20% 或更多时，就应使用修正系数。有限总体修正系数（fpc）以 $\left[\frac{N-n}{N-1}\right]$ 给出。fpc 修正的方差公式是：

$$S_y^2 = \frac{\sum_{i=1}^{n}(y_i - \bar{y})^2}{n-1}\left(\frac{N-n}{n-1}\right)$$

本质上,fpc 依赖于 n 与 N 的关系。如果总体容量 N 非常大而样本容量 n 较小,那么 fpc 将接近 1;如果样本容量 n 接近总体容量 N,那么 fpc 将小于 1 且将减少估计的总体方差的数值。在以一定精确水平估计总体参数时经常需要决定样本容量。决定样本容量的程序是:

(1) 规定可接受的容许水平(h)这是估计值与它的未知的实际总体值的差别。规定可接受容许水平的一种方法是取所需置信区间的一半。

(2) 可靠性系数。可靠性系数 $Z_{\alpha/2}$取决于所需确定性水平($1-\alpha$)。

(3) 标准差的估计值。取得在目标总体中测量的特征的标准差($\hat{\sigma}_y$)的估计值。这个估计值可以基于以前的研究、小规模的实验性研究或主观猜测,或者取特征值估计的分布范围的 1/6(如果是正态分布)。

(4) 样本容量。应用下列公式求得所需样本容量:

$$n^* = \frac{(Z_{\alpha/2})^2(\hat{\sigma}_y)^2}{h^2}$$

为了保证在与其平均值固定百分比范围内的估计值,应按照下列程序:

(1) 规定可接受的相对容许水平(r),这个值表示为一个固定百分比(比如 5% 或 10%)。

(2) 决定可靠性系数($Z_{\alpha/2}$)

(3) 取得在目标总体中测量的特征的变异系数的估计值。变异系数(C_Y)是对相对离散的测量,以 σ/μ 给出,这里 σ 是总体平均值的(实际)标准差,μ 是(实际的)总体平均值。为了决定所需样本容量的目的,获取在目标总体中的特征的预期平均值的估计值($\bar{Y}$)和该特征的估计的标准差($\hat{\sigma}_Y$),计算估计的变异系数:

$$\hat{C}_Y = \hat{\sigma}_Y \,/\, \bar{Y}$$

(4) 应用下列公式求得所需样本容量:

$$n^* = \frac{(Z_{\alpha/2})^2(\hat{C}_Y)^2}{r^2}$$

假设一名初级分析员的职责是监督实现作业,负责估计所有执行购物街拦截调查的实地工作人员每天完成访问的平均数。为了决定样本中应包括多少实地访问,抽取一个简单随机样本以获取每天完成访问数目的平均值和方差的样本估计值。表 7-4 列出了 15 名实地访问人员每天完成访问的数目。

表 7-4　购物街拦截每天完成的访问数

访问者	完成的访问数/天(yi)	访问者	完成的访问数/天(yi)
1*	4.5	9	4.5
2	3.5	10	5.5
3	6.5	11*	6.5
4*	2.5	12*	6.5
5	5.5	13	5.5
6*	3.5	14	4.5
7	3.5	15	2.5
8	2.5	合计	67.5

注:* 选入样本的访问者。

下列程序用于抽取 $n=5$ 名实地访问员的简单随机样本。因为 $N=15$,所以使用两位的随机数。在随机数表中我们选择介于 01 至 15 之间的五个不同的数,等于 00 或大于 15 的数以及任何重复的数字都不要。从随机数表中我们发现第一个满足这些条件的两位数是 12,随后是 04,01,06 和 11。

抽取样本后,初级分析员开始估计每天完成访问数的平均值和方差。注意到总体的有限性和 $n/N>20\%$,决定使用 fpc"修正的"方差公式。应用上述公式产生下列结果:

$$\bar{y}=\frac{4.5+2.5+3.5+6.5+6.5}{5}=4.7(\text{次访问/天})$$

$$s_y^2=\frac{(4.5-4.7)^2+(2.5-4.7)^2+(3.5-4.7)^2+(6.5-4.7)^2+(6.5-4.7)^2}{(5-1)}\left(\frac{15-5}{15-1}\right)$$

$$=3.2\times\frac{10}{14}=2.29$$

这样,每天完成访问平均数的标准误是:

$$s_{\bar{y}}=s_y\ /\sqrt{n}=\sqrt{2.29}\ /\sqrt{5}=0.68$$

最后初级分析员计算围绕这个估计值的95%置信区间。设 $\alpha=0.05$,我们发现,$t_{\alpha/2;n-1}=2.776$

因此,

$$\bar{y}\pm(t_{\alpha/2;n-1})s_{\bar{y}}=4.7\pm2.776\times0.68=4.7\pm1.89=2.81\text{ 到 }6.59(\text{次访问/天})$$

这时,初级分析员已拥有决定满足所需精确水平的样本容量所需的所有信息。他对每天完成访问平均数的估计应很可靠地$(Z_{\alpha/2})=3$ 处于实际总体值 10% 的范围内。使用在预备性研究中获得的预期平均值$(\bar{Y}=4.7)$和标准差$(\hat{\sigma}_Y=\sqrt{2.29}=1.51)$,初级分析员首先计算变异系数的估计值:

$$C_Y=1.51/4.7=0.32$$

计算所需样本容量:

$$n^*=\frac{(Z_{\alpha/2})^2(\hat{C}_Y)^2}{r^2}=\frac{3^2\times0.32^2}{0.10^2}=92.16\longrightarrow 92$$

因为不可能对 0.16 个访问员进行抽样,92 也不能提供足够的精确度。在这种情况下,初级分析员决定在目标样本中包括 93 名访问员。

用百分比决定样本容量的公式为:

$$n^*=\frac{(Z_{\alpha/2})^2(pq)}{r^2}$$

式中:n^* 为样本容量;Z 与所选置信水平相关的可靠性系数;p 为总体中估计的变异性;q 为 $(100\%-p)$;r 为可接受相对容许水平。

小总体时,需使用 fpc:

$$n^*=\frac{(Z_{\alpha/2})^2(pq)}{r^2}\left(\frac{N-n}{N-1}\right)$$

当 $p=50\%$ 时,所取最大值,当$(Z_{\alpha/2})$及 r 为一定时,所需样本容量 n^* 最大。实际原因是,当$p=50\%$时,一半的受访者持一种观点,另一半受访者持另一种相反的观点,这时样本的变异性大。为了在相同的置信水平(可靠性系数)上获取相同的精确度(可接受相对容许水平),必须加大样本容量。当 $p=0\%$ 或 100% 时,变异性为 0,所需样本容量最小,理论上只需一个样本元素即可代表整个总体。

2. 分层抽样样本容量的确定

在定义分层随机抽样下总体特征的估计时,我们使用和简单随机抽样中相同的符号。下面所有的公式都只用于分层随机抽样下对总体平均值的估计。

设想一个包括 N 个元素的总体,该总体分为 H 个互斥和穷举的层。让 $N_1, N_2, \cdots, N_h$ 代表每一层中元素的数目,或者说,分总体的大小。因为整个总体(N)被分成 H 层,所以 $N = \sum_{h=1}^{H} N_h$。从每一层中选择的样本容量表示为 n_h,则 $n = \sum_{h=1}^{H} n_h$,这里的 n 是总的样本容量。后面我们还将讨论给定总的样本容量(n)在两类分配原则下如何决定每个层中的样本容量(n_h)。

在分层随机抽样下,在这个目标总体中与某一特征相关的平均值和抽样误差可以估计如下:

平均值为: $\bar{y}_{(ST)} = \sum_{h=1}^{H} W_h \bar{y}_h$

标准差为: $S_{y(ST)} = \sqrt{\sum_{h=1}^{H} W_h^2 S_{yh}^2}$

标准误为: $S_{\bar{y}(ST)} = \sqrt{\sum_{h=1}^{H} W_h^2 \frac{S_{yh}^2}{n_h}}$

如果样本代表总体的 10%~20% 或更多,则标准误为:

$$S_{\bar{y}(ST)} = \sqrt{\sum_{h=1}^{H} W_h^2 \frac{S_{yh}^2}{n_h}\left(\frac{N_h - n_h}{N_h - 1}\right)}$$

式中:W_h 为第 h 层的权数,等于 N_h/N;$\bar{y}_h$ 为第 h 层的平均值;S_{yh}^2 为第 h 层的方差;第 h 层中方差由下式计算: $S_{yh}^2 = \frac{\sum_{i=1}^{n_h}(y_{ih} - \bar{y}_h)^2}{n_h - 1}$

最重要的是,从上面公式我们可以看出,分层抽样下对平均值的标准误的估计仅取决于层内变异性。换句话说,存在于不同的层之间的差异性没有进入整个分层样本的标准误的计算。而标准误代表抽样误差,所以相对于简单随机抽样,分层样本抽样误差更小,精确度更高。

当我们在一个规定的置信水平上、在一个规定的误差限制内估计总体平均值时,我们能够估计样本容量。在简单随机抽样中,在目标总体中测量的特征的预期方差必须已知;对于分层随机抽样,所有层的层内方差的估计值也必须已知。

分层随机抽样下的样本容量公式如下:

$$n^* \approx \frac{N(Z_{\alpha/2})^2(\hat{\sigma}_{wy}^2/\bar{Y})}{(Z_{\alpha/2})^2(\hat{\sigma}_{wy}^2/\bar{Y}) + Nr^2}$$

这里,除了 $\hat{\sigma}_{wy}^2$,所有的符号前面都已经定义过。在上面公式中,$\hat{\sigma}_{wy}^2$ 是单个层内方差的预期的或估计的加权平均数:

$$\hat{\sigma}_{wy}^2 = \sum_{h=1}^{H} \frac{N_h}{N} \hat{\sigma}_{yh}^2$$

假设市场调研员保存有所有店内促销研究最近五年的纪录。例行纪录的信息是:①测试品牌的产品类别;②数量;③货架空间分配;④促销活动;⑤测试位置。表 7-5 给出了关于位于布法罗(层 1)、辛辛纳提(层 2)、堪萨斯城(层 3)、明尼阿波利斯(层 4)和菲尼克斯(层 5)试验市场的 250 家商家售出数量分布信息。初级分析员决定使用者这些信息为将在这些地区执行的受控商店促销试验编制计划。根据历史纪录,在未来的促销试验中售出数量的预期平均数将可能是:

$$\frac{45\times55+70\times68+50\times70+60\times74+25\times101}{250}=70.8$$

表 7-5 商店售出商品数量的分布

层	容量	平均售出数量	售出数量平均值的分布方差
布法罗	45	55	82
辛辛纳提	70	68	121
堪萨斯	50	70	110
明尼阿波利	60	74	132
菲尼克斯	25	101	75

加权系数分别是:

$$W_1=\frac{45}{250}=0.18$$

$$W_2=\frac{70}{250}=0.28$$

$$W_3=\frac{50}{250}=0.20$$

$$W_4=\frac{60}{250}=0.24$$

$$W_5=\frac{25}{250}=0.10$$

在分层随机抽样下,为了计算保证估计的售出数量平均数处于实际平均数 20% 范围内所需的商店数,需要知道 $\hat{\sigma}_{wy}^2$ 的预期值,初级分析员计算层内方差的加权平均数是:

$$\hat{\sigma}_{wy}^2=\frac{45\times82+70\times121+50\times110+60\times132+25\times75}{250}=\frac{27455}{250}=109.82$$

则:$$n^*=\frac{N(Z_{\alpha/2})^2(\hat{\sigma}_{wy}^2/\bar{Y})}{(Z_{\alpha/2})^2(\hat{\sigma}_{wy}^2/\bar{Y})+Nr^2}=\frac{250\times3^2\times(109.82/70.8)}{3^2\times(109.82/70.8)+250\times0.20^2}=\frac{3490.04}{23.96}=145.66$$

所以初级分析员计划抽取 146 家商店的样本。

分层抽样中的一个重要决定是,在对所有层总共抽样 n 个元素的约束下,从每个层中抽样的元素数的多少。在实际中,两个程序用于在 H 个层中分配全部样本容量 n。一是比例分配,保证分层随机抽样至少有简单随机抽样的效率;二是最优分配或非比例分配,对于一个固定的样本容量 n 和事先确定的层数使估计的总体参数的标准误最小,尽管它比比例分配更难应用。

在这一部分我们介绍两种程序。将讨论限制在分层随机抽样,这样,不管何种分配程序,一旦元素数 n_h 已确定,简单随机抽样程序就可用于从每一层中选择元素。

(1) 比例分配。在比例分配中,从层 h 中选择的元素数与该层中的总体大小成比例。换句话说,对于比例分配,抽样比 $f_h = n_h/N_h$ 对所有的层都是恒定的,这一点的必然结果是整体的抽样比 $f = n/N$ 就是每一层的拍样比。在这一分配程序下,从每一层中抽取的样本容量很容易计算,从每一层中抽取的元素数 n_h 以下式给出:$n_h = (N_K/N)n$

(2) 最优分配。最优分配的目标是在层间分配一个固定的样本容量以使在目标总体中测量的特征的方差最小。假设每元素抽样成本相等,产生样本参数最小方差估计的 n 个样本单元的分配以下式给出的:

$$n_h = \left(N_h \hat{\sigma}_{yh} \Big/ \sum_{h=1}^{H} N_h \times \hat{\sigma}_{yh}\right) n$$

最优分配本质上涉及一个双重加权组合。从某一给定层中抽取的样本元素数与下列数值成比例:①层的相对大小;②该层中元素间所考虑的特征的分布的预期标准差($\hat{\sigma}_{yh}^2$)。这个双重加权程序的理论基础很简单。第一,容量是重要的,因为所含元素数多的曾在决定总体平均值时更重要;第二,层的变异性也是重要的,因为如果所考虑的特征的分布在一特定层中有一个大的标准差,那么从该层中必须选择相对多的元素以获得层参数的可靠估计,从特征分布的标准差更小的层中必须选择更少的元素。

已决定抽样 146 家商店后,初级分析员下一步检查在比例分配和最优分配下样本如何在层间分配。

按比例确定每层的样本数:$n_1 = \dfrac{45}{250} \times 146 = 26.28 = 26$

$$n_2 = \frac{70}{250} \times 146 = 40.88 = 41$$

$$n_3 = \frac{50}{250} \times 146 = 29.20 = 29$$

$$n_4 = \frac{60}{250} \times 146 = 35.04 = 35$$

$$n_5 = \frac{25}{250} \times 146 = 14.60 = 15$$

如果使用最优分配,研究以下特征的标准差的某种估计必须是可以得到的。使用表 7-5 中的信息,将样本在层间进行如下分配:

$$n_1 = \left(\frac{45\sqrt{82}}{45\sqrt{82} + 70\sqrt{121} + 50\sqrt{110} + 60\sqrt{132} + 25\sqrt{75}}\right) \times 146 = 22.9 = 23$$

$$n_2 = \left(\frac{70\sqrt{121}}{45\sqrt{82} + 70\sqrt{121} + 50\sqrt{110} + 60\sqrt{132} + 25\sqrt{75}}\right) \times 146 = 45.2 = 43$$

$$n_3 = \left(\frac{50\sqrt{110}}{45\sqrt{82} + 70\sqrt{121} + 50\sqrt{110} + 60\sqrt{132} + 25\sqrt{75}}\right) \times 146 = 29.4 = 29$$

$$n_4 = \left(\frac{60\sqrt{132}}{45\sqrt{82} + 70\sqrt{121} + 50\sqrt{110} + 60\sqrt{132} + 25\sqrt{75}}\right) \times 146 = 38.6 = 39$$

$$n_5 = \left(\frac{25\sqrt{75}}{45\sqrt{82} + 70\sqrt{121} + 50\sqrt{110} + 60\sqrt{132} + 25\sqrt{75}}\right) \times 146 = 12.1 = 12$$

为了应用最优分配，我们需要知道所考虑变量分布的标准差。在实际中，这很少是已知的。然而，有两种方法可以继续：

1）基于以前调查了相似的抽样变量和使用了相似的分类变量的研究调查，通过平均或某种其他方法，取得了每一层内抽样变量的分布的标准差（$\hat{\sigma}_{yh}$）的估计。下一步，使用这些估计值计算从每层中抽取的元素的最优分配。

2）从每个层中抽取一个小的"附属"样本。在附属样本的基础上计算抽样变量的抽样分布的标准差（s_{yh}^*）。使用 s_{yh}^*，计算从每一层中抽取的元素的最优分配。作为预防性步骤，在假设的最优分配程序的基础上抽取样本后，需要检查样本的标准差，与附属样本的标准差对照。如果一致，继续；如果不一致，那么抽取另一附属样本继续前述相同程序。

3. 总体比例估计的公式

（1）简单随机抽样

1）比例

$$p = \sum_{i=1}^{n} y_i \Big/ n \quad \text{这里 } y_i \text{ 等于 1 或 0}$$

2）标准误

$$s_p = \sqrt{\frac{p(1-p)}{n-1}}$$

有 fpc 的标准误：

$$s_p = \sqrt{\frac{p(1-p)}{n-1}}\sqrt{\frac{N-n}{N-1}}$$

3）样本容量的确定

$$n^* = \frac{(Z_{\alpha/2})^2(1-p)}{ph^2}$$

有 fpc 的样本容量确定：

$$n^* = \frac{(Z_{\alpha/2})^2(1-p)}{ph^2}\left(\frac{N-n}{N-1}\right)$$

式中：p：在整个目标总体中比例的预期（或估计）值。

（2）分层随机抽样

1）比例

$$P_{ST} = \sum_{h=1}^{H} W_h P_h$$

2）标准误

$$s_{p(ST)} = \sqrt{\sum_{h=1}^{H} W_h^2 \frac{p_h(1-p_h)}{n_h}}$$

有 fpc 的标准误：

$$s_{p(ST)}=\sqrt{\sum_{h=1}^{H}W_h^2\frac{p_h(1-p_h)}{n_h}\left(\frac{N_h-n_h}{N_h-1}\right)}$$

3）样本容量决定

$$n^*\approx\frac{N(Z_{\alpha/2})^2(\hat{\sigma}_{wp}^2/p^2)}{(Z_{\alpha/2})^2(\hat{\sigma}_{wp}/p^2)+Nr^2}$$

式中：p 为在整个目标总体中比例的预期（或估计）值；$\hat{\sigma}_{wp}^2$ 为单个层内方差的预期（或估计）的加权平均数。

第六节　抽样中的误差问题

（一）抽样误差的概念

以样本指标推断总体指标，即用样本统计量估计总体参数，不可避免地会产生各种误差。一般来说，抽样误差就是指样本指标与被它估计的总体相应指标之间数量上的差数。例如，样本平均数与总体平均数之差 $\bar{x}-\bar{X}$。

凡调查就一定有误差，误差或大或小总是存在的，不可能完全避免。由于产生误差的原因不同，误差的性质也不同，所以描述误差的一些概念，对误差问题的深入讨论具有重要的意义。

1. 估计量方差

设总体某个待估参数为 θ，在随机抽样条件下，用样本数据计算出一个统计量 $\hat{\theta}$ 作为总体 θ 的估计，所以把 $\hat{\theta}$ 称为 θ 的一个估计量。在一个总体中，包含众多的样本，抽中不同的样本，会得到不同的估计量 $\hat{\theta}$，将所有可能样本估计量的期望值记为 $E(\hat{\theta})$，则估计量方差的定义式为：

$$V(\hat{\theta})=E[\hat{\theta}-E(\hat{\theta})]^2$$

估计量方差是描述估计精度的一个重要指标。方差越大，说明样本统计量之间的差异越大，用样本统计量估计总体参数的效率（估计的精度）就越低。

2. 偏差

仍然令 θ 为总体待估参数，也可以把它视为总体真值，$E(\hat{\theta})$ 为样本估计量的期望值，则偏差的定义式为：

$$\text{Bias}(\hat{\theta})=E(\hat{\theta})-\theta$$

由定义式看出，偏差的含义是，如果反复进行抽样，其所有可能样本估计量的均值（数学期望）$E(\hat{\theta})$ 与总体真值 θ 之间的离差。偏差与估计量方差不同，它属于偏于某个方向的系统性误差，而估计量方差是随机性误差，没有系统性。其次，估计量方差可以随着样本量的增大而减少，而大多数的偏差（少数有偏估计量除外）并不随着样本量的增大而减少。因此，如果用样本推断总体，在有偏差的情况下，无论怎样增大样本量，都不可能有效地提高估计的精确度。

3. 均方误差

均方误差(mean square error)通常简写为MSE,其定义式为:

$$\mathrm{MSE}(\hat{\theta})=E(\hat{\theta}-\theta)^2$$

将上式进一步展开,又可以写成:

$$\begin{aligned}\mathrm{MSE}(\hat{\theta})&=E\{[\hat{\theta}-E(\hat{\theta})]+[E(\hat{\theta})]-\theta\}\\&=E[\hat{\theta}-E(\hat{\theta})]^2+[E(\hat{\theta}-\theta)]^2+2E[\hat{\theta}-E(\hat{\theta})][E(\hat{\theta})-\theta]\\&=E[\hat{\theta}-E(\hat{\theta})]^2+[E(\hat{\theta})-\theta]^2\\&=V(\hat{\theta})+\mathrm{Bias}(\hat{\theta})^2\end{aligned}$$

由此看出,MSE是估计量方差和偏差平方之和。如果估计量是无偏的,便有

$$\mathrm{MSE}(\hat{\theta})=V(\hat{\theta})$$

由于均方误差MSE包含了估计量方差和偏差,因而更全面、更综合地反映了估计误差的状况。

(二) 抽样误差

抽样中的误差可以分为两类,抽样误差和非抽样误差。

抽样误差是由抽样的随机性造成的,用样本统计量估计总体参数时出现的误差。对任何抽样方案,都会存在许多待选样本,实际中抽到的只是其中的一个样本。抽到哪一个样本完全是随机的,而抽到不同的样本,对总体的估计就会不同,这就是抽样误差产生的根本原因。描述抽样误差,可以采用不同的指标,前面谈到的估计量方差就是其中之一。此外,估计量方差的平方根$S(\hat{\theta})$也是描述抽样误差的一个指标。

$$S(\hat{\theta})=\sqrt{V(\hat{\theta})}$$

$S(\hat{\theta})$称为估计量标准差或抽样标准差,它与估计量具有相同的性质。

在随机抽样中,抽样误差是不可避免的,其大小受到以下几个因素的影响:

(1) 抽样误差与总体分布状况有关,总体各单位之间差异越大,即总体方差越大,抽样误差就越大;反之,抽样误差就越小。

(2)抽样误差与样本量有关,在其他条件相同的情况下,样本量越大,抽样误差就越小;反之,抽样误差就越大。

(3)抽样误差与抽样方式和估计方式有关系。如分层抽样的估计精度高于简单随机抽样。在有辅助信息的条件下,比率估计、回归估计也可以有效地减少抽样误差。

抽样误差的最大特点是它的可计算性。抽样误差虽然无法避免,但调查人员可以知道抽样误差有多大,并采用适当的方式(如增大样本量)对其进行控制。

(三) 非抽样误差

非抽样误差是指除抽样误差以外,由其他原因引起的样本统计量与总体真值之间的差异。非抽样误差产生的原因,主要有以下几种:

1. 抽样框误差

例如,用工商局签发的营业执照作为个体商业的抽样框,对个体商业实施抽样调查,以掌握个

体商业零售额的情况。但有些个体商贩是无照经营,这部分零售额会漏掉。

2. 无回答误差

现场调查中由于各种原因,调查人员没能够从被调查者那里得到所需要的数据。可以把无回答分为两类,一类是由于随机因素造成的,如调查时被调查者恰巧不在家,这种无回答减少了有效样本量,会造成估计量方差增大;另一类无回答是非随机因素的影响,如被调查者不愿告诉实情而拒绝回答,这时,回答者与不回答者在调查指标上存在数量的差异,调查的结果中只有回答者的信息,却没有无回答者的信息。这种无回答不仅造成估计量方差增大,还会带来估计偏差。

3. 调查人员误差

这种误差是由调查人员的原因造成的,如在调查中有意无意地渲染某种东西,诱导被调查者;调查中的提问错误或记录答案错误等。最恶劣的是调查人员有意作弊。因此对调查员的职业道德教育和业务培训是十分重要的。

4. 受访者误差

受访者误差是指在现场调查中,受访者没有能够提供准确、真实的信息。受访者误差的产生有几种情况:①理解:由于问卷的原因或受访者自身的原因,受访者对调查问题的理解上有偏误,从而提供了与真实情况不符的答案。②记忆:对调查问题,受访者记忆不清,回答结果与事实有出入。③有意隐瞒:对某些调查问题,受访者不愿意提供真实情况,在无法回避的情况下或优于其他原因,向调查人员提供了虚假数字,往往带来较大的偏差,对调查结果的危害最大。此外,非抽样误差还可能产生于其他一些原因,如由于测量工具不准造成计量误差,对数据编码和录入的错误造成的数据整理误差,等等。

(四) 误差问题小结

本节讨论抽样中的误差问题是从两个方面上展开的。

首先,从误差的性质上看,可以分为估计量误差、偏差和均方误差。估计量方差是一种随机性误差,它描述了样本统计量的分布状况,是评价随机样本估计精度的重要指标。估计偏差则是一种系统性误差,其偏误具有特定的方向,且不会随着样本量的增大而减少(少数有偏估计量除外)。均方误差则是估计量方差与偏差平方之和。对于同一个估计目标,可以使用不同的估计量。有些估计量方差大、偏差小,有些估计量方差小、偏差大,所以均方误差是综合评价估计量优劣的一个指标。在估计量性质的讨论范围内,如果一个估计量是无偏估计量,则该估计量的方差与均方误差相等。

其次,从误差的类型上看,可以分为抽样误差和非抽样误差。抽样误差是由于抽样的随机性引起的,所以只是在随机抽样中才涉及抽样误差的问题。估计量方差是反映抽样误差的一个重要指标,此外,抽样误差也可以用抽样标准误差(估计量方差的平方根)表示。抽样误差随样本量的增大而减小,且可以计量并且能够通过抽样方式和样本量加以控制。非抽样误差是除抽样误差外,由其他各种因素造成的误差。非抽样误差与抽样的随机性无关,可以存在于各种类型的调查方式之中。非抽样误差成因复杂,难以准确对其进行计量,且样本量越大,非抽样误差出现的机会就越大。对非抽样误差的控制从设计开始,到数据采集直至数据处理,贯穿于整个调查过程之中。所以,从一定意义上讲,能够把非抽样误差控制在很小水平上的调查,一定是一个精心设计、精心实施的调查。

本章小结

抽样是指在从市场调查总体中，按一定方式和程序选取一部分调查对象的过程。抽样调查是指从调查对象总体中选取具有代表性的部分个体作为样本进行调查，并根据样本的调查结果去推断总体的一般特征的调查方法。抽样方式可分为随机抽样和非随机抽样。

总体是由市场研究目标规定的整个集合，样本是总体的一个具有代表性的子集，样本具有不同的基本单位。在调查中因使用样本会发生抽样误差，而抽样框是总体所有样本单位的完整列表，一个抽样框可能会有来自抽样框内成员与目标总体不符造成的误差。

抽样调查流程包括以下几个过程：①选定目标总体；②确定抽样框；③区分抽样框；④选择抽样方法；⑤设计样本计划；⑥收集数据；⑦样本有效性检验；⑧必要时再抽样；⑨为决策者提供信息等步骤。

样本设计的重要部分是抽样技术的确定。抽样技术有多种，但都可归为随机抽样和非随机抽样两大类。前者使总体的每个成员都有一定的概率入选，包括简单随机抽样、等距抽样、整群抽样、和分层抽样；后者则无法估计总体元素选入样本的概率，因而先要保证样本使总体的代表，方法有方便抽样、判断抽样、参考抽样、配额抽样和自愿抽样。

样本设计还要确定样本容量，样本容量与总体容量的关系并不大，主要取决于预算、研究目标和数据使用方法等，我们可以运用统计方法加以确定。涉及的主要内容有：影响样本容量的因素，确定样本容量的方法，以及样本容量的计算等。

抽样中的误差问题，包括误差的描述和误差产生原因的分析。抽样误差只有在随机抽样中才存在，非抽样误差则不论在随机抽样和非随机抽样中都同样存在。抽样技术中的核心问题，是对误差的计量和误差的控制问题。

思考与练习题

一、名词解释

抽样　抽样调查　总体　样本　抽样误差　随机抽样　非随机抽样　样本容量　等距抽样　简单随机抽样　整群抽样　配额抽样

二、选择题

1. 某市对占全市营业额70%的五家商场进行调查，其调查方式是（　　）。
   A. 典型调查　B. 重点调查　C. 抽样调查　D. 普查
2. 样本的组成单位（　　）。
   A. 不是总体单位　B. 可能是也可能不是总体单位　C. 是总体单位　D. 以上都是错误的
3. 抽样极限误差Δ与抽样平均误差u的关系是（　　）。
   A. 当t已定时，u愈大，则Δ愈大　B. 当u已定时，t愈小，则Δ愈大
   C. 当u已定时，t愈大，则Δ愈大　D. 当u已定时，t愈小，则Δ愈小
4. 在考虑统计效果的前提下，根据费用支出来确定各层应抽取的样本数的方法是（　　）。
   A. 分层比例抽样　B. 分层最佳抽样　C. 最低成本抽样　D. 多次分层抽样
5. 经常在市场初步调查或对市场情况不甚明确时采用，而正式市场调查中较少采用的抽样方法是（　　）。
   A. 任意抽样法　B. 判断抽样法　C. 配额抽样法　D. 等距抽样法
6. 从一个全及总体中可以抽取一系列样本，所以（　　）。

A. 抽样指标的数值不是唯一确定的　　B. 抽样指标是样本变量的函数
C. 总体指标是随机变量　　D. 抽样指标不是样本变量的函数

7. 能够使调查人员与被调查人员建立起密切的联系，调查资料的准确性和回收率较高的调查形式是(　　)。
A. 市场普查　　B. 随机抽样调查　　C. 非随机抽样调查　　D. 固定样本持续调查

8. 简单重复抽样下，若其他条件不变，将极限误差减少20%，则样本容量(　　)。
A. 不变　　B. 增加56.25%　　C. 扩大为原来的1.5625倍　　D. 扩大为原来的2倍

9. 统计商店顾客流量时，由于顾客拥挤产生数不准的问题而产生的误差属于(　　)。
A. 一般性的调查误差　　B. 组织工作失误造成的误差
C. 工作质量问题引起的误差　　D. 抽样误差

10. 在随机抽样时，通过事先对母体进行分层，可以(　　)。
A. 消除抽样误差　　B. 保证抽样的随机性
C. 减少层间子体差异　　D. 保证样本对总体的代表性

11. 配额抽样法的缺点是(　　)。
A. 方法过于简单　　B. 随机性太强　　C. 易出现判断上的主观性　　D. 所配数额过于死板

12. 某电台为了了解国产家电的使用状况及占有率，在几个大商场向所遇见的顾客调查有关情况，以掌握初步信息，这种调查属于(　　)。
A. 任意抽样法　　B. 判断抽样法　　C. 配额抽样法　　D. 等距抽样法

13. 等距抽样法中，如果第一个样本采用(　　)选取，那么它就属于非概率抽样。
A. 任意抽样法　　B. 判断抽样法　　C. 配额抽样法　　D. 随机抽样法

14. 采用纯粹偶然的方法从母体中选取样本的抽样方法是(　　)。
A. 简单随机抽样　　B. 分层随机抽样　　C. 等距抽样　　D. 任意抽样

15. 对城乡居民进行随机调查，据此推算出某个地区范围内的居民购买力，这种测算方法称为(　　)。
A. 配额测算　　B. 比例测算　　C. 抽样测算　　D. 适用面测算

三、填空题

1. 不遵守随机原则时产生的误差称为(　　)。
2. 标志值的变异程度愈大，抽样误差(　　)。
3. 简单随机抽样下最常用的抽样方法有(　　)和(　　)。
4. 对同一总体，重复抽样下的误差(　　)不重复抽样下的误差。
5. 一般而言，分类抽样的抽样误差(　　)简单随机抽样的抽样误差。
6. 用等距抽样法抽选样本单位时，关键是确定(　　)位置。
7. 抽样估计所采用的逻辑方法是(　　)。
8. 当抽样平均误差一定时，抽样推断所要求的可靠度愈高，则极限误差(　　)。
9. 抽样误差大小与抽样组织形式(　　)。
10. 在分类抽样中，各个总体单位的标志值差异较大，则适宜于采用(　　)抽样方法。

四、简答题

1. 简述抽样推断的含义及其特点。
2. 什么是抽样误差？它有何特点？
3. 在抽样调查中为什么要采用随机原则？
4. 什么是抽样估计？它有哪些特点？
5. 影响抽样误差的因素有哪些？
6. 影响必要抽样数目的因素有哪些？

7. 什么是等距抽样？它可分为哪几种形式？
8. 什么是整群抽样？它是适用于何种调查总体？

五、计算题

1. 对某企业36%的医药代表作抽样调查。在抽样调查的144人中，有64%的人超额完成当月的销售任务。试以95.45%（$t=2$）的概率求超额完成当月销售任务的医药代表所占比重（成数）的极限误差。
2. 一家市场调研公司想估计某地区今年购买某种感冒药的家庭所占的比例。过去三年该地区购买过该感冒药的家庭所占的比例为40%、43.5%、50%。该公司希望对比例的估计误差不超过0.05，要求的可靠程度为95.45%，应抽多大容量的样本？
3. 某卫生检查部门对一批待进口的药品作检验，一只包装箱中装有200盒该种药品，从待检验的50箱药品中任意抽取3箱，发现3箱中不合卫生检疫标准的分别有20盒、10盒、15盒，试在95.45%的概论保证下，对全部盒装药品的不合格率作点估计和区间估计。

（李习平　张维纯）

第八章 问卷调查技术

学习目标　通过本章学习，要求熟悉问卷与问卷设计的含义；了解问卷设计的要求；熟悉问句的含义与类型；掌握问句设计的原则、排序方法及应注意的问题；掌握问卷的结构；熟悉问卷设计的基本程序；了解态度测量的含义、方法。

在市场调查中，问卷是最常用的一种调查工具，是收集市场信息资料、进行数据处理和分析的重要手段。一份高质量的市场调查问卷，既能保证市场信息的收集质量，又能促进整个调查工作效率的提高。

第一节 问卷与问卷设计概述

一、问卷和问卷设计的含义

1. 问卷的含义

问卷又称调查表、问卷表。它是一种以书面形式了解被调查对象的反应和看法。并以此获得资料和信息的载体。

问卷既是一种收集数据的结构化技术，又是实施各种市场调查方法的一种必备的工具。一种类似于体温表、测量器、磅秤、米尺那样的工具。问卷通俗易懂，实施方便。有利于对资料进行统计处理和定量分析，使回答误差率降低、节省时间、调查效率高。

2. 问卷设计的含义

问卷设计是依据调查与预测的目的，开列所要了解的项目，并以一定的格式，将其有序地排列组合成调查表(问卷)的活动过程。

问卷设计应包含了解问卷设计的目的、明确问卷在何种访问方式下使用、选择问卷的形式、设计问句、设计问句的结构、问句总体的组合、容易使调查者和被调查者所接受、符合调查要求、能有效获得所需信息资料的调查表。

二、问卷的功能

1. 描述性功能

(1) 通过问卷得到有关个人或团体特征之描述，如：性别、年龄，教育程度、职业、偏好、信仰等资料，问卷对调查者了解、解释或预测某些现象有所帮助。

（2）对特定主题的看法及兴趣程度的描述。

2. 测量性功能

（1）有关个人变数的测量，如人格、态度方面。

（2）了解某项态度与行为的持续性与变化性作为设计或决策的参考。

问卷提供了统一、规范的资料收集程序和标准，从而使整个资料收集工作与调查目标相吻合。无论是市场调查人员，还是被调查对象，都可以按照预先设定的程序和标准展开调查工作，避免了不同调查人员随意询问而导致所收集信息资料的杂乱无章。那种随意的调查询问不仅缺少系统性，而且大大增加了信息资料处理的难度。所以，有人也把问卷称为“控制工具”。

三、问卷设计的要求

问卷设计的根本目的是设计出符合调查需要，能够获取足够、适用和准确的信息资料的调查问卷，以保证访问调查工作能顺利和圆满地完成。为实现这一目的，至少需要满足下述具体要求。

1. 与所需资料相适应

首先是问卷必须能保证获取调查所需的信息资料；其次是通过问卷调查得到的信息资料与所需的信息资料相匹配。也就是说，问卷中不浪费一句问句去取得不需要的资料，不遗漏一个问句以致需要的资料残缺不全。

2. 便于调查人员调查工作

在某种程度上说，问卷是市场调查人员实施调查的工具，所以，它必须易于调查人员操作管理，既便于调查人员顺利发问、记录，又能确保所取得的信息资料正确、无偏差。

3. 便于被调查者回答

问卷最终是通过被调查对象的应答，提供有效的信息资料实现其价值，问卷要针对应答者设计，使被调查者能够充分理解问句，能够回答，愿意回答，乐于回答，顺利回答，正确回答。

4. 便于问卷结果的处理

问卷调查结束后，就要进行信息资料的处理，为此，问卷设计要充分考虑到在调查完成后，能够方便地检查其正确性和适用性，便于对调查结果的整理、统计、分析。

为实现上述要求，要求问卷设计人员必须具有丰富的与人交往的经验，有清晰的思路和极大的工作耐心，还要懂得设计问卷的技术技巧。

第二节　问句设计技术

一、问句的含义

所谓问句，一般指询问的句子。市场调查中的问句，不仅指一般意义上的提问用的句子，还包括将要记录的答案、计算机编号和说明怎样回答四个部分。

此外，调查问卷中的句子不一定非要采用提问的形势和口吻，也可采用叙述一种情况或事实然后征求意见。所以，调查问卷中的问句是一种具有特定含义的问句。

例如，平时你一天耗费多少时间阅读报纸？（请在答案旁的数字上打上“√”）

①不到半小时　②半小时到1小时　③1小时到2小时　④2小时以上

二、问句的类型

理想的问句设计应能使调查人员能获得所需的信息，同时被调查者又能轻松、方便地回答问题。这就要求调查人员能依据具体调查内容要求，设计选用合适的问句进行调查。问句的类型很多，按问句提出问题的性质可分为：直接性问句、间接性问句、假设性问句；按问句答案设计的不同可分为：开放性问句、封闭型问句；按问句要收集的资料性质可分为：事实性问句、行为性问句、动机性问句、态度性问句。

1. 直接性问句、间接性问句与假设性问句

（1）直接性问句：就是将所要询问的问题直截了当地告诉受访者，请他们在问题所确定的范围内，给予直接的回答。采用这种提问方式，能获得比较明确的信息，也便于汇总、统计和分析，适合于那些被调查者不怎么敏感的，回答没有顾虑的、公众性、普遍性的问题。

例1，“您的职业……”

①教师　②药剂师　③农民　④军官

例2，“您最喜欢的工作岗位？”

①医院的药局　②制药企业　③医药公司　④……

（2）间接性问句：是指那些不宜于直接回答，而采用间接地提问方式得到所需答案的问题。这种提问方式要求被调查者对其他人的行为、动作、态度等作出判别或评述，让他感觉到他所扮演的只是一个旁观者，一个评判者的角色，这样，就能排除调查者和被调查者之间的某些障碍，使被调查者有可能对已得到的结论提出自己不带掩饰的意见。间接提问的方式，适合那些令被调查者感到有心理压力的、不乐意或很难做出正面回答的问题。

例1，请问，您哪一年出生？（不选择：女士，您今年多大岁数了？）

例2，在本地您的收入属于哪一档次？（不选择：您月收入有多少？）

（3）假设性问句（虚拟提问）：虚拟提问就是以一种假设存在的情况为前提，向被调查者提出问题。

例1，“有人认为目前的电视广告过多，您的看法如何？”

例2，“如果在购买汽车和住宅中您只能选择一种，您可能会选择哪种？”

2. 开放性问句与封闭性问句

（1）开放性问句：是指所提出问题并不列出所有可能的答案供被调查者选用，而是由被调查者自由回答的问句。由于不在问句后预设备选答案，这类问题使被调查者可以自由的、不受限制的使用自己的语言或提供精确的数字来回答问题，答案比较真实。开放性问句的形式主要包括填空式和自由回答式。

例1，您对污染怎样看，您认为有必要增加反污染法规吗？

例2，您现在使用的维生素C的品牌是＿＿＿＿＿＿。

开放性问句比较适用于调查受消费者心理因素影响较大的问题，如消费习惯、购买动机、质量、服务态度等，这种询问方式因事先不提供回答答案，能使被调查者思维不受束缚，充分发表意

见,畅所欲言,从而可以获得较为广泛的信息资料。因这些问题一般很难预期或限定答案范围。这种询问在探测性调查中常常采用。

开放性问句的优点:使用开放性问句由被调查者自由回答问题,自己决定回答的角度、形式、长度和细节,能充分表达自己的意见和看法;能够调动被调查者回答问题的积极性;可从回答中检查被调查者是否误解了问题。

开放性问句的缺点:答案的标准化程度低,回答率比较低,占用的时间较多,不便于资料的汇总、统计和分析,难以进行量化处理。

(2) 封闭性问句:是指对所提问的问题,给出各种可能的答案,让被调查者按要求进行选择一个或几个答案的问句。封闭性问句的常用方法有二项选择法和多项选择法。

但这种问句也有一定的局限性,主要是被调查者无法反映其他各种有目的的、真实的想法,不能表达意见程度差别,回答只有"是"与"否"两种选择。

封闭性问句的优点:封闭性问句回答简单,节省调查时间,回答率较高;由于答案标准化,调查结果便于汇总、统计和分析,便于作定量化处理。

封闭性问句的缺点:由于封闭性问句事先设计好了各种可能的答案,被调查者直接选项,可能不能完全准确表达被调查者的意见和看法;容易产生诱导;答案难以辨别。

3. 事实性问句、行为性问句、动机性问句与态度性问句

(1) 事实性问句:是指那些要求被调查者回答已经发生的、客观存在的事实的问题。问题十分明确,答案也十分明确,只要求回答事实,不要求作任何描述。提问的目的是为了获得事实性资料,如问卷中关于被调查者年龄、职业、收入、文化等各人背景资料的问题就是典型的事实性问题。

事实性问句是要求被调查者依据现有事实来回答问题,不必提出主观看法。诸如"你使用的降压器是什么牌子的?""你家庭的人年均收入是多少?""你的职业是什么?"等等。这类问题常用于了解被调查者的特征(如职业、年龄、收入水平、家庭状况、居住条件、教育程度等)以及与消费商品有关的情况(如产品商标、价格、购买地点、时间、方式等),从中了解某些商品消费的现状。这类问题对调查人员确定某类产品的目标市场有很大的帮助。

事实性问句的主要特点是问题简单,回答方便,调查覆盖面广,调查结果便于统计处理,但由于时间长等原因,被调查者对某些事实记忆不清,或由于某些被调查者的心理因素影响,而使回答的结果在一定程度上失真。

(2) 行为性问句:是指要求被调查者回答有没有做过,或是否准备做某事以及是否拥有某物的问题。

例如,中医药杂志你每期都看吗?

(3) 动机性问句:是指要求被调查者回答他采取某种行为的原因或动机的问题。对于动机性的问句的调查可以采取直接提问方式,也可以选择间接提问方式,或假设性方式。

例如,你为什么喜欢去制药厂工作?

(4) 态度性问句:是指要求受访者回答他对某个事情、某种商品或某个企业的评价态度和意见的问题。询问态度性问句最常用的方式是借用态度测量表。关于态度测量的有关问题将在本章第六节中详述。

三、问句答案的设计

在市场调查中，有些类型的问句，需要事先对问句答案进行设计。在设计答案时，可以根据具体情况采用不同的设计形式。常见的方法有以下三种：

1. 二项选择法

二项选择法也称真伪法或二分法，是指提出的问句仅有两种答案可以选择。“是”或“否”，“有”或“无”等。这两种答案是对立的、排斥的，被调查者的回答非此即彼，不能有更多的选择。例如：“您家里现在有体温计吗？”答案只能是“有”或“无”。又如：“您是否打算在近一年内购买健身器？”回答只有“是”或“否”。

这种方法的优点是：易于理解和可迅速得到明确的答案，便于统计处理，分析也比较容易。但回答者没有进一步阐明理由的机会，难以反映被调查者意见与程度的差别，了解的情况也不够深入。这种方法适用于互相排斥的两项择一式问题，及询问较为简单的事实性问题。

> **信息框**
>
> 过滤性问句与核实式问句☞
>
> 在调查问卷中经常要使用过滤性问句与核实式问句。
>
> 过滤性问句的功能是筛选掉那些不适于回答后续问题的调查对象。例如，我们要了解医生对某品牌药品疗效的看法，就要使用过滤性问句来筛选掉那些不了解或未使用过该药品的医生。
>
> 核实式问句的功能在于测量被调查者对某一问题回答的真实性。为了检验被调查者对第一个问题回答的真实性，在问卷的某一位置适时地提出与第一个问题密切相关的第二个问题，作为检验性问题。

例1，您的职业

①医生 ②护士

例2，您的性别

①男 ②女

2. 多项选择法

多项选择法是指所提出的问题事先预备好两个以上的答案，回答者可任选其中的一项或几项。

例如，“您喜欢下列哪一种品牌的牙膏？”（在您认为合适的□内划√）

中华□ 芳草□ 洁银□ 康齿灵□ 美加净□ 黑妹□ 其他□

由于所设答案不一定能表达出填表人所有的看法，所以在问句的最后通常可设“其他”项目，以便使被调查者表达自己的看法。

这个方法的优点是比二项选择法的强制选择有所缓和，答案有一定的范围，也比较便于统计处理。

采用多项选择法时，设计者要考虑以下情况：①要考虑到全部可能出现的结果，及答案可能出现的重复和遗漏；②要注意根据选择答案的排列顺序。有些回答者常常喜欢选择第一个答案，从而使调查结果发生偏差；③答案较多，使回答者无从选择，或产生厌烦。一般这种多项选择答案应控制在8个以内，当样本量有限时，多项选择易使结果分散，缺乏说服力。

例如，某制药厂欲了解本企业产品在同类产品中的市场占有率，设计问句：

请问您是在哪一种情况之下服用此含片的？

①感冒时 ②咽干时 ③说话时间长时 ④郊游时 ⑤有口臭时 ⑥其他

多项选择式问句保留了二项选择式问句的回答简单、结果易整理的优点，又克服了两项选择式问句的不足，能有效地表达意见的差异程度，是一种应用较为广泛、灵活的询问形式。使用这种问句有一点值得注意，即在设计选择答案时，应考虑所有可能出现的答案，否则，会使得到的信息不够全面、客观。

此外，在多项选择式问句中，有一种专门用于测量消费者满意程度的量表，有对称性量表和不对称性量表两种形式。例如询问消费者关于某一滋补保健品的效果时，可以设计如下两种五段量表。

例如，对称性量表

好	较好	一般	较差	差
( )	( )	( )	( )	( )

例如，非对称性量表

很好	好	较好	一般	差
( )	( )	( )	( )	( )

最后分别统计五种情况所占的百分比，确定这种商品在消费者中的总体满意程度。

3. 顺位法

顺位式问句，是在多项选择式问句的基础上，要求被调查者对所询问的问题的各种可能的答案，按照重要程度不同或喜爱程度不同，对所列答案给出先后顺序。

顺位方法主要有两种：一种是对全部答案排序；另一种是只对其中的某些答案排序，究竟采用何种方法，应由调查者来决定。具体排列顺序，则由被调查者根据自己所喜欢的事物和认识事物的程度等进行排序。

例如，您选购药品时的主要条件是（请将所给答案按重要顺序1,2,3……填写在□中）

价格便宜□ 包装美观□ 购买方便□ 牌子有名□ 生产日期□

生产厂家□ 治疗效果□ 其他□

顺位法便于被调查者对其意见、动机、感觉等做衡量和比较性的表达，也便于对调查结果加以统计。但调查项目不宜过多，过多则容易分散，很难顺位，同时所询问的排列顺序也可能对被调查者产生某种暗示影响。这种方法适用于对要求答案有先后顺序的问题。

例如，您选购电视机时，对下列各项，请按照您认为的重要程度以1,2,3,4,为序进行排序：

A. 图像清晰（ ） B. 音质好（ ） C. 外形漂亮（ ） D. 使用寿命长（ ）

也可以对不同牌号的同类产品的喜爱程度进行排序。

例如，下列牌号牙膏中，请根据您喜爱程度，以1,2,3,4,5,6序号进行排序：

A. 盐白（ ） B. 佳洁士（ ） C. 两面针（ ）

D. 中华（ ） E. 康齿灵（ ） F. 高露洁（ ）

这种询问方式回答较为简单，易于归类统计。但须注意避免可供选择的答案的片面性。

第三节　问句设计的原则

一、问句设计的原则

在问句的设计过程中，应考虑被调查者的教育背景、生活经历、年龄、性别、职业、价值观等的不同。问句措辞的确定具有很大的灵活性和创造性，不同设计者往往具有不同的风格。针对以上问题提出预防和控制措施，建议设计者反复推敲，措辞尽量用最简单的词语表达最确切的含义，尽量避免措辞引起的误差，因此，在问句设计时应遵循下述原则。

1. 目的性原则

问卷调查是通过向被调查者询问问题来进行调查的，所以，询问的问题必须是与调查主题有密切关联的问题。这就要求在问卷设计时，重点突出，避免可有可无的问题，并把主题分解为更详细的细目，即把它分别做成具体的询问形式供被调查者回答。

2. 可接受性原则

调查表的设计要比较容易地被调查者接受。由于被调查者对是否参加调查有着绝对的自由，他们既可以采取合作的态度，接受调查；也可以采取对抗行为，拒绝回答。因此，请求合作就成为问卷设计中一个十分重要的问题。应在问卷说明词中，将调查目的明确告诉被调查者，让对方知道该项调查的意义和自身回答对整个调查结果的重要性。问卷说明词要亲切、温和，提问部分要自然，有礼貌和有趣味，必要时可采用一些物质鼓励，并替被调查者保密，以消除其某种心理压力，使被调查者自愿参与，认真填好问卷。此外，还应使用适合被调查者身份、水平的用语，尽量避免列入一些会令被调查者难堪或反感的问题。

3. 顺序性原则

问句编排的先后次序会影响到被调查者对答案的选择和对问卷的兴趣及答卷质量，是设计问卷的一项非常重要的工作。它是指在设计问卷时，要讲究问卷的排列顺序，使问卷条理清楚，顺理成章，以提高回答问题的效果。

4. 简明性原则

简明性原则主要体现在四个方面：

第一，调查内容要简明。没有价值或无关紧要的问题不要列入，同时要避免出现重复，力求以最少的项目设计必要的、完整的信息资料。

第二，调查时间要简短，问题和整个问卷都不宜过长。设计问卷时，不能单纯从调查者角度出发，而要为回答者着想。调查内容过多，调查时间过长，都会招致被调查者的反感。通常调查的场合一般都在路上、店内或居民家中，应答者行色匆匆，或不愿让调查者在家中久留等，而有些问卷多达几十页，让被调查者望而生畏，一时勉强做答也只有草率应付。根据经验，一般问卷回答时间应控制在30分钟左右。

第三，问卷设计的形式要简明易懂，易读。

5. 匹配性原则

匹配性原则是指要使被调查者的回答便于进行检查、数据处理和分析。所提问题都应事先考虑到能对问题结果做适当分类和解释，使所获得的资料便于做交叉分析。

二、问句的排序

一份调查问卷中有许多个问题，如何将这些不同类型的问题进行合理的排序，是问卷设计必须考虑一个重要问题。问句排序总的原则是，既便于被调查者回答问题，又便于调查者对调查结果资料的处理与分析。

1. 按问句的逻辑关系排序

设计问卷时，根据各大类问题之间的逻辑关系，按问题所能提供的信息及被调查者能够感觉到的逻辑性对问题进行分组。这样有利于被调查者按照一定的顺序回答问题，而不至于因为跳跃式的回答而中断思路。

2. 按问句的深浅程度排序

对同类问题中的问句，其排序应遵循由易到难，由浅到深的原则。即先简单性问句，后复杂性问句；先事实性的问句，后态度性问句和原因性的问句；先一般性问句，后敏感性的问句；先封闭性问句，后开放性问句。

3. 按问句所反应的时间顺序排序

如果问句的设计涉及调查项目的时间，则应按时间的先后顺序对问句进行排序。具体的顺序方式，既可以是：过去——现在——将来；也可以是：现在——过去——将来。

三、问句设计应注意的问题

对问句设计总的要求是：问句表达要简明、生动，注意概念的准确性，避免提问似是而非的问题，具体应注意以下几点：

1. 避免提一般性的问题

一般性问题对实际调查工作并无指导意义。

例如，“您对药店的印象如何？”这样的问题过于笼统，很难达到预期效果，可具体提问：“您认为该药店药品品种是否齐全、营业时间是否恰当、服务态度怎样？”等。

2. 避免用不确切的词语

例如，“普通”、“经常”、“一些”等，以及一些形容词，如“美丽”等。这些词语，各人理解往往不同，在问句设计中应避免或减少使用。例如：“你是否经常购买消毒液？”回答者不知经常是指一周、一个月还是一年，可以改问：“你上月是否购买了一瓶消毒液？”

3. 避免使用含糊不清的词语

例如，“你最近是出门旅游，还是休息？”出门旅游也是休息的一种形式，它和休息并不存在选择关系，正确的问法是：“你最近是出门旅游，还是在家休息？”

4. 避免引导性提问

如果提出的问题不是直接的，而是暗示出调查者的观点和见解，力求使回答者跟着这种倾向回答，这种提问就是“引导性提问”。例如：“消费者普遍认为××牌子的感冒药好，你的印象如何？”引导性提问会导致两个不良后果：一是被调查者不加思考就同意所引导问题中暗示的结论；二是由于引导性提问大多是引用权威或大多数人的态度，被调查者考虑到这个结论既然已经是普遍的结论，就会产生心理上的顺向反应。

此外,对于一些敏感性问题,在引导性提问下,不敢表达其他想法等。因此,这种提问是调查的大忌,常常会引出和事实相反的结论。

5. 避免提断定性的问题

例如,“你一天拜访几个医生?”这种问题即为断定性问题,被调查者如果不是医药公司的业务员,就会造成无法回答。正确的处理办法是此问题可加一条“过滤”性问题。即:“你是某医药公司的业务员吗?”如果回答者回答“是”,可继续提问,否则就可终止提问。

6. 避免提令被调查者难堪的问题

如果有些问题非问不可,也不能只顾自己的需要、穷追不舍,应考虑回答者的自尊心。

例如,直接询问女士年龄是不太礼貌的,可列出年龄段询问:20 岁以下,20~30 岁,30~40 岁,40 岁以上,由被调查者挑选。

7. 问句要考虑到时间性

时间过久的问题易使人遗忘,如“您去年家庭的生活费支出是多少? 用于食品、衣服分别为多少?”除非被调查者连续记账,否则很难回答出来。一般可问:“您家上月生活费支出是多少?”显然,这样缩小时间范围可使问题回忆起来较容易,答案也比较准确。

8. 拟定问句要有明确的界限

对于年龄、家庭人口、经济收入等调查项目,通常会产生歧义的理解,如年龄有虚岁、实岁,家庭人口有常住人口和生活费开支在一起的人口,收入是仅指工资,还是包括奖金、补贴、其他收入、实物发放折款收入在内,如果调查者对此没有很明确的界定,调查结果也很难达到预期要求。

9. 问句要具体

一个问句最好只问一个要点,一个问句中如果包含过多的询问内容,会使回答者无从答起,给统计处理也带来困难。防止出现此类问题的办法是分离语句中的提问部分,使得一个语句只问一个要点。

10. 要避免问题与答案不一致

所提问题与所设答案应做到一致。

第四节　问卷结构与问卷设计

一、问卷的结构

无论调查课题的大小,要设计一份科学合理的问卷都是一项复杂的系统工程。它体现了设计人员对调查项目的总体思路。因此,有人认为:一份问卷没有最好,只有更好。

一份问卷通常从结构上可细分为问卷的标题、问卷说明、调查主题内容、编码、必要的注明和被调查者基本情况(背景资料)等六部分。

1. 问卷标题

问卷的标题是对调查主题的高度概括,即调查表的总标题,一般位于问卷表的上端居中。使被调查者对所要回答什么方面的问题有一个大致的了解。不要简单采用“问卷调查”这样的标题,它容易引起回答者因不必要的怀疑而拒绝回答。

问卷标题设计的三个要求：①简明扼要；②引起消费者的兴趣；③切忌“问卷调查”这样的标题。

2. 问卷说明

问卷说明又称为开场白/介绍，它一般是以信函的形式对调查的目的、意义及有关事项进行的说明。一般包括问候语、调查主题、调查组织、访问者身份、调查用途、访问请求以及其他信息（如承诺对调查的保密性）。问卷说明一般放在问卷开头，通过它可以使被调查者了解调查目的，消除顾虑，并请求按一定的要求填写问卷。问卷说明既可采取比较简洁、开门见山的方式，也可在问卷说明中进行一定的宣传，以引起调查对象对问卷的重视。问卷说明最后表明谢意。

如上午好/…/您好

我是某某大学的学生，我们正在进行一项关于某药品的疗效和质量方面的市场调查，您的回答将有助于厂家进一步改善产品品质和服务质量，您的资料仅供研究参考，决不公开。

现在，我能麻烦您抽出 5 分钟时间回答问题吗？/非常感谢您能抽出一点时间参与访问吗？

3. 被调查者基本情况

该部分主要是说明被调查者的一些主要特征，包括被调查者的性别、民族、职业、收入、文化程度、婚姻状况、家庭人口等。有的问卷还要求写出被调查者的姓名、地址和联系电话等。如果被调查者是单位，还需填写出厂名、店名、地址、负责人、主管部门、职工人数和固定资产原值等情况。这些项，哪些应该列入，应根据调查目的和要求而定。一般简明扼要的列出被调查对象的主要特征即可。

例如：小型家庭用车消费者需求前景调查

被调查者（消费者）基本情况设计可有选择性的列出：

性别、年龄、文化程度、单位、职业、收入、婚姻状况、家庭人口、所在地等。

4. 调查主题内容

调查主题内容是由若干问题与答案来表达调查者所要了解的基本内容，是调查问卷中最重要的部分。也是调查目的的集中体现，是整体调查成功与否的关键部分。它主要是以提问的形式提供给被调查者，这部分内容设计的好坏直接影响整个调查的价值。

调查主题内容主要包括：①对人们的行为进行调查。包括对被调查者本人行为进行了解或通过被调查者了解他人的行为；②对人们的行为后果进行调查；③对人们的态度、意见、感觉、偏好等进行调查。

例 1，当您发现买到药品的质量有问题时，您的第一想法是（　　）。

①认倒霉扔掉　②立即找药店理论　③找药品生产厂赔偿　④到消协投诉

例 2，如果您患感冒了，您经常使用哪种感冒药（　　）？

①白加黑　②感康　③仁和可立克　④康必得

例 3，医生新药信息来源渠道是（　　）。

①专业杂志　②新产品发布会　③药品宣传单

5. 编码

编码即编号，是调查问卷中的一个组成部分。编码是将问卷中的调查项目变成数字的工作过程，它是指对问卷中的问题（题目）与答案用数字所表示的代码。通常就是问题和答案的编号，放在问句和答案的前边，以便分类整理，易于进行计算机处理、统计分析以及有利于项目管理。

例如,3.3 请问您购买药品时最注重的因素是(　　)。

①价格　②生产日期　③生产厂家

其中,3.3 是该问句的计算机编号,3.3-①是答案“价格”的计算机编号,其他依此类推。

6. 作业证明的记载

作业证明记载通常设在问卷的最后,可以是简短的几句话,对被调查者的合作表示真诚地感谢;可以稍长一些,顺便征询一下对问卷设计和问卷调查本身有何感受。作业证明记载的内容通常包括调查人员的姓名、访问日期、访问时间等,以明确调查人员完成任务的性质。如有必要,还可写上被调查者的姓名、单位或家庭住址、电话等,以便于审核和进一步追踪调查。但对于一些涉及被调查者隐私的问卷,上述内容则不宜列入。

结束语

邮寄问卷结束语“再次感谢您参与访问,麻烦您检查一下是否还有尚未回答的问题后,将问卷放入随附的回邮信封并投入信箱。”

拦截访问问卷的结束语“访问到此结束,谢谢您!”

二、问卷设计程序

问卷设计过程是一个创造性的过程,应该因人、因时、因条件制宜,调查过程必须遵循一个符合逻辑的顺序。基本步骤如图 8-1 所示。

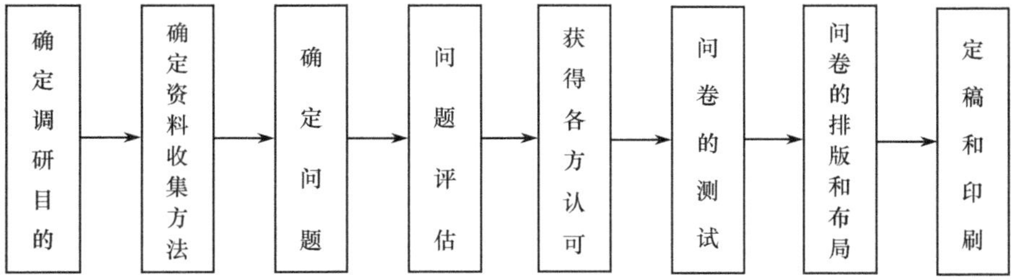

图 8-1　问卷设计流程

1. 确定调查目的、来源和局限

调查过程经常是在市场部经理、品牌经理或新产品开发专家做决策时感到所需信息不足发起的。根据需要确定调查主题的范围列出调查项目,一些公司可能评价全部二手资料,以确认所需信息是否收集齐全是经理的责任。另一些公司可能将所有的市场调查活动,包括一手资料和二手资料的收集交由市场研究部门去做。

尽管可能是品牌经理发起了市场研究,但受这个项目影响的每个人,如品牌经理助理、产品经理,甚至生产营销经理都应当一起讨论究竟需要些什么数据。询问的目标应当尽可能精确、清楚,如果这一步做得好,下面的步骤则会更顺利、更有效。同时要分析调查对象的各种特征,即分析了解被调查对象的社会阶层、行为规范、社会环境等社会特征;文化程度、知识水平、理解能力等文化特征;需求动机、行为等心理特征;以此作为拟定问卷的基础。在此阶段,应充分征求有关人员的意见,以了解问卷中可能出现的问题,力求使问卷切合实际,能够充分满足各方面分析研究的需要。可以说,问卷设计的准备阶段是整个问卷设计的基础,是问卷调查能否成功的前提条件。

2. *确定数据收集方法*

获得询问数据可以有多种方法,主要有人员访问、电话调查、邮寄调查与自我管理访问。每一种方法对问卷设计都有影响。事实上,在街上进行拦截访问比入户访问有更多的限制,街上拦截访问有着时间上的限制;自我管理访问则要求问卷设计得非常清楚,而且相对较短,因为访问人员不在场,没有澄清问题的机会;电话调查经常需要丰富的词汇来描述一种概念以肯定应答者理解了正在讨论的问题。对比而言,在个人访谈中访问员可以给应答者出示图片以解释或证明概念。不论是哪一种做法,都是将所需问卷资料一一列出,分析哪些是主要资料,哪些是次要资料,哪些是调查的必备资料,哪些是可要可不要的资料,并分析哪些资料需要通过问卷来取得,需要确定被调查的对象等,对必要资料加以收集。

3. *确定问题回答形式*

问题回答形势有三种:开放式问题、封闭式问题、量表应答式问题。

(1) 开放式问题:是一种应答者可以自由地用自己的语言来回答和解释有关想法的问题类型。也就是说,调查人员没有对应答者的选择进行任何限制。

(2) 封闭式问题:是一种需要应答者从一系列应答项做出选择的问题。

(3) 量表应答式问题:是以量表形式设置的问题。

4. *问题的评估*

问题的评估包括以下两点:

(1) 问题的措辞:措辞就是要把问题的内容和结构转化成清晰易懂的语句。在问题的措辞上要遵循以下原则:

1) 用词通俗、明确;

2) 避免诱导性和倾向性提问;

3) 避免直接提出敏感性问题;

4) 避免否定形式提问;

5) 考虑应答者回答问题的能力;

6) 考虑到应答者回答问题的意愿。

经常出现的问题有:

1) 词不达意,问题的措辞没有准确反映问题的内容。造成这类问题的原因一般有:①措辞错误,无法表达原意;②模棱两可,令人产生歧义;③缺少重要句子成分等。

2) 被调查者无法正确理解问题,其原因主要有:①缺少必要的定义说明;②用词生僻或过于专业。

(2) 评价问卷和编排:一旦问卷草稿设计好后,问卷设计人员应再回过来做一些批评性评估。如果每一个问题都是深思熟虑的结果,这一阶段似乎是多余的。但是,考虑到问卷所起的关键作用,这一步还是必不可少的。在问卷评估过程中,下面一些原则应当考虑。

1) 问题是否必要;

2) 问卷是否太长;

3) 问卷是否回答了调查目标所需的信息;

4) 邮寄及自填问卷的外观设计;

5) 开放式问题是否留足空间;

6）问卷说明是否用了明显字体等。

问卷不能任意编排,问卷每一部分的位置安排都具有一定的逻辑性。有经验的市场研究人员很清楚问卷制作是获得访谈双方联系的关键。联系越紧密,访问者越可能得到完整彻底的访谈记录。同时,应答者的答案可能思考得越仔细,回答得越仔细。

5. 获得各方面的认可

问卷设计进行到这一步,问卷的草稿已经完成。草稿的复印件应当分发到直接有权管理这一项目的各部门。实际上,营销经理在设计过程中可能会多次加进新的信息、要求或关注。不管经理什么时候提出新要求,经常的修改是必需的。即使经理在问卷设计过程中已经多次加入,草稿获得各方面的认可仍然是重要的。

经理的认可表明了经理想通过具体的问卷来获得信息。如果问题没有问,数据将收集不到。因此,问卷的认可再次确认了决策所需要的信息以及它将如何获得。例如,假设新产品的问卷询问了形状、材料以及最终用途和包装,一旦得到认可,意味着新产品开发经理已经知道“什么颜色用在产品上”或“这次决定用什么颜色”并不重要。

6. 问卷的测试

问卷的初稿设计工作完毕、获得管理层的最终认可之后,不要急于投入使用,特别是对于一些大规模的问卷调查,一定要先组织问卷的预先测试。预先测试通常选择 20~100 人。通过访问寻找问卷中存在的错误解释、不连贯的地方、不正确的跳跃模型。为封闭式问题寻找额外的选项以及应答者的一般反应。预先测试也应当以最终访问的相同形式进行。如果访问是入户调查,预先测试应当采取入户的方式。

在预先测试完成后,任何需要改变的地方应当切实修改。在进行实地调查前应当再一次获得各方的认同,如果预先测试导致问卷产生较大的改动,应进行第二次测试。

7. 问卷的排版和布局

问卷的排版和布局总的要求是整齐、美观，便于阅读、作答和统计。具体讲:卷面排版不能过紧、过密，字间距、行间距要适当;字体和字号要有机组合,可适当通过变换字体和字号来美化版面;对于开放式问答题,一定要留足空格以供被调查者填写,不要期望被调查者自备纸加页。对于封闭式问答题,给出的每一个答案前都应有明显的标记，答案与答案之间要有足够的空格。注意一些细节性问题。比如说,在可能的情况下,一个题目最好不要编排成两页;核对一定要仔细,不要出现漏字、错字现象。

8. 问卷定稿和印刷

精确的打印指导、空间、数字、预先编码必须安排好,监督并校对,问卷可能进行特殊的折叠和装订。

三、问卷的应用

1. 小组讨论问卷

小组讨论是分组邀请被调查对象进行讨论,由访问员或调查组织者作为主持人引导讨论。小组讨论的被调查对象都是事先经过挑选的合格样本。它的问卷与其他方式的问卷有显著的不同。

（1）问句和追询精神。小组讨论的问卷其实是主持人用来引导讨论的提纲。鉴于其实质是一份讨论用的大纲,问卷设计要重于追询精神的贯彻,以利于实现横向或纵向扩展询问的主题,收集更多更有价值的资料。

(2) 资料的记录和整理。小组讨论一般不在问卷上做记录,而另派人作专门的记录,有时也可做录音记录。记录要整理成报告,报告比较注重于质的分析,通常运用归纳整理的方法进行整理分析,而不同于注重量的统计分析。

(3) 说明词。小组讨论有比较充分的时间,又是面谈式的讨论,因此,说明词可以长些,多介绍一些讨论的目的和价值,有利于参加者积极发表意见。

(4) 样本特性分类资料。小组讨论的样本特性资料在过滤样本、选择参加者时已经有了初步的记录,分小组时,可以依据特性资料进行编配。对于小组讨论来说,要收集的特性资料不是个体的,而是总体说明某类特性有多少,并将这些总体的特性资料附在报告里。

(5) 作业证明记载。一般在报告书的开头,包括讨论会名称、组别、讨论时间、地点、出席人、主持人、记录人等,与其他方式有较大的区别。

2. *电话访问问卷*

电话访问问卷最重要的特点是要简洁明了,访问的时间不能太长,一般 3 分钟到 5 分钟。所以,电话访问常用于过滤样本或做简短的调查,其特点主要有:

(1) 说明词要简洁明了。电话访问的说明词要简单,内容也要简明扼要。

(2) 问句要简单、清晰。问句不要太长,问的口气要清晰、客气,问句要简单,便于回答,便于记录,另外,不要使用多项选择问句,列举问题。

(3) 样本特性资料要间接询问。电话访问中有关样本特性资料,如年龄、收入、受教育程度等。因为不能分层列出,而直接询问又过于唐突,因此,最好采用间接询问。

(4) 记录要做事前准备。电话访问中的记录答案的时间很匆忙,而且所用的都是自由式问句,更需要能够迅速记录。一般采用速记或录音整理的方式,都要求做好事先准备工作。

除此以外,资料的计算机编号,作业证明记载部分,与派人员访问基本没有区别。

3. *邮寄访问问卷*

邮寄访问的进程和结果难以控制,被调查对象如果对问句有疑问或误解,不能得到及时的纠正。所以,邮寄访问的问卷的设计要注意以下要求:

(1) 外型要亲切稳重。邮件要封口,字体要稳重大方,书写工整。信函要用私人信函以示尊重,最好能注明收件人姓名。

(2) 说明词写作要详尽。邮寄访问的控制绝大部分要依靠说明词,不仅要写得亲切,还要求尽量详细。

(3) 问句要少且要透明。邮寄访问的问卷完全依赖收件人的意愿和理解来回答。所以问卷的篇幅,即问句的数量要精简,以免产生厌烦。

(4) 促进回收的设计。邮寄访问问卷回收率是最大的缺陷,因此,要注意问卷设计的技巧。在寄出问卷的同时寄一张贴好回邮邮票、注明回邮地址、邮政编码的信封;同时说明按要求寄回的问卷可参加抽奖的方法,这样可大大增加回收率。

第五节　态度测量技术及其应用

在现代市场营销观念下,营销人员必须设法了解消费者及有关人员对产品、品牌和企业的态度。因此,营销人员在营销研究的实践中逐渐形成了一些测量人们态度的特定的方法和技术。

一、态度测量的含义与意义

1. 态度的含义

态度是指“神情、言谈举止所表现的神态”;也指“对人或事的看法在其言行中的表现”。

市场调查中,“态度是一种与我们周围环境的某些方面相关的包括动机、情感、感觉和认知过程的持久结构,是对某一客体所持有的一种稳定的赞同或不赞同的内在心理状态”。

2. 测量的含义

测量是指根据预先确定的规则,用一些数字或符号来代表某个事物的特征或属性。

测量的本质是一个数字分配的过程,即用数字去反映测量对象的某种属性,进而通过与属性对应的数字或统计量来研究个体或整体的性质。

比如,某市场调查与预测项目需要调查消费者对网上支付安全性的态度。把消费者的态度分为很安全、比较安全、安全、不安全、很不安全 5 个等级。分别把数字 1~5 分配给这 5 种态度,数字 1 代表很安全,数字 2 代表比较安全,数字 3 代表安全,数字 4 代表不安全,数字 5 代表很不安全。在实施询问调查时,被调查者只要根据自己的态度,选择相应的数字即可。

3. 态度测量的含义

态度测量是市场调查与预测人员根据被调查者的可能认识或认识态度,就某一问题列出若干答案,设计态度测量表,再根据被调查者的选择来确定其认识或认识程度(态度)的行为和过程。简言之,态度测量就是测量态度。

4. 态度测量的意义

心理学证明,人的需要决定动机。动机激发行动。同样,态度与行动之间具有十分密切的关系。从某种意义上说,态度决定行动。比如,当消费者对超级大卖场的态度未充分肯定之时,他们就会选择这种业态去购买。所以,态度测量在市场调查与预测中占有十分重要的地位。

二、态度测量的量表及其类型

1. 量表的含义

量表是为了便于记录某种程度而设计的区分标准,其作用是调查者对被调查对象的某些特征的数量或强度的测量。

态度测量的量表,是一种用于测量态度的工具。它是一系列结构化符号和数字。这些符号和数字可以按照一定的规则分配给适用于该量表的人员或他们的行动和态度。

量表的特征反映了量表的概念,它是为了区分而设计,有特指的特征值(词、词语或者符号),可能具有比较性,有时能反映差距程度等。

作为量表应该具有以下几个基本特征:

(1) 特指:是指用某一特定的词、词语或符号、来代表度量的每个区分等级的特征值(词、词语或者符号)。所有的区分等级都可以用反映度量标准的特征值来表示,比如,是与否,同意与反对等。

(2) 比较性:指的是特指的相对规模。即与某一参照体相比,受访者对特定对象所做的比较结果。包括“大于”、“小于”、“等于”之类的用语。不是所有的测定对象都有比较性。

(3) 差距程度：量表同时反映对照物之间的差别和差别的程度。差距表明了这种度量的尺度是什么，程度则表明了不同的尺度是多少。

2. 量表的类型

对事物的特性变量可以用不同的规则分配数字，因此形成了不同测量水平的测量量表（又可称为测量尺度）。基本的测量量表有四种：类别量表、顺序量表、等距量表、等比量表。

(1) 类别量表：是一类将数据分成各种互相排斥、互不相容的类别的态度测量表。

类别量表的主要目的是根据被调查对象某一性质上表现的不同而做出分类，它只是一个标记，只是提出了某种特指的类别。类别量表的每类答案的代表数字只作为分类使用，这些代表数字仅代表了某种名义或特性，真正的目的在于对受访者做出一定的分类。

例1，在未来的一年中，你是否有开药店的计划（　　）。

①是　②未决定　③否

例2，你的性别（　　）。

①男　②女

例3，指出所有您可能购买的品牌（　　）。

①联想　②方正　③IBM　④惠普

例4，你是否同意："网络教学是一种发展趋势？"

①同意　②反对

(2) 顺序量表：是一类表中所列答案之间具有顺序关系，且顺序关系是由每个被调查者根据自己的态度来确定态度测量量表。顺序量表表示了特指对象间规模的差异，它具有比较的特性，可以比较出各项答案之间的高低次序。

例如，当您咳嗽时，您首选用哪种药物治疗，你的首选请标"1"，依次类推。

甘草片（　　）　快克（　　）　克咳（　　）　急支糖浆（　　）　川贝止咳液（　　）

(3) 等距量表：是一类表中所列答案之间不仅具有顺序关系，而且具有相同间距的态度测量表。通过等距量表不单能够表示顺序关系，还能够测量各顺序位置间的距离。

例1，请根据你的整体偏好划分以下品牌的级别。

品牌										排列
	非常差									非常好
农夫山泉	1	2	3	4	5	6	7	8	9	10
康师傅	1	2	3	4	5	6	7	8	9	10
统一	1	2	3	4	5	6	7	8	9	10

例2，用圈划出你对以下几句话的同意程度：

陈述	非常不同意				非常同意
①我喜欢市场营销专业	1	2	3	4	5
②我将来想做一名企业家	1	2	3	4	5
③我将来想做一名药师	1	2	3	4	5

例3，请划出你对上海大众汽车公司的帕萨特汽车的评价

式样新颖 ________ ________ ________ ________ 式样保守

耗油量大 ________ ________ ________ ________ 耗油量小

设计良好 ________ ________ ________ ________ 设计不好
价格太贵 ________ ________ ________ ________ 价格便宜
舒适 ________ ________ ________ ________ 不舒适
安全性低 ________ ________ ________ ________ 安全性高

从一则特例看等距量表的精细程度

例1,请问你是否想买一台血压计?

很想买　想买　不一定　不想买　很不相买

例2,请问你觉得现在药品的价格如何?

很贵　贵　公道　便宜

(4) 等比量表:是一类除了具备等距量表的所有特性外,还具有真正零点这一特征的态度测量表。比如,一定时期的购买数量、人的身高尺度、孩子的数量、受教育的年龄等就可以通过等比量表来描述。

例如,上个月你在成大药店购买药品的金额超过50元的次数?

0　1　2　3　4次以上

三、态度测量的方法

态度测量的方法很多,一般分为两大类:直接量表和间接量表。直接量表是态度测量的方法,间接量表是态度评定的方法。

1. 直接量表

直接量表是由调查人员用直接量表对被调查者的态度直接进行测量。通常由调查人员将有关态度询问的问题或语句,直接对被调查者进行询问,并由被调查者自己测量其态度并选择答案。这种方法所使用的量表,统称为直接量表。

直接量表主要有评比量表、等级量表、平衡与非平衡量表;强迫性与非强迫性量表;语义差别量表。

2. 间接量表

间接量表是由调查人员通过其他标准对被调查者反映的态度进行评定。这是在做有关态度询问时,各种问题的语句和答案是由被调查者来参与设计,然后由调查人员来评定态度,这种方法所使用的量表,统称为间接量表。

间接量表主要有沙斯通量表和利克特量表。

3. 几种主要的直接量表

(1) 评比量表:是应用极广、较为常见的量表形式。在问卷中调查者已经拟定好了有关问题的答案量表,量表的两端是极端答案,中间点一般是中性答案,并且每个答案都有是先给定的分数,这种量表就是评比量表。评比量表是基于这样认识设计的:人们对某种事物的态度十分复杂,但总是处于两种极端态度之间,以两种极端态度为极限,在中间划分不同的登记,便可以制定人们态度的位置,从而把态度问题数量化。常见形式如下:

例1,开设一个新特药药店您是否同意?

非常不同意　略为不同意　略为同意　非常同意

1　2　　3　4　5　　6　7　8　　9　10

例 2,您认为药品的生产日期重要吗?

完全不重要　不很重要　不重要　无所谓　重要　很重要　非常重要

1　2　3　4　5　6　7

例 3,药品降价对制药企业有何影响?

没有影响　影响很大

-5　-4　-2　-3　-2　-1　0　1　2　3　4　5

(2) 等级量表:是一种列举若干个不同因素,由被调查者根据对这些因素的不同认识,相比较后划分出等级的一种量表方式。

等级量表就是让被调查者对评价对象的不同等级予以区分,也就是说,以被调查者自己心目中的评价方式给出某种顺序的相对分值。在调查品牌偏好、广告片效果比较、形象和地位评选等方面的问题时,可以使用这种方法,如:

例 1,在你的心目中,你认为自己对下列三种职业的喜欢顺序依次为:

教师(　　)　公务员(　　)　销售员(　　)

例 2,下列为四种行业,请按你的喜好程度分别给予适当的分数(顺序由 1 至 4):

银行(　　)　通讯(　　)　医药(　　)　石油(　　)

在上述量表中,无论是让被调查者在横线上,还是在括号内填写可以排列次序的数字以评定等级的量表,都能够度量被调查者对被评估对象的相对等级数量。

(3) 平衡量表与非平衡量表:平衡量表指有利态度的答案与不利态度的答案数目相等(即答案的选项中,语义相反的词语设计的数量是相等的,)或者以中间点表为 0,在中间点左右项对应的程度相反的词语分别可以-3,-2,-1,0(也可以不存在),1,2,3 的形式表示。例如,以下的答案项就是平衡量表的形式。采用平衡量表,回答者的答案分配可能比较均匀,客观性较强。

例 1,你认为“白加黑”治疗感冒的效果是:

很差　不好　一般　好　很好

-2　-1　0　1　2

非平衡量表指有利态度的答案与不利态度的答案数目不相等(则与平衡量表的情形有所不同,其答案可能是倾向于中间点的左侧或者右侧,而不是正好数量均衡。)如果以数值表示的话,其相加的和常常不为零值。例如答案项为非常好,很好,好,一般,不好等。

采用非平衡量表,答案可能会偏向有利答案,但其优点是可以减少答案数目。

例 2,您认为仁和可立克治疗感冒效果:

一般　稍好　很好　最好

1　2　3　4

(4) 强迫性量表与非强迫性量表:强迫性量表是指市场调查人员对某一问题列出若干答案,无论被调查者选择哪一种答案,都迫使他们明确表示自己的看法。

例 1,某中医药大学附属医院在医疗水平及服务态度方面,总体上你认为:

①较其他医院好　②差不多　③较其他医院差

与上面的情形相反,非强迫性量表中包括了必要的选项,或者在无法完全包容时会加上“其他”或者“无答案”、“难以回答”等备用选项,使无法做出正确选择的被调查者可以有所选择。

非强迫性量表在提高被调查者答案的准确性方面有一定的优势,是调查设计者开展问卷设计时经常要考虑的一种量表。非强迫性量表是指在调查人员列出的若干答案中,有一个是允许被调查者不表明自己态度的。

例2,某中医药大学附属医院在医疗水平及服务态度方面,总体上你认为:

①较其他医院好　②差不多　③较其他医院不好　④很难说

(5) 语义差距量表(图8-2):是运用若干语义相反的极端形容词(短句)来调查应答者的态度,它实现了把个人的定性判断转换为可以定量分析的方式。语义差距量表包含了一系列反映研究对象的不同属性的相反的形容词,被调查者通过指出在连续序列中的定位来反映对每个属性的印象。

例如,某汽车公司想了解潜在购买者对该公司的品牌甲与其他两个竞争品牌的态度。

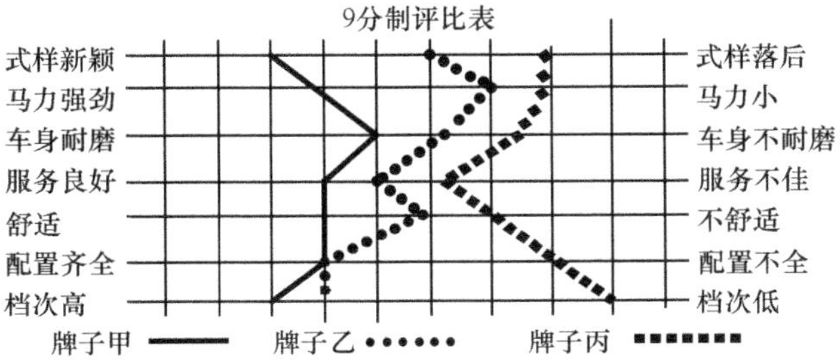

图8-2　语义差距量表

四、态度评定的方法

为了准确地设问和制定答案及其分值,就必须运用态度评定的方法。通常,态度评定的方法是由评定者或被调查者决定问句和答案。态度评定的方法又称间接量表,主要有沙斯通量表和利克特量表。

1. 沙斯通量表(Thurstone Scales)

在市场营销研究中,经常涉及对某一主题的态度测量,如人们对于电视商业广告的态度、对人寿保险的态度等。沙斯通量表通过应答者在若干(一般9~15条)与态度相关的语句中选择是否同意的方式,获得应答考关于主题的看法。沙斯通量表的实地测试和统计汇总都很简单,只是量表的构建相对来说比较麻烦。一个测量态度的沙斯通量表,其构建的基本步骤如下:

第一步,由调查者提出大量与要测量的态度有关的语句,通常有几十条之多,保证其中对主题不利的、中立的和有利的语句都占有足够的比例,并将其分别写在特制的卡片上;如调查电视观众对商业广告的态度,可用的语句有:

大多数的商业广告都很单调;

大多数的商业广告都很有趣;

商业广告能帮助消费者选购最佳的商品;

看商业广告完全是浪费时间;

……

第二步,选定二十人以上的评定者,按照各条语句所表明的态度有利或不利的程度,将其分别归入十一类。第一类代表最不利的态度,依次递推……第六类代表中立的态度……第十一类代表最有利的态度；

第三步，根据评定人员所确定的各组语句的次数，计算其平均数和标准差。以第二语句为例，假设它的分配状况（评定员为 50 人，各组的号数即代表各组的分值）如表 8-1 所示：

表 8-1 评定结果计算表

x	f	fx	$(x-\bar{x})$	$(x-\bar{x})^2$	$f(x-\bar{x})^2$
1	0	0	-8.3	68.89	0
2	0	0	-7.3	53.29	0
3	0	0	-6.3	39.69	0
4	0	0	-5.3	28.09	0
5	0	0	-4.3	18.49	0
6	2	12	-3.3	10.89	21.78
7	2	14	-2.3	5.29	10.58
8	10	80	-1.3	1.69	16.90
9	11	99	-0.3	0.09	0.99
10	15	150	0.7	0.49	7.35
11	10	110	1.7	2.89	28.90
$\sum$	50	465			86.50

平均值：$\bar{x}=\dfrac{\sum fx}{n}=\dfrac{465}{50}=9.3$

标准差：$\sigma=\sqrt{\dfrac{\sum f(x-\bar{x})^2}{n}}=\sqrt{\dfrac{86.50}{50}}=1.32$

上面的 x 为各组的组号，同时也代表其分值，f 代表评定员，n 代表评定员数。可知：第二语句的平均数为 9.3，也就是它的分值，它的标准差是 1.32。标准差反映的是 50 名评定员对这一语句的态度的离中趋势或离势，如果他们的看法比较接近，离势就小，也就是标准差小；反之，则标准差就大。凡是标准差大的，就说明被调查者对该语句的看法会相差很大，也可能是该语句意识表达不清。这种语句显然应该在询问卷中剔除，而尽可能采用标准差小的语句。

第四步，计算全部语句的平均数和标准差以后，按每一语句的分值确定属于哪一组，然后，在每一组内选出标准差最小的两条语句以供作问卷。

问卷设计时，这些被选出的语句不一定要按分值大小来排定顺序，在问卷中甚至不将每一个语句的分值列出，而只是在资料分析时才将被调查者的答案转化为分值。调查时只要求被调查者对每个语句表示同意或不同意，同意就得分。最后将总得分除以语句总数，所得的平均值就是该被调查者对商业广告的态度值。

沙斯通量表的优点：语句是根据各评定人员的标准差确定的，有一定的科学性；缺点：一是量表确定费时、费力；二是评定人员的选择应有一定的代表性；三是无法反映被调查者态度在程度上的区别。

2. 利克特量表（Liskert Scales）

利克特量表要求被调查者表明对某一表述的赞成或否定，与沙斯通量表不同之处在于，首先是回答者对这些问题的态度不再是简单的同意或不同意两类，而是将赞成度分为若干类，范围从非常赞成到非常不赞成，中间为中性类，由于类型增多，人们在态度上的差别就能充分体现出来。其次是不需要评定员。利克特量表构建的基本步骤：

第一步，拟订若干条正负态度语句，两者的数目不一定要相等。每条语句的答案可分为：非常赞成、赞成、未定、不赞成、非常不赞成五类；

第二步，对被调查者所选的答案，都给予一个分值，由于语句有正、负态度之分，他们的给分办法也有不同。例如：某被调查者对十条语句的反应及分值的计算如表 8-2 所示。

表 8-2　利克特量表调查结果

语句	十分同意	同意	未定	不同意	十分不同意	分值
1(正)	-	√	-	-	-	4
2(正)	-	-	-	-	√	1
3(负)	-	√	-	-	-	2
4(正)	-	√	-	-	-	4
5(负)	-	-	√	-	-	3
6(正)	-	-	-	-	√	1
7(负)	√	-	-	-	-	1
8(正)	-	√	-	-	-	4
9(正)	-	√	-	-	-	4
10(负)	-	-	√	-	-	3
$\sum$						27

十条语句的平均分值应该为 30[(50+10)/2]，而该被调查者的总分为 27，也就是它的平均值为 27，稍低于平均值，那么，可以说他对这一问题的态度是稍倾向于否定的。如果被调查者的总分高于平均值，则他对这一问题的态度是稍倾向于肯定的，分数越高，正态度越高；总分越低，负态度也就越低。我们也可以从分值上看出态度强度来。

当然，还可以按被调查者评定的分值将它们分为三类：赞同的、中间的和反对的。对每一类型进行人口统计或其他样本特性方面的分析，从中发现同类被调查者存在哪些方面的共性。

在市场营销研究中，利克特量表的使用十分普遍，因为它比较容易设计和处理，受访者也容易理解，因此在邮寄访问、电话访问和人员访问中都适用。利克特量表的主要缺点是回答时间长，因为受访者需要阅读每条态度陈述语句。

五、评价量表的可靠性和有效性

1. 量表的可靠性

可靠的度量标准是对同一事物持有相同看法的被调查者会有相同或相近的回答。检验度量的可靠性的方法：

（1）重复检验法：由调查者在获得被调查者对某项问题的回答后再次向被调查者提问相同的问题，将先前的答案和后面得到的答案进行比较。

1）采取方式：如电话、计算机、电子邮件等新型互动式的定期追踪访问；

2）把握好时间间隔。

（2）交错法：交错法可靠性分析也称等效形式可靠性分析，研究的出发点主要从相同问题在交错位置出现时，被调查者是否能够采用相同或相近的答案来予以回答。

（3）分半法：分半法可靠性分析要求市场调查人员将总的样本分为两组，然后将两组的答案进行比较。

2. *度量的有效性*

验证度量标准的有效性的方法：

（1）评估量表的合理性：经验丰富的调查人员所设计的答案都应该有一个“大致”和“相对合理”的范围。事先的问卷测试，或者几个调查设计者相互交流对量表的设计都会有所帮助，这样也便于事后对被调查者的答案进行检查时做出判断。

（2）逻辑性判断：逻辑性判断是指某一问题的答案与问卷中别的问题答案之间的逻辑相关程度。

例 1：某被调查者对他所购买的某品牌电脑的质量、服务和价格等方面的单个评价和综合评价都是非常满意的，但当在稍后一些的问题中问他在更新换代时，是否会继续选择该品牌电脑产品或者系列品种时，他的回答是不会，原因是该品牌的服务不佳！

例 2：在许多调查过程中，调查公司经常用电话调查来证明他们在入户访问或者邮寄问卷调查中得到的答案，如果两种方法产生的结果相近，就可以说明该调查结果是有效的。

本章小结

问卷是一种以书面形式了解被调查对象的反应和看法，并以此获得资料和信息的载体。调查问卷在市场调查中具有重要的地位，因为，问卷提供了统一、规范的资料收集程序和标准，从而使整个资料收集工作与调查目标相吻合。

问卷设计的根本目的是设计符合调查需要，能够获取足够、适用和准确的信息资料的调查问卷，同时，便于调查人员开展调查工作；便于被调查者回答问题；便于问卷结果的统计处理，以保证调查工作能正确、顺利、圆满地完成。

在问句设计时应遵循的原则是：目的性原则 、可接受性原则、顺序性原则、简明性原则、匹配性原则。

理想的问句设计应能使调查人员能获得所需的信息，同时被调查者又能轻松、方便地回答问题。问句的类型很多，按问句提出问题的性质可分为：直接性问句、间接性问句、假设性问句；按问句答案设计的不同可分为：开放性问句、封闭型问句；按问句要收集的资料性质可分为：事实性问句、行为性问句、动机性问句、态度性问句。在市场调查中，有些类型的问句还需要事先对问句答案进行设计。在设计答案时，可以根据具体情况采用不同的设计形式。常见的方法有以下三种：二项选择法；多项选择法；顺位法。对问句设计总的要求是：问句表达要简明、生动，注意概念的准确性，避免提问似是而非的问题。

问卷设计过程是一个创造性的过程，应该因人、因时、因条件制宜，问卷设计必须遵循一个符合逻辑的程序，包括确定调查目的、来源和局限、确定数据收集方法、确定问题回答形式、问题的评估、获得各方面的认可、问卷的测试、问卷的排版和布局、问卷定稿和印刷。

问卷的整体设计是一个关键的问题。问卷的整体结构通常可细分为问卷的标题、问卷说明、调查主题内容、编码、必要的注明和被调查基本情况（背景资料）等六部分。

态度测量是市场调查与预测人员根据被调查者的可能认识或认识态度，就某一问题列出若干答案，设计态度测量表,再根据被调查者的选择来确定其认识或认识程度(态度)的行为和过程。

态度测量的量表基本有四种:类别量表、顺序量表、等距量表、等比量表。

态度测量的方法很多,总的可以分为两大类:一类是直接量表,另一类是间接量表。

直接量表主要有评比量表、等级量表、平衡与非平衡量表、强迫性与非强迫性量表、语义差别量表;间接量表主要有沙斯通量表和利克特量表。

思考与练习题

一、名词解释

问卷 问卷设计 问句 态度 态度测量

二、选择题

1. 不提供任何答案,由被调查者根据实际情况自由填写的问题是( )。

A. 开放式问题 B. 事实性问题 C. 指导性问题 D. 封闭性问题

2. 问卷的主题,问卷的最核心组成部分是( )。

A. 封面信 B. 答案 C. 问候语 D. 问题和答案

3. 有效问卷份数与回收问卷份数之比是( )。

A. 有效问卷率 B. 问卷发放率 C. 问卷回收率 D. 问卷有效回收率

4. 市场调查人员对某一问题列出若干答案,无论被调查者选择哪一种答案,都迫使他们明确表示自己看法的量表是( )。

A. 强迫性量表 B. 非强迫性量表 C. 平衡量表 D. 非平衡量表

5. 所列答案之间不仅具有顺序关系,而且具有相同间距的态度测量表是( )。

A. 等距量表 B. 顺序量表 C. 等比量表 D. 类别量表

三、简答题

1. 问句设计应遵循哪些原则?
2. 问卷设计的程序?
3. 问句应如何排列?
4. 如何理解强迫性与非强迫性量表?
5. 态度测量的意义?

(景 浩 朱民田)

第九章 医药市场实地调查法

学习目标

通过本章学习，要求熟悉访问法的含义和类型；掌握各种访问方法的优缺点；熟悉观察法的含义和类型；掌握观察法的优缺点；了解市场实验调查法的定义和基本要素；重点掌握几种常用的市场实验调查方法；熟悉市场实验调查法的优缺点。

在进行医药市场调查时，获取市场信息资料的渠道主要有两个，一是通过实地调查，收集医药市场的第一手资料；二是通过文案调查法，从各种文献档案中收集医药市场的历史性信息资料。本章主要介绍医药市场实地调查中常用的访问法、观察法和实验调查法。

第一节 访 问 法

一、访问法的含义及其类型

1. 访问法的含义

访问法又称采访法、询问法，是指调查人员采用访谈询问的方式向被调查者了解市场情况、收集资料的一种方法，它是医药市场调查中最常用的、最基本的调查方法。这种方法的特点是通过直接或者间接的回答的方式来了解被调查者的看法和意见。访问的目的在于了解消费者的消费需求、消费心理、消费态度、消费习惯、企业经营等现实信息以及被调查者购买、销售或使用本企业产品或服务的实际情况，对产品的质量、价格、性能、服务等方面的意见和改进建议。

2. 访问法的类型

按照不同的分类标准，访问法可分为不同的类型。

（1）根据对访问内容是否进行统一设计，可分为标准化访问和非标准化访问。

标准化访问，也称有结构访问，是指按照事先设计好的有一定结构的访问问卷进行访问，整个访问过程是在高度控制下进行的。这种访问方式的优点是便于对调查资料进行统计处理和定量研究，缺点是研究问题不够深入、具体。

非标准化访问，也称无结构访问，是指事先不制定统一的访问问卷，只根据访问目的列出粗线条的访问提纲，由访问者和被访问者根据提纲自由交谈。进行非标准化访问时，调查者可根据访谈中的具体情况对访问提纲做出调整,有利于发挥访问者和被访问者的主动性和创造性,便于对问题进行深入地探讨和研究。这种访问方式的缺点是调查资料结果不易于统计整理、汇总与分析。

(2) 根据访问者与被访问者的交流方式的不同,可分为直接访问和间接访问。

直接访问是指访问者与被访问者面对面地交谈。这种访问方法又可分为"走出去"和"请进来"两种具体方式。所谓"走出去"就是访问者走到被访问者中间去,就地进行访问,而"请进来"则是将访问者请到访问者安排的地方来,然后再进行访问。

间接访问是指访问者通过电话、网络、问卷等中介工具对被访问者进行访问。

(3) 根据访问调查一次访问人数的多少,访问法可分为个别访问和集体访问。

个别访问是指每次只访问一个被调查者的访问。这种方式形式多样,话题灵活,可以获得较多资料,但访问的工作量较大。

集体访问,也称为座谈会或调查会,是指每次访问多个被调查者的访问。集体访问的被调查者可以相互启发,共同讨论。这不仅可以起到收集资料,了解问题的作用,还可以就某些问题、方案征求与会者意见,寻求补充修正性的信息。

(4) 根据访问对象的特点不同,可分为一般性访问和特殊性访问。

一般性访问是指对普通工人、农民、干部、知识分子、居民的访问。

特殊性访问则是指对一些知名人士、突发事件当事人、未成年人等特殊人物的访问。

(5) 根据访问的具体方式,访问法可以分为面谈访问、电话调查、邮寄调查、留置问卷调查和网上调查等,我们将在以下的内容中对这几种方法进行详细地介绍。

二、几种主要的访问调查方法

(一) 面谈访问法

1. 面谈访问法的含义

面谈访问法是调查者与被调查者接触,根据调查提纲直接访问被调查者,通过当面交谈获得信息的一种方法。其具体形式多种多样,既可以派人员走出去,也可以把被调查者请进来;既可以是个别面谈,也可以是集体面谈;既可由企业自身人员调查,也可聘请或委托他人调查;既可以深入家庭、单位入户调查,也可以在公共地点随机拦截调查;既可有事先约定,也可临时展开。

当然,在具体的调查实践中选择哪一种或几种具体形式还要视具体调查项目的特点和需求来决定。例如,某医院要了解就医者对医院医疗环境的满意程度,就可以采用在医院中对患者进行随机拦截调查的方式。如果一家药品生产企业对投入市场的某种新药进行信息反馈时,则可以组织一个由使用过该药品作为处方的医生所组成的小组进行小组讨论。

2. 面谈访问法的优点

由于面谈访问法采取面对面的交谈方式,使之具有了许多独特的优点:

(1) 灵活自由。由于调查者与被调查者双方进行面对面的交流,因此,交谈的主题可以突破时间限制,同时对于一些新发现的问题,尤其是那些争议较大的问题,调查者可以采取灵活委婉的方式,迂回提问,逐层深入。当被调查者对某一问题误解或不理解时,调查者还可以当面予以解释澄清，有利于资料收集工作的顺利进行。

（2）回答率高。由于采取面对面交流形式，面对面的压力使人不容易轻易做出拒绝的选择，并且较容易使被调查者的兴趣保持较长时间，因此与其他方式相比，人员访问容易得到较高的回答率。这是面谈访问法最为突出的优点之一。

（3）调查资料质量高。在访问过程中由于调查者在场，调查者既可以对访问的环境、被调查者的表情、态度等身体语言进行详尽的观察，又可以对被调查者回答问题的质量加以控制，从而使得调查资料的准确性和真实性大大提高。同时，在交谈过程中，调查者与被调查者之间还可以互相启发，从而收集到一些不曾预料到的资料和信息。

（4）适用范围广。由于面谈访问法主要依赖于口头语言，而对书面语言的阅读、理解和表达能力没有要求，因此，它适用的调查对象范围十分广泛，既可以用于文化水平较高的调查对象，也可以用于文化水平较低的调查对象。

3. 面谈访问法的缺点

面谈访问法的缺点主要表现在以下几个方面：

（1）成本高。使用面谈访问法时往往人力物力耗费较大，调查者的培训费、交通费、工资以及问卷及调查提纲的制作成本费等增加了调查的投入。因此，鉴于调查费用方面的考虑，很多组织宁愿放弃使用这种方法。

（2）时间长。由于要采用逐一沟通的方式，所以采用面谈访问法时，存在访问调查周期较长的问题，因而在大规模的市场调查中，这种收集资料的方式较少见。

（3）要求调查人员的素质较高。通过面谈访问方式收集到的资料受调查者主观因素影响较大，因此，可以说调查结果的质量很大程度上取决于调查者本人的访问技巧和应变能力，而这又构成了一个现实性的“瓶颈”，制约了对这一方式的选用。

（4）调查人员的管理较困难。有的调查者出于便利或急于完成调查任务的目的，随意破坏对样本的随机性要求和其他质量要求；有的调查者在取得一些资料后即擅自终止调查，并根据不完备样本作出结论；甚至还有些人根本不进行调查，自己编造调查结果。所有这些现象的存在，都加大了管理的难度。

由于面谈访问法是在调查者与被调查者的人际沟通中实现的，所以使用此种方法需要掌握一定的技巧和方法。同样的调查内容、同样的成本支出、同样的被调查者，只是由于方法技巧不同，调查结果可能大不一样，这就需要调查者悉心研究、妥善处理。

（二）电话调查法

1. 电话调查法的含义

电话调查法是指通过电话中介与选定的被调查者交谈以获取市场信息的一种方法。由于调查者与被调查对象彼此不直接接触，而是借助于电话这一中介工具进行，因而是一种间接的调查方法。电话调查始于20世纪五六十年代的欧美国家，目前正随着电话的普及得以普遍推广，并成为倍受青睐的一种调查方式。

2. 电话调查法的优点

电话调查法作为一种间接调查的方式，其优点表现在以下几个方面：

（1）调查效率高。电话调查节省调查费用和时间，因而获得市场信息的速度较快，效率较高。

（2）覆盖面较广。与其他调查方式相比，电话调查可以访问到一些不易接触到的被调查者，具有强大的辐射范围。

（3）在某些问题上能够得到更为坦诚的回答。例如，有些涉及个人隐私方面的问题（如涉及某些疾病），使用面谈访问法，被访者的回答可能不自然或不真实，但是在电话调查中则可能得到比较坦诚的回答。

（4）易于控制实施质量。在电话调查过程中，由于调查者基本上是在同一个中心位置进行电话访问，督导可以在实施的现场随时纠正调查者的不正确操作，例如，没有严格按问答题提问、说话太快、吐字不清楚、声调不亲切或者语气太生硬等可能出现的问题。因此，其调查质量可以大大提高。

3. 电话调查法的缺点

电话调查法的缺点主要表现在以下几个方面：

（1）成功率较低。由于电话号码的编制采用的是随机方法，因而拨打的电话可能是空号或者是错号，另外也存在被访者可能不在或不接电话，以及被访者不愿意接受调查等情况，这些都使得电话调查的成功率较低。

（2）调查时间短。为了避免引起被调查者的反感，电话调查的时间一般应控制在20分钟以内。这限制了调查的内容，会造成调查项目过于简单，问题不够深入，使得调查内容的深度远不及其他调查方法。因此，电话调查法一般只适合进行一些意向性调查或者进行一些市场行情的了解。

（3）受电话普及率的影响较大。在进行电话调查时，抽样总体是全体电话用户，而调查的目标可能包括所有有电话和没有电话的消费者，因此，容易受到电话普及率的影响。由于在发达国家，电话普及率已达到95%，所以，发达国家大部分调查都是采用电话调查的形式。而根据我国信息产业部的规划，到2010年，我国电话用户才达到4.9亿，普及率仅为38%，特别是边远地区和农村的电话普及率还很低，电话调查的结果只能推论到有电话的对象这一总体，影响了样本的代表性，不利于资料收集的全面性和完整性。

（4）由于电话调查是通过电话进行的，调查者一般不在现场，因而很难判断所获信息的准确

信息框

小资料☞

传统的电话调查主要是依靠调查人员进行人工拨号访问，而近年来，在美国利用一种使用内置声音回答的全自动电话访谈技术取代了传统方式。这种全自动电话访谈方式利用调查人员的录音来代替调查人员逐字逐句的念出问题和答案。回答者可以将封闭式问题的答案通过电话上的拨号盘键入，开放式问题的答案则逐一录在磁带上。另一种现代技术是CATI技术，即计算机辅助电话访问技术（Computer Assisted Telephone Interview，CATI）。这一技术最早于20世纪70年代出现在美国，并于80年代在欧美获得了迅速的发展。目前北美和欧洲的所有的专业调查研究机构都以此项技术作为最主要的数据搜集方法。90年代中期，我国的一些专业调查机构开始采用CATI技术，近几年发展也十分迅速。该技术主要由计算机或计算机网络硬件系统和CATI软件系统组成。其中硬件系统与电话连接进行随机拨号，而软件系统由调查问卷设计生成系统、自动访问管理系统、自动数据录入和统计分析系统组成，进行调查问卷的产生，调查过程的监控和统计分析。

性和有效性。而在面谈访问时，调查者则可以通过被调查者的表情、动作等身体语言以及所处环境等来判断被调查者所提供信息的真实性和完整性。

（三）邮寄调查法

1. 邮寄调查法的含义

邮寄调查法是市场调查中一种比较特殊的资料收集方法，它是由调查者将事先设计好的调查问卷邮寄给被调查者，由被调查者根据要求填写后寄回，以获取信息的一种调查方法。邮寄调查的具体形式多种多样，目前采用比较多的有邮局寄送、随广告发放、随产品发放等等。另外，一些征订单、征询意见表和评比选票等，也可以被认为有调查表的性质，因而也被看作是邮寄调查。

2. 邮寄调查法的优点

邮寄调查法的优点主要表现在以下几个方面：

（1）调查区域较广。邮寄调查可以不受被调查者所在地域的限制，只要是通邮地区都可以选定为被调查对象。

（2）费用较低。与其他调查方法相比，邮寄调查只需花费少量邮资和印刷费用。特别是当问卷回收率较高时，有效问卷的费用可以大大降低。另外，邮寄调查不需对调查者进行专门的培训和管理，可以省去很大的工作量和一大笔调查费用。因此，邮寄调查是市场调查中一种最为便宜、最为方便、代价最小的资料收集方法。

（3）调查信息更确切。一方面，邮寄调查时提问的内容可以适当增加，提高了信息容量。另一方面，邮寄调查可以给予被调查者相对宽裕的时间作答，便于被调查者进行深入思考或从他人那里寻求帮助。再者，邮寄调查也是采用非面谈的方式，可以避免受调查者态度、情绪以及倾向性意见等因素的影响。因此，所获得的调查信息更加确切、客观。

（4）邮寄调查的匿名性较好。对于一些人们不愿公开讨论而市场决策又很需要的敏感性问题，邮寄调查无疑是一种较好的方式。

3. 邮寄调查法的缺点

邮寄调查法的缺点主要表现在以下几个方面：

（1）问卷回收率低。这是邮寄调查的最大缺点。邮寄调查的问卷回收率低的原因有很多种，可能是被调查者对问题不感兴趣，或者是问卷过长或过于复杂，使被调查者没有时间或没有能力完成等等。问卷回收率低容易影响样本的代表性，从而造成调查结果的不准确。

（2）问卷回收期长。通常邮寄调查的时间包括问卷在旅途中的时间和等待被调查者回答问卷的时间，由于各种主客观原因，问卷滞留在被调查者手中的时间往往较长，而这会造成很多问卷回收到以后就已经失去其分析研究的价值了。

（3）漏答问题多。由于邮寄调查的问卷完全由被调查者自觉完成，没有调查人员在现场监督和检查，被调查者常会有意无意的漏掉某些问题，只答其中部分问题，使结果不一定代表要调查项目的总体特征，影响调查结果的真实性。

（4）低教育程度者难以回答。调查问卷的回答往往要求被调查者应具有一定的文字理解能力和表达能力，因此这种方法对文化程度较低的人群不适用。

4. 邮寄调查法的一些使用技巧

由于邮寄调查存在一定的缺陷，为了提高调查问卷的回收率和准确性，还需要一些方法和技巧。首先,在确定邮寄调查的对象方面,如果确定邮寄对象有困难时,可以采用一些变通的方法,如根据企业名录、通讯录、客户来往记录等方式增加调查的指向性。其次,为了解决问卷回收率低的问题,可以用电话跟踪提醒或者采用有奖征询等方式。当然,在问卷中附上回寄信封并贴上足够的邮票这样的小小细节会使被调查者感到亲切、真诚,对提高问卷回收率、缩短回收时间都有良好的效果。另外,为了提高回收资料的真实准确性,还要在邮寄调查表的设计上注意如下问题:①调查表的内容不宜太多,要简单明了;②问卷的意思要清晰准确,不能模棱两可;③必须向被调查者说明问卷的要求、回收时间;④必须向被调查者阐述调查的目的、重要性,以及写上请求帮助等客套话。

(四) 留置问卷调查法

1. 留置问卷调查法的含义

留置问卷调查法是指当面将调查表交给被调查者,说明调查意图和要求,由被调查者自行填写回答,再由调查者按约定日期收回的一种调查方法。这种方法被认为是面谈访问与邮寄调查相结合的一种方法。

2. 留置问卷调查法的优点

由于留置问卷调查法比较好的结合了面谈访问法与邮寄调查法的优势,具有以下优点:

(1) 问卷回收率高。在使用留置问卷调查法的时候,调查问卷是当面送达,当面回收的,问卷的回收率相对较高。

(2) 调查准确性高。被调查者在填写问卷时,没有调查者在身边,不会受到调查者的影响,而且被调查者有充分的时间来考虑相关的问题,这使得调查资料的准确性得到提高。

3. 留置问卷调查法的缺点

留置问卷调查法虽然消除了面谈访问法和邮寄调查法的一些不足,但仍然也存在一些缺点:

(1) 调查范围受限制。由于要当面送达和收回调查问卷,如果调查的区域过于广泛,就不再适用留置问卷的方式了。

(2) 调查费用相对较高。留置问卷调查比单纯的面谈访问法还要多一个回收问卷的过程,因此调查的费用会相应增加。

另外,使用留置问卷调查法进行调查时,还须注意,尽管问卷已经对于填写方式方法等问题做出了说明,但是,调查者的当面说明还是十分必要的。这是因为有些被调查者可能不仔细看说明就开始做答了。因此,如果调查者在回收问卷时发现有些答案填写不规范、不清楚或者有漏答等影响调查效果的情况出现时,应及时让被调查者进行更正和补充。

(五) 网上调查法

1. 网上调查法的含义

网上调查法是指在互联网上针对特定的问题进行的调查设计、资料收集和分析的一种方法。网上调查是一种随着互联网的发展而兴起的新调查方式。

2. 网上调查法的常用方法

进行网上调查时,常用的方法有网络访谈法和 E-mail 问卷调查法。

网络访谈法,是指在电脑网络上使用已经建立的网站,通过事先的邀请,让确定的若干名网友在指定的时间登陆一个特定的网站进行市场调查的方法。这种方法不但便于做深度交流,同时也更适用于进行一些敏感性、隐私性、威胁性话题的探讨。

E-mail 问卷调查,是指调查者在自己的终端机上制定调查问卷,然后按照已经知道的 E-mail 网址发出问卷(电子调查邮件),或者直接粘贴在自己的网站上,受访者在自己的信箱中或者电脑网络上看到问卷后,直接把答案寄回到调查者的信箱,或者立即进行点击回答,调查者通过事先设计好的软件程序进行调查结果统计的一种调查方法。这种方法可以看作是邮寄调查的一种电子形式,但是却具有传统邮寄调查不可能具备的诸多优势,例如,图解说明、图示、声音等等均可添加在"问卷"中。

3. 网上调查法的步骤

(1) 确定目标市场。这一步骤主要是分析网民中是否存在被调查群体,其规模又有多大。

(2) 设计调查问卷。由于互联网交互机制的特点,网上调查可以采用一种传统调查无法实施的方式,即调查问卷分层设计。对于那些只限于一部分调查者的特定问题,可以借助有层次的过滤寻找适合的回答者。

(3) 选择进行网上调查的媒介。在选择媒介时,可以利用自己的网站,也可以借助别人的网站。企业的网站本身就是宣传媒介,如果自己的网站有了固定的访问者,就可以利用现有的资源开展网上调查。而对于没有自己独立的网站的企业,就可以利用别人的网站进行网上调查,特别是借助于访问率比较好的互联网内容提供商(Internet Content Provider,ICP)或者是与调查课题相配合的专业性信息站点。当然,如果积累了一定的有效客户 E-mail 地址,也可以直接向潜在客户发送调查问卷。还有就是可以在讨论组中发布问卷信息,或者发布调查题目。

(4) 分析调查结果

与传统的调查结果分析类似,网上调查问卷的分析也要尽量排除不合格问卷,这就需要大量对回收的问卷进行综合分析和论证。

4. 网上调查法的优点

互联网作为一种信息沟通渠道,它的特点在于开放性、自由性、平等性、广泛性和直接性等,这些特点使网上调查法具有传统调查方法所不可比拟的优势:

(1) 辐射范围广泛、不受时空限制。由于互联网是全球性的,许多沟通中的屏障都将消失。只要调查者将制作问卷投放网络,它将在几秒钟之内辐射全球,从而获得一种超乎想象的样本容量。

(2) 时间短、速度快,信息反馈及时。由于网上调查省去了印制、邮寄和数据录入过程,因此,问卷的制作、发放和数据的回收速度均得以提高。调查者可以在几小时之内完成问卷并统计结果及报表。

(3) 成本低廉。传统调查往往要耗费大量的人力、物力、财力,而网上调查只需有一台上网的计算机,通过站点发布电子问卷或组织网上座谈,利用计算机及统计分析软件进行整理分析,省去了传统调查中的印刷问卷、派遣人员、邮寄、打电话等繁重的信息采集与录入工作与费用,因此网上调查成本比较低廉。

(4) 隐匿性好。网上调查时网民可以隐匿自己的真实身份,在完全自愿的情况下参与调查,回答问题时更加大胆、坦诚,调查结果可能比传统调查更为客观和真实。尤其是在调查一些涉及个人隐私的敏感问题时,可使被访者在填答问卷时的心理防御机制降低,从而保证填答内容的真实性。

(5) 视觉效果好。网上调查能够提供独特的视觉音响效果,这也可以说是所有访问方式中一项独一无二的优点。互联网的图文及超文本特征可以用来展示产品或介绍服务内容,对于那些拥有较新版本 Netscape 及 IE 的用户,还可以将声音及播放功能插入问卷中,这是其他访问方式所无法比拟的。

5. 网上调查法的缺点

作为新型的一种调查方法,网上调查法也存在一定的缺点:

(1) 样本对象的局限性。这是网上调查法最主要的缺点。网上访问的调查对象仅限于网民,这意味着大多数没有上网或者不经常上网的人无法成为调查的样本对象,这就可能造成因样本对象的阶层性或局限性带来的调查误差。当然,随着网民比重的上升和网民结构的改善,这一问题会逐步得以改善。

(2) 答案的可信度问题。网上调查的全匿名性使所获信息的准确性和真实性程度难以判断。同时,网上调查也不排除同一个人重复填写问卷现象的发生,从而影响调查结果的可信度。

(3) 受到人们填答意愿的限制。在互联网上,被调查者是否会参与调查完全取决于其自身的意愿,这种主动性使得人们可能只是根据其内容、主题、娱乐性或者调查的其他特性而做出参与调查与否的决定,这将会影响到调查结果的代表性和准确性。

虽然如此,随着网络事业的迅猛发展和网民比例的不断攀升,网上调查不仅代表着一种趋势,也代表着一种潮流,其作用将愈来愈凸显。

三、访问调查方法的选择

以上我们介绍了几种常用的访问调查方法,不难发现,各种方法都有各自的优缺点,很难绝对地说哪种访问方式明显优于其他访问方式。因此,在选用时必须根据具体的调查内容和课题要求以及操作可行性来确定。

上述几种调查方法在不同评价标准下各自优缺点的比较如表 9-1 所示。

表 9-1　五种访问法优缺点的比较

形式 项目	面谈访问法	电话调查法	邮寄调查法	留置问卷调查法	网上调查法
调查范围	较窄	较窄	广	较广	广
调查对象	可以控制和选择	可以控制和选择	难以控制和估计代表性	较难控制和选择	较难控制和选择
影响回答的因素	能了解控制和判断	无法了解控制和判断	难了解控制和判断	能了解控制和判断	较难了解控制和判断
回收率	高	较低	低	较高	较低
回答速度	可快可慢	快	慢	较慢	较快
回答质量	高	较高	较低	较高	较低
平均费用	高	低	较低	较高	低

第二节 观 察 法

一、观察法的含义、类型和特点

（一）观察法的含义

观察法是指调查者凭借自己的眼睛或摄像、录音等各种记录工具，在调查现场进行实地考察，在被调查者未察觉的情况下，直接观察和记录被调查者行为，以获取各种原始资料的一种非介入式调查方法。使用观察法进行调查时，由于调查者同被调查者不发生直接接触，而是由调查者从侧面直接或间接地借助仪器把被调查者的活动按实际情况记录下来，避免让被调查者感觉正在被调查，因而提高了调查结果的真实性和可靠性，使取得的资料更加切近实际。

在医药市场调查实践中，观察法可以用于对消费者行为的调查以及消费者对商品的品种、质量、服务等方面反映的调查。观察法可以为特定的调查项目专门使用，也可以作为访问法的一种补充。

（二）观察法的类型

按照不同的分类标准，观察法可分为不同的类型。

（1）根据观察使用的工具不同，可分为直接观察和测量观察。

直接观察就是观察者直接到家庭、街道、医院等处进行实地观察。一般是只看不问，不使被调查者感觉到在接受调查。这样的调查比较自然，容易得到真实情况。

测量观察是运用电子仪器或机械工具（如阅读器、电子扫描仪等）进行记录和测量的观察方法。如可以在医院的门口设置电子计数装置，统计就医人数。

（2）根据观察时间周期，可分为连续性观察和非连续性观察。

连续性观察是指在比较长的一段时间内，对被观察对象连续作多次、反复的观察调查。连续性观察适用于对动态性事件的观察，可以定期进行，也可以不定期进行。

非连续性观察是指在较短时期内的一次性观察调查，一般适用于对过程性、非动态性事件的观察。

（3）根据观察所采取的方式不同，可分为隐蔽性观察和非隐蔽性观察。

隐蔽性观察是指被观察者在没有意识到自己正在受到观察的情况下所进行的一种观察活动。

非隐蔽性观察是指在被观察者了解市场调查的真正目的，知道自己处于被观察状态下所进行的一种观察活动。

一般来说，市场观察既可以采取隐蔽性观察，也可以采取非隐蔽性观察，但前者所获取的信息资料更加真实、客观。然而，在自然环境中，调查者事实上很难做到完全隐蔽性观察，很多情况下不得不采取非隐蔽性观察。而非隐蔽性观察容易造成“实验反应”，引起被观察者不安、反感甚至反常，使获取的信息资料失真，这就需要调查者做好必要的解释说明工作，同时辅以一定的技巧，尽量减少“实验反应”。

（4）根据调查者扮演的不同角色，可分为参与性观察与非参与性观察。

参与性观察是指调查者参加到被观察对象群体中并成为其中的一员，直接与被观察者发生关系以收集有关资料的一种调查方法。例如，医药企业为了获取市场信息，可以在一些大型的医药超市中派驻信息员，他们以售货员的身份直接与顾客接触，通过有意识的观察活动了解市场情况，把握市场动态。参与性观察一般是在被观察者不了解实情的情况下进行的，更容易获取真实可靠的市场信息。其缺点是调查周期比较长，调查费用比较高。

非参与性观察是指调查者不改变身份，而是以局外人的身份客观的观察事件的发生和发展情况，从外围现场收集资料的一种调查方法。调查者不向被观察者提任何问题，不随意靠近被观察者，也不对任何问题表露兴趣，尽可能不让被观察者知道自己正受到观察。通常，非参与性观察必须事先制定周密的观察计划，严格规定观察内容和记录方式，如果没有明确的规定，非参与性观察很容易导致观察资料不完整的情况发生。

此外，为了保障观察的隐蔽性，降低调查者的记录负担，提高资料的可靠程度，非参与性观察往往需要配备一定的观测设备和记录设备，比如望远镜、反窥镜、摄影机、摄像机、记数仪器、记数表格等等。

（5）根据观察结果的标准化程度，可分为控制性观察和非控制性观察。

控制性观察是指根据观察的目的，预先确定范围，以标准化的观察手段、观察程序和观察技术进行有计划的系统观察，使观察结果达到标准化。在这种情况下，市场调查人员没有很大的自主权。

非控制性观察与控制性观察法相反，对观察的项目、程序和步骤等不做严密的规定，也不用标准方法进行记录，而是采用较为灵活的观察方式，随看、随听、随记，简便操作。

一般而言，如果对所要调查的问题了解得很全面，那么要尽可能使用控制性观察法。如果所要观察的是新兴事物，在观察者对所要研究的问题不了解的情况下，则可能需要采取无控制观察。所以，无控制性观察常用于探索性调查或有深度的专题调查。

可见，在进行观察调查时，调查者有很多种类的方法可供选择，因此，应根据调查的目标要求，调查成本、进度、数据质量等多个方面综合考察，选择合适的观察方式。

（三）观察法的特征

与人们在日常生活中的观察不同，观察法有以下几个方面的特征：

（1）是观察者有目的、有计划的自觉认识活动。不同于人们日常生活中的出门看看天气、到公园观赏风景等个人的兴趣行为，观察法所观察的内容是经过周密考虑的。观察者并非盲目地观察一切现象，而是主动地集中观察所要研究的特定现象与问题，进行有目的、有计划的搜集市场资料、研究市场问题的活动。

（2）是一项系统性的活动。观察法要求对被观察对象进行系统、全面的观察。在实地观察前，应根据调查目的对观察项目和观察方式设计出具体的方案，进行系统地观察与记录，尽可能避免或减少观察误差，防止以偏概全，以提高调查资料的可靠性。

（3）是运用两类观察工具进行的观察活动。观察法要求观察人员在充分利用自己的感觉器官的同时，还要尽量运用科学的观察工具。人的感觉器官特别是眼睛，在实地观察中能获取大量的信息。而照相机、摄像机、望远镜、探测器等观察工具，不仅能提高人的观察能力，还能将观察结果记载下来，增加资料的详实性。

（4）观察对象处于自然状态下。在观察过程中，观察者力求不对观察的现象施加任何影响，不改变事物存在的状态、过程或内外环境，以确保事物的本来面目的自然状态。

（5）观察可以重复查证。使用这种方法时，观察是可以重复查证的。我们可以通过重复观察来检验已有观察结果是否正确。

二、观察法的优缺点

（一）观察法的优点

作为一种基本的调查方法，观察法有许多优点：

（1）资料可靠性高。同其他方法相比，资料可靠性高是观察法的一个最为明显、突出的优势。由于观察法是一种非介入式资料收集方式，因而可以避免由于语言交流中的障碍、暗示以及人际交往中的情感等因素对于市场信息的干扰；同时，观察法一般是在自然环境中运用，可以在很大程度上避免由于人工环境所带来的被调查者不自然甚至有意改变应答，以期尽量符合社会期望的状况。因此，通过观察法收集到的资料更加具体、客观，可靠性更强。

（2）真实可信。观察法可以实地记录市场现象的发生，能够获得直接具体的生动材料，对市场现象的实际过程和当时的环境气氛都可以了解，这是其他方法不能比拟的。

（3）适用性较强。观察法不要求被调查者具有配合调查的语言表达能力或文字表达能力，因此适用性比较强。

（4）灵活性强。观察法简单、易行，只要选择合适的时间和地点，即可随时进行调查，具有较大的灵活性。

（二）观察法的缺点

（1）时间长、费用高。使用观察法要求较高的调研费用和较长的观察时间，特别是当观察的行为是间段发生或不是经常发生时，就要花较长的时间等待下一个行为发生。而且，有些情况下要使用器械、工具等来观察也会增加成本费用开支。

（2）调查结果的表面化。这一点是指观察法所观察到的只是人的外部行为，即仅取得表面性资料，无法探究诸如其原因、态度和动机等深层次问题。

（3）被观察到的仅是当前行为。由于受时间和空间等条件的限制，观察法只能观察到正在发生的动作和现象，而对已经发生的或将要发生的事情却无法得知。

（4）对调查者要求高。运用观察法进行调查时，调查者的个人素质高低对调查结果影响很大，因此要求调查者必须具备较高的业务水平和敏锐的洞察能力，良好的记忆力以及使用现代化设备的能力。

三、观察法的使用原则

观察法的运用是观察人员主观活动过程。为使观察结果符合客观实际，要求观察人员必须遵循以下原则：

（1）客观性原则。观察者必须以客观的态度对市场现象进行调查和记录，切不可按其主观倾向或个人好恶，歪曲事实或编造情况。

(2) 全面性原则。观察者必须从不同层次、不同角度进行全面观察，避免出现对市场片面或错误的认识。

(3) 持久性原则。市场现象极为复杂，且会随着时间、地点、条件的变化而不断地变化。市场现象的规律性必须在较长时间的观察中才能被发现。

(4) 法律和道德原则。观察者进行观察时要注意遵守社会公德，不得侵害公民的各种权利，不得强迫被调查者做不愿做的事，不得违背其意愿观察被调查者的某些市场活动，并且还应为其保密。

四、观察技术

观察技术是指观察人员实施观察时所运用的一些技能手段，主要包括观察卡片、符号、速记、记忆和机械记录等。适当的观察技术对提高调查工作的质量有很大帮助。

(1) 观察卡片。观察卡片是一种标准化的记录工具，其记录结果即形成观察的最终资料。制作卡片的程序是：首先，列出所有观察项目，经筛选后保留重要项目，再将项目根据可能出现的各种情况进行合理的编排，并通过小规模的观察来检验卡片的针对性、合理性和有效性，最后制成卡片。表 9-2 就是一张观察购买者的行为而制作的顾客流量及购物调查卡片。使用时，可以在购物场所的进出口处，由几名调查员配合进行记录，调查卡片每小时使用一张或每半小时使用一张，该时间内出入的顾客及其购买情况可详细记录下来。

表 9-2　顾客流量及购物调查卡片

被观察单位____________　　观察时间____年____月____日____时至____时

观察地点____________　　观察员____________

	入向	出向
人数		
购物金额		

(2) 符号。符号是指用符号代表在观察中出现的各种情况，在记录时，只需根据所出现的情况记下相应的符号，或在事先写好的符号上打勾即可，不需要再用文字叙述的一种观察技术。使用符号的好处在于不仅可加快记录速度，避免因忙乱而出错，而且便于资料整理。

(3) 速记。速记是为了提高记录工作的效率，用一套简便易写的线段、圈点等符号系统来代替文字，迅速地记录观察中遇到的各种情况的方法。

(4) 记忆。记忆是指在观察调查中，采取事后追忆的方式进行记录的方法。通常在调查时紧迫或缺乏记录工具的情况下使用。由于人的大脑不可能准确无误地储存很多信息，因此，必须抓住要点进行记忆，提纲挈领，事后及时进行整理。采用记忆的方法虽然可以避免被调查者的顾虑，但常容易遗忘一些重要信息。所以，通常在调查时间紧迫或缺乏记录工具的情况下使用。

(5) 机械记录。机械记录是指在观察调查中运用录音、录像、照相、各种专用仪器等手段进行的记录。这种记录方法能详尽地记录所要观察的事实，免去观察者的负担，但容易引起被调查者的顾虑，使调查结果失去真实性。

五、观察法的使用条件

要想成功的使用观察法，并使其成为进行医药市场调查与预测中的数据搜集工具，就必须具备以下三个条件：

(1) 所需信息必须是能观察到的或者是从能观察到的行为中推断出来的。比如，观察人流量、购买量等等。

(2) 所要观察的行为必须是重复的、频繁的或者在某些方面是可预测的。否则，使用观察法的成本将会增加。

(3) 所要观察的行为必须是相对短期的。因为，要用观察的方法观察一个长期行为会增加调查成本。

第三节　实验调查法

一、实验调查法概述

1. 实验调查法的含义

市场实验调查法又被称为因果性调查法，它是指市场调查者有目的、有意识地改变一个或几个影响因素，来观察市场现象在这些因素影响下的变动情况，以认识市场现象的本质特征和发展规律的一种方法。实验调查既是一种实践过程，又是一种认识过程，是实践与认识统一的调查研究过程。在企业的经营活动中经常运用这种方法，如开展一些小规模的包装实验、价格实验、广告实验、新产品销售实验等，来测验这些措施在市场上的反映，以实现对市场总体的推断。

需要注意的是，社会经济科学的实验虽然是起源于自然科学的实验求证法，但由于受多种不可控因素的影响，不可能像自然科学中的实验一样准确。但是，通过这种方法还是能获得相对比较客观的信息资料。

2. 实验调查法的特点

实验调查法是一种特别的调查与观察方法，它与我们之前介绍过的访问法和观察法有所不同。运用访问法和观察法进行调查时，一般是在不改变环境的情况下进行信息和资料的采集的，而在进行试验调查时，则是需要通过改变一些环境变量来收集相应的信息。也就是说，在访问法和观察法中，调查者只是一个被动的信息收集者，而在实验调查法下，调查者则是研究过程中的主动的、积极的参与者。

3. 实验调查的基本要素

实验调查需要具备以下基本要素：

(1) 实验者。实验者是指实验调查活动的主体，他们以一定的实验假设来指导自己的实验活动。

(2) 实验对象。实验对象是指实验调查者所要认识的客体，他们往往被分成实验组和控制组这两类对象。

(3) 实验环境。实验环境是指实验对象所处的各种社会条件的总和，它们可以分为人工实验环境和自然实验环境。

(4) 实验活动。实验活动是指改变实验对象所处社会条件的各种活动，它们在医药市场实验调查中被称为"实验激发"。

(5) 实验检测。实验检测是指在实验过程中对实验对象所作的检查或测定，可以分为实验激发前的检测和实验激发后的检测。

4. 实验调查法的分类

根据不同的分类标准，实验调查法可以有不同的分类。

(1) 根据实验环境的不同，可分为实验室实验和现场实验。

实验室实验，是指在人工的、"纯化了"的环境中进行的实验，实验者对实验环境实行完全有效的控制，比较容易操作，时间短，费用低。

现场实验，是指在自然的、现实的环境中进行的实验，实验者只能部分地控制实验环境的变化。在医药市场调查领域，大多采取现场实验方法。因为，这种实验所处的是现实环境的变化，其调查结论较易于应用和推广。

(2) 按照实验要素或程序的不同，可分为标准化实验和非标准化实验。

标准化实验，是指实验要素齐全、实验程序完整的实验。

非标准化实验，是指实验要素基本具备但不够齐全、实验程序基本符合但不够完整的实验。

(3) 按照实验对象和实验者对于实验激发是否知情，可分为单盲实验和双盲实验。

由于实验对象和实验者对实验激发一般都会产生某种"良好的"或"不良的"主观心理预期，容易造成实验效果评价的失真。为了尽量减少这种主观心理预期对实验结果的影响，可以采用单盲实验或双盲实验的办法。

单盲实验，是指不让实验对象一方知道自己正在接受实验，由实验者实施实验激发和实验检测。

双盲实验，是指不让实验对象和实验者双方知道正在进行实验，而由第三方实施实验激发和实验检测。

采用这两种方法进行实验，一般就能排除主观心理预期对实验效果评价的不利影响。

5. 实验调查法的一些常用名词

(1) 自变量。自变量也称实验变量或者处理变量，是指实际上引入的变量。自变量的不同变化称为水平，通常自变量的水平有两个以上。

(2) 因变量。因变量是指由自变量的变化而引起变化的变量。如在药品广告销售量的关系中，销售量就是因变量。在市场研究中，常见的因变量有销售量、市场占有率、品牌态度、品牌知名度等。

(3) 干扰变量。干扰变量是指自变量和因变量以外的其他影响因素。干扰变量是市场实验中必须努力加以控制和排除的。

(4) 实验组。实验组是指受到研究，被施加实验激发的一组被研究对象。

(5) 控制组。控制组是指与实验组组成相同，但不引入实验激发的实验组。

6. 实验调查法的步骤

应用实验调查法的一般步骤是：①根据医药市场调查项目和课题的要求，提出研究假设，确定实验自变量；②进行实验设计，确定实验方法；③选择实验对象；④进行正式实验，并严格按照实验设计规定的进程进行实验;⑤分析整理实验资料并做实验检测;⑥得出实验结论。只有按这种科学的步骤来开展,才能迅速取得满意的实验效果。

7. 应用实验调查法的前提

运用实验调查法需要有两个前提:一是实验的各种条件必须是和实验结果所能使用的状态条件一致;二是能正确控制实验因素以外的其他因素,否则,实验的结果将是多种因素共同作用的结果,很难确定实验因素的真实影响作用。

二、几种常用实验调查方法

实验调查的方法一般是通过不同的实验设计来实现的。实验设计是调查者进行实验活动、控制实验环境和实验对象的规划方案。它是实验调查各步骤的中心环节,决定着研究假设能否被确认,也决定实验对象的选择和实验活动的开展,最终还影响实验结论。在医药市场调查中,常用的实验设计方法如下:

1. 实验前后无控制对比实验

在市场调查中,经常采用这种简便的实验调查方法。它是在同一市场内,实验前在正常情况下进行测量,收集到必要的数据。然后,进行现场实验。经过一定的实验期后,收集实验过程中的资料数据,进行实验前后对比。并通过对比观察,研究分析实验变量的效果。其实验设计特点如表 9-3 所示。

实验效果为:$E=Z_2-Z_1$

表 9-3 实验前后无控制对比实验设计

项　目	实验组	控制组
实验前测量	Z_1	-
实验激发	+	-
实验后测量	Z_2	-

实验前后无控制对比实验的缺点是:没有考虑干扰因素的影响,难以肯定测量的差异是否是实验所致。所以,只有在实验者能有效排除干扰变量的影响,或者是干扰变量的影响可忽略不计的情况下,实验结果才能充分成立。

2. 实验前后有控制对比实验

实验前后有控制对比实验是指控制组事前事后实验结果同实验组事前事后实验结果之间进行对比的一种实验调查方法。使用这种方法要求在同一时间周期内,选择两组条件相似的研究对象分别作为实验组和控制组,并将这两组在实验前后的测量结果进行对比和分析。

其实验原理是,设 Z 表示实验组的销售量,Y 表示控制组的销售量,Z_1 表示实验组在实验前的销售量,Y_1 表示控制组在实验前的销售量,Z_2 表示实验组在实验后的销售量,Y_2 表示控制组在实验后的销售量。其实验设计特点如表 9-4 所示。

表 9-4 实验前后有控制对比实验设计

项　目	实验组	控制组
实验前测量	Z_1	Y_1
实验激发	+	-
实验后测量	Z_2	Y_2

实验效果为:$E=(Z_2-Z_1)-(Y_2-Y_1)$

和实验前后无控制对比实验相比,实验前后有控制对比实验有了控制组,就可以排除自变量因素以外的其他干扰变量的影响,因此提高了实验的准确性。但其缺点是实验费用要比实验前后无控制对比实验大。

3. 所罗门四组设计

所罗门四组设计思想与实验前后有控制对比实验相似。但是,为了控制所有干扰变量对实验有效性的影响,加入了第二个实验组和控制组,并且第二个实验组不接受预先测量,而直接接受后期测量。这就是所罗门四组设计。其实验设计特点如表 9-5 所示。

表 9-5 所罗门四组设计

项目	实验组 1	控制组 1	实验组 2	控制组 2
实验前测量	Z_1	Y_1	–	–
实验激发	+	–	+	–
实验后测量	Z_2	Y_2	Z'_2	Y'_2

实验效果的测量有三种方式,分别为:$E=(Z_2-Z_1)-(Y_2-Y_1)$,$E=Z'_2-Y'_2$,$E=Z_1-Y_1$

如果在这些测量中效果有一致性,即效果都比较显著,那么对实验激发处理影响所得出的推断更加有力。此外,通过此方法还可以直接测量实验处理的交互作用和前期测量影响。

计算值为:$(Z_2-Y_2)-(Z'_2-Y'_2)$

4. 实验后有控制对比实验

实验后有控制对比实验是一种在医药市场实验调查中最常用的方法。在实验时要选择两组条件相当的研究对象,设定其中一组为实验组,另一组为控制组。改变实验组的自变量,引入试验激发,而控制组保持不变,并在实验后对比分析实验组和控制组的结果。事实上,它包括了所罗门四组设计中的后两组。如果我们增加第二个实验组和控制组,那么这个设计就可以变成所罗门四组设计。其实验设计特点如表 9-6 所示。

表 9-6 实验后有控制对比实验设计

项目	实验组	控制组
实验前测量	–	–
实验激发	+	–
实验后测量	Z_2	Y_2

实验效果为:$E=Z_2-Y_2$

另外,在实验中可以通过交换实验组和控制组,再次进行实验,以提高实验结果的可信度。

在实验后有控制对比实验中,控制组和实验组是在其他因素影响相似的条件下进行的实验,其结论可以代表同类事物,因此具有一定的准确性。但是,使用这种方法仍然无法排除实验前后其他干扰因素的影响。

三、实验调查法的实施过程

实验调查是一种探索性、开拓性的调查工作,实验者必须正确选择实验对象和实验环境,有效地控制实验过程,让实验活动严格按实验设计方案来进行。在实施过程中应该特别注意以下一些问题:

1. 对实验者的要求

在实验调查法中,调查者是研究过程中的主动与积极参与者。因此,对于实验者有一定的要求:①既要尊重事实,又要有创新精神,要勇于打破旧框框、探索新道路、开拓新天地;②要有较高理论水平、较多的政治、法律知识和较强的鉴别能力和判断能力;③要有一定实际工作经验和灵活处理问题的能力;④要有一定权力和威信进行实验的统筹安排;⑤要有比较充裕的时间来完成实验和研究。

2. 实验对象和实验环境的选择

正确选择实验对象和实验环境,对实验调查的成败也有重要作用。如果所选择的市场实验对象没有高度的代表性,其实验结论就没有推广的可能性。对于复杂的事物来说,选择实验对象和实验环境,还应该具有不同类型。

选择实验对象和实验环境一般有两种方法:一是典型调查法,即选取一些具有代表性的实验对象和实验环境;二是随机抽样,即按照随机原则从实验对象、实验环境的总体中抽取一定实验环境中的实验对象。

如果采用实验组与控制组对比的实验设计,应当注意实验对象和实验环境的匹配,也就是要使实验组的实验对象和实验环境与控制组的实验对象和实验环境尽可能相同或相近。为此,实验者可以采用配对分派法选择实验对象和实验环境。具体做法是:每次选择两个相同或相近的单位组成匹配,然后将其中一个分派到实验组,另一个分派到控制组。只有按照这种分配法组织的实验组和控制组,才能真正起到互相对照的作用。

3. 实验过程的控制

实验过程的控制主要包括对实验激发的控制和对干扰因素的控制。

对实验激发的控制,实质上是对自变量变动的控制。这种控制既要严格按照设计方案进行,又要在不违背实验目的的前提下有一定的灵活性。这种灵活性要求给实验者一定的自主权,以便他们能灵活处置那些在实验过程中无法完全避免的特殊情况和特殊问题。

实验过程控制最为重要的任务是对干扰因素的控制,即努力排除或减少干扰因素对实验过程的影响。这些干扰因素主要来自四个方面:

第一,来自实验者自身的干扰。如实验者对实验成功的心理预期。另外,实验者自觉不自觉地给实验对象创造的许多特殊的优越环境也会影响实验的准确性。

第二,来自实验对象的干扰。实验对象对实验活动不适应、不理解、不合作,以及某些实验对象由于种种原因中途退出实验活动等,都会给实验过程造成许多困难。

第三,来自社会环境因素的干扰。医药市场的实验调查活动大多都是现场实验,因此,许多与实验无关的社会因素以及某些重大事件的突然出现,都会对实验过程产生这样或者那样的影响。

第四,来自实验过程自身的干扰。每一次实验激发的方式、强度、范围等不可能保持完全一致,实验检测的工具、灵敏程度和操作方法也不可能保持完全不变,被调查者对实验激发、实验检测适应能力也在不断变化,这些都会对实验过程及其结果产生影响。

因此,对干扰因素的控制要做到以下几点:

(1) 对于来自实验者自身的干扰,要求实验者要以实事求是的态度对待实验过程,不可急于求成;还要公平的对待实验对象,为实验对象创造客观的实验环境,不给实验对象以实验之外的种种特权。

(2) 对于来自实验对象的干扰,要求实验者要对实验对象进行耐心细致的说服,努力争取他们对实验活动的理解和支持,解除他们的心理障碍,配合实验的完成。

(3) 对于社会环境因素对实验过程的干扰,一般可采取以下几种方法进行控制:

1) 彻底排除法,即将一切可以排除的干扰因素彻底排除在实验过程之外。

2) 完全纳入法,即把无法排除的某些干扰因素完全纳入实验过程,作为实验所要研究的一个问题。

3）保持衡定法，即使某些干扰因素在每一组实验对象中都保持相对平衡的、稳定的水平。

4）统计分析法，即对实验过程中无法排除的干扰因素，在实验后再用统计分析方法计算出它们对实验结果的具体影响。

（4）对于来自实验过程自身的干扰，在实验激发方面，要求控制对不同实验对象的实验激发，尽可能在激发方式、强度和范围等方面保持相对一致；在实验检测方面，要求控制对不同实验对象的实验检测，尽可能在检测工具、灵敏程度和操作方法等方面保持相对统一。同时，要根据被实验者对实验激发、实验检测适应能力的强化或弱化，适当调整实验激发的方向、形式和部位，适当改变实验检测的方式、操作程序和计量方法，从而把实验过程自身干扰因素的影响降到最低程度。

4. 实验效果的检测和评价

实验效果的检测与实验结果的评价是密切联系在一起的，检测是评价的前提或依据，评价则是对检测结果所作的解释或说明。

对实验效果的检测，要遵循科学性、统一性和可重复性的原则。科学性是指检测指标、检测方法和检测手段要科学。统一性是指对不同实验对象、对前检测和后检测，都应该使用统一的指标、方法和手段去检测。可重复性是指检测的结果必须是稳定的、可靠的、可重复的。

对实验结果的评价，主要是对其有效性的评价。也就是说，评价实验是否像它所标明的那样测量准确。有效性分为内在有效性和外在有效性两个方面：内在有效性是指自变量真正对因变量产生可观察到的差异，即对实验结果说明实验所要说明问题的正确程度做出评价；外在有效性是指对实验结果的推广适用程度做出评价。

对实验的内在有效性做出科学评价，关键在于把实验效应与非实验效应严格区别开来。因此，就必须尽可能排除或控制一切干扰因素的影响。

对实验的外在有效性做出科学评价，关键则在于区分实验结果中共性的东西与个性的东西。从辩证思维角度看，任何实验的结果实际上都既包含着共性的东西，又包含着个性的东西，是共性和个性的统一体。然而，只有那些共性的东西才具有推广的价值。因此，正确地说明具有共性的实验结果，才能科学评价实验结果的外在有效性。

四、实验调查法的优缺点

1. 实验调查法的优点

（1）客观性和实用性。实验调查法通过实地实验来进行调查，将实验与正常的市场活动结合起来，因此，取得的数据比较客观，具有一定的可信度。

（2）可控性和主动性。在实验调查中，调查者可以主动改变某些变量，引起市场因素的变化，并通过控制其变化来分析、观察某些市场现象之间的因果关系以及相互影响程度，而这是其他调查方法无法做到的。

（3）精确性。在实验调查中，可以针对调查项目的需要，进行合适的实验设计，有效地控制实验环境，并反复进行研究，提高调查的精确度。

（4）较强的说服力。使用实验调查法时，在实验单位、实验变量、实验设计和实验环境都基本相同的情况下，不管是由谁来实验，也无论是在何时何地进行实验，结果大致是相同的，说明实验是可以重复的，因此具有较强的说服力。

2. 实验调查法的缺点

（1）实验对象和实验环境的选择难以具有充分的代表性。市场中的可变因素难以掌握，实验结果不易相互比较。由于市场现象与自然现象相比，随机因素、不可控因素更多，政治、经济、社会、自然等各种因素都会对市场发生作用，因此，必然会对检验结果产生影响，完全相同的条件是不存在的。这导致实验结论往往带有一定的特殊性，实验结果的推广会受到一定的影响。

(2) 限制性比较大。实验调查法仅限于对现实市场经济变量之间关系的分析，而无法研究过去和未来的情况，因此，实验调查法具有一定的局限性。

(3) 干扰因素的影响。实验调查中，人们往往只能是尽量减少而无法完全排除干扰因素对实验过程的干扰，而这将会影响到实验结论的准确性。

(4) 时间长、费用大。由于一般在短时间内实验无法得出可靠的结果，因此，花费的时间会比较长。并且在技术和分析上的困难也导致实验调查法的费用相对较高。

(5) 保密性差。如果实验调查采用现场实验，则研究计划容易暴露，竞争对手可能会有意干扰现场实验的结果。

总之，市场调查的实验活动与自然科学的实验活动在本质上是相同的，所不同的是市场实验调查法并不是在周密控制的实验室里进行的，而是在现实市场上以活生生的人群为对象来进行的。因此，就必须注意那些在实验室试验中无法考虑到的因素的影响。

本章小结

信息资料的收集是进行医药市场调查与预测的一个十分重要的环节。本章主要介绍的是实地调查法。实地调查法中的定量调查分为三大类，它们分别是访问法、观察法和实验调查法。

访问法又称采访法、询问法，就是调查人员采用访谈询问的方式向被调查者了解市场情况、收集资料的一种方法，它是医药市场调查中最常用的、最基本的调查方法。按照不同的分类标准，访问法可分为标准化访问和非标准化访问、直接访问和间接访问、一般性访问和特殊性访问、个别访问和集体访问等类型。根据访问的具体方式，访问法又可以分为面谈访问、电话调查、邮寄调查、留置问卷调查和网上调查等。各种方法具有其特点，应仔细加以选用。

观察法是指调查者凭借自己的眼睛或摄像、录音等各种记录工具，在调查现场进行实地考察，在被调查者未察觉的情况下，直接观察和记录被调查者行为，以获取各种原始资料的一种非介入式调查方法。根据不同的标准，观察法也可分为多种类型。运用观察法要注意使用的条件和原则。

市场实验调查法是指市场调查者有目的、有意识地改变一个或几个影响因素，来观察市场现象在这些因素影响下的变动情况，以认识市场现象的本质特征和发展规律的一种方法。实验调查法需要具备实验者、实验对象、实验环境、实验活动和实验检测等基本要素，实验调查的方法一般是通过不同的实验设计来实现的，常用的实验设计方法有实验前后无控制对比实验、实验前后有控制对比实验、所罗门四组设计和实验后有控制对比实验等。

思考与练习题

一、名词解释

访问法　观察法　实验调查法

二、选择题

1. 电话调查是一种非常省力、省时的直接调查方法，但它的问题是(　　)。

A. 代表性差　　B. 访问量少　　C. 费用太大　　D. 沟通不畅

2. 留置问卷法的问卷下发和收回工作由( )完成的。
 A. 调查者 B. 被调查者 C. 问卷设计者 D. 资料整理者

3. 观察法是调查者到现场利用( )来搜集被调查者行为表现及有关市场信息资料的一种方法。
 A. 感官 B. 仪器 C. 录像机 D. 感官或仪器

4. 进行医药市场实地调查的一般方法是( )。
 A. 观察法 B. 访问法 C. 实验调查法 D. 以上均是

三、填空题

1. 根据访问的具体方式,访问法可以分为( )、( )、( )、( )和( )等。

2. 观察法具有( )、( )、( )、( )和( )的优点。

3. 实验调查法需要具备几项的基本要素,他们是( )。

四、简答题

1. 如何运用访问法获取信息资料?

2. 观察法的使用原则有哪些?

3. 常用的实验设计方法有哪些?

案 例

感冒药市场调查分析

感冒几乎是人人都亲自体验过的疾病,"头疼脑热"的不时造访,严重影响着人们的生活、工作和学习。不知不觉中,查禁"PPA"对国内感冒药市场的震撼已经风平浪静。那么,国内感冒药市场究竟发生了什么变化,消费者又会对感冒药做出怎样的新选择呢?为了了解消费者治疗感冒时所采用的方法及购买的感冒药品牌,一家市场调查机构受一家名为"仁寿堂"的药店的委托进行了一次感冒药市场的调查。调查对象为仁寿堂药店隔壁一单位宿舍,内容涉及人们对感冒的保健知识,购买感冒药的影响因素,国内感冒药市场中各主要品牌感冒药在消费者心目中的知名度、美誉度和使用情况,以及各种感冒药治疗功能的认知等。通过对调查资料的统计分析,得到了以下几个结论:

1. 消费者对感冒的认识已达到相当高的水平

调查显示多数消费者已经认识到感冒的严重性。过去中国人的习惯说法是"头痛脑热不算病,挺挺就好"。而从这次调查结果看,这种错误认识已经改变。调查中,当问到"您是否同意感冒是小病,对身体没有多大伤害"的说法时,不同意的比例高达65.6%。多数被访者对感冒的严重后果相当清楚。调查中请被访者对"感冒不及时治疗可引发心肌炎、肾炎等严重后果"这个说法表态,57.1%的被访者表示了明确的肯定态度。当问到"您如何看待感冒不治也能好"这个说法时,不同意的比例高达64.7%。近七成的被访者表示"感冒必须及时治疗"。在问到对患感冒原因的认识时,多数被访者更看重内因。调查中问到"您是否同意得感冒的原因主要是自己没有注意预防",有72.9%的被访者明确表示赞同。

2. 服药仍是消费者治疗感冒的主要方法

调查结果表明:在家庭中,选择西药和中成药是治疗感冒最常用的方法。其中,12岁及以下的儿童中,服用西药治疗依然是主要选择,口感好的糖浆制剂最受欢迎。12岁~55岁的消费者中,

80%以上的消费者会选择西药治疗，片剂是消费者首选的剂型；65%的消费者会选择中成药治疗，有36%的消费者认为不用吃药、多喝水，注意休息也是治疗感冒的方法。

除了服药外，消费者还有许多治疗感冒行之有效的方法。其中最主要的是"注意多喝水、休息和睡眠"占53.2%；其次是中国传统的"喝姜糖水"占11.2%；第三是采用按摩、拔罐子、刮痧、发汗等传统的中医疗法。这些方法有些是与药物治疗配合使用，有些则是在感冒初期单独使用，效果均比较好。

然而本次调查也发现消费者在治疗感冒方面存在一些问题。一是约1.9%的人患感冒后"不采取任何措施"，还是采用"扛过去"的方法；二是有些人自行治疗不及时，经验不足、方法不当，得感冒两三天后病重了才吃药，占9.1%。这些现象对健康都是非常不利的。

3. 消费者服西药占多数，但中药仍占相当的比例

调查中，当问到"您上一次感冒自己都吃了什么药时"，60.9%的被访者只吃西药，16.8%的人只吃中药，22.4%的人既吃中药也吃西药。因此，可以推算出全部服用了西药的人约83.4%，全部服用了中药的人约39.2%，服西药的人数约是服中药人数的两倍。

4. 六大感冒药受到好评

通过对主要知名抗感冒药在被访者心目中的印象评价，调查结果显示康泰克、日夜百服宁、泰诺、感康、三九感冒灵和白加黑感冒片六大感冒药受到好评的比例较高。原因一是这些药对多种感冒适用性强；二是起效快；三是药效长。详见表9-7所示。

表9-7 消费者对六大抗感冒药的印象评价

主要药品名称	赞同率(%)		
	可治疗多种感冒症状	见效快、可迅速控制/缓解感冒症状	药效长
康泰克	23.6	34.8	28.6
日夜百服宁	20.1	20.5	22.2
感康	18.1	20.0	14.4
泰诺	17.8	17.9	13.9
白加黑感冒片	15.8	18.5	18.5
三九感冒灵	11.3	12.4	8.8

调查也发现城市消费者对主要感冒药的嗜睡性评价不高。当问到"您认为下面这些药是否服用后不嗜睡、不乏力"时，赞同率均低于20%，主要品牌依次为：日夜百服宁(18.4%)、白加黑感冒片(15.8%)、三九感冒灵(13.9%)、感康(13.5%)、康泰克(13.4%)和泰诺(12.2%)。

调查还发现，有85%的消费者表示，他们选择感冒药时品牌是重要考虑因素，价格也是消费者选择感冒药时考虑的重要因素之一。有超过6万的消费者可以接受每盒单价在10元以上的感冒药，其中每盒单价在10~15元之间的感冒药被消费者接受的比例最高。

5. 感冒药市场新的主流品牌格局已出现

在感冒药市场品牌方面，调查显示，"白加黑"、"康感"、"新康泰克"、"泰诺"、"白加黑"、"百服宁"等品牌在消费者中的知名度居前列。在不提示品牌的情况下，"白加黑"、"感康"、"新康泰克"等品牌的提及率均超过25%，提及率十分接近，没有明显差异："泰诺"和"百服宁"均被近10%

的消费者提及。而在提示品牌的情况下，“白加黑”居首位(91%)，其他依次是“感康”(84%)、“新康泰克”(79%)、“泰诺”(78%)、“百服宁”、“感康”和“泰诺”。消费者青睐主流感冒药品牌市场渗透率比较高的感冒药品牌中，“白加黑”、“感康”、“泰诺”、“新康泰克”、“感冒通”也是消费者服用较多的感冒药。12岁以下的儿童感冒药中，“泰诺”、“百服宁”等品牌依然处于领先地位，“小白糖浆”等成为后起之秀。糖浆、冲剂是儿童最乐于接受的剂型。消费者对主流品牌感冒药的满意度评价基本相当“白加黑”和“百服宁”的满意度最高。

(资料来源：http://teach.szrtvu.com.cn)

案例讨论

1. 本案例中，调查中主要采取了哪种实地调查方法？
2. 讨论案例中调查方法的优缺点。

(陈　颖)

第十章　调查资料处理与分析

学习目标

通过本章学习，要求掌握市场调查资料审核与整理的基本技术；了解变量序列的概念及其种类；熟悉变量序列的编制方法；掌握双向交叉列表和三向交叉列表技术；熟悉几种常用统计图的使用条件；了解市场调查资料的常用统计指标。

通过文案调查与实地调查，收集的大量和比较充分的有关市场调查主题的资料，但这些资料是未经处理的、零散的和不系统的，并不能提供有关市场调查目标的清晰面貌，只能说明调查对象的具体情况，是事物的外在表象，或是某一方面、外感型的资料。因此，根据调查的目的对资料进行科学地处理和分析，是医药市场调查工作的重要环节。通过对调查资料处理与分析，为进一步进行市场情况的分析、预测和最后阶段市场调查报告的撰写做好系统的资料准备。

第一节　市场调查资料的处理

资料的处理是指在对原始资料进行审核的基础上，选择能反映问题本质的主要标志进行分组、编码和汇总，使资料转化成进一步可供计算机统计分析的统一完整的数据库形式的过程。它主要包括调查资料的审核和整理两个方面的工作。

一、资料的审核

调查资料审核，是指对资料的准确性、时效性、全面性和系统性进行审核，发现问题应及时纠正。其中对资料准确性的审核，是检查调查过程中所发生的误差，例如，资料的内容是否合理；项目之间有无相互矛盾之处；报表或调查表中各项数字在指标口径、计算方法和结果的准确性上有无差错等。

（一）原始资料的审核

原始资料是否完整、准确，将直接影响资料整理工作的质量，通过对原始资料的审查和核实，可以避免调查资料的缺、漏、错、重等问题，保证调查资料的科学性和完整性，达到调查资料整理的目的和要求。

1. 对缺失值的处理

许多情况下,数据少量的缺失回答是可以接受的。但如果缺失值的比例超过了10%,就可能出现严重的问题。处理缺失值主要有四种方法:

(1) 利用一个样本统计量的值去代替缺失值。缺失值可以用一个样本统计量去代替,最典型的做法是使用变量的平均值,由于该变量的平均值会保持不变,则其他的统计量(如标准差和相关系数等)也不会受很大的影响。但这样做对资料的准确性仍有一定影响,因为被调查者如果回答了该问题的话,其答案可能是高于或低于该平均值的。

(2) 利用从一个统计模型计算出来的值去代替缺失值。例如,在调查“产品的使用量”与“家庭规模”和“家庭收入”的关系时,可以根据回答了这三个问题的被调查者的数据构造出一个回归方程。对于某个没有回答“产品的使用量”的被调查者,只要另两项是已知的,就可以通过回归方程计算出其“产品的使用程度”。

(3) 将有缺失值的个案整个删除。这种方法,结果可能会导致样本很小或是使样本缺乏代表性。同时在实际中很多被调查者都多少会有一些项目没有回答,删除大量数据一方面会浪费大量的调查经费和时间,而且有缺失回答的被调查者与那些全部回答的被调查者之间可能会有显著的差异,这可能会导致有严重偏差的结果。

(4) 将有缺失值的个案保留,仅在相应的分析中作必要的排除。折中方法可能会造成不同的分析计算中的样本量不同,从而导致不适宜的结果。但是在实践中如果样本量很大、缺失值很少、变量之间不是高度相关的,这种方法常被研究人员所采用。

不同的缺失值处理方法可能产生不同的结果,特别是回答的缺失不随机以及变量之间存在高度相关的情况下。因此,应当使缺失数据保持在最低的水平。

2. 对明显错误答案的处理

明显错误答案是指那些不合逻辑、自相矛盾或答非所问的答案。如没有住过医院,却回答了住院的天数。对这种错误的处理,有时可以根据全体答案的内部逻辑联系对某些前后不一致的回答进行修正,但多数情况只能按“不详值”对待。对于最后判定按“不详值”处理的答案,须注明“不详值”字样或其代码。

3. 对被调查者缺乏兴趣回答答案的处理

有些被调查者对问题的回答反映出他对所提问题缺乏兴趣。例如,有人连续对20个问题都作了“不知道”或“不好说”的回答,或者有人不按答卷要求回答,而是在问卷上随笔一勾,一笔带过若干个问题。如果仅有个别问卷出现这种现象,可以作为废卷处理。如果这类答卷具有一定的数目,且集中出现在某个或少数几个问题(群)上,表明这种回答也是有意义的,这可依据调查的目的给予鉴别,把这些问卷当作一个相对独立的子样本看待,在编码的时候,一定要给这类回答分配特定的编码,不能简单按实际回答内容处理或按缺失值处理。

(二) 二手资料的审核

根据二手资料的来源不同,可以分别采用下述两种审核方式:

1. 对文献资料的审核

对于著述性文献等这类以文字为主的文献,如果需要从中摘取资料时,首先,要注意文献的客观性,要弄清作者或编纂者的身份和背景,对客观性相对较差的文献要持保留态度;其次,要注意文献的编撰时间,要根据调查目的来选取资料。一般情况下,文献编写日期离事件发生时间越近,其具体内容就越可靠,对事件的叙述也越详细;但有时文献编写时间离事件发生时间越远,就越有可能突破历史的局限性,较大幅度摆脱当时社会政治影响,较客观地反映和较深入地分析事情的真实情况。

2. 对引用统计资料的审核

引用现成的统计资料之前,要注意它们的指标口径和资料分组问题。指标口径是指标的内涵、外延、计量单位、空间或时间等因素的总合。在引用资料的时候,必须按照统计指标的科学概念,对调查现象的数量表现要细致地观察、分析、判断,要确认这些资料的统计口径是与本调查项目所设计的口径是否相一致或吻合,如果不符合这个要求,则需对原有资料进行必要的"加工"和"改造",即利用现有的资料和统计方法进行推算和改算。同时,要尽可能采用国家统计部门统一规定的口径。我国现行的统计指标体系可以分为反映全社会和整个国民经济全貌的国民经济基本统计指标体系和反映各部门或专业的部门专业统计指标体系。联合国教科文组织建立的《社会和人口统计体系(SSDS)》共有 12 个方面,200 多个指标;我国在社会统计方面,国家统计局已经制定的社会统计指标体系也有 1000 多个指标。在引用统计资料时,应该尽量使用统一的指标体系,以避免造成统计工作的混乱和不一致现象。

此外,还要仔细分析二手资料的来源,有的资料是经过直接整理的,可以直接为项目所引用,而有些资料是经过多次整理而形成的,这样的资料最好仅作为参考,或向前追溯其真正来源,以得到直接整理的资料。

二、调查资料的整理

资料整理的主要任务是根据调查目的,将经过审核的资料进行分组汇总,使资料能系统化、综合化、条理化、全面地反映所研究现象总体的数量表现及数量关系等总体特征。资料的整理包括分组、编码和汇总。

(一) 分组

1. 分组的含义和原则

分组是根据调查目的和所研究现象的本质特征,将现象按照一定的标志分成不同的组别。通过分组,总体内性质相同的各单位归并在一起,性质不同的各单位被区分开来。因而使组内单位具有同质性,组间单位具有差异性。

分组的关键在于正确选择分组标志,确定分组数目和划分各组界限。分组标志一经选定,就必然突出总体在此标志下的性质差异。缺乏科学根据的分组不但无法提示现象的根本特性,甚至还会把不同性质的事物混淆在一起,歪曲社会经济的实际情况。因此,选择分组标志必须遵循以下原则:

(1) 根据调查的目的来选择分组标志。同一个研究对象,由于研究目的不同,需要采用的分组标志也不同。如研究的目的是为了分析不同规模企业的生产经营情况,就应该选择工业总产值或生产经营资金作为分组标志。

(2) 选择最终能反映事物本质特征的标志。满足第一个原则的标志有时候仍可有多个,其中有些是本质的、主要的,而有些是非本质的、次要的,因此要避免选用形式的、非本质性的标志。

(3) 根据经济发展变化及历史条件选择分组标志。例如,原来在研究企业规模时,一般以职工人数作为分组标志。但这种分组方法随着自动化水平的提高已显过时,因此可以把企业的生产能力或固定资产作为分组标志。

此外,还要遵循互斥和穷尽原则,力求能把总体各类现象的特征、各类现象之间的特点表达清楚。

2. 分组的作用

(1) 划分市场现象的类型。市场现象存在着多种多样的类型,这是市场现象复杂性的一种表现。通过分组划分出不同的市场类型,以便研究其数量特征、各类型之间的关系及其发展变化的规律性。在众多的社会类型中,经济类型的划分可以直接反映生产关系的各种类型,是最基本、最重要的类型。例如,反映某种产品在某市场上的市场总供给量情况就可以按企业经济类型进行分组,如表 10-1 所示。

表 10-1　某种产品市场总供给量分组表

分　类	市场总供给量(%)
国有制企业	28.3
“三资”企业	17.5
民营企业	42.2
其他类型企业	12.0
合　计	100

(2) 表明市场现象的内部结构。市场经济现象总体是由若干部分构成的,在分组的基础上,通过计算有关指标,可以清楚地表明总体内部各组成部分的分布状况和分布特征及其在总体中的地位和作用,从而进一步加深对总体的认识和了解。

(3) 反映现象间的依存关系。任何现象都是相互联系、相互依存、相互制约的,通过分组就可以反映和揭示现象之间的依存关系。

3. 分组方法

统计分组有两种:

(1) 按品质标志分组。按品质标志分组是指按事物的特征进行分组。按品质标志分组,情况复杂、类别繁多。如国民经济部门分类、城乡分类、产品分类等,通常都是由权威部门根据所研究事物的内在规律加以分类,并公布其分类目录。国家统计机关对于一些比较复杂现象的主要分组,制定了统一的标准分类目录,如《行业分类目录》、《工业产品目录》、《商品目录》等。

(2) 按数量标志分组。按数量标志分组就是按事物量的特征进行分组。比如人口按年龄分组,企业按资本多少、利润计划完成程度分组等。按数量标志分组的目的,不仅在于确定各组的数量标志的差异,而且能通过数量差异来反映各组的不同类型。实际工作中,按数量标志分组常常用来分析某种指标的变动以及在各组的分配情况。

(二) 编码

编码是将原始资料转化为易被计算机判读的数字规则,即用不同的数字代表不同的回答或资料。编码一方面可为各项信息资料提供一个概要而清楚的认定,便于储存和检索。另一方面还可以显示信息资料单元的重要意义,并能协助资料的检索和操作。同时编码还能有利于提高信息资料处理的效率和精度,节省处理经费。

1. 编码的原则

(1) 与分类相适应原则。代码的设计要适合使用者的需要,而且编码的方法要合理,结构上要直观。

（2）系统化原则。代码结构要以整体目标为标准，要对有关方面都具有实际意义，即代码应能适应整个数据分析的所有要求。

（3）预留足够位置原则。编码时要能适应调整代码的需要而可以插入新的号码。否则，编码体系一旦确定，要插入新的号码就不可能，而要改变整个代码结构又要花费大量的时间和人力。当然，空档也不应预留太多，预留太多也是一种浪费。

（4）标准化原则。一般情况下，每一个代码只代表一个数据。代码的设计要尽量避免混淆和误解。

（5）兼容性和通用性原则。代码要具有兼容性和通用性，以便与其他系统接轨，增加调查资料的使用范围。

2. 编码的类型

（1）事前编码。这是针对结构性问题的一种编码方法，这种编码方法相对简单，由于事先规定了备选范围，我们会对每一个问题的每一种可能的答案编码，并详细说明答案代码的含义和所在栏目。例如，您对青霉素过敏吗？1—有，2—没有。在这个问题中，代码 1 代表“有”，代码 2 代表“没有”。

（2）事后编码。通常需要事后编码的问题主要有两类：一是封闭性问题的“其他”项；二是开放性问题或非结构性问题。这两类问题较之结构性问题或封闭性问题的编码要复杂。因而把它们的编码工作放在调查问卷接受完毕之后进行，研究人员将针对每个非结构性问题列出的一系列可能的答案确定编码范围。事后编码对编码人员素质要求较高，一般需要对他们进行专业培训。

对于事后编码通常要注意：调查资料的编码要尽可能地保持其内容的详实性；编码应采取一一对应的原则，即每种答案对应一个编码，不应交叉重叠；即便一些重要项目并未在题目中出现，也应对其进行编码。

（三）汇总

汇总就是按照调查的目的和要求，对分组后的调查资料、数据进行计算汇总和编辑，使之成为能系统、完整、集中、简明地反映调查对象客观情况的材料。

汇总的方法主要有两种方法：手工汇总和计算机汇总。由于在资料的汇总阶段，往往要处理大量数据，因此传统手工汇总资料技术正逐渐退居次要的、辅助的地位，而计算机技术的应用则越来越广泛，能不断满足调查的需求，迅速、准确、高质量地完成资料整理工作。

1. 手工汇总技术

手工汇总技术的特点是所需工具少，方便灵活。因而即使在计算机广泛应用的今天，手工处理信息资料技术在某些调查项目中仍是主要采用的方法之一，特别是在统计数据量不太大的情况下。常用的手工汇总方法有划记法、折叠法、过录法、卡片法等。

（1）划记法，也称点线法，即在汇总表上划点或划线为记号的汇总方法。常用的划记符号有“正”字等。划记法简便易行，但容易出现漏、错，它只适用于被调查单位不太多的情况。

（2）折叠法，是将所有的调查表需要汇总的项目及其数值全部折在边上，一张接一张地折叠在一起直接加总。这种方法简便易行，不需要设计汇总表。缺点是若在汇总中发现差错，就必须从头返工，而且无法在汇总中查明差错的原因。

（3）过录法，是将分散的原始资料过录到预先设计好的整理表上，进行加总的一种方法。过录法汇总的内容比较全面，便于校对、计算，但过录工作较费时间，过录项目多，也容易发生差错。

(4) 卡片法，是利用特制的摘录卡片作为分组计数工具，它适用于整理大规模专门调查资料。在调查资料多、分组细的情况下，采用卡片法汇总，可以保证资料汇总的质量，提高汇总效率和时效性。

上述几种资料汇总方法，可以根据工作需要和具体条件选择使用。

2. 计算机汇总

随着市场调查范围的不断扩大，调查项目越来越多，分组要求越来越细，如果采用手工汇总方式，不仅花费人力过多，时效性差，数据质量难以保证，而且很多调查数据的处理无法完成，因而越来越多的市场调查，都采用计算机汇总处理技术。而且计算机应用范围广泛，适应性强；信息量大，丢失资料少；能适应复杂的计算和分组；数字汇总质量高，时效性强；数据汇总与资料印刷一体化等。

计算机汇总的步骤主要包括：

第一，选择计算机软件包或自编程序。可以利用一些计算机软件包或自编专用程序对大量的数据进行加工和计算，目前市场调查中用得较多的专业化统计软件有 SPSS、SAS、Statistica、SYSTAT 等。

第二，编码。信息资料一般分为两类，即数字信息和文字信息。数字信息可以直接录入计算机，文字信息则需要根据分组情况进行编码，将文字信息转化为数字信息。

第三，数据录入。数据录入有手工录入和光电录入两种方式。手工录入是由录入人员通过击键录入。光电录入是采用光电扫描方式，识别记录表格上的数据符号，直接录入计算机中。光电录入要求填写的调查表和编码的数字书写要规范化，否则，可能造成数字误识。

第四，数据编辑审核。审核有两种：一是整理前审核，即问卷调查结束后立即开始进行的审核；另一种是整理后期的审核，主要是指大量调查数据经过收集、整理、编码、录入等环节之后，不可避免地包含一些误差，因此，对输入计算机的数据，必须进行再审核，这一工作被称为数据编辑审核。

数据编辑审核的主要目的是：①可进行结构性检查，保证调查数据和实际录入一致；②可进行有效性检查，事先可以规定一定的控制范围值，保证每个项目的值都在规定的范围内。当录入的数据超过范围时，计算机将拒绝接受，例如，人口性别，编码只有 01 和 02 两种，其中 01 代表男性，02 代表女性，其他的任何值都是无效的，计算机将不予接受；③可进行一致性检查，检查两个或多个相关数据项其关系是否满足逻辑上的一致性。

第二节　变量序列及其编制

一、变量序列及其种类

(一) 变量序列的概念

变量序列是指按照某种数量特征对总体进行分组，经分组后所形成的变量值按大小顺序排列所得到的序列。表 10-2 是某次调查中按调查对象的月收入大小所得到的变量序列。

表 10-2 调查对象按月收入分组所得变量序列

月收入(元) x	分组人数(人) f	频率(%) w
500 以下	1221	9.8
500~1 000	1546	12.4
1000~1500	2538	20.5
1500~2000	2843	22.9
2000~2500	2155	17.3
2500~3000	1432	11.5
3000 以上	689	5.6
合计	12424	100

变量序列在编制时要注意几个要素:一是按分组变量进行分组所形成的各组变量值,一般用 x 表示;二是总体单位在各变量组的分布次数,用 f 表示;三是各组总体单位的分布次数占总体单位总数的比重为频率,用 w 表示。

(二)变量序列的种类

1. 单值变量序列

即每一个分组变量都是一个具体的变量值。如表 10-3 是调查某单位人员在某年中接受医疗服务次数的单值变量序列。

表 10-3 某单位人员在某年中接受医疗服务次数情况表

接受医疗服务次数(次)	人员数	频率(%)
0	21	17.9
1	45	38.1
2	32	27.1
3	14	11.8
3 次以上	6	5.1
合计	118	100

单值变量序列适合于离散型变量,或是变量变异幅度不大,变量值数目有限,且总体单位数不多的情况。

2. 组距序列

每组变量是由两个变量值所限定的一个变动区间,且这个变动区域涵盖了其区间内所有总体的单位数。表 10-2 即是一组距序列。

由于在市场调查中,调查总体非常大,总体中的标志变异幅度也相对比较复杂,变量数目较多。因此,在多数情况下,往往通过组距序列的标志来反映总体的特征。

二、组距序列的编制

(一)确定变量的类型

变量有两种类型,即离散型变量和连续型变量。变量的类型不同,编制变量序列也不同。由于离散型变量只能是整数,并且数量的变动是不连续的,如果变动的幅度不大,则应编制单值序列,如果变量个数较多,变动幅度较大,就应编制组距序列。而连续型变量在一个区间内可以有无限多个数值,因此,不能编制单项序列,只能编制组距序列。

(二)确定组数和组距

1. 组数

组数是指组距序列中分组的个数。组数的确定应以明确显示总体分布趋势为原则。组数的多少受数量编制变异范围大小的影响。若数量标志变异范围越大,则应确定的组数就越多,反之就越少。同时组数的多少还与组距密切相关,组距大则组数少,组距小则组数多。因此确定组数,应全面分析调查资料所反映的调查主体的基本特征、变量的变异程度和资料项目的多少,体现组内资料的同质性和组与组资料的异质性。

2. 组距和组限

组距是组与组之间的距离，即各组中最大值与最小值之间的差。在确定组距时，应遵循下列原则：

第一，必须把原始资料全部变量值都包括在所分组内；

第二，组距尽可能取整数；

第三，各组的组距尽可能相等，以便于分析。

组限是组距的两个端点。每组的最小值为组的下限，最大值为组的上限。若一组内只有上限没有下限或只有下限没有上限，此组为开口组；上限与下限齐全的组为闭口组。划分组限时，需要注意的是各组频数的计量不能重复，每一总体单位只能记数 1 次。恰好重叠在组限上的变量值一般归入下限的 1 组，即遵循“上限不在内”的原则。

例如，某地区 30 户居民人均月收入（单位：元）抽样调查资料如下：

1730，1630，1550，1720，1420，1440，1620，1540，1600，1440，1640，1650，1660，1470，1640，1680，1610，1430，1700，1660，1620，1520，1670，1460，1600，1490，1630，1590，1610，1710。

在对上述资料编制组距序列时，首先，找出最大值和最小值及全距。最大值是 1730，最小值是 1420，全距＝1730－1420＝310。其次，确定组距和组限。在本例中我们选择组数为 4，用全距除以组数，所得结果向上取整，即组距。310 除以 4，所得结果取整为 100。则四组的组限分别：1400～1500，1500～1600，1600～1700，1700～1800。

组距序列分为等距序列和不等距序列，前者组距相等，后者组距不等。一般实际工作中，凡是标志值变动均匀，现象性质差异与数量绝对数的关系均衡时，用等距分组，如身高、体重等。如果现象性质差异与数量绝对值的关系不均衡，全组距范围较大时，用不等距分组。等距序列是相对常见的序列。

3. 组中值

组中值是上限与下限之间的中点数值。它是各组标志值的代表值。

组中值＝（上限＋下限）/2

开口组组中值的确定，一般以其邻近组的组距为准。其计算公式为：

缺上限的开口组组中值＝下限＋邻组组距/2

缺下限的开口组组中值＝上限－邻组组距/2

4. 累计频数分布

总体中各单位数在各组间的分布，称频数分布。频数分布是统计研究的一个基本参数，通过频数的分布规律，可以研究大量现象的统计规律。

将变量序列各组的频数和比率逐组累计相加而成累计频数分布，它表明总体在某一标志值的某一水平上下总共所包含的总体频数和比率。累计频数有以下两种计算方法。

第一，向上累计，又称以下累计或称较小制累计，是将各组频数和比率，由变量值低的组向变量值高的组逐组累计。组距序列中的向上累计，表明各组上限以下总共所包含的总体频数和比率有多少。

第二，向下累计，又称以上累计或称较大制累计，是将各组频数和比率，由变量值高的组向变量值低的组逐组累计。组距序列中的向下累计，表明各组下限以上总共所包含的总体频数和比率有多少。

对某地区30户居民人均月收入基本情况的调查结果如表10-4所示,此表分别用向上累计和向下累计法反映被调查居民的月收入比率情况。

表10-4 某地区30户居民人均月收入基本情况表

月收入(元)	基本情况		向上累计		向下累计	
	家庭数(户)	频率(%)	家庭数(户)	频率(%)	家庭数(户)	频率(%)
1400~1500	7	23.3	7	23.3	30	100.0
1500~1600	4	13.3	11	36.6	23	76.7
1600~1700	15	50.0	26	86.6	19	63.4
1700~1800	4	13.4	30	100.0	4	13.4
合计	30	100.0	—	—	—	—

第三节 交叉列表技术

交叉列表技术是市场调查资料整理的最终结果显示的主要方式之一。在市场调查与预测中交叉列表被广泛地应用。

一、双向交叉列表

双向交叉列表是指同时将两个或两个以上有一定联系的变量及其变量值按照一定的顺序交叉排列在一张统计表内,使各变量值成为不同变量的结点,从中分析变量之间的相关关系,进而得出科学结论的一种数据分析技术。变量之间的分项必须交叉对应,从而使交叉表中每个结点的值反映不同变量的某一特征。

表10-5反映的是某项关于个人年收入与受教育程度之间相关关系的研究。年收入和文化水平是两个变量。如果对搜集来的资料按两个变量分别分组并列表,就不可能很好地反映它们之间的相关关系,因此可以编制交叉列表。将消费者先按受教育程度分为小学及文盲、初中、高中、大专、本科和研究生等6组,同时又按月收入水平分为8组。表中的任一变量值都是收入水平和文化水平两变量的结点。此表大体可以反映出收入水平与受教育程度的关系。

表10-5 年收入水平和受教育程度相关关系表

收入水平(百元) / 教育程度	6以下	6~10	10~15	15~20	20~25	25~30	30~35	35以上	合计
小学及文盲	230	135	60	45	40	45	16	13	584
初中	145	98	45	83	51	62	26	35	545
高中	196	216	138	185	218	221	165	137	1476
大专	116	83	92	139	149	219	123	132	1053
本科	29	55	33	45	74	135	115	178	664
研究生	7	32	12	38	40	78	87	166	460
合计	723	619	380	535	572	760	532	661	4785

二、三向交叉列表

三向交叉列表就是在双向交叉列表的基础上,加入第三个变量作进一步分析的方法。在编制时,首先选中其中的一个变量,将其值稳定在各种变量值中的一个值上,然后对另一个自变量和因变量作双向交叉分组;接着再将第一个变量稳定在其下一个变量值上,作另外两个变量的交叉列表,以此类推,直到第一个变量的所有变量值被一一列举完毕。如研究A、B、C、D四种品牌的同类药品的月销售量与城市分布和家庭月收入之间的关系,其列表结构如表10-6所示。

表10-6 某药品主要品牌的人群分布情况表

品牌	城市											
	上海			广州			南京			北京		
	低收入	中收入	高收入	低收入	中收入	高收入	低收入	中收入	高收入	低收入	中收入	高收入
A	229	235	290	97	98	123	325	335	411	396	402	498
B	0	0	0	43	46	34	0	0	0	14	17	11
C	4	9	9	4	6	6	6	14	14	2	5	5
D	9	19	12	0	0	0	0	0	0	11	11	8

由于三向交叉列表技术是在双向交叉列表的基础上加入了第三个变量,因此结果可能会继续支持原双向交叉列表分析后的初始结论,或是使初始结论提出的关系减弱(或加强),或是使初始结论被认为是有条件存在,也可能使初始结论被认为是虚假关系。

第三个变量的引入有助于人们深化对两变量间关系的认识。以此类推,如果继续引入第四个变量,第五个变量则会使问题更加清楚明了。然而新变量的引入会受到一些因素制约,一方面,要新引入的变量必须是在设计调查方案时就已经存在的调查项目,而调查人员在设计时尽管从多方面考虑问题,也可能满足不了在事后提出的新要求;另一方面,引入变量过多就要求有更多的样本数据,这必然会增加调查的成本。因此,在调查实践中一般只延伸到三向交叉列表分析,而且引入的变量一般来说应该是与原有的因变量之间有某种联系的。

三、交叉列表分析变量的选择和确定

在使用交叉列表法时,其中的变量选择和确定是一个关键问题,它关系到分析结果是否正确。选择和确定交叉列表中的变量,包括其内容和数量,应根据调查项目的特点来具体确定。

一般情况下,研究人员应该把所有与问题相关的因素都选为变量进行交叉列表分析。例如,在一项关于药品销售问题的研究项目中,调查与预测人员应把可能影响产品销售的因素都加以考虑,如药品的质量、剂型、品牌、包装、体积等。

在某些应用型的调查与预测项目中,变量的选择相对可以自由。例如,某公司想确定是否有一些关键因素影响和制约其营销人员的工作。此时应考虑的因素不是确定的。这些因素可能包括销售人员的年龄、工作年限、公司对其能力测试的记录及公司的激励机制等,还可以考虑营销人员的学历、专业、性格等因素。在这种情况下,交叉列表的变量取决于客户的要求和调查人员的分析判断。

在那些简单的事实收集型调查与预测项目中,需考虑的变量因素通常在要求中已明确列出,调查与预测人员只要按照要求把各项数据列入已设计好的表格之中。例如,某项关于消费者受教育程度高低与文化消费水平之间的关系,其资料处理分析时的两个变量应该是文化消费水平和受教育程度。

第四节 统计图的应用

统计图是以圆点的多少、直线长短、曲线起伏、条形长短、柱状高地、圆饼面积、体积大小、实物形象大小或多少等来显示调查数据。一张好的统计图能使复杂的调查信息数据简单化、通俗化、形象化,使人一目了然、印象深刻,具有较大的说服力和吸引力。

统计图的种类很多,常用的主要有线图、柱形图、圆图(饼图)、直方图等。

一、线图

线图适用于连续型数量资料,用以表示实物或现象在时间上的发展变化,常用的线图有单式线图和复式线图。图 10-1 是某制药企业在 2000~2006 年销售额的单式线图。图 10-2 表示的是 A 与 B 两个制药企业在 2000~2006 年销售额的复式线图。

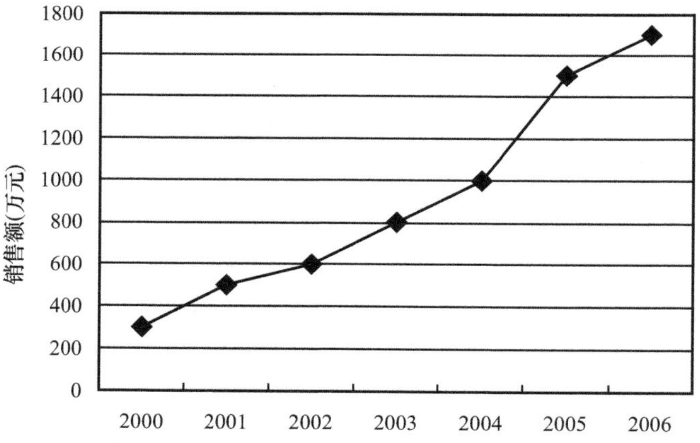

图 10-1 某制药企业 2000~2006 年销售情况图

绘制线图时,通常以横轴表示时间或变量,纵轴表示指标,两轴的尺度可以不从"0"开始。图内线条一般不超过四至五条,可分别以不同的线段或颜色来标示,并附图例说明。

二、柱形图

柱形图是以若干等宽平行长条的长短来表示品质属性序列中各组频数或频率大小的图形。常用的柱形图有单式柱形图和复式柱形图。图 10-3 是某制药企业在 2000~2006 年销售额的单式柱形图。图 10-4 表示的是 A 与 B 两个制药企业在 2000~2006 年销售额的复式柱形图。

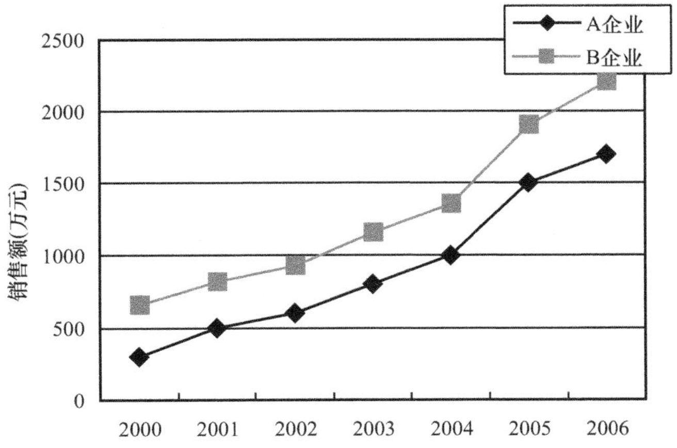

图 10-2　A 与 B 两制药企业 2000~2006 年销售情况图

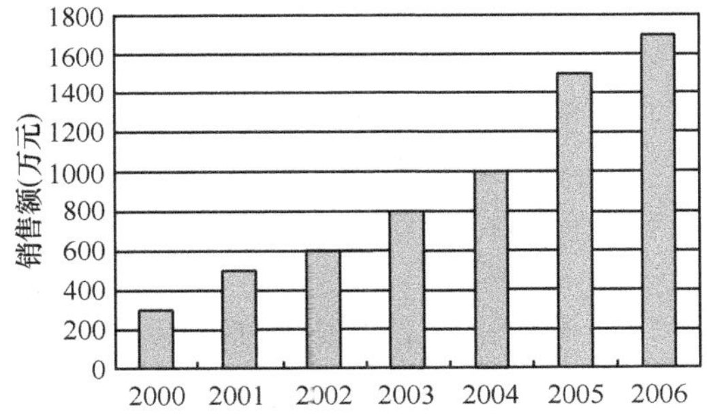

图 10-3　某制药企业在 2000~2006 年销售情况图

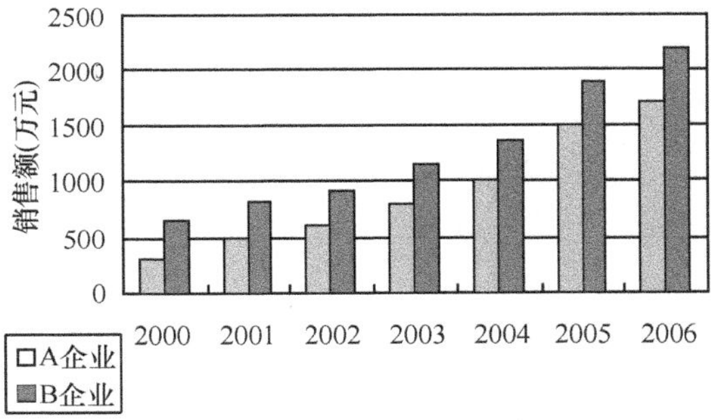

图 10-4　A 与 B 两制药企业在 2000~2006 年销售情况图

柱形图在绘制时应注意:图中各柱形要有同一基线,尺度必须从“0”开始,否则会改变各柱形的比例关系。各柱形的宽度要一致,间隙要相等,且不大于柱宽。

三、圆图(饼图)

圆图(饼图)是用扇形的面积,来表示总体指标数值,圆形或饼形的各扇形面积代表各组指标数值,或代表各组的频率。它可以反映一个整体及其内部结构的关系。图 10-5 反映的是某企业其所有人员学历构成的情况。

因此,饼图能够直观地显示总体的构成,并且可以对各组成部分的大小程度或重要程度进行直观的比较。

在绘制饼图时还应该注意:一张饼图内不应包括太多的分组,且所有分组的比重之和必须等于 100%;如果各分组数值本身具有一定的顺序性,则应在饼形图中处于相邻位位置,从而便于对相邻部分的直观比较,也易被理解。

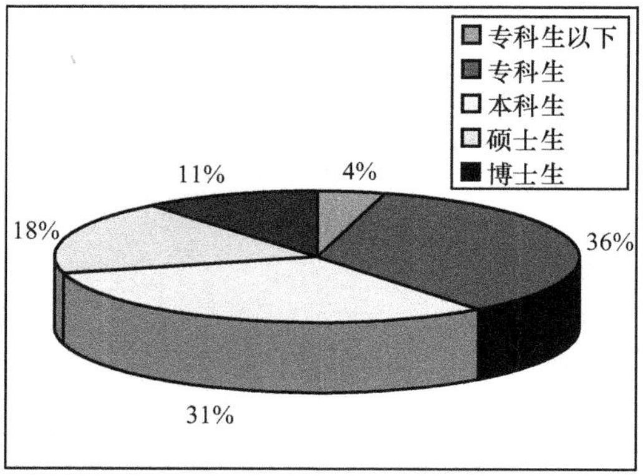

图 10-5 某企业所有人员学历构成情况图

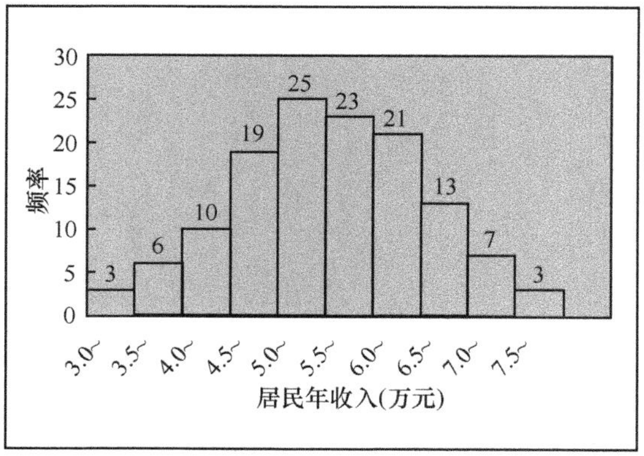

图 10-6 某地区居民人均年收入基本情况图

四、直方图

直方图主要用于表示连续型定量变量的频数分布或频率分布。用坐标横轴表示变量,其标度可以从任何合适的数字,坐标的纵轴一般用来表示频数或频率,纵轴的标度必须从零开始。

在绘制直方图时,要求变量之间的组距相同,使每一组的矩形面积能与该组的频数相对应。如果某一矩形面积是另一矩形面积的三倍,则表示这一组总体单位数或标志总量就是另一组的三倍。

在直方图中,对组数的多少并无定规。一般要求图示看上去能清楚地表达数据特征为宜。组数过少或过多,会导致数据过于积聚或过于分散,难于反映统计总体的基本特征。图 10-6 是反映某地区居民年收入的基本情况直方图。

此外,还有描述两种现象的相关关系的散点图,描述某种现象的地域分布的统计地图,以及雷达图、茎叶图等。

第五节 市场调查资料主要统计指标

(一) 数据的分布指标

1. 相对频数指标

相对频数是所属组别的数据值占总数的比例。相对频数指标主要用于将每一组的相对频数的数据集进行表格汇总和分析中。

$$每一组的相对频数=每一组的频数/n$$

2. 百分比频数指标

百分比频数是指相对频数乘上 100 所得到的数值。百分比频数指标主要用于将每一组的百分比频数的数据集进行表格汇总和分析。

(二) 数据的相对程度指标

相对程度指标是指由两个相联系的统计指标对比计算的相对数。市场调查分析中常用的相对指标主要有结构相对指标、比较相对指标、比例相对指标和强度相对指标等几种。

1. 结构相对指标

结构相对指标是指总体各组成部分与总体数值对比求得的比重或比率,用来表明总体的构成情况。它从静态上反映总体内部构成,揭示事物的本质特征,其动态变化可以反映事物的结构发展变化趋势和规律性。

结构相对指标(%)= 各组总量指标数值/总体总量指标数值×100%

2. 比较相对指标

比较相对指标是指不同总体中同类现象指标数值之比。

比较相对指标=某条件下的某项指标数值/另一条件下同项指标数值×100%

它表明同类现象在不同空间的数量对比关系,可以说明同类现象在不同地区、单位之间的差异程度,通常用倍数或百分数表示。例如,对不同地区同种品牌产品销售量的比较、同类产品不同品牌的销售量的比较等。

3. 比例相对指标

比例相对指标是指同一总体内不同部分的指标数值对比得到的相对数。它表明总体中各部分的比例关系,如国民经济结构中农、轻、重比例关系等,通常用百分数表示。

比例相对指标=总体中某部分指标数值÷总体中另一部分指标数值×100%

4. 强度相对指标

强度相对指标是指两个性质不同但有联系的总量指标对比得到的相对数。如流通费与商品销售额、产值与固定资产等。

强度相对指标=某一总量指标总数÷另一性质不同而有联系的总量指标数值×100%

(三) 数据的集中趋势指标

1. 众数

众数是指一组数据中重复次数最多的标志值,众数一般用 Mo 表示。在不要求计算算术平均数,只要求掌握最普遍、最常见的标志值时,就可采用众数。如在一个单位具有中级职称的人中,35~40 岁的人占 80%,那么 35~40 岁这数值域就是该单位具有中级职称的人的年龄的一般水平。

确定众数时,要根据所掌握的资料是单值变量序列还是组距序列,分别采用不同的方法计算。

第一,从单项分组数据资料确定众数。这种计算众数的方法比较简单,一般采用直接观察法。找出分配序列中出现次数最多的标志值便可确定为众数。如有 100 名顾客,进入某商场购物,消费 100 元的人数最多,100 元即为众数。

如果一个总体中各个变量值的次数相同,或差别很小时就没有众数。如果有两个变量值出现的次数都很多,则是双众数。

第二,从组距分组资料中计算众数。分两个步骤,第一步用直接观察法确定众数组即次数最多的那一组,第二步计算众数的近似值。计算众数最简单的方法是用众数组的组中值作为众数

值。比较精确的方法是用众数组与相邻两组次数之差的比例来推算。一般有两种计算公式:

下限公式:$Mo=L+\frac{\Delta_1}{(\Delta_1+\Delta_2)}\times d$

上限公式:$Mo=U-\frac{\Delta_1}{(\Delta_1+\Delta_2)}\times d$

式中:Mo 代表众数,L 代表众数组的下限,U 代表众数组的上限,d 代表组距,Δ_1代表众数组次数与下限前边一组次数之差,Δ_2代表众数组次数与上限后边一组次数之差。两个计算公式计算结果是一致的。

计算和应用众数要注意:一是众数之值不受变量中最大值和最小值的影响,也不受开口组距的影响;二是众数适合于单位数较多,又有较明显的集中趋势的情况下应用。如果总体单位数较少,或总体单位虽多但无明显的集中趋势,这种资料不适宜于计算众数。

2. 中位数

中位数是指将一列变量值按大小顺序排列起来,处于中间位置上的那个数。它是平均数的一种,是处于中间位置的平均数,所以也称位置平均数。中位数一般用 Me 表示。中位数将整个序列分成两半,一半比它小,一半比它大,它则处于中间位置,所以它可以用来反映总体单位的一般水平。

中位数的计算根据资料不同,有两种计算方式:一是由未分组资料求得;二是由分组资料求得。

(1) 由未分组资料确定中位数。未经分组的数据资料以单项标志值的形式出现,可以先把各个标志值按照大小排列,然后用总体单位的项数加 1 除 2 求得中位数所在位置。即中位数的位置为$(N+1)/2$ 项,其中 N 是总体单位的项数。当 N 为奇数时,则居中间位置上的那个数就是中位数。当 N 为偶数时,就取中间两项标志数值的算术平均数为中位数。

中位数可以用于数值的等级资料,也可用于非数值的等级资料。

(2) 由分组资料确定中位数。由分组资料求中位数有两种情况:一种是单项分组资料的中位数的确定,另一种是组距分组资料中位数的计算。

单项分组资料中位数主要考虑次数的分配情况,所以确定中位数的位置要用总累计次数/2 计算,然后确定中位数的数值。

由组距序列计算中位数的方法可用下列公式求出。

下限公式:$Me=L+\left(\frac{\sum f}{2}-F_{m-1}\right)\times\frac{i}{f}$

上限公式:$Me=U+\left(\frac{\sum f}{2}-F_{m+1}\right)\times\frac{i}{f}$

其中 L 和 U 分别是中位数组的上与下限,i 和 f 为中位数组的组距与频数,F_{m-1}是中位数组以下各组的累计次数(较小累进制),F_{m+1}是中位数组以上各组的累计次数(较大累进制)。

中位数受次数的影响,但不受极端数值的影响,也不受开口组距的影响。所以,当变量序列中极端值较为突出时,可用中位数表示研究现象的集中趋势。

3. 算术平均数

算术平均数是最常用的一种平均指标,它是指总体中各个变量值的总和除以这些变量值的个数所得的商。适合描述调查资料呈对称分布的集中趋势指标。

算术平均数又可分为简单算术平均数和加权算术平均数。

简单算术平均数：$\overline{X}=\frac{\sum_{i=1}^{n}x_i}{n}$

式中：x_i为各变量值，n 为变量个数。

加权算术平均数：$\overline{X}=\frac{\sum_{i=1}^{n}x_if_i}{\sum_{i=1}^{n}f_i}$

式中：f_i为各组的频数，x_i为各组的组中值，n 为组数。

例如，某调查员调查了 5 户居民的月收入情况，分别是 1500 元，1540 元，1630 元，1680 元，1730 元。求其简单算术平均数。

$\overline{X}=(1500+1540-1630+1680+1730)/5=1616$（元）

例如，利用表 10-7 的资料，求加权算术平均数。

表 10-7 加权法计算居民平均收入表

月收入（元）	组中值 X_i	f_i	$X_i f_i$
1400～1500	1450	7	10150
1500～1600	1550	4	6200
1600～1700	1650	15	24750
1700～1800	1750	4	7000
合计		30	48100

注：$X=48100/30=1603.3$ 元

4. 几何平均数

几何平均数是若干数值连乘积，然后再开若干次方根而求得的一种平均数。

$$\overline{X}=\sqrt[n]{\Pi x_i}$$

式中：Π为连乘积号，X_i为各变量值，n 为变量值的个数。

例如，某企业 2001～2005 年某产品销售额的环比发展速度如表 10-8 所示，计算五年来的平均递增率。

表 10-8 某企业 2001～2005 年某产品销售额的环比发展速度

年份（年）	2001	2002	2003	2004	2005
环比发展速度（%）	120	98	105	110	112

注：$\overline{X}=\sqrt[n]{\Pi x_i}=\sqrt[5]{1.20\times0.98\times1.05\times1.10\times1.12}=1.088$

（四）数据的离散趋势指标

1. 全距

全距是度量总体变异程度大小的指标，是调查总体中某一数量特征的最大值与最小值之差。

$$全距=最大值-最小值$$

全距在使用时注意,由于全距只考虑了两个数值的影响,很难准确描述总体变化的情况,尤其在总体存在极端值的情况,会受到极端值的影响。

2. 四分位数

四分位数用 Q 表示,是将各个变量值按大小顺序排列,然后将此序列分为四等份,所得第三个四分位上的值 Q_3 与第一个四分位上的值 Q_1 的差的一半。

3. 方差与标准差

方差是变量值与其均值离差平方的平方数。它是反映变量离散程度的指标,方差越大说明变量间离散趋势越强,即变异越大。标准差是方差的正的平方根。

(1) 总体方差和标准差

总体方差:$\sigma^2=\dfrac{\sum(x_i-\mu)^2}{N}$ 或 $\sigma^2=\dfrac{\sum(x_i-\mu)^2 f_i}{\sum f_i}$

总体标准差:$\sigma=\sqrt{\dfrac{\sum(x_i-\mu)^2}{N}}$ 或 $\sigma=\sqrt{\dfrac{\sum(x_i-\mu)^2 f_i}{\sum f_i}}$

上述式中 σ^2 为总体方差,σ 为标准差,μ 为总体数据的算术均数。

(2) 样本方差和标准差

样本方差:$s^2=\dfrac{\sum(x_i-\overline{X})^2}{n-1}$ 或 $s^2=\dfrac{\sum(x_i-\overline{X})^2 f_i}{\sum f_i-1}$

样本标准差:$s=\sqrt{\dfrac{\sum(x_i-\overline{X})^2}{n-1}}$ 或 $s=\sqrt{\dfrac{\sum(x_i-\overline{X})^2 f_i}{\sum f_i-1}}$

上述式中 s^2 为样本方差,s 为标准差,$\overline{X}$ 为样本数据均数。

例如,利用表 10-9 的资料,计算方差和标准差。

表 10-9 加权法计算方差表

月收入(元)	组中值 x_i	f	$(x_i-\overline{X})^2 f_i$
1400~1500	1450	7	164506. 23
1500~1600	1550	4	11363. 56
1600~1700	1650	15	32713. 35
1700~1 800	1750	4	86083. 56
合计		30	294666. 70

注:$s^2=294666.7/30=9822.22$(元)　　$s=99.11$(元)

4. 变异系数

变异系数常用于比较度量单位不同或均数相差悬殊的两组资料的变异,是调查总体标准差与总体平均数之间的相对数。变异系数小说明总体变异程度小,变异系数大说明总体变异程度大。变异系数计算公式如下:

$$V_\sigma=\frac{\sigma}{\mu}\times 100\%$$

本章小结

市场调查资料的处理是根据调查目的，对原始资料及二次资料经过审核和分组、编码和汇总等整理的过程。处理后的资料准确、可靠，同时便于进一步的统计分析。

编制交叉列表和绘制统计图是在对市场调查资料进行处理的基础上，为进一步描述资料的规律，反映调查总体的特征所采用的在对资料进行统计分析之前的两种技术，具有形象、清楚的特点。交叉列表主要有双向和三向交叉列表。统计图主要有线图、柱形图、圆图、直方图等。

在对市场资料进行分析的过程中根据研究的目的，选择合适的统计指标可以清楚反映调查对象内部规律，为企业决策提供依据。在实际工作中常用的统计指标有反映数据的分布指标、相对程度指标、集中趋势指标和离散趋势指标。

思考与练习题

一、解释概念

编码　汇总　双向交叉列表　三向交叉列表

二、选择题

1. 下列哪项不是反映数据集中趋势的指标(　　)。

A. 几何平均数　　B. 全距　　C. 变异系数　　D. 算数均数

2. 对市场调查资料的处理包括(　　)等。

A. 审核　　B. 编制统计图　　C. 汇总　　D. 编码

三、填空题

1. 对市场调查资料的处理主要包括(　　　　)和(　　　　)。
2. 变量序列有两种，即为(　　　　)和(　　　　)。
3. 反映数据相对程度的统计指标有(　　　　)、(　　　　)、(　　　　)和(　　　　)。
4. 反映数据离散趋势的指标有(　　　　)、(　　　　)、(　　　　)、(　　　　)和(　　　　)。

四、简答题

1. 在对调查资料进行审核时，如果发现有缺失值可以采取哪些方法进行处理？
2. 对组距序列的编制包括哪些步骤？
3. 在实际工作中常用的统计图有哪些，在编制这些统计图时各应注意什么问题？
4. 常用的统计指标有哪些？

（蔡小霞）

第十一章　医药市场定性预测技术

学习目标

通过本章学习，要求熟悉定性预测法的含义与特点；了解定性预测法与定量预测法的关系；掌握定性预测法的主要类型及其各自特点与操作步骤。

第一节　医药市场定性预测概述

定性预测法，又称主观判断预测法，是指通过直观材料或判断的方法对事物未来发展变化趋势进行分析与预测。预测者依靠熟悉业务知识、具有丰富经验和综合分析能力的人员与专家，根据已掌握的历史资料和直观材料，运用个人的经验和分析判断能力，对事物的未来发展做出性质和程度上的判断，然后，再通过一定形式综合各方面的意见，作为预测未来的主要依据。

定性预测是在数据不足的情况下或是难以获得数据，或没有必要收集详细数据的时候，凭借个人经验、知识或集体智慧和直观材料，对市场现象进行预测，而不是依靠复杂的数学工具进行预测。它的特点在于着重对事物发展的性质进行预测，主要凭借人的经验以及分析能力，着重对事物发展的趋势、方向和重大转折点进行预测。

与定量预测法比较，定性预测法更注重事物发展在性质方面的预测，具有较大的灵活性，可以充分考虑政治、经济、社会等各种因素对预测目标未来发展变化趋势的影响，易于充分发挥人的主观能动作用，而且简单迅速，不需要复杂的数学计算。其主要缺点在于：对未来趋势难以做出精确的说明，对各项预测目标之间相互影响的程度难以做出量化说明，对预测结果难以估计误差和评价它的可信度，而且预测结果容易受主观因素的影响。为了克服定性预测的缺陷，人们通常在进行定性分析时辅之以定量分析，或者将定性分析的结果以定量的方式表示出来。这样可以提高定性预测的准确性、可靠性和经济性。

定性预测常用的主要方法有：因素分析法、专家意见集合法、专家会议法和德尔菲法。

第二节　因素分析法

因素分析法是指凭借经济理论与实践经验，通过分析影响预测目标的各种因素的作用大小与方向，对预测目标未来的发展变化做出推断。

因素分析法的作用：根据影响因素进行预算推测；解释经济现象之间的关系，并做出有效预测；采用一定的标准和方法将多种因素指标合并为一个综合性指标。

（一）因素列举归纳法

因素列举归纳法就是将影响预测目标变动的因素一一列举，将各种因素对预测目标作用的大小和方向进行分析，区分经济因素与非经济因素、可控因素与不可控因素、内部因素与外部因素、有利因素和不利因素，然后加以综合、归纳，推断预测目标未来的变化趋势。

因素列举法的基本流程如下：

第一，列举能观察到的影响预测目标变化的各种主要因素，收集相关资料。

第二，分析评价各种因素作用的大小、方向和程度，区分各种因素的性质，判断哪些因素导致预测目标变化趋于扩张，哪些会导致预测目标变化趋于收缩等。

第三，归纳推断预测目标未来变化的趋向。

（二）相关因素推断法

相关因素推断法是指根据经济现象之间的相互联系和相互制约的关系，由相关因素的变动方向判断预测目标的变动趋势的一种预测方法。从变动的方向上，可以将相关因素推断法分为顺相关系判断法和逆相关系判断法。

1. 顺相关系判断法

顺相关系是指两个现象间的变动方向是一致的。比如婴儿出生人数同婴儿用品需求量、流行感冒的发病人数同感冒药的需求量、糖尿病的发病人数同胰岛素的需求量之间均属于同向变动的相关关系。利用顺相关系可以由相关现象的增加或减少，推断预测目标的发展趋势。

2. 逆相关系判断法

逆相关系是指两个现象的变动方向是相反的。例如，同一种类不同规格、质量、包装的药品销售量之间，往往表现为逆相关系。利用逆相关系，可以由相关现象的增加或减少，推断预测目标会向相反的方向变动。

相关因素推断法一般用于预测事物变化趋势中。如果要预测事物变化的数值或幅度，则需要测算相关现象之间的比例关系，由相关现象的数值推算预测目标的数值。

（三）因素分解推断法

因素分解推断法是指将预测目标按照一定的联系形式分解为若干因素指标，然后分别研究各种因素未来变动的方向、程度和结果，最后综合各种因素变动的结果求出预测目标的总变动趋势。

例如，药品的销售额可以分解为销售价格和销售量的乘积，在掌握销售价格的基础上，可通过销售量的水平来预测销售额。

一般商品需求量可以分解为人均购买量（消费量）与总人口两个因素指标的乘积，当掌握了人口和人均购买量资料时，则可以预测一般商品的需求总量。

计算公式：

$$Q=\frac{C\cdot P_{t-1}\cdot(1+P)}{W}$$

式中：Q——需求总量；C——人均购买量或消费水平；P_{t-1}——预测前期年末人口；P——人口自然增长率；W为居民需求占社会需求的比重。

当预测目标因素指标的联系形式表现为各因素指标相加等于预测目标的总量指标，且能较容易预测各因素指标未来的增长率时，则可以利用下列公式确定预测值。

$$Y_{t+1} = Y_t\left(1 + \frac{\sum XW}{\sum W}\right)$$

式中：Y_t——预测目标的本期实际值；Y_{t+1}——下期预测值；X——因素指标下期增长率；W——因素指标占预测目标数值的比重。

有些因素指标与预测目标之间的联系表现为各因素指标相减等于预测目标，如企业利润总额等于企业总收入减去成本、费用、税金等各项支出的余额。因此，采用因素分解综合推断法进行预测时，必须注意采用合适的联系形式将预测目标分解成若干具体因素指标，并注意各行总指标的预测分析要力求准确，这样才能确保最终结果的准确性。

第三节　专家意见集合法

专家集合意见法是指医药企业的经营管理人员、业务人员根据自己的经验和判断，对医药产品市场未来发展趋势做出预测的方法。企业经营管理人员和业务人员比较熟悉市场需求及其变化情况，在此基础上进行的判断具有较高的准确性。常用于企业短期或近期销售量（额）的市场预测。

（一）专家集合意见法预测步骤

第一步，预测者根据企业经营管理的要求，向提供意见的人员提出预测项目和期限的要求，并尽可能提供有关资料。

第二步，有关人员根据预测要求，凭个人经验和分析判断能力提出各自的预测方案。在此过程中，研究人员应同时采用质和量的分析方法，力求既有充分的定性分析，又有比较准确的定量描述，这是集合意见法预测的关键阶段。

定性分析的主要内容有：

（1）历史资料、目前市场需求变化趋势。

（2）各生产厂家的产品适销对路情况，商品资源、流通渠道及供应情况的变化，新药投入市场的可能性。

（3）流动资金来源和运用情况，商品库存结构以及上级主管部门对任务的要求。

在定性分析的基础上，将自己的判断结果做出定量化的描述，形成各自的预测方案：

（1）确定未来市场的可能状态（两种及两种以上）。

（2）确定各种可能状态出现的概率（主观的）。

（3）确定每种状态下市场销售可能达到的水平（状态值）。

第三步，预测者计算有关人员的预测方案的期望值，即方案期望值，它等于各种可能状态主观概率与状态值的乘积之和。

第四步，将参与预测的有关人员分类，比如分成厂长类、管理职能类、业务人员类等，计算各类的综合期望值。综合法一般采用平均数、加权平均数统计法或中位数统计法。如果预测组织者认为所有预测者的权威性对预测结果影响基本相同或差别不大，则采用平均数法；如果预测者的权威性不同，则应赋予不同权数，采用加权平均数法。

第五步，确定最终的预测值，预测值可以是各类综合期望值的平均值，也可以是加权平均值。当预测者采用统计法得到综合预测值后，参考当时市场上的情况对综合值进行调整，或者进一步向有关人员反馈信息，再经过征集意见使预测结果更加合理。

专家集合意见法的优点是集思广义，简单易行，常用于短、近期市场预测；缺点是由于是预测人员个人的主观判断，对预测目标各种影响因素分析视角不同，预测结果难免出现过于乐观或过于保守的情况。比如，当市场畅销时，容易盲目冒进；而市场疲软时，容易保守。

（二）专家集合意见法的主要形式

集合意见法的组织形式主要有三种：集合经营与管理人员的判断意见、集合企业内外的业务人员的判断意见和集合企业内业务人员的判断意见。

1. 集合经营与管理人员意见法

集合经营与管理人员意见法，即集合经理、管理人员和业务员人员三方面的预测方案，加以归类、分析、判断，从而确定企业的预测方案。其过程如下：

（1）由经理人员根据经营管理的需要，向下属管理单位和业务人员提出预测项目和预测期限的要求。

（2）下属单位和业务人员根据经理指示提出各自的预测方案。

（3）将经理的、管理人员的和业务人员的预测方案进行综合分析、判断，定出企业的市场预测值。

这种预测方法，既调动了管理人员和业务人员的积极性，又可以上下结合制定出比较客观的预测方案。

2. 集合业务人员意见法

集合业务人员意见法，即集合所属经营机构的业务人员、分支机构的业务主管人员、有业务关系的批零企业的业务主管人员以及联合企业的业务主管人员的预测意见而制定的市场预测方案。例如，专业公司或批发企业集中直属经营机构（采购供应站或批发部）的业务人员、下属分支机构的业务负责人、有供销关系的企业负责人等的预测意见，制定的销售预测方案，就属于集合业务人员意见法。

这种方法的预测过程与集合经营管理人员意见法基本相同。不同之处在于，集合业务人员意见法不仅包括公司、企业内部业务人员的预测意见，也包括公司、企业外部有关业务人员的预测意见，在企业短、近期预测中较为接近市场需求的客观实际。同时，由于他们一般不是从事研究的专职人员，容易忽视宏观经济因素对市场的影响，提出的预测值往往容易偏低。因此，在运用集合业务人员意见这种组织形式时，不应仅对预测数值进行简单综合，必须在可能的范围内对影响市场需求的各种因素进行分析、判断，对综合的预测方案进行反复调整，以确定符合市场实际的预测值。

3. 业务人员意见综合法

业务人员意见综合法指的是提供预测方案的人员仅限于企业内部的业务人员,比如批发企业的采购员和供应员,零售企业的进货员和售货员等。这种方法与集合经营管理人员意见法和集合业务人员意见法基本相同,也具有上述两种方法的一些特点。但由于这种方法仅反映了企业内部业务人员的预测意见,因而具有一定的局限性。这种组织形式常用于市场短期预测,不宜用于近期和中期预测。

(三) 专家意见集合法的应用

某一药品生产企业选择市场营销人员、职能部门经理、地区销售经理对 2007 年该企业某种处方药的销售量做出预测。预测结果如表 11-1 所示。

表 11-1　各类预测人员对某处方药销售量预测表　　(单位:千件)

预测人员		销售量估计						期望值	权数(*W*)	
		最高	概率	中等	概率	一般	概率		W_1	W_2
市场营销人员	*a*	800	0.3	500	0.5	300	0.2	550	0.3	0.3
	b	1000	0.2	800	0.6	600	0.2	800	0.4	
	c	800	0.3	600	0.5	400	0.2	620	0.3	
职能部门经理	*a*	1200	0.3	800	0.5	700	0.2	900	0.4	0.3
	b	900	0.3	1000	0.5	600	0.2	890	0.3	
	c	1200	0.3	900	0.5	800	0.2	970	0.3	
地区销售经理	*a*	800	0.2	1000	0.5	900	0.3	810	0.3	0.4
	b	950	0.2	1100	0.6	600	0.2	970	0.3	
	c	800	0.3	1000	0.5	700	0.2	880	0.4	

注:权数一栏中各权数由预测组织者假设。

根据各类人员对该原料的三种市场前景下的销售量及其可能发生的机会(概率)的估计,进行下面的计算:

(1) 计算各类预测人员的预测期望值

市场营销人员 $a=800\times0.3+500\times0.5+300\times0.2=550$(千件)

市场营销人员 $b=1000\times0.2+800\times0.6+600\times0.2=800$(千件)

……

地区销售经理 $c=800\times0.3+1000\times0.5+700\times0.2=880$(千件)

将各预测人员的预测期望值填入表中。

(2) 计算各类人员的综合预测值

1) 市场营销人员综合预测值:

假定三位市场营销人员的预测具有相同的重要性,则预测值为:

$$Y_1=\frac{X_a+X_b+X_c}{n}=\frac{550+800+620}{3}=656.67(\text{千件})$$

如果考虑三位市场营销人员的预测者权威性不同(赋予相应的权数),则预测值为:

$$Y_1^1=X_a\times0.3+X_b\times0.4\times X_c\times0.3=550\times0.3+800\times0.4+620\times0.3=671(\text{千件})$$

2）职能部门经理综合预测值：

假定三位职能部门经理的预测具有相同的重要性，则预测值为：

$$Y_2=\frac{X_a+X_b+X_c}{n}=\frac{900+890+970}{3}=920(\text{千件})$$

如果考虑三位市场营销人员的预测者权威性不同（赋予相应的权数），则预测值为：

$$Y_2^2=X_a\times0.4+X_b\times0.3+X_c\times0.3=900\times0.4+890\times0.3+970\times0.3=918(\text{千件})$$

3）地区销售经理综合预测值：

假定地区销售经理的预测具有相同的重要性，则预测值为：

$$Y_3=\frac{X_a+X_b+X_c}{n}=\frac{810+970+880}{3}=886.67(\text{千件})$$

如果考虑三位地区销售经理的预测者权威性不同（赋予相应的权数），则预测值为：

$$Y_3^3=X_a\times0.3+X_b\times0.3+X_c\times0.4=810\times0.3+970\times0.3+880\times0.4=886(\text{千件})$$

（3）平均值预测

1）如果不考虑每位预测者权威性对预测结果的影响，则预测值为：

$$Y=\frac{Y_1+Y_2+Y_3}{3}=\frac{656.67+920.00+886.67}{3}=821.11(\text{千件})$$

2）如果考虑每位预测者权威性对预测结果的影响，则预测值为：

$$Y=\frac{Y_1^1+Y_2^2+Y_3^3}{3}=\frac{671.00+918.00+886.00}{3}=825.00(\text{千件})$$

（4）加权平均值预测

根据各类人员综合预测值对预测结果的重要程度，给予三类人员综合预测值不同的权数。假设市场营销人员、职能部门经理、地区销售经理的权数分别为：0.3、0.3 和 0.4。

1）如果不考虑每位预测者权威性对预测结果的影响，则预测值为：

$$Y=Y_1\times0.3+Y_2\times0.3+Y_3\times0.4=656.67\times0.3+920\times0.3+886.67\times0.4=827.67(\text{千件})$$

2）如果考虑每位预测者权威性对预测结果的影响，则预测值为：

$$Y=Y_1^1\times0.3+Y_2^2\times0.3+Y_3^3\times0.4=671.00\times0.3+918.00\times0.3+886.00\times0.4=831.10(\text{千件})$$

第四节　专家会议法

专家会议法是指根据预测的目的和要求，通过会议的形式，邀请有关专家对预测对象及其前景进行评价，在综合专家分析判断的基础上，对医药市场未来变化趋势做出预测的方法。

（一）专家的选择

专家会议法预测效果如何关键在于参加调查会议专家的选择。预测专家应满足以下要求：

（1）专家要有代表性。专家应来自于与预测项目有关的各个方面。专家之间最好相互不认识。

（2）专家要具有丰富的知识和经验。专家应具有较高学历，较长的相关工作经验，良好的联想思维能力和个人表达能力。

(3) 专家要具有一定的市场调查和预测方面的知识和经验。

(4) 专家的人数要适当。人数太少,问题得不到全面、深入的讨论;人数太多,又不易组织,会议时间较长,对调查预测结果的处理也会比较复杂。一般控制在10~15人比较恰当。

(二) 会议组织者的要求

采用专家会议法对会议组织者有较高的要求。

(1) 专家会议组织者最好是市场预测方面的专家,有较丰富的组织会议、提出问题和引导辩论的经验,熟悉专家会议的处理程序和方法。

(2) 组织者应善于应变,具有统筹全局的能力。组织者要有良好的驾驭会议的能力,善于引导会议沿着正确的方向进行,但又不是取代专家或误导与会者的思路,不能限制与会者发表意见,更不能任意下结论。

(3) 会议要精心组织,精心准备。会议开始时,组织者的发言应能开阔参加者的思路。会议讨论中让专家充分发表意见,并有专人对各个专家的意见进行记录和整理。同时,要注意对专家的意见进行归纳和总结,得出科学的结论。

(三) 专家会议的主要形式

专家会议法的关键是让各个专家充分发表意见,通常可以采用直接头脑风暴法和质疑头脑风暴法结合的方法。

1. *直接头脑风暴法*

直接头脑风暴法是根据一定的规则,通过共同讨论,鼓励专家独立思考,充分发表意见的一种集体评估方法。具体操作步骤:

(1) 专家会议组织者简要地说明会议将要讨论的主题,并规定讨论的问题范围和对座谈方法的具体要求。

(2) 围绕讨论主题,与会专家可以充分发表意见,提出各种预测方案。

(3) 与会专家可以在自由发言中相互启发、相互借鉴,吸取别人的观点来修改和完善自己的意见,但是不得重复和反驳别人的意见。

(4) 会议组织者在会议上不得发表自己的倾向性意见和看法,主要任务是活跃会议民主、自由的讨论氛围,以及控制会议的进程。

(5) 会议结束后,由会议组织者对专家的各种预测方案进行比较、评价和归纳总结,最终形成确定的预测方案。

2. *质疑头脑风暴法*

质疑头脑风暴法是指同时召开由两组专家参加的两个会议进行集体讨论。其中一个专家组会议按直接头脑风暴法提出设想,另一个专家组会议则是对第一个专家组会议的各种设想提出质疑,通过质疑来进行全面评估,直到没有问题质疑为止。

(四) 专家会议法的优缺点

专家会议法的优点在于:它是由专家作出的判断和估计具有更高的准确性,同时,这种方法本身可以使与会专家畅所欲言，自由辩论，充分讨论，集思广益，使预测的准确性提高。

专家会议法的缺点在于：这种方法容易受专家个性和心理因素或个别权威专家意见的影响或左右，同时受参加人数和讨论时间的限制，最后的综合意见有可能不能完全反映专家的全部正确意见，从而影响预测的准确性。但是，在难以进行量化分析的情况下，专家会议法仍不失为一种良好的预测方法。

第五节　德尔菲法

德尔菲法（Delphi Method）又称专家小组法，指以背对背通信的方式，征询专家小组成员对市场变化趋势的预测意见，经过几轮反复征询，使专家们的判断趋于一致，最后做出预测结论的一种预测方法。

德尔菲法是一种无论在理论上还是实践中都经得起推敲的预测方法，属于非数学模型预测方法。德尔菲是古希腊传说中的神喻之城，城中有阿波罗神殿，可以预卜未来，后来德尔菲成为专家提出预言的代名词。20 世纪 40 年代后期，美国著名的兰德（RAND）咨询公司创立的一种公认的可以提高专家意见有效性的预测方法就被命名为“德尔菲法”。经过数十年的发展，德尔菲法已逐渐走向成熟和完善。

（一）德尔菲法的预测步骤

德尔菲法的运用是由三个阶段组成：准备阶段、实施阶段和预测阶段。每个阶段都有必须完成的工作目标和相应的具体工作。

1. 准备阶段

这一阶段的工作目标是将所有的预测工作实施过程中必须使用的工具准备齐全，确保德尔菲法能够顺利实施。

（1）确定市场预测目标和准备向专家提出咨询的具体问题。比如，某原料药 2006 年出口量的预测。具体咨询的问题有：西欧、北美市场的前景预测，东南亚各国市场前景预测，该产品国内生产商的出口特征，政治环境的有利与不利的影响等等。

（2）确定向专家提供的背景资料。了解每位专家在做出判断前，可能会要求提供哪些背景性资料作为参考，并将需要的资料收集齐全，及时提供。

（3）制定征询表。根据预测问题的内容和要求，制定征询表，征询表是专家回答问题的主要依据。征询的问题要十分明确，问题数量不宜过多，问题的内容要为专家熟悉的领域。必要时，征询表还要附有较为详细的预测项目的背景材料，以供专家参考。

（4）选择与预测目的相适应的专家人选。根据预测问题选择预测专家，被选专家对预测项目和预测问题应当有比较深入的了解和研究，既应包括具有专业理论知识方面的专家，也包括具有丰富的实践工作经验的专家。专家人数一般以 10~30 人为宜。

2. 实施阶段

第一轮，预测机构向每位专家寄发征询表和各种背景性资料，规定回答的方式及寄返征询表的截止时间。当预测机构收齐全部征询表后对各种意见进行归纳，并确定准备再次向专家们征询的具体问题,制定下一轮征询表。

第二轮,将第一轮专家征询的整理结果反馈给每位专家,同时向专家们传送第二轮专家征询表和预测组织者对第二轮征询的要求和补充背景资料,以使专家进一步思考和修正自己原来的意见,给出新的预测判断,也可以坚持自己第一轮的意见,并按期寄回。

第三轮,预测组织者收到第二轮征询所得的专家意见后,再次进行汇总和整理,然后将第二次征询意见的整理结果和进一步的预测要求反馈给各位专家,进行第三轮征询,并要求其按期寄回。

一般来说,经过三轮征询,专家们的预测意见可能逐渐趋于一致。如果经过三轮征询,预测意见仍然差异较大,可以进行反复征询,直到预测意见趋于一致。

3. 预测阶段

最后对专家的预测结果进行技术处理和汇总,撰写和提交预测报告,可根据实际情况采用几种方法对专家的预测结果进行处理,如简单算术平均法、加权算术平均法、中位数法、极差等方法。中位数表示专家们意见的集中程度,也是专家们最有代表性的意见。极差数(即最大与最小之间的差)反映专家们意见的集散程度,极差越小,说明专家们的意见越集中;极差越大,说明专家们的意见越分散。

(二)德尔菲法的特点与适用条件

1. 德尔菲法的特点

(1)匿名性。专家用书面形式回答预测问题,直接与预测机构人员联系,专家之间不得有横向的交往和沟通,确保意见是由专家独立思考、判断后得出的结论。

(2)反馈性。通过多次轮回反馈沟通信息。它包括:意见征询——意见整理——整理结果反馈于专家(同时进行再一轮的意见征询)——直到意见趋于一致而调研终止。

(3)综合性。在对每一轮专家意见资料的归纳整理中采用一定的定量分析方法,以确定意见集中和分散的程度。不断征询意见、归纳整理,最后达到意见统一。

(4)统计性。对专家意见和预测结果的定量化的统计处理。对不同类型的预测问题,采用不同统计数理方法。

德尔菲法的缺点在于操作过程复杂、花费时间较长,因此这种方法多用于缺乏历史资料和历史数据的长期预测。

总之,德尔菲法不仅是一种科学性比较强的定性预测方法,而且已经成为决策部门制定政策和长远规划,征求意见和进行市场交流的重要手段,因而这种方法在实际工作中得到广泛的应用。德尔菲法突破了传统定性分析的限制,把定性分析与定量分析结合在一起进行综合分析,为科学地、准确地进行市场预测奠定了坚实的基础,并进一步开拓了思路。

2. 德尔菲法的适用条件

德尔菲法主要适用于下述情况条件下的市场预测:

(1)缺乏足够的资料。企业在市场预测中,由于没有历史资料或历史资料不完备,难以进行定量预测时,适宜采用德尔菲法。

(2)作长远规划或长远趋势的预测。由于时间跨度较大、市场影响因素的不确定性较大,进行定量预测比较困难,又缺乏实际作用,就可以采用德尔菲法。

(3)影响预测事件的因素太多。当其影响因素太多而又不可不加以考虑时,可以采用德尔菲法。

(4) 主观因素对预测事件的影响较大。预测事件的变化不是受技术、收入等客观因素影响，而主要是受政策、方针、主观能动性等因素的影响时，比较适合采用德尔菲法。

(三) 德尔菲法的应用

例1，某制药公司研制出一种新药，现在市场上还没有相似药品出现，因此没有历史数据可以参考。公司需要对可能的销售量做出预测，以决定产量。于是该公司成立专家小组，并聘请业务经理、市场专家和销售人员等8位专家，预测全年可能的销售量。8位专家提出个人判断，经过三次反馈得到结果如表11-2所示。

表11-2　某制药公司新药销售量专家预测数据　(单位：千件)

专家编号	第一轮			第二轮			第三轮		
	最低销售量	中等销售量	最高销售量	最低销售量	中等销售量	最高销售量	最低销售量	中等销售量	最高销售量
1	500	750	900	600	750	900	550	750	900
2	200	450	600	300	500	650	400	500	650
3	400	600	800	500	700	800	500	700	800
4	750	900	1500	600	750	1500	500	600	1250
5	100	200	350	220	400	500	300	500	600
6	300	500	750	300	500	750	300	600	750
7	250	300	400	250	400	500	400	500	600
8	260	300	500	350	400	600	370	410	610
平均数	345	500	725	390	550	775	415	570	770

在预测时，最终一次判断是综合前几次的反馈做出的，因此在预测时一般以最后一次判断为主。如果按照8位专家第三次判断的平均值计算，则预测这个新产品的平均销售量为：

$$Y=\frac{\bar{x}_{低}+\bar{x}_{中}+\bar{x}_{高}}{n}=\frac{415+570+770}{3}=585(千件)$$

例2，某医疗器械生产企业对某种电子温度测试仪的销售趋势难以确定，因此聘请12位专家采用德尔菲法进行预测。专家预测数据如表11-3所示。

表11-3　某种电子温度测试仪销售量专家预测数据　(单位：万个/月)

轮次＼专家编号	1	2	3	4	5	6	7	8	9	10	11	12	中位数	极差
1	50	60	55	12	55	25	22	30	30	32	22	32	31	48
2	50	60	50	33	45	35	30	34	34	36	28	35	34	22
3	50	60	50	42	50	35	34	35	34	37	36	37	36.5	16

从预测结果可以看出第二轮中，大多数专家修改了自己的意见，向中位数靠拢，极差变小。这说明第一次轮反馈意见起了作用。第三轮修改意见的专家减少了，而且数字上下变动不太大。

第一轮中位数:12,22,25,30,32,50,55,60(有4个重复数)

中位数:$\frac{n+1}{2}=\frac{8+1}{2}=4.5$

第一轮预测值为数列中第4位和第5位专家的预测值30万个和32万个的平均数。

$$\frac{30+32}{2}=31(\text{万个})$$

极差数:60−12=48(万个)

第二轮中位数:28,30,33,34,35,45,50(有5个重复数)

中位数:$\frac{n+1}{2}=\frac{7+1}{2}=4$

第二轮预测值为数列中第4位的预测值34万个。

极差数:50−28=22(万个)

第三轮中位数:34,35,36,37,42,50(有6个重复数)

中位数:$\frac{n+1}{2}=\frac{6+1}{2}=3.5$

第三轮预测值为数列中第3位和第4位专家的预测值36万个和37万个的平均数。

$$\frac{36+37}{2}=36.5(\text{万个})$$

极差数:50−34=16(万个)

预测结果该企业某月销售量为36.5(万个),但是偏差较大,其极差数为16万个。因此,要根据市场动态,采取相应措施,保证销售的稳定。

本章小结

定性预测是在数据不足的情况下或是难以获得数据,或没有必要收集详细数据的时候,凭借个人的经验、知识或集体的智慧和直观的材料,对事务的性质和规定进行预测,而不是依靠复杂的数学工具进行预测。它的特点在于着重对事物发展的性质进行预测,主要凭借人的经验以及分析能力;着重对事物发展的趋势、方向和重大转折点进行预测。常用方法主要有:因素分析预测法、专家意见集合法、专家会议预测法和德尔菲法。

因素分析预测法是指凭借经济理论与实践经验,通过分析影响预测目标的各种因素的作用大小与方向,对预测目标未来的发展变化做出推断。具体有:因素列举归纳法、相关因素推断法和因素分解推断法。

专家集合意见法指的是集合企业经营管理人员、业务人员等人员的意见,凭他们的经验和判断进行市场预测的一种方法。这种方法的优点是经营管理人员、业务人员对市场需求和变化动向比较熟悉,所以他们的判断可以比较真实地反映市场的发展趋势,是进行短、近期市场预测常用的方法。

专家会议法是指根据预测的目的和要求,通过会议的形式,邀请有关专家对预测对象及其前景进行评价,在综合专家分析判断的基础上,对药品市场未来变化趋势做出预测的方法。

德尔菲法(Delphi Method)又称专家小组法,指的是采用函询的方式,依据系统程序由专家对所函询的问题独立判断,而后综合整理,匿名反馈回去,经过多次循环后汇总成统一的看法,从而得出比较符合市场发展规律的预测结果。德尔菲法由三个阶段组成:第一阶段,准备阶段;第二阶段,实施阶段;第三阶段,预测阶段。每个阶段都有必须完成的工作目标和相应的具体工作。

思考与练习题

一、名词解释

顺相关系判断法　逆相关系判断法　集合意见法　德尔菲法　因素分析预测法

二、选择题

1. 以“背靠背”形式向专家咨询意见的定性预测方法是(　　)。
   A. 集合意见法　B. 头脑风暴法　C. 德尔菲法　D. 情景分析法
2. 下列预测方法中属于定性预测的是(　　)。
   A. 时间序列法　B. 头脑风暴法　C. 因果分析法　D. 组合预测法
3. 德尔菲法具有不同于其他定性预测法的显著特点是(　　)。
   A. 专家匿名　B. 信息反馈　C. 收敛量化　D. 理解信息
4. 医药市场定性预测的方法有(　　)。
   A. 类推法　B. 经验判断法　C. 消费倾向调查法　D. 专家意见法

三、简答题

1. 定性预测的内容及其优缺点是什么?
2. 企业进行市场预测的必要性?
3. 经验判断预测法有那些类型?具体内容有哪些?
4. 简述德尔菲法的基本内容和操作程序。

四、计算题

某新成立药品生产销售企业准备聘请一批药品销售人员开展业务,想了解目前药品销售人员的待遇情况,故聘请14位专家用德尔菲法进行预测。共进行了3轮意见征询,征询结果见表11-4所示。请算出预测值,并进行分析。

表11-4　专家意见反馈表　(单位:元)

专家	第一轮			第二轮			第三轮		
	最低月薪	中等月薪	最高月薪	最低月薪	中等月薪	最高月薪	最低月薪	中等月薪	最高月薪
1	2000	5000	8000	2000	5000	8000	3000	4000	6000
2	3000	4500	10 000	5500	6500	7000	4750	6250	7000
3	3000	5000	8000	4000	6000	10 000	3000	5500	8000
4	4000	6000	10 000	3500	6000	10 000	3500	5500	10000
5	3000	4500	8000	3500	5000	8000	3500	5000	6000
6	2500	4500	7000	2500	5000	8000	3000	5000	8500
7	2000	4000	6000	3000	5000	7000	3000	4500	6000
8	2000	6000	10 000	3000	6000	12 000	3000	6000	12 000
9	2000	6000	12 000	6000	7000	8000	5000	7000	9000
10	3000	5000	8000	3000	6000	9000	3000	6000	9000
11	10 000	11 000	12 000	10 000	10 000	13 000	10 000	10 000	13 000
12	3000	5000	8000	3500	5500	9000	3000	5000	10 000
13	3000	6000	9000	3000	6000	9000	4000	7000	10 000
14	2000	4000	6000	2000	4000	7000	2000	4500	7000
均数	3178.57	5464.29	8714.29	3892.86	5928.57	8928.57	3839.29	5803.57	8678.57

(刘　皎)

第十二章　医药市场定量预测技术

通过本章学习，要求了解各类型市场变动趋势的含义；掌握用于直线变动趋势预测的半数平均法、平均发展速度法、移动平均法、指数平滑法和直线趋势延续法，以及其特点、基本思想和适用条件；掌握用于季节变动趋势预测的直线趋势比率平均法和季节指数水平法；熟悉一元线性回归预测；了解二元线性回归预测分析和多元线性回归预测分析的基本思路。

第一节　时间序列变动类型分析

一般来说，随着时间的变化，市场变动趋势往往呈现出某种规律性，根据变动趋势的不同特征，可将其分为四种类型：一是直线变动趋势；二是季节变动趋势；三是循环变动趋势；四是不规则变动趋势。

直线变动趋势是指市场变动在一定时期内呈直线发展变化的趋势。一般有三种状态，即向上发展的趋势、向下发展的趋势和呈稳定水平发展的趋势。

季节变动趋势通常是指在一个年度内，市场变动呈现出某种规律性起伏，周期性变化的趋势。

循环变动趋势又称周期变动趋势，其形式类似于季节变动，一般是指在相当长的时期内，市场变动呈现出规律性的上下波动趋势。

不规则变动趋势是指受随机性变动因素的影响，市场变动趋势没有一定规则的变动。

本章重点介绍在医药市场预测中常用的几种直线变动趋势预测法和季节变动趋势预测法。直线变动趋势预测法有许多种，这里主要介绍半数平均法、平均发展速度法、移动平均法、指数平滑法和直线趋势延续法。季节变动趋势预测法主要介绍直线趋势比率平均法和季节指数水平法。

第二节　时间序列预测技术

时间序列分析法是将一组市场历史统计资料按时间顺序进行排列，得到一组数据序列，应用科学的数学统计分析方法，使其向外延伸，预测市场未来发展趋势的一种预测方法。

(一) 半数平均法

半数平均法是指将原序列的各项数值分为两个部分，先分别求出各部分的平均数，然后在直角坐标系中确定这两个点，并将两点连接成一条直线(趋势直线)，并建立数学模型的一种预测方法。

半数平均法的预测模型为：$y=a+bt$

例如，某制药企业 2006 年 3 月至 12 月的原料药销售量统计结果如表 12-1 所示。请利用半数平均法预测 2007 年 1 月份和 2 月份的销售量。

表 12-1　某制药企业 2006 年 3 月至 12 月的原料药销售情况　　(单位：吨)

时间序号	1	2	3	4	5	6	7	8	9	10
销售量	13	16	11	18	16	23	21	24	20	32

(1) 将原序列平均分成两部分。先分别计算时间序列的平均数，用 t_1，t_2 表示：

$$t_1=(1+2+3+4+5)\div5=3$$

$$t_2=(6+7+8+9+10)\div5=8$$

然后分别计算原数列的平均数，用 y_1，y_2 表示：

$$y_1=(13+16+11+18+16)\div5=14.8$$

$$y_2=(23+21+24+20+32)\div5=24.0$$

这样，我们可以在坐标图上得到两个点：(t_1,y_1) 与 (t_2,y_2)，即(3，14.8)和(8，24)。经过这两点在指教坐标系中画一条直线，即为原数列的趋势直线，如图 12-1 所示。

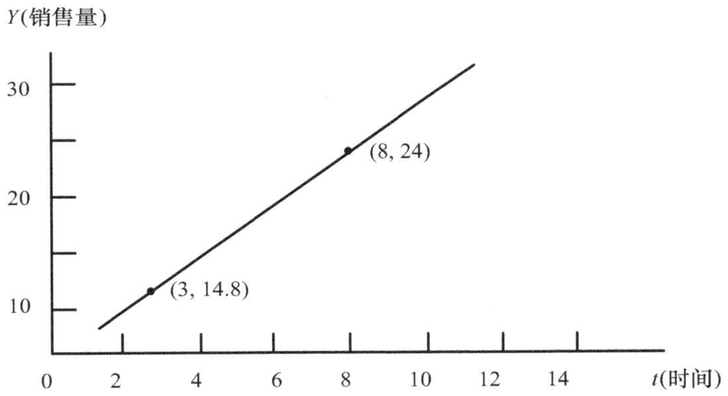

图 12-1　半数平均法所得趋势线

(2) 根据两点式直线方程的求解方法建立预测模型，进行预测：

$$y=9.28+1.84t$$

预测 2007 年 1 月份的销售量为：$y=9.28+1.84\times11=29.52$(吨)

预测 2007 年 2 月份的销售量为：$y=9.28+1.84\times12=31.36$(吨)

(二) 平均发展速度法

在一定时期内，如果时间序列中各期(第一期除外)的环比发展速度比较相近，说明市场以比较稳定的状态在发展，就可以通过历史统计数据的观察分析，掌握市场发展变化一般趋势的速度，并根据这种速度，预测市场未来发展趋势。平均发展速度法是常用预测方法之一，在预测医药市场的销售增长率、需求增长率等方面经常使用。

平均发展速度法的具体预测步骤如下：

(1) 先求总的发展速度,计算公式为:

$$V_{总}=Y_t/Y_1$$

式中:$V_{总}$——观察期总的发展速度;Y_t——最近一期的观察期值;Y_1——第一期的观察期值。

(2) 计算平均发展速度,计算公式为:

$$V_{平}=\sqrt[t-1]{V_{总}}$$

式中:$V_{平}$——观察期总发展速度的几何平均值;t——观察期时间点。

(3) 利用平均发展速度进行预测,计算公式为:

$$Y_{t+T}=Y_t\times V_{平}^T$$

式中:Y_{t+T}——第 T 期的预测值;T——从第 t 期之后开始计算的预测点的时间间隔。

例如,某地区 1997 年~2006 年 10 年间某种抗生素医药的销售量如表 12-2 所示。预测 2007 年和 2008 年两年的该抗生素的销售量。

表 12-2 某地区 1996~2005 年医药销售量 (单位:万盒)

序号 t	年份	销售量	序号 t	年份	销售量
1	1997	290	6	2002	490
2	1998	330	7	2003	536
3	1999	305	8	2004	570
4	2000	355	9	2005	618
5	2001	410	10	2006	685

(1) 求总的发展速度:

$$V_{总}=\mathrm{Y}_{10}/\mathrm{Y}_1=685/290=2.3621$$

(2) 计算平均发展速度:

$$V_{平}=\sqrt[t-1]{V_{总}}=\sqrt[10-1]{2.3621}=1.1002$$

(3) 预测 2007 和 2008 年该抗生素的销售量:

$$Y_{2007}=Y_{10}\times V_{平}^1=685\times1.1002^1=753.64(\text{万盒})$$

$$Y_{2008}=Y_{10}\times V_{平}^2=685\times1.1002^2=829.15(\text{万盒})$$

(三) 移动平均法

移动平均法是在算术平均法的基础上发展而来的一种预测方法,是修匀时间序列常用的方法。

移动平均法的基本思想是:通过扩大时距的方法来消除时间数列中的不规则变动,使数列的趋势走向更为明显。具体做法是:保持每次平均的期数不变,按时间次序逐次递进,每推进一期,舍去前一期的数据,增加下一期的数据,再进行平均,最终得出一个由移动序列平均数构成的新序列。常用的移动平均法有一次移动平均法和二次移动平均法。

1. 一次移动平均法

这种方法一般用于时间序列具有明显水平变化趋势的预测,一般用于短期预测和近期预测。

一次移动平均法的计算公式为:

$$M_t^{①}=\frac{y_t+y_{t-1}+y_{t-2}+\cdots+y_{t-n+1}}{n}$$

式中：$M_t^{①}$——第 t 期的一次移动平均值；Y_t——第 t 期的实际值；t——周期序号；n——进行移动平均的历史数据个数。

一次移动平均法的预测模型为：$Y_{t+1}=M_t^{①}$

2. 二次移动平均法

如果时间序列数据呈明显的上升或下降线性变化趋势，则不宜用一次移动平均法预测，而使用二次移动平均法，原因是一次移动平均值存在的滞后偏差将使预测值偏低。

二次移动平均法是在一次移动平均的基础上再进行一次移动平均，进行二次移动平均的目的不是直接用于预测，而是通过两次移动平均，寻求滞后偏差的变化规律，建立预测模型进行预测。

二次移动平均法的计算公式为：

$$M_t^{②}=\frac{M_t^{①}+M_{t-1}^{①}+M_{t-2}^{①}+\cdots+M_{t-n+1}^{①}}{n}$$

式中：$M_t^{①}$——第 t 期的一次移动平均值；$M_t^{②}$——第 t 期的二次移动平均值；t——周期序号；n——进行移动平均的历史数据个数。

二次移动平均法的预测模型为：

$$Y_{t+T}=a_t+b_t\cdot T$$

式中：$a_t=2M_t^{①}-M_t^{②}$；$b_t=\frac{2}{n-1}(M_t^{①}-M_t^{②})$；$T$——从 t 期向前预测时期数。

在应用移动平均法预测时，应注意的是：计算移动平均值选定数据的个数可多可少，选定的项数越多，修匀的效果就越大，但所得序列移动平均数的数目则越少，对原时间序列反应的灵敏程度会降低；反之，项数越少，所得序列移动平均数的数目越多，对原时间序列反应的灵敏程度会提高，但修匀的效果较差。根据预测目的和序列的特点适当选择移动项数。一般选择奇数项进行移动平均，因为奇数项移动平均较之偶数项移动平均的计算更为简单。

3. 移动平均法预测实例

例如，某药房 2007 年前 10 个月的某医药销售量记录如表 12-3 所示。请用二次移动平均法预测 2007 年 11 月份和 12 月份的销售量（取 $n=3$）。

表 12-3　某药店 2006 年前 10 个月的某医药销售量记录　（单位：件）

时间序号	实际销售量	一次移动平均值	二次移动平均值
1	375		
2	363		
3	370	369.33	
4	379	370.67	
5	391	380.00	373.33
6	385	385.00	378.57
7	382	386.00	383.67
8	390	385.67	385.56
9	394	388.67	386.78
10	401	395.00	389.78

（1）一次移动平均值的计算：

$$M_{10}^{①}=(Y_{10}+Y_9+Y_8)/3=(401+394+390)\div 3=395.00$$

$$M_9^{①}=(Y_9+Y_8+Y_7)/3=(394+390+382)\div 3=388.67$$

$$M_8^{①}=385.67$$

（2）二次移动平均值的计算：

$$M_{10}^{②}=\frac{M_{10}^{①}+M_9^{①}+M_8^{①}}{3}=\frac{395.00+388.67+385.67}{3}=389.78$$

（3）参数计算：

$$a_{10}=2M_{10}^{①}-M_{10}^{②}=2\times 395.00-389.78=400.22$$

$$b_{10}=2\div(3-1)\times(M_{10}^{①}-M_{10}^{②})=395.00-389.78=5.22$$

（4）建立预测模型，进行预测：

$$Y_{t+T}=400.22+5.22\times T$$

2007 年 11 月份销售量预测：$Y_{11}=400.22+5.22\times 1=405.44$（件）

2007 年 12 月份销售量预测：$Y_{12}=400.22+5.22\times 2=410.66$（件）

（四）指数平滑法

运用移动平均法进行预测时，只利用最近 n 期资料便可进行预测，并假定这 n 期资料同等重要，全部历史资料的参考价值没有得到体现。应用指数平滑法就可以克服这方面的不足。

指数平滑法是在移动平均法的基础上发展起来的一种预测方法，是一种特殊的加权移动平均法，其加权的目的在于体现远近期资料对预测值的不同影响。

1. 一次指数平滑法

这种方法一般适用于时间序列数据无明显的上升或下降变化趋势的预测。一次指数平滑是将本期实际值与上期一次指数平滑值的加权平均数作为下期预测值的一种方法，一般用于短期和近期预测。

一次指数平滑法计算公式为：

$$S_t^{①}=\alpha y_t+(1-\alpha)S_{t-1}^{①}$$

式中：$S_t^{①}$——第 t 期的一次指数平滑值；$S_{t-1}^{①}$——上期的一次指数平滑值；y_t——第 t 期实际值；t——周期序号；α——平滑系数（$0<\alpha<1$）。

一次指数平滑法一般用于近期预测，其预测模型是：$Y_{t+1}=S_t^{①}$

使用指数平滑法进行预测，需要确定平滑系数 α（取值范围 0～1 之间）和初始值 S_0。一般来说，数据波动比较平稳（趋势变动不明显）时，α 应取较小值（$0.1<\alpha<0.3$）；数据波动较大（有明显趋势变动）时，α 取较大值（$0.6<\alpha<0.8$），以加重近期观察值对预测的影响程度。初始值的选择两种方法：一是选用时间序列第一期的实际观察值作为初始值；二是选用最初几期实际观察值的平均数作为初始值。

2. 二次指数平滑法

这种方法是在一次指数平滑的基础上，对一次指数平滑再作一次平滑。如果时间序列具有明显的上升或下降线性变化趋势，则应使用二次指数平滑法。二次指数平滑值一般不直接用于预测，而是通过计算二次指数平滑值，建立数学模型进行预测。

二次指数平滑法计算公式如下：

$$S_t^{②}=\alpha S_t^{①}+(1-\alpha)S_{t-1}^{②}$$

式中：$S_t^{①}$——第 t 期的一次指数平滑值；$S_t^{②}$——第 t 期的二次指数平滑值；t——周期序号；α——平滑系数。

二次指数平滑法的预测模型为：

$$Y_{t+T}=a_t+b_t\times T$$

式中：$a_1=2S_t^{①}-S_t^{②}$；$b_t=\dfrac{\alpha}{(1-\alpha)}(S_t^{①}-S_t^{②})$；$T$——从 t 期向前预测的时期数

3. 指数平滑法预测应用实例

例如，一家医疗器械公司连续 10 个季度的某产品销售记录如表 12-4 所示，请用指数平滑法预测下一个季度和下两个季度的销售量。

表 12-4　某医疗器械公司连续 10 个季度的产品销售记录　（单位：台）

时间序号	实际销售量	一次指数平滑值	二次指数平滑值
0		51.00	51.00
1	51	51.00	51.00
2	53	51.60	51.18
3	55	52.62	51.62
4	57	53.93	52.31
5	63	56.65	53.62
6	67	59.76	55.46
7	70	62.83	57.67
8	74	66.18	60.22
9	77	69.43	62.98
10	82	73.20	66.05

从表中数据可看出，实际数据具有明显的线性增长趋势，所以选用二次指数平滑法进行预测。

令平滑系数 $\alpha=0.3$，初试值 $S_0=Y_1=51.00$

（1）一次指数平滑值计算：

$$S_t^{①}=\alpha y_t+(1-\alpha)S_{t-1}^{①}$$

$$S_1^{①}=0.3\times51+(1-0.3)\times51=51.00$$

$$S_2^{①}=0.3\times53+(1-0.3)\times51=51.60$$

……

$$S_{10}^{②}=0.3\times82+(1-0.3)\times69.43=73.20$$

（2）二次指数平滑值的计算：

$$S_t^{②}=\alpha S_t^{①}+(1-\alpha)S_{t-1}^{②}$$

$$S_1^{②}=0.3\times51+(1-0.3)\times51=51.00$$

$$S_2^{②}=0.3\times51.60+(1-0.3)\times51=51.18$$

……

$$S_{10}^{②}=0.3\times73.20+(1-0.3)\times62.98=66.05$$

（3）参数计算：

$$a_{10}=2S_{10}^{①}-S_{10}^{②}=2\times73.20-66.05=80.35$$

$$b_{10}=\frac{\alpha}{(1-\alpha)}(S_{10}^{①}-S_{10}^{②})=\frac{0.3}{1-0.3}(73.20-66.05)=3.06$$

（4）建立预测模型，进行预测：

$Y_{t+T}=80.35+3.06\times T$

下一个季度的销售量预测：$Y_{11}=80.35+3.06\times1\approx83$（台）

下两个季度的销售量预测：$Y_{12}=80.35+3.06\times2\approx86$（台）

第三节　直线趋势延伸预测技术

趋势延伸法是指按照时间序列数据呈现的趋势变动规律，建立相应的数学模型，预测市场未来发展趋势的一种方法。主要有直线趋势延伸法和曲线趋势延伸法。这里主要介绍医药市场预测中应用较多的直线趋势延伸法。

直线趋势延伸法的使用条件是时间序列数据在一定时期内呈现持续上升或下降的线性变化趋势，且逐期的增减幅度不发生突变。

直线趋势延伸法预测模型为：

$$y=a+bt$$

式中：a，b——方程式的参数；y——预测值；t——时间变量。

要建立直线趋势方程 $y=a+bt$，需要确定方程中参数 a 和 b 的值，最常用的方法是最小二乘法。根据最小二乘法的原理，可导出两个标准式：

$$\begin{cases}\sum y=na+b\sum t\\ \sum ty=a\sum t+b\sum t^2\end{cases}$$

式中：n——t 的期数，代表时间序列的项数；$\sum$——各期相加之和。

解方程组得：

$$a=\frac{\sum y}{n}-b\frac{\sum t}{n}\qquad b=\frac{n\sum ty-\sum y\sum t}{n\sum t^2-(\sum t)^2}$$

这两个公式计算很复杂，我们可以设法使 $\sum t$ 取值为零将公式简化。具体做法是：当时间序列的个数（期数）为奇数时，将 $t=0$ 置于时间序列的中间，前面为 $-1,-2,-3,\cdots$ 后面为 $1,2,3,\cdots$ 这样，

$\sum t=0$。当时间序列的个数(期数)为偶数时,则将 $t=-1$,$t=1$ 置于时间序列中央的上下两期,前面为-1,-3,-5,…后面为 1,3,5,…可得 $\sum t=0$。上述方程组简化为:

$$\begin{cases}\sum y = na \\ \sum ty = b\sum t^2\end{cases}$$

计算可得:$a = \dfrac{\sum y}{n}$　　$b = \dfrac{\sum ty}{\sum t^2}$

将求得的 a,b 值,代入方程式 $y=a+bt$,即得到预测直线模型。

例如,上例,请用直线趋势延伸法预测下一个季度和下两个季度的销售量。

时间序列数据个数为偶数,t 变量安排、t^2 及 ty 计算如表 12-5 所示。

表 12-5　某医疗器械公司某年的产品销售记录　　(单位:台)

t	实际销售量(y)	t^2	ty
-9	51	81	-459
-7	53	49	-371
-5	55	25	-275
-3	57	9	-171
-1	63	1	-63
1	67	1	67
3	70	9	210
5	74	25	370
7	77	49	539
9	82	81	738
Σ	649	330	585

$$a = \frac{\sum y}{n} = \frac{649}{10} = 64.9 \qquad b = \frac{\sum ty}{\sum t^2} = \frac{585}{330} = 1.7727$$

预测模型为:$y=64.9+1.7727t$

下一个季度的销售量预测:$y=64.9+1.7727\times11\approx84$(台)

下两个季度的销售量预测:$y=64.9+1.7727\times13\approx88$(台)

指数平滑法和直线趋势延伸法预测结果有所差别,其原因有两个方面:一是两者参数的计算方法不同;二是应用指数平滑法预测时,偏重于近期市场信息资料的价值,对远期市场信息资料的依赖程度较小,而应用直线趋势延伸法预测时,对远近市场信息资料的影响程度等同视之。

第四节　季节变动趋势预测技术

医药市场季节变动趋势是指在一个年度内,市场变动呈现出某种周期性的起伏,并且多年的季节变动又具有一定规律性。通常所指是每周、每月或每季的市场变动状态,对其发展变动趋势的预测需要用季节变动趋势预测法。这里主要介绍两种常用的季节变动趋势预测方法。

一、直线趋势比率平均法

直线趋势比率平均法的基本思路是剔除不含季节周期性变动的长期直线趋势，消除直线趋势的影响，然后分析季节变动的规律，对季节变动趋势进行预测。

直线趋势比率平均法的具体预测步骤如下：

（1）计算时间序列直线趋势预测值。

计算模型为：$T_i = a + b \times i$

a 和 b 两个参数可以通过移动平均法、指数平滑法或直线趋势延续法求得。

（2）计算历年同期平均季节指数：$\bar{f}_s$

将历年同季节观察值均数除以同期直线趋势预测值均数，以消除直线趋势的影响。

（3）对平均季节指数进行修正，使其均值为1，修正方法是：

修正系数 $r = \sum \bar{f}_s / S$（如以季度为季节，S 为4，如以月为季节，S 为12）

$$\overline{F}_s = \bar{f}_s / r$$

（4）建立预测模型：

$$Y_s = T_i \times \overline{F}_s$$

例如，某医药公司生产一种抗感冒药，2004年第一季度到2006年第四季度的销售量如表12-6(1)所示。请预测该抗感冒药2007年第一季度到第四季度的销售量。

表 12-6(1)　某医药公司抗感冒药销售量　　（单位：万盒）

年、季	销售量 y	一次移动平均值（n=4）	二次移动平均值	线性趋势预测值
2004.1	351			348.37
2004.2	362			353.91
2004.3	329			359.45
2004.4	304	336.50		364.99
2005.1	380	343.75		370.53
2005.2	400	353.25		376.07
2005.3	375	364.75	349.56	381.61
2005.4	344	374.75	359.13	387.15
2006.1	413	383.00	368.94	392.69
2006.2	438	392.50	378.75	398.23
2006.3	382	394.25	386.13	403.77
2006.4	371	401.00	392.69	409.31

（1）用移动平均法计算线性趋势预测值（移动平均数 n 取4）：

$$T_i = a + b \times i = 409.31 + 5.54 \times i$$

$$T_{2006.4} = a + b \times i = 409.31 + 5.54 \times 0 = 409.31\text{（万盒）}$$

$$T_{2006.3} = a + b \times i = 409.31 + 5.54 \times (-1) = 403.77\text{（万盒）}$$

……

$$T_{2004.1} = 409.31 + 5.54 \times (-11) = 348.37\text{（万盒）}$$

(2) 计算历年同期平均季节指数,结果见表12-6(2)所示。

表12-6(2) 某医药公司抗感冒药销季节指数

年 度	第一季度	第二季度	第三季度	第四季度
2004	351	362	329	304
2005	380	400	375	344
2006	413	438	382	371
季度平均销售量	381.33	400.00	362.00	351.67
季度趋势预测值均数	370.53	376.07	381.61	387.15
平均季节指数	1.0291	1.0636	0.9486	0.9084
季节指数	1.0422	1.0771	0.9607	0.9200

(3) 修正平均季节指数,结果见表10-6(2)所示。

(4) 建立预测模型:

$$Y_s = T_i \times \overline{F}_s = (a+b\times i)\times\overline{F}_s = (409.31+5.54\times i)\times\overline{F}_s$$

$$Y_{2007.1} = (409.31+5.54\times1)\times1.0422 = 432.36(\text{万盒})$$

$$Y_{2007.2} = (409.31+5.54\times2)\times1.0771 = 452.80(\text{万盒})$$

$$Y_{2007.3} = (409.31+5.54\times3)\times0.9607 = 409.19(\text{万盒})$$

$$Y_{2007.4} = (409.31+5.54\times4)\times0.9200 = 396.95(\text{万盒})$$

二、季节指数水平法

季节指数水平法是比较简单的季节变动趋势预测方法。如果观察年历年同季(或同月)市场波动幅度处于比较平稳(即不包含明显的直线变动趋势)的状态时,通过算术平均法直接计算各季(或各月)的季节指数进行市场未来趋势预测。

季节指数水平法的具体预测步骤如下:

(1) 计算观察年历年同季(或同月)观察值平均数:

$$\overline{Y}_i = \sum_{i=1}^{j} y_i/j$$

式中:j——同季(或同月)数。

(2) 计算观察年历年各季(或各月)观察值总平均数:

$$\overline{Y} = \sum_{i=1}^{n} y_i/n$$

式中:n——季(或月)总数。

(3) 以历年同季(或同月)观察值平均数除以历年各季(或各月)观察值总平均数,得出季节指数:

$$f_i = \overline{Y}_i/\overline{Y}$$

（4）用适当方法建立直线趋势方程：

$$T_i = a + b \times i$$

（5）建立季节指数水平法预测模型：

$$Y_s = T_i \times f_i$$

例如，某医疗器械从2003年第一季度到2006年第四季度的销售量如表12-7所示。请预测该医疗器械2007年第一季度到第四季度的销售量。

表12-7　2003~2006年销售量表　（单位：台）

季　度	年　度				同季平均销售量	季节指数
	2003	2004	2005	2006		
第一季度	31	36	37	43	36.75	1.1484
第二季度	25	30	32	36	30.75	0.9609
第三季度	20	26	25	33	26.00	0.8125
第四季度	29	34	37	38	34.50	1.0781
合计	105	126	131	150	—	—

（1）计算历年同季度销售量平均值，分别为36.75、30.75、26.00和34.50。

（2）计算历年各季度销售量总平均值为32。

（3）以历年同季度销售量平均值除以历年各季度销售量平均值，得出季节指数，分别为1.1484、0.9609、0.8125和1.0781。

（4）用最小二乘法建立直线趋势方程：

$$T_i = a + b \times i$$

这里，我们采用最小二乘法，求参数 a 和 b。

$$b = \frac{n\sum ty - \sum y \sum t}{n\sum t^2 - (\sum t)^2} = 0.76 \qquad a = \frac{\sum y}{n} - b\frac{\sum t}{n} = 25.57$$

（5）建立季节指数水平法预测模型，进行预测：

$$T_i = 25.57 + 0.76 \times i$$

$$Y_s = (25.57 + 0.76 \times i) \times f_i$$

$$Y_{2007.1} = (25.57 + 0.76 \times 17) \times 1.1484 \approx 44(\text{台})$$

$$Y_{2007.2} = (25.57 + 0.76 \times 18) \times 0.9609 \approx 38(\text{台})$$

$$Y_{2007.3} = (25.57 + 0.76 \times 19) \times 0.8125 \approx 33(\text{台})$$

$$Y_{2007.4} = (25.57 + 0.76 \times 20) \times 1.0781 \approx 44(\text{台})$$

第五节　回归分析与预测

在时间序列分析预测中，将时间作为市场变化趋势的惟一影响因素（自变量）。其实，医药市场的发展变化趋势的影响因素有很多，如经济发展水平、居民的收入水平、医药产品价格等，对这些因素影响下的医药市场趋势的预测，时间序列分析法是无法完成的，一般应用回归分析法。回归预测的基本思路是，分析预测对象与有关因素的相互关系，建立相应的数学模型（回归方程），精确地表述预测函数，然后再预测对象未来的发展趋势。

一、一元线性回归预测

如果医药市场的变化趋势（因变量 y）只受一个相关因素（自变量 x）的影响，且两者具有线性相关关系时，就应用一元线性回归预测分析。

一元直线回归预测模型为：$y=a+bx$

式中：a，b——回归系数；x——自变量；y——因变量。

确定 a 和 b 两个回归系数是建立直线回归方程的关键，通常根据 x 和 y 的历史数据，采用最小二乘法来求解 a 和 b 两个参数值。

计算公式是：

$$a = \bar{y} - b\bar{x} \qquad b = \frac{\sum_{i=1}^{n} x_i y_i - n\bar{x}\bar{y}}{\sum_{i=1}^{n} x_i^2 - n\bar{x}^2}$$

例如，某地区抽样调查结果表明，糖尿病患者的家庭月收入（x）与购买降低血糖的非处方药的消费水平（y）额密切相关，调查数据及相关计算结果如表 12-8 所示。请预测家庭月收入达到 6.0 千元时，降糖药消费水平。

表 12-8　家庭月收入（x）与降糖药消费额（y）调查结果

序　号	家庭月收入 x_i（千元）	降糖药消费 y_i（元）	x_i^2	x_iy_i
1	1.5	50	2.25	75.0
2	2.0	60	4.00	120.0
3	2.5	70	6.25	175.0
4	3.0	85	9.00	255.0
5	3.5	110	12.25	385.0
6	4.0	125	16.00	500.0
7	4.5	135	20.25	607.5
8	5.0	143	25.00	715.0
9	5.5	160	30.25	880.0
合计	31.5	938	125.25	3712.5

（1）建立回归预测模型：$y=a+bx$

（2）求参数 a 和 b 的值：

通过计算得知：$\bar{x}=3.50$　　$\bar{y}=104.22$

$$b=\frac{\sum_{i=1}^{n}x_iy_i-n\bar{x}\bar{y}}{\sum_{i=1}^{n}x_i^2-n\bar{x}^2}=\frac{3712.5-9\times3.50\times104.22}{125.25-9\times3.50^2}=28.64$$

$$a=\bar{y}-b\bar{x}=104.22-28.64\times3.50=3.98$$

(3) 求得回归预测模型：$y=a+bx=3.98+28.64x$

(4) 家庭月收入6.0千元时，降糖药消费水平为：$y=a+bx=3.98+28.64\times6.0=175.82$(元)

二、二元线性回归预测

如果医药市场的变化趋势(因变量 y)同时与两个影响因素(自变量 x_1 和 x_2)相关，就需要应用二元线性回归预测分析。

二元线性回归预测模型为：

$$y=a+b_1x_1+b_2x_2$$

式中：a, b_1, b_2——回归系数；x_1, x_2——自变量；y——因变量。

回归系数 a, b_1, b_2 可由下列方程组求得：

$$\begin{cases}\sum y_i=na+b_1\sum x_{1i}+b_2\sum x_{2i}\\ \sum x_{1i}y_i=a\sum x_{1i}+b_1\sum x_{1i}^2+b_2\sum x_{1i}x_{2i}\\ \sum x_{2i}y_i=a\sum x_{2i}+b_1x_{1i}x_{2i}+b_2x_{2i}^2\end{cases}$$

三、多元线性回归预测模型

有时医药市场的变化趋势(因变量 y)同时与多个自变量($x_1, x_2, \cdots x_m$)相关，就需要进行多元线性回归预测分析。多元线性回归预测模型为：

$$y=a+b_1x_1+b_2x_2+\cdots+b_mx_m$$

式中：$a, b_1, b_2, \cdots b_m$——回归系数；$x_1, x_2, \cdots x_m$——自变量；y——因变量。

本章小结

时间序列分析法是将一组市场历史统计资料按时间顺序进行排列，得到一组数据序列，应用科学的数学统计分析方法，使其向外延伸，预测市场未来发展趋势的一种预测方法。市场变动趋势分为四种类型，即直线变动趋势、季节变动趋势、循环变动趋势和不规则变动趋势。本章重点介绍了在医药市场预测中常用的直线变动趋势和季节变动趋势预测法。

直线变动趋势预测法常用的技术有半数平均法、平均发展速度法、移动平均法、指数平滑法和直线趋势延续法。季节变动趋势预测法常用的技术有直线趋势比率平均法和季节指数水平法。在应用过程中，要注意每种预测技术的特点、基本思想和适用条件。

回归分析预测技术是医药市场预测中经常使用的一种预测方法。其基本思路是分析预测对象与有关因素的相互关系，建立相应的数学模型(回归方程)，精确地表述预测函数，然后再预测预测对象未来的发展趋势。主要介绍了一元线性回归预测分析方法，简单介绍了二元线性回归预测分析和多元线性回归预测分析的基本思路。

思考与练习题

一、名词解释

直线变动趋势　季节变动趋势　时间序列分析法　直线趋势延伸法

二、选择题

市场变动趋势往往呈现出某种规律性,依其不同特征,可将其分为(　　)。

A. 直线变动趋势　　B. 季节变动趋势　　C. 循环变动趋势　　D. 不规则变动趋势

三、填空题

1. 应用移动平均法预测时,移动平均值选定数据的个数越多,修匀的效果(　　　)。
2. 一次移动平均法适用于时间序列具有明显(　　　)变化趋势的预测。
3. 二次移动平均法适用于时间序列数据呈明显的上升或下降(　　　)变化趋势的预测。
4. 一次指数平滑法适用于时间序列数据(　　　)的上升或下降变化趋势的预测。
5. 二次指数平滑法适用于时间序列具有(　　　)上升或下降线性变化趋势的预测。
6. 直线趋势延伸法的使用条件是时间序列数据在一定时期内呈现持续上升或下降的线性变化趋势,且逐期的增减幅度不发生(　　　)。

四、简答题

1. 移动平均法的基本思想是什么？有何缺点？
2. 指数平滑法与移动平均法比较,有何优点？
3. 直线趋势延续法的适用条件是什么？
4. 直线趋势比率平均法和季节指数水平法的具体预测步骤各有哪些？

五、计算题

某医疗器械生产企业2006年1~10月份的某医疗器械销售量记录如表12-9所示。请分别用二次移动平均法、二次指数平滑法和直线趋势延续法预测2006年11月份和12月份的销售量(取$n=3$),并对预测结果进行比较分析。

表12-9　某医疗器械生产企业2006年1~10月份某医疗器械销售量　(单位:台)

时间序号	实际销售量
1	330
2	329
3	341
4	345
5	356
6	361
7	364
8	370
9	379
10	385

(孔祥金　景　浩　伊　利)

第十三章 医药市场调查与预测报告

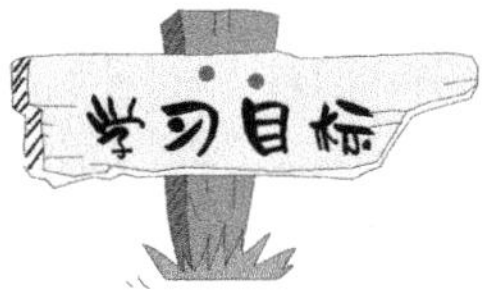

通过本章学习，要求掌握医药市场调查与预测报告的格式；熟悉医药市场调查与预测报告撰写的步骤；掌握医药市场调查与预测报告写作的基本要求和应注意的问题；熟悉医药市场调查与预测报告中图表使用的注意事项；了解医药市场调查与预测报告的呈递方式。

市场调查与预测报告的撰写是医药市场调查与预测的最后阶段，医药市场调查与预测报告是医药市场调查与预测全部工作的结晶，它是医药市场调查与预测结果的最终表达形式。从一定意义上讲，医药市场调查与预测的一切活动都是为市场调查与预测报告服务的。

第一节 医药市场调查与预测报告的格式

一份完整的医药市场调查与预测报告可分为三大部分：前文、正文和附录，如表13-1所示。下面我们对其展开介绍。

表13-1 医药市场调查与预测报告的结构

前文（front matter）
1. 标题扉页（title fly page）
2. 标题页（title page）
3. 授权信（letter of authorization）
4. 提交信（letter of transmittal）
5. 目录（table of contents）
6. 图表目录（list of illustrations）
7. 摘要（summary）
正文（body）
1. 引言（introduction）
2. 调查方法（methodolgy）
3. 结果（results）
4. 局限性（limitations）
5. 结论和建议（conclusions & recommendations）
附录（appendix）

一、前文

1. 标题页和标题扉页

一般来说，对于正式的医药市场调查与预测报告，标题页（图 13-1）是必不可少的，通常作为调查报告的第一页。绝大多数调查报告的标题页上包括报告的标题、报告的提供对象、报告的撰写者和发布日期。

对于企业内部调查，报告的提供对象是医药企业某高层负责人或董事会，报告的撰写者是医药企业内设调查机构；对于社会调查服务，报告的提供对象是调查项目的委托方，报告的撰写者是提供调查服务的调查咨询公司。在后一种情况下，有时还需写明双方的地址和人员职务。特别正规的医药市场调查与预测报告，在标题页之前还安排标题扉页（图 13-2），此页只写调查报告标题。

潍坊感冒药市场调查 对潍坊人感冒药品的使用和偏好分析报告 委托方：潍坊制药厂 潍坊医学院管理学院市场营销教研室 2007 年 5 月

图 13-1　标题页示意图

潍坊感冒药市场调查 对潍坊人感冒药品的使用和偏好分析报告

图 13-2　标题扉页示意图

标题作为医药市场调查与预测报告的开端，既要涵盖整个报告的内容和意义，概括医药市场调查分析与预测的主要结果或主要结论，又必须运用恰当的表达方式以吸引报告对象的注意，帮助读者快速把握调查报告的精髓和医药市场变化的重要信息。这样才能使得报告对象正确的理解报告意图以及其重要程度。

医药市场调查与预测报告的标题，写法灵活多样，但从形式上看，主要有单标题和双标题两种。

（1）单标题：就是只有一个标题。医药市场调查与预测报告的单标题形式，写法是多种多样的，主要有公文式、问题式和观点式三种。

1）公文式标题，是一种表明医药市场调查对象、主要内容、范围和报告这种文章体式的标题形式，使人对报告内容一目了然。如《全国胃溃疡用药市场调查报告》、《凉山彝族医药的调查报告》、《老年人用药偏好问题的调查》等，以最简单的语言向报告对象传递了最主要的内容。公文式标题形式固定，容易写作。其缺点是不能详细说明医药市场变化情况，报告中反映医药市场信息的内容可能不够全面。

2）问题式标题，是一种通过揭示医药市场调查分析的问题，帮助读者了解医药市场调查与预测报告内容侧重点的标题形式。该类标题是以设问或者反问的形式表达调查报告要解决的中心问题，目的是强化报告对象对报告的兴趣，引起关注，引发思考。如《未来的药品营销方式趋势是什么?》、《价格战能根本提高医药企业的效益么?》等。

3）观点式标题，是一种直接揭示医药市场调查分析结论，阐明医药市场调查分析者观点、看法的标题形式，这类标题直接表明医药市场调查与预测报告的主要内容和结论，可以让报告对象在未看报告内容之前就对调查研究的结论有所了解，具有很强的针对性。在表述上，要直接针对医药市场调查问题明确回答“怎样”“为什么”。如《绿色药品逐渐受青睐》、《质量比品牌更重要》等。

（2）双标题：又称主副式标题，就是医药市场调查与预测报告的标题有主标题和副标题两个标题，主标题表述调查报告的主题，一般以警句、判断、提问等形式表达；副标题说明医药市场调查的对象和文体，以陈述形式表达。在书面上，主副标题各占一行位置，且副标题前用连接号“——”作标志。主标题一般采用问题式或观点式标题的写法，副标题采用公文式标题的写法。如《药价高不可攀的原因何在——部分医药市场调查》。主标题甚至可以用形象化的语言，采用通讯或文学作品标题形式来写，如《创立大思路 运用大手笔 抢占大市场——上海医药工业销售公司拓展市场的调查报告》、《甘草市场告急 发展迫在眉睫——来自市场的调查报告》等。

2. 授权信

授权信是由调查项目执行部门的上级给该部门的信，表示批准这一项目，授权给某人对项目负责，并指明可用于项目开展的资源情况。在许多情况下，汇报信（或提交信）会提及授权问题，调查报告中可以不出现授权信。但是，当调查报告的阅读者对授权情况不了解、或者需要了解有关授权的详情时，授权信必须写入调查报告中。

3. 提交信

提交信是以调查报告撰写者以个人名义向报告提供对象个人写的一封信，表示前者将报告提交给后者的意思。在此信中，撰写者向报告提供对象汇报调查的情况和最一般的成果，提交信一般使用个人对个人的口气，以便沟通双方的思想。

4. 目录和图表目录

通常情况下，一份完整的医药市场调查与预测报告所承载的信息量是非常大的，为了帮助阅读者准确快速地查找到调查报告中信息的位置，目录的编写就显得尤为必要。目录包含报告所分章节及其相应的起始页码。通常只编写两个层次的目录。较短的报告也可以只编写第一层次的目录。如果报告含有图和（或）表，那么需要在目录中包含一个图表目录，目的是帮助读者很快找到对一些信息的形象解释。图表目录中，需列出每一图表的名称，并按在报告中出现的次序排列。如表 13-2 所示。

表 13-2 目录、图表目录示列表

目录

5. 摘要

摘要是在报告正文之前对正文的概述，使读者对整个报告先有一个大致的了解，也便于文献检索。摘要须写明为何要开展此项调查，主要考虑到该问题的哪些方面，有何结果，建议要怎么做等。摘要的撰写应该是在报告正文完成之后。摘要是摘取报告的核心，应该使用简练和准确的语言加以概括。

摘要通常包含四方面内容：①阐明报告的目的；②描述主要的调查与预测结果；③阐述主要结论；④给出相应的建议。

二、正文

正文是医药市场调查与预测报告的主体部分，主要依据医药市场调查所获取的资料，进行分析论述，说明被调查对象的现实状况，研究其存在的问题，揭示其发生、发展变化的影响因素、预测其发展趋势，提出调查研究者的意见和建议等。

医药市场调查与预测报告一般由以下几部分组成：

1. 引言

引言也叫前言、序言或导言，它对为何开展此项调查和它旨在发现什么作出解释。引言是医药市场调查与预测振告正文的开头部分，通常用一段文字简要说明医药市场调查的基本概况，包括医药市场调查的目的、授权内容、时间、地点、对象、范围、调查样本情况、调查方法和预测技术等。

引言的写法，根据医药市场情况和报告的需要可以不拘一格，或用叙述式，陈述调查的基本情况，概括报告的主要内容；或用论述式，阐明调查的意义，揭示调查的结论；或用提问式，抓住调查的关键问题设问，以引起读者注意。但多数情况是，综合运用几种写法，围绕着为什么进行医药市场调查、怎样进行的医药市场调查和医药市场调查的结果如何来写作，给读者一个比较完整的认识。

2. 调查方法

在医药市场调查与预测报告的正文中，应该简要说明曾经使用什么方法进行调查工作，以及选用这些调查方法的原因。有时需要表明，为什么不选用其他方法，其不足之处在于何处。说明选用的调查方法有助于证实调查结果的可靠程度。如果在此过程中，二手资料信息被采用，一定要进行标注。调查方法中所使用的一些材料不必详列，详细的材料可以放到附录中，这部分主要阐明以下五个方面的问题：①调查设计；②资料采集方法；③抽样方法；④实地调查工作；⑤资料分析的方法与预测技术。

3. 结果和局限性

调查报告的结具部分应该是按某种逻辑顺序提出的紧扣调查与预测目的的一系列调查发现。讨论调查报告的局限性，有利于对调查与预测的结果做出正确评价。

4. 结论和建议

结论和建议部分是对上述工作的总结，是对调查与预测目的的总体回答，结论是基于调查结果的意见，而建议是提议应采取的行动。它从逻辑上表述调查的发现，提出解决某一具体问题可选择的方案与建议。

三、附录

附录是指调查报告正文包含不了或没有提及,但与正文有关必须附加说明的部分。它是对正文报告的补充或辅助性说明。

通常用作为医药市场调查与预测报告附录部分的内容有:

(1) 在报告正文中提及的各种统计表与统计图;

(2) 提供资料者的名单,标明作为文案调查和实地调查资料来源的单位和个人姓名;

(3) 实地调查问卷的抄本,并加序言说明这份问卷要求达到的目标;

(4) 介绍选为样本而作实地调查对象的详细情况;

(5) 现场走访人员约访时间表的抄本或日记;

(6) 人员走访的谈话记录;

(7) 今后可能需要保持联系的机构的名单,如销售代理商,广告代理商等;

(8) 在医药市场调查工作过程中获得且已归档备查的文件及其内容提要。

此外,调查提纲和观察记录表,较为复杂的抽样调查技术和预测技术的说明,一些次要关键数据的计算(最关键数据的计算,如果所占篇幅不大,应该编入正文)和参考文献等也应列入附录。

第二节 医药市场调查与预测报告的撰写步骤

医药市场调查与预测报告的撰写一般由构思、选取数据资料、撰写报告初稿和修改定稿四个阶段组成。

(一) 构思

医药市场调查与预测报告的构思过程,主要是对收集到的资料,进行判断推理,确立主题思想,进而确立观点,列出论点、论据,安排报告层次结构,编写详细提纲的过程。

(1) 对收集到的资料,进行判断推理。判断医药市场调查中获得的实际数据资料及各方面背景材料,深入研究医药市场现象的性质、作用、表层原因和本质原因,推断出其反映的客观事实。

(2) 确立主题思想。把上述客观事实列出,从而确立要撰写的报告的中心思想。这是一个主题提炼的过程,要努力做到准确、集中、深刻、新颖。准确,是指主题能根据调查的目的,如实反映客观事物的本质及其规律性;集中,是指主题能够突出中心;深刻,是指主题能深入揭示事物的本质;新颖,是指主题有新意。

(3) 确立观点,列出论点与论据。确定主题后,对收集到的大量资料,经过进一步分析研究,逐渐消化、吸收,形成概念,把感性认识提高到理性认识,然后列出论点、论据,得出结论。

(4) 构建报告基本结构。在完成上述步骤的基础上,构思报告正文的基本结构与内容,安排报告层次段落。层次一般分为三层:基本情况介绍、综合分析、结论与建议。

(二) 选取数据资料

医药市场调查与预测报告的撰写必须根据数据资料进行分析。介绍情况要有数据作依据;反映问题要用数据做定量分析;建议与措施同样要用数据来论证其可行性与效益。恰当地选用数据可以使报告主题突出、观点明确、论据有力。因此有无丰富的、准确的数据资料做基础,是撰写报告成败的关键。在确立好主题、论点、论据,对层次和提纲做好安排后,就要围绕主题研究和选取数据资料。

选取数据资料后,还要运用得法,运用资料的过程就是一个用资料说明观点、揭示主题的过程。在写作时,要努力做到用资料说明观点,用观点论证主题,详略得当,主次分明,使观点与数据资料协调统一。

(三) 撰写报告初稿

根据撰写提纲,可以由一人或由多人分工撰写医药市场调查与预测报告初稿。初稿要在规定的时间完成。初稿出来后,要进行修改,多人分工撰写的部分应由一人审稿修改或共同审稿修改整理成全文。

(四) 修改定稿

医药市场调查与预测报告的修改是一个不可缺少的阶段,有时一份报告要反复修改多次才能定稿,修改定稿是保证医药市场调查与预测报告质量的有效措施。医药市场调查与预测报告的修改过程主要是检查、补充、修正的过程。检查,主要是检查医药市场调查与预测报告观点是否正确,材料是否详实合理,是否符合主题;补充,主要是补充不完善、有欠缺、不充分的资料;修正,主要是修正不准确、不合适、不合理的数据资料和内容,以及错字、错句等。对修改好的医药市场调查与预测报告可以定稿,定稿后可打印若干份以便提交领导和发表。

第三节　医药市场调查与预测报告撰写应注意的问题

一、医药市场调查与预测报告写作的基本要求

一份优质的医药市场调查与预测报告能对整个医药市场调查与预测工作起到画龙点睛的作用。医药市场调查与预测报告应按下述要求撰写。

1. 文字流畅,语言简洁

报告的行文要求自然、流畅,力求使报告阅读者能从报告中快速地获得信息。语言不必追求华丽,但要讲究简洁、准确,避免使用晦涩冷僻的词语。

2. 结构严谨,主题突出

报告是根据调查主题的要求,对大量市场情报进行搜集、整理、分析的结果,因此,在撰写报告时,要根据调查主题的要求,安排报告的写作结构与逻辑关系。要选择简明、严谨的文体结构集中反映调查成果。

3. 内容全面,重点突出

报告要将一项调查的来龙去脉详详细细地加以介绍,让读者通过阅读报告就能了解调查和预测过程的全貌,并能对调查和预测的质量作出评价,对调查和预测所获得的结果有一个清楚的认

识,明确报告对他们有哪些用处,能够帮助他们解决什么问题。也就是说,报告要回答或说明研究为何进行,采用什么方法进行调查,运用什么模型进行预测,得到什么结果和结论,有什么建议等问题。

报告对重要的问题要重点说明,可用较大的篇幅和位置进行阐述,也可利用各种图表来具体或突出说明报告中的重要部分;相对次要的问题可做简单描述。

4. 资料详实,选材适当

将调查过程中各个阶段搜集到的全部有关资料组织在一起,不能遗漏掉重要的资料,但也不能将一些无关的资料统统写进报告之中。

5. 观点清晰,结论明确

在报告中,对调查与预测获得什么样的结论要明确地加以阐述,不能模棱两可,含糊其辞。

二、医药市场调查与预测报告撰写应注意的问题

1. 实事求是

医药市场调查与预测报告作为医药市场调查研究的成果,应如实反映医药市场客观情况,必须做到真实准确,实事求是。因为医药市场调查与预测报告主要是为营销决策者或者管理决策者提供决策支持信息,而医药企业的营销决策者或者管理决策者通常不参与医药市场调查活动,他们对调查结果的正确性缺乏判断力,所以所提交医药市场调查与预测报告真实性是至关重要的。

2. 以调查资料为依据,做到观点与调查资料相统一

一篇好的医药市场调查与预测报告,既要用资料说明观点,又要用观点统帅资料,两者应紧密结合、相互统一。通过对调查资料定性分析与定量分析的有效结合,研究医药市场活动的发展、变化及其规律性。

尤其要注意数据资料的使用,数据资料说明问题的力度往往比长篇的文字描述要大得多。数据资料运用得当,可增强市场调查报告的科学性、准确性和说服力。但是只停留在列举数据上还达不到调查的目的,医药市场调查与预测报告必须恰当巧妙地运用数据资料,将数据资料与观点高度统一起来。

3. 语言简洁明了,表达要准确清晰

撰写医药市场调查与预测报告要使用清楚明白、富有说服力的文字,因为报告的阅读人员不一定都能够理解报告中涉及的专业名词术语和其他专业性技术资料的含义。

医药市场调查与预测报告的表达一定要准确清晰,不能含糊不清。表达准确清晰包括数据资料要准确、反映情况要符合客观实际,陈述要条理清晰。另外,在一些图形和数字的使用上,如果只是进行简单罗列,会给读者带来理解上的困难,所以撰写者应该对图表和数字进行较为详细的解释,从而避免读者的理解偏差。

4. 分析要有逻辑性,切忌数据堆积

医药市场调查与预测报告的分析论证要有严格的逻辑性,观点要前后一致,不要自相矛盾,论据要充分、详实,有说服力。报告不能像记流水账一样把收集的调查资料都写出来,也不是数据资料的简单堆砌,必须对医药市场调查的各个工作阶段所搜集到的全部有关资料,进行逻辑性的分析论证,将调查主题明确、严谨地反映出来。

5. 要注意活用统计数字,防止数字文字化

数字文字化,就是用文字来叙述统计图表的内容,用叙述数字来代替必要的数字分析,使一篇

医药市场调查与预测报告充满了枯燥乏味的统计数字。

为克服这种现象，一是要精选数字，把与反映问题、说明观点关系不大的数字筛掉，只用一组或几个最能说明问题的数字。实在需要较多的数字来说明，就采用统计图表的方式。二是对数字要进行必要的加工、转换，让读者更容易明白数字在报告中的作用，更容易理解数字所表示的意义。

6. 适度使用定量技术

在管理学上，总是希望尽量把各项指标进行量化，会给部分报告撰写者一个尽量把指标量化的误区。其实，很多的指标是不宜量化的，因为在量化的过程中，许多重要的资料会被遗失或是淡化，也就造成了读者理解上的困难和有价值信息的错失，进而使整篇报告失去原本应具有的信息量和说服力。

7. 结构完整紧密，但应避免面面俱到、长篇大论

报告要求主题明确、突出，结构完整、严密，并且报告要回答调查任务中提出的所有问题，但是报告不能面面俱到、事无巨细。人们往往有这样一个观点，报告越长越好。而实际上，冗长复杂的报告会让阅读者不知所云，反而会带来负面效果。所以在可以表述清楚的情况下，报告应该尽量简洁明了。

此外，在报告中一些常见的问题还有阐述的中心不明确、偏离确定的目标、资料不准确、数据结构单一等，这些都需要在撰写报告时引起重视。

三、图表使用

调查报告的撰写要充分利用各类统计图和统计表。统计图和统计表可以向阅读者提供一个简明系统的资料，有利于阅读者对某种医药市场变化趋势与各种影响因素的相互关系进行直观的对比和分析。在大多数医药市场调查与预测中，大量的统计数字信息难以被人理解，如果运用图表进行表述，所有的数据就会变得直观、效果明显。在使用图表时应注意如下问题：

1. 图表中的内容不能过于繁琐

使用图表的目的，在于使各种数字资料能够得以简洁地、系统地说明。因此，图表中所包括的内容不能过于繁琐。有时，使用两个内容简要的图表，比使用一个内容繁琐冗长的图表效果要好。

2. 标题必须明白易懂，一目了然

图表的标题必须达意明确完整，必要时，可适当附加注释，说明是根据哪个问题的需要而提供的资料，尽量避免任何可能发生的误解，并使用文字和数字标示图表，使内容更清晰明了。

3. 要准确标明图表中有关栏目的名称和计量单位

比如说，按照时间先后提供关于产品价格方面的资料，那就需要说明，究竟是按固定价格还是按现行价格核算。

4. 避免没有任何意义的图表

在报告中使用图表会让表达更加清楚明了，但使用图表不是越多越好。在使用图表进行说明时，必须要有明确的目的性，不能只是为了装饰报告，以求悦目。大量使用毫无意义的图表代替简单的文字或数字，会把原本简单的问题复杂化，转移了读者的视线，从而使读者更难于把握报告内容。

此外，使用图表说明还必须认真考虑图表的设计和格式。如果图表格式设计不当，不但无助

于说明问题，还会起到使阅读者曲解事实真相的相反效果。

第四节　医药市场调查与预测报告的呈递方式

医药市场调查与预测报告的呈递方式主要有两类：书面报告和口头报告。

与书面报告相比，口头报告更有利于直接沟通。在书面调查报告撰写完成后，调查者可以以口头报告的方式向委托者口头汇报市场调查的进行情况、陈述市场调查与预测结果、以及书面报告的写作情况等。

（一）口头报告

在进行口头报告之前，市场调查与预测人员要进行两个方面的准备工作：

1. 口头报告的辅助材料准备

通常在进行口头报告时，并不是进行纯语言的报告。常会有一些辅助材料，常用的辅助材料有以下几种：

（1）汇报提纲。在进行报告之前，应该提供每位听众一份关于报告流程和主要结论的汇报提纲。在汇报提纲中，语言应尽可能简洁，尽量不使用较复杂的统计资料，还应留下足够的空白供听众作笔记或简要评论。

（2）视觉性辅助工具。进行口头汇报的时候，为了使汇报更加易于理解，报告者会采用合适的视觉辅助工具来进行表述，通常的视觉辅助工具有投影机和幻灯机等。在口头汇报时，应尽量通过可视化媒介来展示研究成果，在关键部分应尽可能应用统计图或统计表。在用图表时，应该通过色彩选择提高人们对感兴趣部分的注意力。

（3）最终报告的复印件。在进行汇报的过程中，汇报者的口头表述是可以给听众留下印象的，但许多细节很容易被听众遗忘，所以作为对口头报告的补充，汇报者应该准备一些最终报告的复印件，在报告结束后发给一些关键性听众。

2. 口头报告的内容准备

跟书面报告一样，口头报告也要针对报告提供对象确定其内容和形式。同时，要根据口头报告时间的长短来取舍，安排和控制汇报的基本内容。对报告的主体部分（如主题、结论、图表等）进行概要性处理，目的是使听众了解报告中的主要内容和关键问题。

（二）书面报告

任何一项医药市场调查与预测的最终结果都可以以书面报告的形式呈送给市场调查与预测的组织者（委托者）。

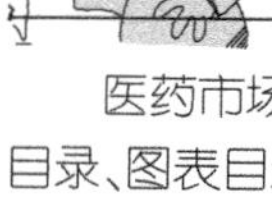

本章小结

医药市场调查与预测报告可分为三大部分：前文、正文和附录。前文包括标题扉页、标题页、授权信、提交信、目录、图表目录和摘要七部分，正文包括引言、调研方法、结果、局限性、结论和建议五部分，附录是对正文报告的补充或更详尽说明。

医药市场调查与预测报告撰写的步骤包括:构思、选取数据资料、撰写报告初稿、修改定稿等阶段。

医药市场调查与预测报告的写作要求做到:①文字流畅,语言简洁;②结构严谨,调查主题突出;③内容全面,重点突出;④资料详实,选材适当;⑤结论明确。

医药市场调查与预测报告撰写应注意的问题有:①坚持实事求是的原则;②以调查资料为依据,做到观点与调查资料相统一;③语言简洁明了,表达要准确清晰;④分析要有逻辑性,切忌数据堆积;⑤要注意活用统计数字,防止数字文字化;⑥适度使用定量技术;⑦结构上完整紧密,同时避免面面俱到、长篇大论。

医药市场调查与预测报告中使用图表时应注意的问题有:①图表中的内容不能过于繁琐;②标题必须明白易懂,一目了然;③要准确标明图表中有关栏目的名称和计量单位;④避免没有任何意义的图表。

医药市场调查与预测报告的呈递方式主要有两类:书面报告和口头报告。

思考与练习题

1. 一份完整的医药市场调查与预测报告可分为哪几大部分?每部分又包括哪些内容?
2. 医药市场调查与预测报告的撰写步骤是什么?
3. 医药市场调查与预测报告写作的基本要求有哪些?
4. 撰写医药市场调查与预测报告的注意事项有哪些?
5. 医药市场调查与预测报告中的图表使用需注意哪些问题?
6. 医药市场调查与预测报告的呈递方式有哪些?
7. 在进行口头报告时,常用的辅助材料有哪些?
8. 同学们组织一项医药市场调查,并完成市场调查与预测报告。

案　例

某市医疗服务、医药经营市场的调查报告

为了保护广大消费者的生命健康权和消费知情权,打击各类医疗、医药经营活动中侵害消费者合法权益的行为,营造和谐社会环境,发挥消费者协会的监管职能,履行社会责任,市消费者协会在市区范围内针对医疗服务和医药经营的诚信服务情况,进行了一次深入细致的调查。通过调查发现,某市医疗机构、医药市场问题突出,亟待规范解决。

1. 基本情况

为了开展好此次活动,市消协进行了精心组织、安排,于2005年9月8日下发了《关于开展医疗服务机构、医药市场的调查活动的通知》,制订了实施方案,对活动的时间、范围、调查内容、形式作了周密部署。

调查工作从9月18日开始,至12月8日结束,历时81天。9月18日至10月8日,调查人员采用暗访的形式,对市区的医疗机构(医院、私人诊所)和医药市场的经营情况进行了调查。10月8日后,调查人员为明查。结合此前暗访的情况,对医药市场和医疗机构进行了有目的、有步骤的调查。对医院,调查人员主要从医院的执业许可证、经营范围、收费标准、工作人员佩戴上岗证情况、文明服务情况、卫生状况、是否有对外承包科室、是否有承诺和各项规章制度等八个方面进行

了调查;对私人诊所,从经营范围、卫生状况、是否具有医疗机构的执业许可证、是否有门诊日记、是否有医疗档案、医疗设备是否齐全、诊所面积是否达到规定的40平方米、是否有非卫生技术人员从事医疗卫生技术活动等八个方面进行了调查;对药品经营单位,从柜台的管理情况、药品价格、环境卫生、文明服务、是否有经营资格、是否有药师、是否存在虚假宣传、是否有超范围经营、处方药是否按规定出售以及保健品的证照手续和来源等十个方面进行了调查。

为了听取广大消费者对我市医疗机构的整体情况意见,市消协还向社会发放了1000份医疗机构服务状况调查表,分别对医院医务人员的服务态度、医疗技术、医疗设施、药品价格、治疗收费和病房卫生六个方面,"满意"、"基本满意"、"不满意"、"不了解"等四项指标进行测评。

此次活动共调查了市区20家大中小型医院、270余家私人诊所以及53家药品经营单位。

12月8日,调查活动结束。市消协把调查中发现的医药市场存在的不诚信经营行为和医疗服务存在的不规范服务行为,及时向相关单位和责任人进行了通报,督促整改。

2. 调查结果

(1) 药品经营市场

从调查结果来看,我们认为药品经营市场总体是好的,大部分药品经营企业能够诚信经营。调查的53家药品经营企业都具有药品经营资格,合格率为100%。有28家药师到位,到场率仅为52.8%。购买处方药不要手续的有34家,占64%。超范围经营的有30家,占57%。

抽查中发现保健食品市场混乱,个别药房销售的保健品无生产日期、无生产批号、无有效期;个别药品存在无标价现象;药房工作人员向消费者推荐高价格药品,不主动向消费者提供发票;有的甚至连普通的票据都不向消费者出具,一旦出现问题,消费者提供不出相关证据,维权难;有的药房卫生环境差,服务态度不好;有个别药房的工作人员存在边抽烟边吃东西边卖药的现象。

(2) 医疗机构单位

调查人员分别对市区大型医院、中型医院(单位职工医院)和个体诊所进行了调查。

1) 市区大型医院。从调查结果来看,市区大型医院的整体服务水平相对较好。医务人员的服务态度较以前都有不同程度的改善,医疗技术有所提高,医疗设施也得到了一定程度的完善。

对药品价格、治疗费用以及医务人员的服务态度方面,消费者反映尤为强烈。

第一,药品价格偏高。药品平均价格比市场价偏高,同是哈药制药六厂生产的相同规格的三精牌葡萄糖酸钙口服液,市场价每盒在11.8元至13元不等,有的医院售价高达16.2元。另外,不同医院销售的同一种药品价格也不尽相同,同一规格的修正牌斯达舒售价最高的是26元,最低的只有20.8元,两者相差5.2元。

第二,治疗价格虚高。同样的手术,各医院收费也高低参差不齐。就单胎正常分娩手术而言,住院时间同为四天,医院收费在553.9元至1154.38元不等。各医院挂号费的收取标准也不相同,有的为0.5元,有的高达5元。

第三,医务人员服务态度。市区大型医院的医务人员服务态度从整体来看令人满意,但也存在部分医院工作人员服务态度差的情况,有的医院医务人员对患者持不负责的态度,存在边吸烟边打电话边为患者诊治的现象。

2) 市区中型医院。相对于市区大型医院,在医疗技术、医疗设施等多方面存在较大的差异,医务人员服务态度差,环境卫生差。

3) 市区个体诊所。存在问题比较多，突出表现在如下几个方面：部分个体诊所没有卫生行政部门颁发的《医疗机构执业许可证》及核准的诊疗科目，执业人员缺少卫生行政部门颁发的《医师执业证书》、《护士执业证书》及其他相应资质证书，仍然正常营业；擅自扩大诊疗范围；硬件设施不合格，部分个体诊所房间面积没有达到卫生部规定的40平方米，没有分区和基本医疗设施；缺乏应有的门诊日记和医疗档案；基本医疗设备不完善；卫生条件差也是市区个体诊所普遍存在的问题；部分诊所利用虚假高科技手段误导消费者。

(3) 问卷调查

调查人员在此次对市区医院服务状况的专项问卷调查中，共向社会发放1000份调查问卷，收回684份，回收率占68.4%。

从问卷调查结果来看，消费者对市区大型医院的服务满意率较高。尤其在医务人员的服务态度和病房卫生两个方面的满意率比较高。其中解放军第159中心医院的医务人员的服务态度满意得票为420张，满意率为61.4%。

消费者反映最多的问题是药品价格和治疗收费方面。对药品价格和治疗收费不满意最多的为某大医院，票数分别达到了484和472，不满意率分别占70.7%和69%。很多消费者对市区一些医院不了解。

3. 建议

医疗机构和医药经营市场存在的问题，是广大消费者共同关心的问题，也是市消协接到投诉的热点。为了给广大消费者提供一个诚实信用、规范、公平的消费环境，我们建议：

(1) 相关职能部门应加大管理力度，切实履行职责，制定严密的相关措施，严厉打击各类医疗、医药经营活动中的虚假广告"三无产品"等侵害消费者合法权益的不法行为，保护广大消费者的合法权益免受侵害。

(2) 各正规的医疗机构、医药经营企业要建立健全经营、服务理念，增强自我监督管理机制，树立为人民服务的思想，向社会公开宣传服务承诺，保证药品、服务的信息，客观真实，让消费者放心消费。

(3) 提醒广大消费者应科学消费，排除干扰，对消费的过程，要有凭、有据、有事实。消费前要多咨询、多调查、多鉴别，发现问题时要早投诉、早报告、早处理，保证你的权益不受侵害。

(资料来源：驻马店日报，2006.3.16)

案例讨论

1. 此篇市场报告的标题属于哪种写法？
2. 指出案例的引言、调查方法、结果和局限性、结论和建议各有哪些内容。
3. 对此篇市场报告进行评价。

(李云伟　胡式良)

第十四章 医药市场调查与预测管理

学习目标

通过本章学习，要求熟悉医药市场调查与预测参与者的种类及其应承担的义务和应享有的权利；了解医药市场调查与预测专业机构的主要类型；掌握医药市场调查与预测专业机构评估的主要内容；了解医药市场调查与预测专业机构选择的步骤；熟悉医药市场调查与预测人员应具备的综合素质；了解医药市场调查与预测人员培训的主要方式。

第一节 医药市场调查与预测的参与者

一项医药市场调查与预测活动的参与者，包括调查与预测的组织者（企业）、调查与预测的实施者（调查者）和市场信息的提供者（被调查者）。在市场调查与预测过程中，必然涉及三者之间的权利和义务问题。

一、医药市场调查与预测参与者

1. 市场调查与预测结果的使用者

（1）市场调查与预测的组织者（企业）。市场调查与预测的组织者（企业）既是市场调查与预测活动的最初发起者又是调查与预测结果的主要使用者。企业内部使用者包括企业高层管理者、市场营销部门、产品开发和生产部门、财务部门、人力资源管理部门等。

企业高层管理者是市场调查信息最重要的需求者和使用者。现代企业是一个开放的系统，它与影响其经营的各种外部环境因素处于一个相互作用、相互联系、不断变化的动态过程之中，企业高层管理者在制定企业经营方针和发展战略时，是以分析企业外部环境因素的变化情况和发展趋势为基础的，市场调查与预测结果是其主要信息来源。企业市场营销部门既是企业市场营销战略的执行者，又是企业市场营销战略制定的重要参与者，了解和掌握市场信息是其最重要的工作职责。产品开发和生产部门需要了解消费者对产品的意见，才能对现有产品进行改进和更新、确定新产品开发的方向。财务部门利用市场调查与预测的结果，以便对营销资金投入和营利水平进行测定。人力资源部门根据消费者反馈的信息，制定企业的人力资源发展规划等。此外，企业的公关广告部门、计划部门等也都是市场调查与预测结果的重要使用者。

（2）企业外部使用者。在市场经济条件下，一个企业要想确立市场竞争优势，除了向市场提供令消费者满意的、具有独特价值的产品外，还必须要有作为企业价值链体系重要组成部分的上游供应商、下游销售商以及企业经营活动的其他参与者的支持。共享市场调查与预测信息，对这些企业经营活动参与者是十分重要的。

根据市场调查与预测反馈的消费者需求信息，供应商可及时地对其提供的原材料或产品进行改进和调整；销售商可对营销渠道、目标市场和产品定位进行调整。企业的其他合作者，如广告公司、市场咨询公司、市场调查公司等，这些中介机构在协助企业进行广告设计和制作、市场营销策划和其他方面的市场调查活动时，也需要企业提供市场调查与预测的有关信息。

2. 市场调查与预测的实施者（调查者）

（1）企业内部市场调查与预测机构。一些大型的医药企业的市场营销部门一般具有市场调查与预测的职能，还有的企业专门设置市场调查与预测部门。但是，我国医药企业的规模普遍较小，大多数企业没有能力和条件设置独立的市场调查与预测机构，也就不可能自己开展市场调查与预测工作。对一些大型医药企业来说，即使其市场营销部门承担市场调查与预测任务，或设置了市场调查与预测机构，但由于人力和技术等资源条件方面的限制，对复杂程度高、综合性强的调查与预测项目也无力开展。

（2）企业外部市场调查与预测专业机构。当企业需要通过市场调查与预测收集和掌握市场信息时，而企业自己又不能开展市场调查与预测工作，或自己的资源条件无法满足市场调查与预测工作需要，就需要委托企业外部的市场调查与预测专业机构来承担企业自身无法开展的调查与预测工作。企业外部市场调查与预测专业机构的主要类型有：外资专业市场调查与预测公司、国内独资（含民营）专业市场调查与预测公司、广告公司和市场咨询的调查与预测部门、政府机构设立的调查与预测部门、高等院校或科研机构所属的市场调查与预测机构。企业外部市场调查与预测专业机构的有关内容将在本章第二节和第三节中详述。

3. 市场信息的提供者（被调查者）

市场信息的提供者主要是指实地调查中的被调查者，以及文案调查中的二手资料的提供者。

二、医药市场调查与预测参与者的权利和义务

1. 市场调查与预测的组织者的权利和义务

（1）市场调查与预测的组织者必须向实施者提供必要的有关背景材料和保障资源。调查与预测的组织者必须向实施者详细阐述调查的目的、意义及作用。说明是什么问题促使进行市场调查？说明调查结果对企业下一步决策的可能影响，以及提供的经费水平和完成时间要求等。以便实施者有针对性地制定调查与预测总体策划方案，作为实施和控制调查与预测过程的依据。

无论是企业内部机构还是企业委托外部专业机构开展的市场调查与预测，企业应提供调查所需的各种保障资源，由调查者自主使用。组织者不能对调查项目的执行乱加干预。此外，对于企业委托外部专业机构开展的市场调查与预测，实施者与组织者实际上是一种服务和被服务的关系，双方按合同规定收取和提供服务费。

（2）市场调查与预测的组织者不得干扰调查与预测的过程。为保证市场信息的客观性和准确性、调查结果的科学性，组织者不得干扰调查过程，调查与预测过程由实施者独立自主地实施和完成，即使是由组织者提供调查所需的各种保障资源也要由实施者自主使用。

（3）市场调查与预测的组织者独享调查与预测成果的知识产权。市场调查与预测信息资料（包括处理过程和结果），具有独占性和保密性，是调查与预测的组织者独有的财产。调查者在市场调查信息或数据发布、出版或使用之前，必须获得调查与预测的组织者的同意或批准；保密期限按双方在调查与预测委托代理合同中的约定执行。

2. 市场调查与预测的实施者的权利和义务

（1）市场调查与预测的实施者必须维护调查与预测的组织者的最佳利益。调查者在调查与预测过程中，要严格按照组织者的要求进行，只能收集和调查与预测主题直接相关的市场信息，在没有获得组织者允许的情况下，不得进行其他项目的市场信息收集工作，以满足自己的需要。

（2）市场调查与预测的实施者应确保市场信息的客观性。市场调查与预测的目的是通过收集和分析真实、客观的市场信息，为调查与预测的组织者提供决策依据。因此，调查者必须将“坚持实事求是、客观公正”作为工作准则，不能对调查质量、技术和设备等做出不切实际的描述。在调查与预测准备阶段，需要对调查方法和统计分析技术进行充分论证，保证其科学性和可操作性。在市场信息收集过程中，确保信息的客观性、准确性。不能以任何理由，为了满足客户或上司主观预期，对调查与预测过程进行人为地干扰，违反调查职业道德。

（3）对市场信息保密的义务。在完成调查之后，要准确、及时地向组织者提供市场调查信息资料和调查结果，有关调查与预测项目的任何信息都不得向第三方传播，承担保密责任。如果使用这些信息或数据，则必须取得组织者同意或批准。但调查者不得向组织者透露被调查者个人资料，保护被调查者的隐私权和匿名权。

（4）调查者向组织者需要说明的问题

1）组织者需要提供的企业运转情况和以前市场调查等方面的背景材料；

2）调查与预测结果可能起到的作用、参考价值以及其局限性；

3）调查与预测完成时间及大致可能需要的经费；

4）实施者对调查工作的独立实施范围；

5）组织者需要进行的合作或参与工作；

6）实施者在专业和技术方面的介绍。

3. 被调查者的权利与义务

（1）知情同意权。被调查者有权了解调查项目的目的和内容等有关问题，以决定自己是否接受调查。如果调查实施者认为向被调查者公开调查目的，可能对调查产生不利影响，在不伤害被调查者的合作积极性的前提下，可以委婉地拒绝。此外，在调查结束后，被调查者有权向调查实施者索取调查结果的概括性信息。

（2）自主选择权。每一个被调查者都有选择是否愿意参加某一项市场调查活动的权利。但在调查过程中，调查者故意诱导被调查者回答某些问题时，被调查者可以拒绝回答或退出调查。

（3）规避隐私权。每个公民都有个人隐私。在调查过程中，调查实施者不能侵犯个人的隐私权。如果被调查者发觉自己个人隐私受到触犯,可以中止接受调查。在对调查信息的使用上,调查实施者必须取得被调查者的同意,以尊重被调查者的隐私权。

(4) 安全保障权。在调查前或调查过程中,调查者不得以任何手段或方式向被调查者施加压力,迫其接受调查或不自愿地完成调查,给被调查者造成生理或心理上的伤害。

(5) 真实提供信息的义务。如果被调查者在了解调查的主要目的和内容之后,同意接受调查,对自己所能提供的信息必须保证其真实性和准确性。

第二节 医药市场调查与预测专业机构的类型

市场调查与预测专业机构是专业的市场调查与预测主体,是专门从事市场调查与预测业务的独立的组织与机构。目前,国内市场调查与预测专业机构大约有2000多家,归纳起来,主要有五大类型:外资专业市场调查与预测公司、国内独资专业市场调查与预测公司、广告公司和市场咨询的调查与预测部门、政府机构设立的调查与预测部门、高等院校或科研机构所属的市场调查与预测机构。

1. 外资专业市场调查与预测公司

目前,许多国际知名的市场调查与预测企业在我国合资(或独资)建立其分支机构,开展市场调查与预测业务。这些企业拥有雄厚的市场调查与预测技术力量和完善的市场调查与预测运作机制。有许多公司业务范围涉及医药市场的调查与预测,如益普索(中国)市场研究公司、中国盖洛普咨询有限公司、华通现代市场信息咨询有限公司等。

2. 国内独资专业市场调查与预测公司

随着市场经济体制的建立和经济的发展,我国的市场调查行业也随之发展起来。在国外市场调查与预测企业进入的同时,国内的专业市场调查与预测企业也纷纷成立起来,它们大多数是以股份制的形式组建的。这类市场调查与预测机构虽然起步较晚、规模较小,但发展速度非常快,在服务报价方面与外资专业市场调查与预测公司相比要低得多,具有较强的竞争力。其中,有许多公司将医药领域的市场调查与预测列为其业务范围,如新华信市场研究咨询有限公司、零点研究咨询集团、联恒市场研究公司等。

3. 广告公司和市场咨询公司的市场调查与预测部门

对大多数广告公司和市场咨询公司来说,市场调查与预测不是它们的主营业务,但为了能够有效地为客户提供服务,它们必须对客户的市场营销环境和市场状况进行系统的分析研究,因此,它们内部通常设有专门的市场调查与预测机构,主要从事与广告设计和决策咨询有关的市场与预测工作。这类市场调查与预测机构从专业性上来讲,与专业市场调查与预测公司有一定差距,它们的市场调查与预测多以定性研究为主。

4. 政府机构设立的市场调查与预测部门

这类市场调查与预测机构是依托各级政府部门而建立的,如国家、省、市级的统计部门、审计和工商行政管理部门等所设的市场调查与预测机构。他们的优势在于能够利用各级政府部门的行政管理优势,获得多行业的背景资料及相关资料,尤其在二手资料的收集方面优势更为明显。但是在市场调查与预测的专业水平上,与专业的市场调查与预测公司差距较大。

5. 高等院校或科研机构所属的市场调查与预测机构

市场调查与预测进入中国，首先是从学术领域引入的，而后才应用于实践并发展起来。因此，高等院校、科研机构以及学术团体在市场调查与预测的基本理论、方法和技术的研究上具有明显优势。随着市场调查与预测行业的发展，一些高等院校、科研机构以及学术团体也成立了市场调查与预测机构，向企业提供市场调查与预测服务。

信息框

小资料☞

1. 益普索(中国)市场研究公司

益普索(ipsos)是世界著名的专业市场研究公司之一。2000年进入中国，在北京、广州、上海和成都设有分公司。其业务范围为营销研究、广告研究、满意度和忠诚度研究、公众事务研究等四大领域的市场研究服务。涉及领域有快速消费品、IT/电信、汽车、金融/保险 、医药/保健。

益普索在医疗保健品市场调查具有明显优势，益普索(中国)医疗保健研究部已经在抗生素、消化系统用药、呼吸系统用药、心血管药、中枢神经药物、内分泌药物、免疫调节剂、妇科用药、儿科用药、皮肤科用药以及保健品等多个领域成功运作了数十个项目，在为客户提供专业的市场分析研究领域，积累了相当丰富的经验。同时，研究部在全国范围内建立了一个由30 000余名医生组成的固定样本群，这使得益普索在医生访问方面具有独特的优势。

2. 中国盖洛普咨询有限公司

盖洛普(gallup)公司1935年创建于美国，现已成为全球知名的民意测验和商业调查/咨询公司。1993年进入中国，合资组建中国盖洛普咨询有限公司，公司总部设在北京，并在上海和广州设有办事处。公司拥有全国50多个城市和部分农村地区的消费者抽样框，能精确进行各种全国或地区性消费者调查。公司还拥有全国主要行业的企业抽样框，能根据客户需要进行各种行业和企业调查。业务领域涉及食品、制药、电信、能源、汽车、金融、保险、服务等行业。

3. 华通现代市场信息咨询有限公司

北京华通现代市场信息咨询有限公司最初作为北京华通人市场信息公司的消费者研究部成立于1992年，1997年与美国Market Facts(MFI)合资成为提供全方位专项市场研究服务的专业性公司。在北京、上海、与广州建立起全资子公司，并在全国近50个城市建立起紧密合作型代理机构。

业务领域涉及轻工、化工、纺织、医药、建筑、运输、食品、邮电、IT等领域，为保证研究人员的专业化水平，公司组建了医药保健品在内的10多个专业化研究部。

资料来源：http://www.icxo.com

信息框

小资料☞

1. 新华信市场研究咨询有限公司

新华信市场研究咨询有限公司创立于1992年，现有600多名全职员工，是中国成立时间最早、规模最大的咨询公司之一。新华信市场研究总部位于北京，在上海、广州和香港设有全资子公司，调查网络覆盖全国80%的地级以上城市。所提供的市场研究服务既包括调研分析，也包括营销策略咨询，引导与解答客户在市场研究方面遇到的问题。

其业务范围以汽车、电信、医药、IT和工业产品等领域为主，不仅积累了丰富的项目经验，也培育了一批从事本领域市场问题观察与研究的专业人员，开发了具有自己特色的行业问题研究模型。在制药领域，诺华制药和拜耳等国际著名企业都是他的主要客户。

新华信是为数不多的能够在医药领域同时向客户提供市场研究和营销服务的市场研究公司之一，并建立了中国绝无仅有的医院处方分析数据库，可向医药厂商提供极具参考价值的医药产品销售信息和医生处方行为信息。

2. 零点研究咨询集团

“零点调查”成立于1992年，是目前国内最大的提供专业的策略性研究咨询服务的集团公司之一，组建并参与了四个全球性研究咨询网络。零点研究咨询集团是国内最大的民营市场调查公司，其总部位于北京，在上海、广州、武汉四城市设立了分公司，主要从事市场调查、民意测验、政策性调查和内部管理等调查，其业务范围涉及食品、饮料、医药、个人护理用品、商业服务等30多个行业。

3. 联恒市场研究公司

联恒市场研究公司1997年8月成立，总部位于上海，在北京和广州设有分公司，服务网络覆盖了200多个城市，已发展成为全国领先的市场研究公司之一，同时也是国内为数不多的拥有计算机辅助电话访问技术(Computer Assisted Telephone Interview，CATI)的市场研究公司之一。业务范围包括日用消费品、医药、金融和IT等专业领域。

资料来源：http://www.icxo.com

第三节　医药企业外部市场调查与预测专业机构的选择

当医药企业产生市场调查与预测需要以后，除少数拥有自己的内部市场调查与预测机构的企业能够利用自己的力量完成某些调查项目的市场调查工作外，对大多数企业或调查项目来说，需要委托企业外部市场调查与预测专业机构进行市场调查活动。由于各个市场调查与预测专业机构的专业背景、服务内容和价值取向等各不相同，在聘请企业外部市场调查与预测专业机构时，就涉及对市场调查与预测专业机构的评估、选择以及如何处理相互合作关系等问题。选择一个符合具体调查项目需要的市场调查与预测专业机构是一项十分细致的工作,同时也是关系到市场调查项目能否高质量完成的关键。

一、市场调查与预测专业机构的评估

(一)医药市场调查与预测专业机构的基本条件

第一,具有医药领域专业背景

与其他产品市场相比,医药市场具有很强的专业性,其市场调查与预测与其他产品市场有较大的差别,只有那些具有医药市场调查与预测经验的医药市场调查与预测专业机构,才能保证调查与预测的质量。

第二,具有专业化的调查与研究队伍

从事医药市场调查与预测的调查与研究人员,必须具有医药领域的专业知识和市场调查与预测方面的专业知识,并且要具有丰富的工作经验。

第三,具有完备的医药市场/产品信息渠道

从事医药市场调查与预测的专业机构应具有的二手信息资料来源渠道。医药市场调查与预测具有自己的特殊性,需要大量的二手信息资料的支持,而这些信息资料的成功收集,既需要平时的有效积累,又需要与其他的专业医药信息机构建立起良好的合作关系。

(二)评估的具体内容

对市场调查与预测专业机构的评估,一般从以下几个方面考虑:

1. 市场调查与预测机构的声誉

(1)在市场调查与预测同行中的专业水平,包括主要的业务方向和技术优势;

(2)调查方法的有效性和创造性;

(3)能否保质保量按时间要求及时地完成调查项目;

(4)职业道德标准如何?能否为委托者和被调查者保守商业或个人秘密,能否保证调查信息数据的真实性和客观性,不弄虚作假等。

2. 市场调查与预测机构的组织规模

(1)人力资源状况,包括工作人员的数量、专职人员和兼职人员的配备情况等;

(2)办公条件的状况,如专业设施的配置、办公场地的面积、办公环境等;

(3)组织结构是否科学合理?分支机构的设置情况等;

(4)相关合作组织的多少,及其相互合作关系等。

3. 专业人员与管理人员的业务水平

(1)专业人员的知识结构,从事医药领域市场调查业务的专业人员必须具有相关医药知识背景;

(2)主要专业人员的从业经验;

(3)管理人员的知识结构、工作经验,特别是管理能力,如组织能力、协调能力、控制能力等;

(4)专业人员与管理人员的职业精神和敬业态度;

4. 市场调查与预测工作的资历

(1) 机构成立的时间,开始承办的医经市场调查项目的时间;

(2) 主要专业人员与管理人员的任职时间;

(3) 医药市场调查的经验如何? 承办过的医药领域市场调查与预测项目的范围和数量,最近或目前正在进行的项目,客户满意程度;

(4) 机构的运作模式是什么? 以什么方式吸引客户、开展业务,主要客户的顾客类型有那些;

(5) 机构内部管理制度和管理规范完善程度。

5. 市场调查与预测的报价水平

报价是企业评估市场调查与预测机构的一项重要因素。不同的市场调查机构根据自己对完成调查项目的预算进行报价,价格可能不同,甚至相差较大。

二、市场调查与预测专业机构的选择

市场调查与预测专业机构的选择一般要经过初步选择和比较选择两个阶段。

1. 初步选择

医药企业在选择市场调查与预测委托代理机构时,首先,筛选出几个具有承担医药市场调查与预测业务能力的代理机构,通过致函征询或直接登门拜访的方式,探询应聘意向。对拟应聘的公司与之进一步接触。

在接触过程中,委托企业应向市场调查与预测代理机构提供下述信息内容:

(1) 企业面临的营销环境和需要进行市场调查主题;

(2) 进行市场调查与预测的目的和意义;

(3) 市场调查所需信息的类型;

(4) 市场调查与预测结果的用途,对企业未来决策可能起到的作用;

(5) 完成调查与预测项目的时间要求和提供经费的初步预算。

按照市场调查与预测专业机构的评估标准,向市场调查代理机构索要相关资料,以备对它们进行评估和选择。市场调查与预测代理机构应向委托企业提供如下材料:

(1) 机构一般情况介绍,如公司简介、人员简介、项目运作规程、收费标准、公司的客户名单等;

(2) 机构已完成同类调查项目相关文件的范本,如市场调查计划书、调查问卷、执行手册、访员工作记录、抽样图、抽样记录表、编码原则、调查报告等;

(3) 其他能说明代理机构业务能力的材料,如所承办过的同类调查项目的数量,客户满意程度等。

2. 比较选择

委托企业根据应聘市场调查与预测代理机构提供的资料,进行评估和分析,确定2~3个目标代理机构,并分别进行比较深入的讨论和洽谈,要求各代理机构根据委托企业对调查项目与预测的具体要求,提出初步市场调查与预测建议书,初步市场调查与预测建议书应包括以下基本内容:

(1) 市场调查与预测代理机构对拟进行调查项目主题的理解和解释;

(2) 初步的市场调查与预测计划,包括采用的调查方法、技术、以及最终市场调查报告的形式等;

(3) 调查与预测研究人员的配备情况、专业水平和能力;

(4) 实地调查访问员的选择程序、标准与培训的计划;

(5) 调查与预测设备配置情况;

(6) 调查与预测项目的估计完成时间和费用报价。

委托企业在收到各代理机构的初步市场调查与预测建议书后,对其进行认真的研究、分析和评估,选择出能够满足自己需要的代理机构。当各代理机构的报价差异较大,而拟采用的市场调查方案大致相同时,可采用招标的方式选择。最后双方签订委托代理合同。

三、委托代理合同的签订

委托企业与市场调查与预测代理机构的委托代理关系实质上是一种商业买卖关系。为保证市场调查与预测工作的顺利进行与完成,使委托与代理双方的利益能得到有效保障,就必须签订委托代理合同来确认双方各自应承担的义务和应享有的权利。委托代理合同的基本内容一般包括下列各项。

1. 市场调查与预测的范围与方法

在合同中,需要对围绕市场调查与预测的主题而展开的调查预测活动的范围与方法加以明文规定。以此来约束市场调查与预测代理机构围绕市场调查与预测目标进行市场调查方案的设计。市场调查与预测方法则由代理机构根据调查与预测的主题和对象进行确定,并写在合同中。此外,如果还有其他类似规定,如调查人员走访的次数和方式,对象、走访的次数和形式,委托企业应向代理机构提供有关调查工作需要的资料等,也可在合同上注明。

2. 经费预算

调查与预测费用预算必须在合同中明确体现,不但要注明预算总额,还必须以市场调查费用与预测预算表的形式注明每个调查与预测项目的开支情况。在市场调查费用与预测的实施过程中,有时会出现超支的情况,因此,合同中还应明确超过预算的追加款项的处理办法和追加金额幅度(一般不能超过原定预算金额的10%)。

3. 付款方式

委托代理合同中要有明确付款方式条款。通常采用的付款方式是分期付款。合同中要有付款批次、时间和金额的约定,一般情况下,合同签订后的两周之内交付第一批付款,其余部分,按合同约定按期支付。如果委托代理双方曾进行过多次合作,并且相互之间的信任程度较高,也可采取调查开始之前或完成之后,一次结算付清的方式。此外,如果涉及国际市场的调查与预测项目,付款的货币种类和汇率结算等问题,也应在合同中明确规定。

4. 人员配备

市场调查与预测代理机构安排的负责完成调查项目的全体工作人员的名单及各自应负的职责在合同中应具体列明。这既有利于委托企业对调查与预测项目的完成情况进行了解,也有利于代理机构对承担每一项工作的职员的工作情况进行指导、控制和监督。如果代理机构将其中部分调查项目再委托给其他代理机构,其人员的配备情况也应予以注明,但委托企业不再另行支付费用,费用由代理机构在总预算中列支。

5. 完成期限

由于只有按时完成市场调查与预测项目,才能保证调查与预测结果的时效性和使用价值。因此,市场调查与预测项目的最终期限,以及各个阶段工作的进度(通常以市场调查与预测进度表为依据)应在合同中加以明确规定。对超期违约行为的处理办法加以明确规定。

6. 阶段性报告

委托企业为了及时了解调查与预测项目的进展情况,通常要求代理机构能按期提供调查与预测工作进展情况和已经搜集到资料的阶段性报告。委托代理双方可就阶段性报告的次数和具体时间进行约定,并列入合同条款。

7. 最终的市场调查与预测报告

调查与预测工作结束后,代理机构将以书面形式向委托企业提交一份最终的市场调查与预测报告。对最终报告的内容在合同中要有明确规定。有些委托企业还要求代理机构在报告的附件中提供一份有关当地市场主要生产商、经销商及客户的相关资料,也应在合同中加以注明。

四、委托企业与市场调查与预测代理机构的合作

委托企业选定了某家市场调查与预测代理机构之后,委托代理双方就必须协同工作,建立起相互信任与支持的互相合作关系。委托企业除了要向代理机构提供本企业和所了解的本行业的基本信息外,还应向代理机构提供有利于调查与预测项目完成的其他信息,以便于代理机构制定更加完备的市场调查与预测方案。在调查与预测进行中,代理机构经常要求委托企业提供有关方面的信息或资料,委托企业也应进可能的予以满足。另一方面,代理机构要将调查与预测工作的进展情况或遇到的问题及时通报给委托企业。最后,委托代理双方之间要建立起沟通机制,尤其是随着调查工作的逐步深入,代理机构可能发现与原来假设的客观情况不符的情况,需要对原来的调查计划进行修改和调整时,保持双方的接触和沟通是必不可少的。

第四节　医药市场调查与预测人员的管理

医药市场调查与预测是一项知识密集型的工作,从资料的收集、整理到最终的调查结果统计分析, 并得出相应的结论、提出相应的建议,其技术性和复杂性都很高。调查与预测人员的综合素质决定市场调查与预测活动的成败。

一、医药市场调查与预测人员应具备的综合素质

市场调查与预测人员的综合素质包括两个方面:一是市场调查与预测人员的基本素质;二是市场调查与预测人员的业务水平和知识结构。

(一) 市场调查与预测人员的基本素质

1. 认真严谨的工作态度和作风

市场调查与预测是一项以事实数据为基础的信息工作,实事求是保证其工作质量的前提。在数据的收集、记录、整理和分析过程中,调查与预测人员应具有强烈的事业心、责任感和吃苦耐劳精神,以严肃认真的工作态度和作风完成各个环节的工作,才能保证信息真实性、可靠性、精确性

和全面性。

2. 高度的应变能力

在市场调查阶段,调查与预测人员的工作对象各式各样,工作环境常常复杂多变的,随时可能遇到的各种意外问题,而市场信息又有具有很强的时效性,这就要求调查与预测人员要具有高度的应变能力。特别是访问调查时,要求调查与预测人员思维敏捷,能够及时地、敏锐地应对客观环境的变化,并能准确、全面地收集市场信息。

3. 较强语言表达能力和语言沟通能力

市场资料的收集过程就是调查与预测人员与被调查者进行沟通的过程,语言表达和语言沟通能力是对调查与预测人员的基本要求,调查与预测人员必须具有简明扼要、清晰流利的语言表达能力,向被调查者准确地传递所要收集市场信息的内容。同时,调查与预测人员要善于运用语言艺术与被调查者进行积极沟通,增加与被调查者的亲和力和信任感,有利于调查工作的顺利进行。

4. 要有较高的概括和综合分析能力

市场调查与预测是对市场历史的、现在的信息资料进行分析的基础上,预测和判断市场未来的发展趋势或规律。市场变化影响因素又具有复杂性和易变性,这就要求调查与预测人员应具有较高的概括和综合分析能力,能够对"静止"的、孤立的市场信息资料进行鉴别、分析和综合概括,寻找市场变化的本质,发现市场变化的规律,进而预测和判断市场未来的发展趋势。

(二)市场调查与预测的知识结构

医药市场的特殊性,要求医药市场调查与预测人员不但要具备经济学、统计学、管理学、营销学、社会学、心理学、市场调查与预测等一般市场调查与预测人员应具备的专业理论知识,还要掌握医药各相关学科的理论知识,还要了解和熟悉相关的医药领域的法律法规。

二、市场调查与预测人员的培训

在整个市场调查与预测过程中,不同的工作环节有不同的工作职能,调查与预测活动的实施者一般可分为三类:管理人员、研究人员和访问人员(含各类资料收集人员)。管理人员和研究人员一般都经过系统的专业训练,其培训大都在长期的工作实践中完成。这里主要是指对访问人员的培训,对访问人员进行培训的根本目的在于,提高访问人员的基本素质,强化其市场调查与预测的基本知识和技术。具体的培训方式有三种:书面培训、口头培训和实践性培训。

(一)有针对性的书面培训

通过书面培训使访问员了解市场调查与预测项目重要意义与目的;熟悉调查过程中各项业务具体内容和要求。主要内容包括:

(1)熟悉调查与预测项目的内容、目的和任务;

(2)如何选择适当的时机、地点和被调查对象的方法;

(3)如何获得被调查对象合作的技巧;

(4)如何解释问卷的指示说明;

（5）对访问中出现的应急情况的处理方法等。

（二）口头培训

口头训练的目的在于提高访问人员的现场访问技巧。通过口头训练，要使访问人员达到以下素质要求：

（1）举止言谈友好大方、访问态度和蔼可亲；

（2）提出的问题简明扼要、易于理解、重点突出；

（3）善于选择访问时机；

（4）有较强的鉴别分析能力；

（5）能够准确地理解、记录被调查对象阐述的观点。

（三）实践性培训

实践性培训可采取以下两种形式进行：

第一，在实地调查前，模拟各种调查情景（调查过程中可能出现的各种情况），进行模拟训练，在模拟训练中，一般由有经验的调查访问人员扮演被调查对象，由受训人员扮演调查者。通过模拟训练，可增加调查人员对调查工作的感性认识，提高调查人员的访问技巧。

第二，首次加入市场调查队伍的访问人员参与由经验丰富的访问人员进行的市场调查活动，进行市场调查实战训练，在调查实践中，熟悉各种类型的市场调查程序、方法与访问技巧，积累实践经验。

本章小结

医药市场调查与预测活动的参与者，包括调查与预测的组织者（企业）、调查与预测的实施者（调查者）和市场信息的提供者。在市场调查与预测过程中，三者之间具有一定的权利和义务关系。

调查与预测的实施者（调查者）分企业内部市场调查与预测机构和企业外部市场调查与预测专业机构。企业内部市场调查主要是指一些大型的医药企业的具有市场调查与预测的职能市场营销部门或专门设置市场调查与预测部门。企业外部市场调查与预测专业机构是指企业外部专门从事市场调查与预测业务的独立的组织与机构。

企业外部市场调查与预测专业机构评估的主要内容包括：机构的声誉、资历、组织规模、专业人员与管理人员的业务水平和报价水平等。企业外部市场调查与预测专业机构的选择分初步选择和比较选择两个阶段。

市场调查人员的综合素质包括两个方面：一是市场调查与预测人员的基本素质；二是市场调查与预测人员的业务水平和知识结构。

对医药市场调查与预测访问人员的培训主要有三种形式，即有针对性的书面培训、口头培训和实践性培训。

思考与练习题

一、填空题

1. 医药市场调查与预测活动的参与者包括市场调查与预测的（　　　　）、市场调查与预测的（　　　　）和市场信息的（　　　　）。

2. 市场调查与预测专业机构的选择一般要经过(　　　　　)和(　　　　　)两个阶段。

二、简答题

1. 医药市场调查与预测参与者有哪些？各自应承担的义务和应享有的权利是什么？
2. 医药市场调查与预测专业机构的主要类型有哪些？
3. 医药市场调查与预测专业机构评估的主要内容有哪些？
4. 医药市场调查与预测专业机构初步选择和比较选择的具体工作内容是什么？
5. 医药市场调查与预测委托代理合同的基本内容有哪些？
6. 医药市场调查与预测人员应具备的综合素质有哪些？

（孔祥金　张文玉）

主要参考文献

阿尔文．C. 伯恩斯,罗纳德．F. 布什著．营销调查．第2版．梅清豪,周安柱,徐炜熊译．北京:中国人民大学出版社
陈殿阁．2004. 市场调查与预测．北京:清华大学出版社,北京交通大学出版社
陈启杰．1995. 现代企业市场调研与预测．上海:复旦大学出版社
陈启杰．2004. 市场调研与预测．第2版．上海:上海财经大学出版社
冯国忠．2006. 医药市场营销学．北京:中国医药科技出版社
冯丽云．2000. 现代市场调查与预测．北京:经济管理出版社
冯亮能,蒋志华．2002. 市场调查与预测(统计专业)．北京:高等教育出版社
高福辉．1996. 市场调查与预测．北京:地质出版社
高宏,阎琦,安玉新等．2005. 市场营销学．北京:知识产权出版社
高云龙,朱李明．2001. 市场营销学教程．第2版．北京:社会文献出版社
龚曙明．2005. 市场调查与预测．北京:清华大学出版社
顾海．2006. 医药市场营销学．北京:人民卫生出版社
何发智．2003. 物流管理信息系统．北京:人民交通出版社
何永祺,张传忠,蔡新春等．2006. 市场营销学．第2版．大连:东北财经大学出版社
胡德华．2005. 市场营销经典案例与解读．北京:电子工业出版社
简明,金进勇．2005. 市场调查．北京:中国人民大学出版社
景奉杰．2001. 市场调研．北京:高等教育出版社
库马,乔治等著．2004. 营销调研．魏立原译．北京:中国财经经济出版社
雷培莉,姚飞．2004. 市场调查与预测．北京:经济管理出版社
李国强,苗杰．2005. 市场调查与市场分析．北京:中国人民大学出版社
李农勤．2006. 市场营销学．北京:清华大学出版社
李强．2004. 市场营销学教程．大连:东北财经大学出版社
刘秋华,欧邦才．2004. 市场调查与预测．北京:中国社会科学出版社
陆军．2003. 市场调查．北京:电子工业出版社
马连福．2002. 现代市场调查与预测．北京:首都经济贸易大学出版社
[美]菲利普・科特勒,加里・阿姆斯特朗著．2004. 市场营销教程．俞利军译．北京:华夏出版社
[美]斯蒂芬・哈格等著．2005. 信息时代的管理信息系统．严建援等译．北京:机械工业出版社
彭代武,肖宪标．2002. 市场调查、商情预测、经营决策．第二版．北京:经济管理出版社
彭智海,汤少梁．2004. 医药市场营销学．北京:科学出版社
王方华．2002. 营销管理．北京:机械工业出版社
王峰,吕彦儒．2006. 市场调研．上海:上海财经大学出版社
王妙．2005. 市场营销学教程．上海:复旦大学出版社
王宗湖,操君．2005. 市场营销学概论．北京:对外经济贸易大学出版社
吴长顺．2005. 营销学教程．北京:清华大学出版社
西摩・萨德曼．2004. 营销调查．北京:华夏出版社
徐井岗．2004. 市场调查与预测．北京:科学出版社
严振．2004. 药品营销学．北京:化学工业出版社
于萍．2004. 市场营销调研．大连:东北财经大学出版社
郁广健,张华．2000. 市场调查与预测110方法和实例．北京:中国国际广播出版社
张庚淼．2002. 市场营销调查．大连:东北财经大学出版社
张明立,王伟．2003. 市场调查与预测．哈尔滨:哈尔滨工业大学出版社
张淑奇,王齐庄．2000. 电子商务环境的信息系统．武汉:武汉大学出版社
章伯虎,陈庆基．1999. 实用市场营销学原理．上海:复旦大学出版社
赵相忠．2004. 市场调查与预测．重庆:重庆大学出版社
中国OTC营销网
中国营销传播网